地方档案与文献整理及研究·研究丛刊

Preservation, Compilation
and Research of Local Archives
in Qing Dynasty

清代地方档案的保存、整理与研究

吴佩林等 著

中国社会科学出版社

图书在版编目(CIP)数据

清代地方档案的保存、整理与研究 / 吴佩林等著 . —北京：中国社会科学出版社，2023.3

（地方档案与文献整理及研究·研究丛刊）

ISBN 978-7-5227-1315-1

Ⅰ.①清… Ⅱ.①吴… Ⅲ.①地方档案—研究—中国—清代 Ⅳ.①G279.27

中国国家版本馆 CIP 数据核字（2023）第 022116 号

出 版 人	赵剑英
责任编辑	宋燕鹏　史丽清
责任校对	李　硕
责任印制	李寡寡

出　　版	中国社会科学出版社
社　　址	北京鼓楼西大街甲 158 号
邮　　编	100720
网　　址	http://www.csspw.cn
发 行 部	010-84083685
门 市 部	010-84029450
经　　销	新华书店及其他书店

印　　刷	北京明恒达印务有限公司
装　　订	廊坊市广阳区广增装订厂
版　　次	2023 年 3 月第 1 版
印　　次	2023 年 3 月第 1 次印刷

开　　本	710×1000　1/16
印　　张	26.25
字　　数	378 千字
定　　价	149.00 元

凡购买中国社会科学出版社图书，如有质量问题请与本社营销中心联系调换
电话：010-84083683
版权所有　侵权必究

目　录

绪　论 ·· (1)

第一章　清代四川巴县档案的保存、整理与研究 ·············· (13)
　一　巴县档案的内容 ·· (13)
　二　巴县档案的价值 ·· (16)
　三　巴县档案的整理情况 ··· (19)
　四　巴县档案的研究情况 ··· (25)
　结　语 ·· (52)

第二章　清代四川南部档案的保存、整理与研究 ·············· (55)
　一　南部档案的发现、保存、内容与价值 ·························· (56)
　二　南部档案的整理情况 ··· (69)
　三　南部档案的研究情况 ··· (84)
　结　语 ·· (112)

第三章　清代四川冕宁档案的保存、整理与研究 ············ (115)
　一　冕宁档案概况 ··· (116)
　二　冕宁档案的整理情况 ··· (120)
　三　冕宁档案的研究情况 ··· (126)
　结　语 ·· (133)

第四章　清代台湾淡新档案的保存、整理与研究 …………（134）
　　一　淡新档案的内容与价值 …………………………（134）
　　二　淡新档案的整理情况 ……………………………（140）
　　三　淡新档案相关研究现状 …………………………（146）
　　结　语 …………………………………………………（159）

第五章　清代山东孔府档案的保存、整理与研究 …………（162）
　　一　孔府档案的内容与历史价值 ……………………（163）
　　二　孔府档案的百年整理 ……………………………（168）
　　三　基于孔府档案的研究现状 ………………………（187）
　　结　语 …………………………………………………（210）

第六章　清代直隶获鹿县档案的保存、整理与研究 ………（214）
　　一　获鹿县档案的保存与整理 ………………………（214）
　　二　20世纪80年代以来的研究 ……………………（217）
　　三　地方档案与历史研究的反思 ……………………（231）
　　结　语 …………………………………………………（239）

第七章　清代甘肃循化厅档案的保存、整理与研究 ………（241）
　　一　循化厅档案保存与整理 …………………………（242）
　　二　循化厅档案的内容与价值 ………………………（244）
　　三　循化厅档案的研究 ………………………………（252）
　　结　语 …………………………………………………（264）

第八章　清代内蒙古土默特档案的保存、整理与研究 ……（267）
　　一　土默特档案的保存与整理 ………………………（268）
　　二　土默特档案的研究状况 …………………………（274）
　　三　土默特档案整理研究的省思与展望 ……………（286）
　　结　语 …………………………………………………（289）

附录一　《黑龙江将军衙门档案》对于清代索伦、
　　　　达呼尔历史研究的意义 ………………………（290）
附录二　东洋文库藏镶白旗蒙古都统衙门档案述评 …………（309）

附录三　清代东北地区地方档案保存、整理与研究现状 ……（326）

推荐阅读文献 …………………………………………………（383）

后　记 …………………………………………………………（413）

绪　　论

　　20世纪下半叶以来,对有价值的、数量较大的地方历史文献进行系统整理已成为学界共识,一批有代表性的整理成果相继面世,如《天津商会档案汇编》《苏州商会档案选编》《徽州千年契约文书》《徽州文书》《福建民间文书》《清水江文书》《石仓契约》《清至民国婺源县村落契约文书辑录》《太行山文书精萃》《徽州民间珍稀文献集成》《湖北民间文书》《土默特文书》等。其中,更有一批以"省"为标志的文献整理成果,如《湖湘文库》《山东文献集成》《台湾文献汇刊》《海南地方志丛书》《云南丛书》《巴蜀全书》等。此外,一些省级以下的地方历史文献丛书也在陆续出版,如温春来主编的《西樵历史文化文献丛书》自2012年以来已在广西师范大学出版社出版了136种237册;广东省立中山图书馆、东莞市莞城图书馆合编的《东莞历史文献丛书》于2017年在广东人民出版社出版了47册;谭剑锋主编的《遵义丛书》于2018年由上海古籍出版社、国家图书馆出版社联合出版了210册。

　　地方文献的整理出版呈"井喷"之势,这与国家的发展和研究者的需要密不可分。就国家层面而言,国家需要挖掘和保护我国丰厚的历史文化遗产,以提升我国文化软实力,推动中华优秀传统文化走向世界,最终实现文化强国的目标。对研究者而言,则是随着研究的深入,以往通用的正史、政书、文集、笔记等传世文献已远不能满足需要,而那些提供了大量细致入微、系统连贯、生动逼真的历史信息的地方文献则进入了他们的视野。然而对于绝大多数的研究者来说,很难做到亲身去往各处悉数查阅所需的地方文献。况且有些作为文物保存的文献,由于年代久远,纸张碎破,即使能去,也不一定被允许查阅。因此,整理并出版地方历史文献,使之化身千百以嘉惠学林乃人心所向,大势所趋。事实也证明,这些资料的整理与出版为政治史、经济史、社会史、法制史、教育史、文化史,以及地方基层社会的综合考察提供了多种素材,极大地推进了学术研究,也由此推出了一批具有地域特色、中国风格、中国气派的精品力作。

也正是基于以上因素,近年来《清代南部县衙档案整理与研究》《清代巴县衙门档案整理与研究》《民国时期荣县档案整理与研究》《龙泉司法档案整理与研究》《清代新疆稀见史料调查与研究》《千年徽州家谱与社会变迁研究》《清水江文书整理与研究》《文物考古中西藏与中原关系资料整理与研究》《革命根据地法律文献整理与研究》《英藏敦煌社会历史文献整理与研究》《黑水城西夏文文献整理与研究》《新疆少数民族既佚与濒危古籍文献整理与研究》《山西民间契约文书搜集整理与研究》《中国南方少数民族家谱整理与研究》《中国西南地区濒危文字抢救、整理与研究》《中国土司制度史料编纂整理与研究》《当代中国农村基层档案资料搜集、整理与出版》等一批关于地方文献整理与研究的项目被列入了国家社科基金重大项目。

明清地方档案乃重要的一手史料,其价值不可估量。时下,明清地方档案虽受到学界青睐和国家重视,但检讨其保存、整理与研究现状,尚待完善之处仍有不少。就其研究,笔者已有专章阐述,此不赘述。[①] 就整理与出版而言,窃以为需要重点关注以下几个方面。

一 避免"边整理边破坏"

基于档案学的"来源原则",对档案的整理,存留档案"原件总量"和保持"档案排列原貌"是需要首要考虑的。但是,时下各

[①] 吴佩林等著:《清代地方档案中的政治、法律与社会》,中华书局2021年版,第1—18页。

地对地方档案的整理,与此原则相去甚远,"边整理边破坏"的现象非常严重。甚至在一些地方,粘连成坨的档案被直接扔弃,或成了纸厂的原料。就清代四川南部县档案而言,笔者曾于2007年4月在南部县实地采访当年参加档案整理的工作人员,从中得知,由于他们当时没有如今的档案保护意识,也缺乏足够的资金和技术去处理一些受潮发霉、粘连成结的档案,有些就直接送去纸厂打了纸浆。这类档案约占现存档案总数的1/3,令听者无不嗟叹惋惜。

不仅如此,在分类上破坏档案保存原貌更是常见的现象。举例言之:对于清代《巴县档案》,整理者打破了档案原有的"按房保存"的格局,根据今人的划分标准将其按内政、司法两大类进行了人为的分割。内政类又分为职官、军事、政治、财政金融、文教、交通邮电及其他,司法类又分地权、房屋、借贷、欺诈、家庭、妇女、继承、商贸、凶殴、盗窃、租佃、赌博等;直隶顺天府《宝坻档案》亦被按职官制度、民警政务、宪政、法律词讼、镇压革命运动、军务、财政金融、农林商务、外交往来、传教、礼仪、文教卫生等进行分类整理;台湾《淡新档案》的整理也很典型。当年戴炎辉教授以清代地方行政与近代法律的概念按行政、民事、刑事三编分类整理,后来的学者已发现,"入行政编的很多案就是诉讼案件,如果将之归入民事编或刑事编也未尝不可。甚至,戴教授对于每一个'案'的归类,也存在着各种问题。例如,一个'案'在诉讼之初控诉者号称被掳禁,因此被归类为刑事编的'人身自由',但随着诉讼的进行、案情的发展,反而让人觉得应该归入民事编的'钱债'。"① 值得庆幸的是,四川《南部档案》在2011年之前的四次较大规模的整理均没有打破按房归档的规则,从而为我们后来实现"按房整理"提供了可能。

简而言之,上述"不当"分类整理法不适用于地方档案的初次整理,但在数字化环境下,将其纳入后期深入整理阶段则比较可行。

---

① 吴密察:《清末台湾之"淡新档案"及其整理》,"第二届地方档案与文献研究学术研讨会"会议论文,四川南充,2014年11月28日。

这样既可以保持档案原貌，又能发挥"分类"的固有价值，方便利用者。

二　实行"以案卷为单位，按件整理"

20世纪对《巴县档案》《宝坻档案》等清代地方档案的整理，只做了案卷级的著录和标引，完成了案卷目录，并未涉及卷内每份文件。然而现在对一些历史档案的文件级整理，却隐去了案卷标题，以致在利用时只能通过某一件文件的档号去查阅同一卷档案，十分不便。在档案整理过程中实行"以案卷为单位，按件整理"，能够有效解决这些问题。"以案卷为单位，按件整理"，是指档案整理首先要保留案卷的形式，在此基础上厘清卷内的文件数量。经整理的目录同时需有案卷目录和卷内文件目录，卷内文件目录即是文件级目录。这种整理方式对于保存档案原貌、进行研究、撰写题名、开展数字化工作等都具有重要的意义。

目前，对一些重要档案的数量介绍，多是"余件""多件"之类的模糊表述。一些整理成果和出版物多将本为数件的档案合并为一件，或将本为一件的档案拆分为数件，其根源在于对"件"的内涵不明确。何为"件"？即归档文件的数量单位，与我们说的一份、两份的"份"是一样的，一件文件就是一个单份文件。在整理过程中，有些比较容易判定，譬如一份完整的词讼状、札文。但也会遇到一些比较复杂的情况，试举几例。例如《孔府档案》第60卷"本府处理公务稿簿"保存了孔府在明万历十八、十九两年处理公务的文稿，按常规整理，一般统计为一册（卷）而不再分件，但这样处理的问题在于：一是检索不到这两年孔府处理公务的数量与类型；二是如果"件"的数量未知，以后数字化时还得重新处理。而区分件时，又会发现一张纸上抄录有数个不同文种且不同时间的档案（此现象在其他档案中也常见），这与我们通常所看到的"单独成页"的情况完全不同。那么，究竟如何分件呢？笔者认为，尽管在一页纸上，当以一个事由或内容认定为一件为妥，否则在撰写题名时也会纠缠不清，在出版时也应切割为数件为佳。同时，需对稿簿下分件、同页切割的情况添加"说明性文字"，以反映档案的原貌——其实，这里的"簿册"与文件登记簿、鱼鳞图册、归户册一类不同，册内每份材料相对独立，相当于"案卷"，只是古人采用了装订成册的组织方式罢了。又如在《孔府档案》中，同一内容有草稿、定稿等形制，有人认为草稿不具备法律凭证作用，只保留定稿就可，实则不然。因为内容虽一样，但成文却有先后之分，外观特征也有较大差异（如草稿删改多，字迹往往比较潦草，也无盖章、画行），而这恰是研究文书流转的重要文献，所以应该完整保留，各为1件（这里，笔者不赞同《归档文件整理规则》〔DA/T22—2015〕所载"正本与定稿为一件"的规定）。再如，在《南部档案》的整理过程中，我们也常会遇到一件诉讼状上附作为证据的"粘单"，这件粘单如何处理呢？在笔者看来，粘单单独计一件为好，否则其内容就无法检索。同时为体现其与诉讼状的关联性，将之标注为诉讼状的附件为佳。

其实，一个案卷"件"的数量统计准确性还与当初"案卷"的整理质量有关。在档案整理过程中，我们经常会发现卷面标注的是某一案由，但里面装的却有与之不相关的两个或多个不同的事件，或者一个案件散布在几个卷宗里。遇到此类"串卷"现象，在不能另编案卷号的前提下，以归并为妥。对于不能归并的，在此卷下另行排列，同时撰写说明予以区分。比如明代《孔府档案》第6卷"成化年间修刊孔氏宗谱（一）"与第7卷"成化年间修刊孔氏宗谱（二）"，先前的整理者整理为2卷2件，这是由于纸质档案整理时受每卷的厚度限制造成的。现在统计时当归并为1卷1件；又如清代《南部档案》第5-279卷，按卷面所写，档案应是"民人王朝忠等具告何中瑄等私设霸市一案"的相关内容，但前4件档案完全与此案无关。这4件若找不到所属案卷，当在此卷下单独归为一类，并添加题名。对于这些更改，都需在凡例中有明确的交代，并在调整卷中分别作说明。如此等等，都需要我们做研究，并加以规范。

三　档案文件题名撰写基本要素须完备

题名的撰写是明清地方档案整理最核心的工作，一般包括时间、责任者、事由、受文者、文种5个要素。对于每个要素的内涵与操作，国家出台了相应的指导性文件，如《明清档案著录细则》（DA/T8—94）、《明清档案著录文字使用规则》（试行本）、《明清档案分类表》（试行本）、《明清档案文件级目录数据采集操作办法》（2016年发布）等，但实践起来，有些问题仍不能得到有效解决。

笔者以为，目前对具有一定规模的档案的整理，都是团队作战，人员多且流动性强，对于题名的著录，当坚持原则性，并适当与灵活性相结合，否则提交的信息会因为"标准不统一"而变得"花样百出"。何谓原则性？简言之，原则性就是原生性，即档案原文是什么，就抄写成什么。但是对于有的档案却不能一味如此，需要灵活处理。

对于各要素的著录，不同种类的档案差别很大，须逐一研讨，方可得其要领。此处仅以整理过程中争议较多的几个问题做些探讨：

首先，不是所有的题名著录都需有前文所述5个要素。公文稿件类的档案，著录格式可缺省受文者；对于具备行文对象的档案，须加受文者项，但从文种名称可以得知受文者的，如诏令文书、上奏文书、告示、讼状等，则可以省略。其中对于受文者的连接词，可照搬原文，或用行、呈、移。"行"用于下行文，"呈"用于上行文，"移"用于平行文。现在很多题名没有这样处理，一律用"给"或"致"，就不是原汁原味了。对于档簿、图表、单、诰命、地契、清册、花名册、章册、总册、调查表一类的档案，采用"时间+内容+文种"的格式即可。

其次，对于责任者与受文者的著录，一般摘录档案就可，不需要考证出全名、职务。若要求写全名、职务，团队最好先提供"查证表"，以便著录者查阅（否则因著录者个人的水平与精力，往往会出错），同时对于考证的部分标注考证符号。

再次，事由一项，遇到记载过于冗长或简单的档案，就不能完全照录，应适当删补，以反映出该件档案的大致内容。

最后，档案里往往会出现"一稿多用"的情况，这样一件档案里就会出现多个受文者，也可能因受文者级别的不同导致不同的文种？著录格式可以采取"时间＋责任者＋事由＋受文者1＋文种、受文者2＋文种"的形式。

四　选择适当的整理出版方式

对地方文献的整理，现通行的做法有三种。一是点校。如20世纪八九十年代四川省档案馆与四川大学历史系合作整理的《清代乾嘉道巴县档案选编》（2册），四川省档案馆整理出版的《清代巴县档案汇编·乾隆卷》，四川省档案馆编辑的《四川保路运动档案选编》《四川教案与义和拳档案》，四川省民族研究所和四川省档案馆整理出版的《清代冕宁县彝族档案资料选编》，戴炎辉整理的《淡新档案选录行政编初集》（4册），台湾大学图书馆编的《淡新档案》（36册），曲阜师范学院等单位编的《曲阜孔府档案史料选编》（24册）等。此外，《四川档案史料》《档案史料与研究》《四川档案》等期刊按主题刊布的一些档案资料亦多采用"点校"的方式。二是影印。如《清代四川南部县衙门档案》以2004年做的电子缩微胶片为基础，将18186卷84010件档案全部影印出版，计308册。其他如《中国古代地方法律文献》《徽州千年契约文书》《徽州文书》《清水江文书》《福建民间文书》《徽州合同文书汇编》《闽东家族文书》《闽北文书》《赣南文书》等，也是直接将收集到的、他人不易获得的资料进行原版复制。三是点校与影印结合。如《台湾社会生活文书专辑》除附影印原件外，还附点校文，并就文书中出现的专有词汇及地名详加注解，这于读者是极有帮助的；《鄱阳湖区文书》以2012—2014年在鄱阳湖地区陆续发现的1500余件明清渔民历史文书为基础，通过点校录文与原图影印相结合的形式出版；《田藏契约文书粹编》先将文献原件影印，并标注文献名、长宽尺寸，再按原样点校排版；《黄岩诉讼档案》请档案修复人员将破损档案作技术处理，再按档案年代顺序统一编号，然后将原件按比例缩小影印，并逐一点校。不仅如此，他们还采用法律人类学的方法，将档案所记录的案件发生地与该档案所记录的情况进行实地调查核实，以进一步探求其历史变迁。这样的整理态度、整理方法与研究思路都值得后来者借鉴和学习。

客观而论，点校自有其优点，如同一页能容纳的可读文字更多，也比影印本价格更便宜等。但点校本也存在很多问题，最大者是，大量信息特别是图像、纸张一类的非文字信息（如用纸有红白黄蓝等颜色之分，书写有朱笔、墨笔之异，画行、画押、钤印、判日等都有相应的程式与规章）常被人为遗弃，继而导致不少问题被研究者忽略，或者是抓住了某个问题却无法深入研究。如在清代诉讼中，要求两造使用状格纸。事实上，状格在不同时期、不同地区的长、宽、状格数等多有变化，而这些正是研究清代诉讼文书的重要资料。又如，档案中的图记（如幕友闲章、官代书戳记）含有研究清代地方行政的重要信息，但这些资料和信息很难通过点校的形式展示出来。此外，误识、误点现象更是普遍存在，比如在一篇利用清代《冕宁档案》讨论"特定身份人告呈资格"的论文中，将最核心的材料"生监、老幼、妇女、残废之告状，无抱告不准"误读成了"生监者幼妇女残废之告状无抱告者，不准"，其中"老"字被识成了"者"字，一字之误，谬以千里。诸如此类，使得档案的价值大打折扣。

相对而言，影印出版是一种不错的选择，它不仅能达到保存原貌的目的，更能缩短出版周期，及早为研究者利用。但即便是影印，也离不开有一定学术水准的专业团队，特别是在整理过程中遇到的一些诸如文种确定、日期判断等问题时，需要专门研究方能解决。在这方面，民国龙泉司法档案课题组的做法值得推荐：每一案例均由案件名称、内容提要、档案索引、图录四部分组成。具体而言，首先将同一案由但散落于各个卷宗的案卷汇集，在此基础上编写档案索引。索引逐件提取每件档案的时间、作者或发文机构、内容、类型、卷宗号和原编码等信息，然后按时间或逻辑顺序重新编排。再次，按索引中的顺序将每件档案的图录重新编排附于其后，并拟订题名。最后，为每一例案件撰写提要，简单说明案件留存文书的基本概况，包括所属卷宗、文书类别、数量和保存情况，并撮要介绍案情内容与诉讼过程。① 这种整理出版方式，既非单纯影印，又非全部录文。经此整理，纲举目张，大大方便了研究者的阅读和使用。我们南部档案课题组就借鉴了龙泉档案的整理模式，实践证明，这是一套行之有效的办法，它避免了课题组在选择整理方式上可能遇到的各种折腾，而且通过这种方式，我们还锻炼了一批整理与研究的师生。

当然，档案的大部分内容对于利用者而言，影印件和点校本不会有太大差异。真正对利用者构成阅读困难的那极少一部分也恰恰是点校中最容易出错的部分。针对这种情况，采取原件影印并对这些极少数难以辨识的文字、图像、难解词句、制度附加考证说明不失为一种可行的做法。如此既不会误导利用者，又可以为历史档案整理奠定深厚基础，充分体现其学术价值。

五　复制保存应最大程度保留文献信息

缩微技术从 20 世纪 70 年代开始广泛应用于档案管理，像台湾《淡新档案》、河北《宝坻档案》、四川《巴县档案》等一批档案拍摄了缩微胶片。随着信息技术的发展，原来单一载体的胶片缩微模拟技术，已发展到胶片、光盘、网络等多种载体的数字混合技术。数字化对保护和抢救珍贵档案、开发和利用档案信息资源的价值都

---

① 参见傅俊《立足原卷 别开新境——〈龙泉司法档案选编〉编后》，《书品》2014 年第 3 辑。

有极为重要的意义。

不过，受技术的限制与成本的考虑，《巴县档案》《宝坻档案》《冕宁档案》《循化厅档案》《南陵档案》等地方档案，制作的都是黑白缩微胶片。这种制作方式不仅没有达到保存档案多色彩原貌的目的，而且阅读者也根本无法对档案中大量的不同色彩重叠的印章戳记信息进行有效识读。诸如红契、红禀一类的档案缩微成黑白片后，几乎全是黑色的，内容极难辨识。不仅如此，由于工作人员在制作过程中，对档案保存的完整性意识不够、工作态度不认真、技术缺陷等因素，还不同程度地存在着档案复制单件不完整、掉页、脱页的现象。

而今，随着科技的进步，原色翻印不仅能较低成本的实现，而且更符合相关研究的需要。换句话说，当年以黑白缩微胶片形式制作的那些地方档案，现在若再出版，宜重新制作，并以原色影印为佳。若考虑出版成本的问题，至少得灰度印刷，尽管它不能反映纸张颜色，但能明显区别墨笔和朱笔，而且能反映出水渍虫蠹、皱褶破损、字迹浓淡等问题。相比完全去底色的黑白印刷，这样做的好处是能够保留更多的信息。遗憾的是，近些年出版的《清代四川南部县衙门档案》《清代新疆档案选辑》《清代冕宁司法档案全编》未能跟进这一变化，从而大大降低了档案的文物价值和研究价值。

此外，考虑到纸幅有长短宽窄之别，若不能原样影印，可以采取附录尺寸的方式予以解决。对于一些尺寸特别大的档案，可以借鉴《孔子博物馆藏孔府档案汇编·明代卷》的做法，另附一册，以拉图、折页等方式进行制作。

六　合理规划整理出版规模

现在已能看到大量的档案选编。"选"，有两种情况。其一，选"件"而非完整的"卷"。清代，文书处理完毕，均要立卷、归档，汇齐后粘连各件成卷，一案一卷，卷皮通常也要写明衙门名称、案由、立卷房名、立卷时间，内容完整而连贯，但现有的关于《巴县档案》的出版资料，如《清代乾嘉道巴县档案选编》《清代四川巴县衙门咸丰朝档案选编》，多从"卷"中剥离出来，以"件"为选取单位。这样的整理，其结果是阅读者很难看到一个完整的故事——这对研究而言是非常不利的，难以复原一个完整的历史场景，当然也就难以得出符合历史实际的、可以确而信之的结论。

其二，选部分"卷"而非档案全部辑录。近年西南交通大学出版社出版的《清代巴县档案整理初编·司法卷》和中华书局出版的浙江《龙泉司法档案选编》虽然将一个卷宗选全，但出版的仅是档案中很少的一部分。这对于研究者而言，是远远不够的，至少不能展开一个历时性的研究，更何况研究一时一地的法律与历史，也不能仅仅依靠其中的"司法"档案。

对于体量很大的档案，整理、出版和销售都存在不少困难，如何解决还需要不断摸索。目前可以考虑纸本出版与数字出版相结合，印制少量纸本供图书馆收藏，同时单独销售数据库。

七 建立明清地方档案的云平台

基于飞速更新的现代信息技术，提供系统、丰富、完整的数据库，建立能够资源共享的大数据、云平台是未来档案整理的重点和趋势。数据库的开发，至少有两项工作要做：一是发掘文献本身的特性、属性，并在此基础上建立起多维检索系统；二是确立"数字人文"的观念。这需要研究者、档案界、科技界（包括数据库运营商）互助合作，将数字档案运用到分析系统中，为人文研究提供服务。但是，迄今为止，能够提供州县档案目录检索的单位为数甚少，全文检索更是奢望，遑论"数字人文"的实现。

不仅如此，现有的清代官方档案与民间文献整理方式也无法实现不同数据的跨库检索。数以千万件计的民间文献在元数据（Metadata）的确定上见仁见智，各自封闭进行，没有一套可以通用的标准。如何实现网络数据库环境下档案内容的关联与融合，是今后的整理工作需要考虑的课题。

综上所述，地方档案整理，受制于人力、财力、物力、科技发展水平以及整理者、管理者的观念和意识，需要思考和解决的问题还有很多。但无论如何，目前至少有两个方面的工作亟待开展：一方面，成立专门的指导委员会，由委员会结合先前的国家行业标准和新时代的技术条件制定出一套符合地方档案的行业规范或工作手册，并加以指导，特别要及时遏制那些不合规范的整理与出版计划；另一方面，大多数档案仍"藏在深闺人未识"，未得开放，相关管理部门当积极应对，找到解决办法。

第一章 清代四川巴县档案的保存、整理与研究

清代四川巴县①位于嘉陵江和长江的汇合口，地处重要交通枢纽，商贾云集，是四川经济比较发达的地区，移民数量大，流动人口多，在思想观念上比四川其他偏远地区相对开放和先进。清代巴县档案（以下简称"巴县档案"）②，是清代四川巴县衙门在处理各类事务过程中保存下来的档案，约11.3万卷③，250余万件，现存于四川省档案馆。

一 巴县档案的内容

关于巴县档案的起始时间，说法较多，比较有代表性的有如下

---

① 巴县，老县名，重庆主城区的古称，北周武成三年（561）始称巴县。1995年撤县建区，巴县改为巴南区，巴县至此消失。清代重庆府隶属四川省，故称巴县为"四川巴县"，1997年中央把重庆市分划为独立的直辖市，不再隶属四川省。文中提到的"四川巴县"特指清代的四川和巴县，"巴县档案"也特指清代的巴县档案。

② 关于清代巴县档案的称谓，迄今并不统一，主要有"清代巴县县衙档案""四川巴县清代文书档案""清代巴县档案"几种，本书统称"巴县档案"。

③ 此数据来源于四川省档案馆主编的一系列档案汇编，主要见于：四川省档案馆编《四川省档案馆指南》，中国档案出版社2002年版，第19页；四川省档案馆、四川大学历史系编《清代乾嘉道巴县档案选编》，四川大学出版社1989年版，序言；四川省档案馆编《清代巴县档案整理初编·司法卷·嘉庆朝》，西南交通大学出版社2018年版，序言。但也有学者提出过不同的观点：陈代荣认为，巴县档案共有110023卷，见陈代荣《巴县档案今昔》，《档案工作》1984年第4期；吴佩林对四川省档案馆馆内案卷数进行统计之后发现，巴县档案现存数量共计114865卷，见吴佩林《清代县域民事纠纷与法律秩序考察》，中华书局2013年版，第5页。

几种。栾成显在《明清地方文书档案遗存述略》一文中提到，巴县档案起始于乾隆元年（1736）①。《四川省档案馆指南》第18页提到，巴县县府全宗的起讫时间是乾隆十七年（1752）②至宣统三年（1911），而第19页又称巴县档案上自康熙九年（1670）③。张仲仁在《清代乾嘉道巴县档案选编》序言中认为，巴县档案起始时间为乾隆二十二年（1757）④。笔者认为，争论巴县档案到底起始于哪一年意义并不大。乾隆二十二年巴县县衙发生火灾，档案被毁，因此巴县档案中的绝大部分是乾隆二十二年之后形成的，但巴县档案全宗中也有少量通过其他途径找到的乾隆二十二年之前形成的档案，其中应该就包括康熙年间的档案。

根据《四川省档案馆指南》的记载，抗战前巴县档案一直保存在巴县县政府，抗战期间为躲避空袭，巴县档案被运至长江南岸樵坪关帝庙内，直至1953年才被发现。巴县档案在寺庙保存的数年时间里，"寺院年久失修，漏雨积水，档案受潮霉烂，加上虫咬鼠啃，更有村野牧童农妇，取而烧火煮饭"⑤，损毁无数，破坏严重。在西南博物馆馆长冯汉骥的建议下，巴县档案被运回西南博物馆保存并进行初步整理。1955年，因西南博物馆改组为重庆博物馆，巴县档案按规定应移交四川省博物馆保管。经四川大学历史系主任徐中舒教授建议，巴县档案被运至四川大学历史系进行整理与研究。在此期间，四川大学历史系组织教师在一些期刊和报纸上公布了部分档

---

① 持相同观点的还有张晓蓓、张培田，见《清代四川地方司法档案的价值评述——以清代巴县、南部县衙门档案为例》，《四川档案》2007年第5期。

② 持这种观点的还有杨林，见《关于巴县档案起始时间》，《历史档案》1990年第3期。

③ 四川省档案馆编：《四川省档案馆指南》，中国档案出版社2002年版，第18—19页。吴佩林认为四川省档案馆保存的巴县档案中时间最早的是康熙九年正月十二日，故康熙九年才是巴县档案的起始时间，见吴佩林：《清代县域民事纠纷与法律秩序考察》，中华书局2013年版，第5页。四川省档案馆陈代荣也提到巴县档案的起始时间为康熙九年，见陈代荣：《巴县档案今昔》，《档案工作》1984年第4期。

④ 与此观点相同的还可见：《清代巴县档案整理初编·司法卷·嘉庆朝》《清代巴县档案整理初编·司法卷·道光朝》序言；耘耕：《一块待开垦的清代法律史料园地》，《现代法学》1991年第3期；张仲仁：《一批宝贵的档案"开花结果"了》，《档案工作》1958年第4期。

⑤ 耘耕：《一块待开垦的清代法律史料园地》，《现代法学》1991年第3期。

第一章　清代四川巴县档案的保存、整理与研究 / 15

案，发表了一些论文，还举办了相关的展览。① 1957 年，四川大学历史系整理发行了《四川大学历史系整理的巴县县政府归档专案目录》。② 就这样，巴县档案的内容与价值才逐渐被世人所知晓。1965年3月，③ 四川省档案馆将巴县档案接收进馆，组织人力开展了裱糊和缩微、编制案卷目录、出版史料、提供利用等一系列的工作。

巴县档案数量巨大，时间跨度长，形式多样，内容丰富，真实反映了清代巴县吏、户、礼、兵、刑、工等各房在履行职责过程中的方方面面。根据四川省档案馆所提供利用的巴县档案目录可知，巴县档案现有政务、农业、工商业、手工业、司法、军事、交通运输、财税、金融、文教卫生、重大事件等 11 个大类。正如伍士谦先生所说的那样，巴县档案是"一座内容丰富的文献宝库"④。

巴县作为清代县级基层政权，在行政管理过程中会与其上级、平级、下级进行频繁的公务联系，而这些公务上的来往联系主要是依靠行文联系建立起来的。也就是说，巴县衙门通过公文与上级、平级、下级建立起双向互通的桥梁和纽带，并借助此纽带完成各项工作的运转。这些公文中既有巴县衙门作为行文主体发出的公文，也有巴县衙门作为受文者收到的其他行文主体发出的公文。首先，巴县衙门与上级的公文来往。巴县通过公文的方式向上级反映情况、汇报工作，上级通过公文了解巴县的治理情况，考察官员的德能功过。巴县档案中保存着相当数量的上行文草稿与定稿，从中可以看出这些公文的形成与修改过程。巴县衙门收到的上级来文主要包括从朝廷、省、道、重庆府层层转发的下行文件，以及重庆府关于巴县所呈上行文的批文。其次，巴县衙门与平级的公文来往。在处理

---

① 张仲仁：《一批宝贵的档案"开花结果"了》，《档案工作》1958 年第 4 期。
② 赵彦昌、苏亚云：《巴县档案整理与研究述评》，载赵彦昌主编《中国档案研究》第 5 辑，辽宁大学出版社 2018 年版。
③ 关于四川省档案馆接收巴县档案的时间也有不同说法，一说为 1965 年 3 月，见《四川省档案馆指南》第 19 页；一说为 1964 年 3 月 13 日，见张仲仁、李荣忠《历史的瑰珍——清代四川巴县档案》，《历史档案》1986 年第 2 期；还有一说为 1956 年，见耘耕《一块待开垦的清代法律史料园地》，《现代法学》1991 年第 3 期。
④ 伍仕谦：《一座内容丰富的文献宝库——巴县档案》，《文献》1979 年第 1 期。

事务尤其是审查案件的过程中，巴县经常需要得到其他州县衙门的支持与协助，因此向平级州县衙门行文也是巴县衙门的一项重要工作。同样，其他州县衙门也会因各种公务需要给巴县发送平行文件。最后，巴县衙门与下级的公文来往。巴县衙门对县域实施管理、进行教化的重要方式就是发布公文，比如发布各类告示传达朝廷以及省、道、府的精神。乡绅、衙役及普通民众也会通过禀、状等形式向衙门反映情况、进行申诉甚至提起诉讼，在处理这些问题的过程中，又形成了一系列的司法档案。巴县衙门在日常管理过程中形成的这些档案，真实而全面地记载了巴县的历史，从中可以看出清代政令下达的流程及其贯彻执行情况，还可以看出平级衙门之间的互动及相互协作情况。

二 巴县档案的价值

在这11万余卷档案中，特别值得一提的是其中数量最大、所占比例最高的司法类档案，共有9.9万余卷，是巴县衙门在审理各类案件过程中保存下来的原始记录，约占巴县档案总数的88%。[①] 巴县司法档案总体包含民事和刑事两大部分，具体涉及内容非常广泛，根据现有的分类体系，共有司法总类、命案、地权、房屋、借贷、欺诈、商贸、凶殴、盗窃、租佃、赌博、烟泥、水运、工矿、宗教、契税、家庭、妇女、继承、移关、其他等小类，具有非常重要的价值。在这些司法档案中，不仅有原告出具的告状、首状、禀状、呈状等告状类材料，还有被告出具的诉状及调解方所出具的息状等材料；不仅有县衙发出的差票、传讯单，还有参加堂审的原告、被告、相关证人等各方当事人的供词以及结案时各方出具的缴状、结状、保状等材料。在案件的受理与审理过程中，有时告状与诉状不断交替进行，甚至可能会发生互为原告的情况。此外，诉讼过程中可能

---

① 四川省档案馆编：《四川省档案馆指南》，中国档案出版社2002年版，第26页。

还会出现差役的禀状，比如涉案当事人因逃逸或病重等原因不能到案参加堂审，关押人在押病重需要保释养病，关押人在押犯病死亡等等。案件中如果出现了人命问题，档案中还会有仵作的验尸报告及其他可能产生的材料。这些材料丰富而细致，细细读来给人以"在场"的感觉，是研究清代法律制度的重要材料。

巴县档案中与婚姻有关的档案约有6000余卷，其中绝大部分属于司法档案中的妇女类别，主要包括童养媳、退悔婚、嫁卖生妻、孀妇再嫁、妇女犯奸、卖娼等内容，是研究清代巴县婚姻关系及其相关问题的第一手史料。2010年2月22日，四川省档案馆选送的"清代四川巴县档案中的民俗档案文献"成功入选第三批《中国档案文献遗产名录》，这份民俗档案就是巴县婚姻档案中测算结婚吉期的"喜课"。下面以巴县婚姻档案为例，对巴县档案的价值进行探讨。

巴县婚姻档案形象生动地反映了夫妻之间、婆媳之间、亲家之间、亲生父母与养父母之间、出嫁女儿与娘家之间以及邻里亲朋之间错综复杂的关系，具有浓郁的地方色彩，是研究清代巴县婚姻家庭关系的第一手史料。通过对清代巴县婚姻档案的研究，可以再现清代四川基层社会的婚姻形态、婚姻关系、社会经济状况、民俗文化、伦理道德结构，对巴县、四川乃至整个基层社会的地方风俗文化和社会、经济关系研究都具有重要的理论价值。虽然这些档案中也可能存在着一些不真实的信息，比如告状人和诉状人在其呈状中所陈述的内容有可能与事实有较大出入，甚至与事实完全相反，但根据原被两造以及相关中证人提供的案情陈述以及堂审时的供词、结案时的保领结状等材料，我们可以对各方所述的真实程度以及所言不实背后的原因及意图有更加深刻的了解和认识。

在记载内容上，巴县婚姻档案可以与相关文献进行互证互补。在《民事习惯调查报告录》中显示，全国有较多地方存在典妻、转房婚、抢婚、招夫养夫、招夫养子等婚姻现象，巴县档案中是否有这类婚姻现象的记载，如果有，是如何记载的？二者之间的记载有何不同？地方志书等文献，其记载与巴县档案相比在详略和内容上又有何异同？

在书写形式上，巴县婚姻档案展示出清代民间诉讼的别样形态。官代书在为当事人书写状纸时，凡提到知县大人多采用双抬甚至三抬的抬头方式，表现出父母官在百姓心目之中具有至高无上的地位。一旦遇到纠纷，他们将希望全寄托在了知县身上，迫切期望知县能为他们伸张正义。从巴县婚姻档案中，还可以看到样式不一的官代书戳记，这些戳记在不同的年代不同的知县会有不同的样式，而且在不同的时期其盖戳的位置也会有一定的差异。

在婚姻习俗上，巴县婚姻档案中呈现出较多与律法规定不一致甚至相背离的情况，而这种背离在当今的社会仍然有所体现。比如，巴县档案中的早婚现象，在今天的部分偏远地区依然存在；巴县档案中的丈夫逼良为娼、纵容卖娼等情况，今天也不能说完全没有。

在司法价值上，从巴县婚姻档案中可以看到知县审断与律法规定之间的差异，这种差异其实就是法律表达与司法实践之间存在的差异和背离。[①] 之所以会有差异和背离产生，原因是多样的，主要与巴县当地的民风民俗民情有关，也与知县的审断理念有关。这些差异主要表现在：知县断案时，并没有严格按照法律的规定来进行，而是将"情理法"三者进行了综合的考虑与运用。尤其体现在对过错人的惩罚上，往往比律法的规定更轻。张晓蓓认为，地方官同时身兼婚姻类细故案件的审判长，相对案件本身，他们更为关注治域范围内家庭是否稳定、地方秩序是否安定。因此在面对婚姻类诉讼时，大都遵循"以和为贵"和"遵礼息讼"的思路，根据案件具体情况进行灵活的审断。[②]

从巴县婚姻档案中，我们发现有较多妇女背夫私逃的案例，不管是被夫家虐待的童养媳，还是被本夫嫁卖的生妻，她们不愿忍受命运的折磨，选择采用私逃这种方式来表达自己的愤怒和反抗。在

---

① 根据里赞的研究，在南部档案光绪年间54件有明确判词的案件中，严格依律而断的仅有3件，占比为5%。见里赞《晚清州县诉讼中的审断问题：侧重四川南部县的实践》，法律出版社2010年版，第123页。这种法律表达与司法实践之间的差异在巴县档案中也有非常明显的体现。

② 张晓蓓：《清代婚姻制度研究》，博士学位论文，中国政法大学，2003年，第7页。

孀妇再嫁的案例中，我们还发现孀妇在夫家娘家均无主婚人的前提下自立文约自主改嫁的情况也为数不少。尽管当时妇女地位还很低下，但已经有部分女性广泛参与到家庭重大事务的决策之中。在诸如房产、土地等大宗交易契约的签订过程中，都能见到女性的身影。尤其是寡妇，夫故后她们承担起家庭的重任，在家庭财产的交易过程中承担起立约者、中证人等多种角色，她们既可能与儿子共同立契，也可能自己独立立契，其中房产和土地等财产的出卖和买入均有涉及。尽管这些案例并不是普遍存在的现象，但预示着清代末年女性的地位和权利已经在逐渐发生变化。

总之，巴县档案内容丰富，"不仅是清代社会生活的生动写照，还是清代地方衙门的活动记录，重大历史事件的重要佐证，清代地方官府文书的珍贵样品"[①]，对研究清代重庆、四川乃至西南地区的政治、经济、文化、司法、军事以及社会活动具有重要的价值，对研究清代中央集权与基层县级政权之间的关系、官府与民众的互动与博弈等问题，也具有独特的价值。

三　巴县档案的整理情况

巴县档案自发现至今，经过了多次整理。巴县档案现有的政务、农业、工商业、手工业、司法、军事、交通运输、财税、金融、文教卫生、重大事件等 11 个大类并不是巴县档案形成时的最初分类体系，而是当年四川大学历史系进行整理的结果。当时的整理是在特定的历史条件下仓促进行的，从而打乱了原有按房进行分类的来源体系，改用事由原则即案卷内容进行分类。这对档案本身来说是一场破坏，因为档案原本的历史联系被打乱，同一来源的档案被人为分割开来，损失很大，也给现有的管理和利用带来了诸多的不便。但在当时的情况之下，能够将巴县档案进行抢救并集中保管起来，

---

① 黄存勋：《清朝地方档案浅议》，《四川档案》1985 年第 1 期。

也不得不说是后人之福了。1965年四川省档案馆接收巴县档案之后，为了最大限度保证档案不再受到损害，已经过重新分类的巴县档案不适合再次打乱重新整理，故四川省档案馆现在依然保持着当初四川大学历史系的分类模式。四川省档案馆接收巴县档案之初，编制了案卷目录9册，裱糊档案90余万张，缩微1058盘67331卷，而且当时还可以对外出售缩微胶卷。① 四川省档案馆对外提供利用巴县档案主要有两种形式：缩微胶卷②和光盘。乾隆朝至宣统朝均有缩微胶卷，乾隆朝至同治朝同时还有光盘可以提供利用，光绪朝和宣统朝目前还没有光盘。出于保护珍贵原件的需要，巴县档案纸质原件已经不再对外提供利用。

因为前期按照事由进行重新分类和整理所带来的影响，再加上藏于破庙之时所遭受的损毁，巴县档案虽然理论上有11.3万余卷，但是残卷较多，类似"天书"③。部分档案只有一份告状材料，也有部分除了告状之外，还有衙门发出的传讯当事人的差票，此外就没有其他材料了。这两种类型的档案只记载了原告的一面之词，无法看到被告人的诉状等相关材料。即使告状内容存在夸大、虚构等现象，也苦于材料的缺乏无法得到印证。尽管这些材料对我们研究清代诉讼制度以及诉讼文书的格式等方面也有一定的作用，但我们无法从其内容叙述中窥见事情的真相，也无法明了当事人各方之间的确切关系。也就是说，这类档案无法给我们讲述一个真实的、完整的故事，其价值不能得到正常的体现，在应有价值基础上有所下降。真正完整的案卷既有原告的告状，也有被告的诉状，甚至原被两造还不止一次地向衙门递交他们的状纸，双方在不断地进行博弈。知

---

① 四川省档案馆编：《四川省档案馆指南》，中国档案出版社2002年版，第19页。目前缩微胶卷已经不能对外出售。

② 巴县档案的缩微制作始于1987年。

③ 关于巴县档案的保存状况，四川省档案馆陈翔也曾提到："巴县档案素以数量众多闻名，但这并不意味着巴县档案卷卷都是完整的。抗战时期，巴县档案藏于重庆市樵坪关帝庙，无人看守，乞丐常以档案当引火之用，损失不小。因此，巴县档案中有许多残卷，无头无尾，难于索解，被同仁戏称为'天书'"。见陈翔《庚帖、喜课与民间婚姻——四川省档案馆所藏巴县婚姻纠纷档案释读》，《中国档案》2008年第7期，第59页。

县受理案件发出差票之后，当事人、中证人等随票赶赴县衙参加堂审，从堂审的记录中我们可以看到整个事情的来龙去脉和知县做出的审断结果。如果一次堂审（初讯）不能解决问题，可能还会有第二次甚至第三次堂审（复讯），每次堂审都会有相应的记录。原被两造及其他当事人对审断结果表示认同，各方还会具结画押。这种类型的案卷故事情节清楚完整，一般都是一案一卷，即使此案今后还有新的状况又产生了新的诉讼，两案也多采用合并为一卷的方式进行立卷归档。因此，从这类故事情节完整的档案中，我们可以了解到当事人各方的关系以及他们之间发生的故事，对我们的研究有着非常重要的作用。巴县档案中故事情节完整、保存又很完好、字迹清晰可辨的档案估计不到总数的十分之一。目前巴县档案还存在如下一些问题：同一案件的档案材料被分散打乱到多个案卷之中，而多个案件的材料又混放在了同一案卷，同一案卷内的档案顺序排列混乱，毫无逻辑关系。这些问题对档案的开发和利用造成了一定的障碍。

目前提供利用的巴县档案中存在着一些错漏之处，利用者在利用档案的时候，要仔细鉴别、认真判断，将遇到的类似问题记录下来，以后在另外的案卷中发现相同的人名和案情时，再将两处的材料进行衔接和对比，才能最终窥得其全貌。在整理工作中，档案部门需要将这些错漏之处进行相关的处理，以方便利用者。而要找到这些错漏之处，需要档案部门充分发挥利用者的积极性，建立与利用者之间的联系，利用者可以随时将发现的问题反馈给档案部门，而档案部门可以在查实之后随即进行相应的处理。日积月累，存在的问题总会越来越少，档案将会最大限度地恢复原来的面貌。一旦有机会进行进一步的整理，这些"冤假错案"将会根据平常收集到的信息进行纠正。即使不能完全纠正，最起码可以在目录中添加备注进行说明，使分散的档案之间建立起相互关联，便于档案的管理和提供利用。其实不仅仅在巴县档案中存在这些错漏问题，浙江龙泉档案也存在一个案件的档案散存在多个案卷，而一个案卷中又包含多个毫不相关的案件的情况。① 浙江大学在整理龙泉档案时，就采取了先以案件为单位将散存档案集中，再按照时间或逻辑顺序进行编排的办法。而在索引目录中增加"卷宗号"与"原卷宗编码"，更是建立起了档案现存状况与其本来面目之间的有机联系。②

将编撰档案史料出版发行，是提供利用工作的重要措施，这不仅可以提升档案馆的工作水平和服务水平，保护清代档案原件，更重要的是还能给档案的利用者尤其是异地利用者带来极大的便利。异地利用者不用再到档案馆实地查找档案，即可以达到查阅和研究的目的。从巴县档案发现至今，共出版如下档案汇编：1.《四川人民反帝斗争档案资料》，四川大学历史系编，四川人民出版社1962年版；2.《四川保路运动档案选编》，四川省档案馆编，四川人民出版社1981年版；3.《四川教案与义和拳档案》，四川省档案馆编，四川人民出版社，1985年；4.《清代乾嘉道巴县档案选编》（上、下），四川大学历史系、四川省档案馆主编，四川大学出版社，（上）1989年，（下）1996年；5.《清代巴县档案汇编·乾隆卷》，四川省档案馆编，档案出版社，1991年；6.《清代四川巴县衙门咸丰朝档案选编》，四川省档案局编，上海古籍出版社，2011年；7.《清代巴县档案整理初编·司法卷·乾隆朝》（一）（二），四川省档案馆编，西南交通大学出版社，2015年；8.《清代巴县档案整理初编·司法卷·嘉庆朝》，四川省档案馆编，西南交通大学出版社2018年版；9.《清代巴县档案整理初编·司法卷·道光朝》，四川省档案馆编，西南交通大学出版社2018年版。

巴县档案出版的这些汇编，对学界的研究发挥了很大的作用。其中，《清代巴县档案整理初编·司法卷·乾隆朝》（一）（二）被列为四川省2013年度重点出版规划项目；2016年出版的《清代巴县档案整理初编·司法卷·嘉庆朝》《清代巴县档案整理初编·司法卷·道光朝》不仅被列为四川省2016年度重点出版规划项目，也是

---

① 浙江龙泉档案中甚至出现了一个案件的档案散存在22个案卷的情况，比巴县档案更为严重。

② 吴佩林：《地方档案整理的"龙泉经验"》，《光明日报》2019年11月14日，第15版。

国家社会科学基金重大项目"清代巴县衙门档案整理与研究"（批准号：16ZDA126）的中期成果。《清代巴县档案整理初编·司法卷·乾隆朝》（一）（二）两册，挑选了自乾隆十八年至乾隆六十年涉及产权、贸易、宗教、家庭、妇女、继承等不同类型的司法档案共60卷、504画幅，所选档案均以案卷为单位进行编排，卷内档案又按照档案形成时间的先后顺序依次排列，相比巴县档案的其他汇编更为科学合理。《清代巴县档案整理初编·司法卷·嘉庆朝》选择嘉庆二年至嘉庆二十三年档案15卷共15个案件，《清代巴县档案整理初编·司法卷·道光朝》选择道光元年至道光三十年档案10卷共10个案件进行汇编，还在每个案件之前增加了"案情导读"，对案件的基本情况进行介绍，对帮助读者了解案件缘由、审判过程及结果等内容具有重要的作用。这几本汇编选择保存较好、形式和内容较有代表性的"卷"而不是"件"为单位进行编排，便于读者了解案情的来由始末，以及清代基层司法的实际运作模式，也有利于发挥档案的最大价值。尽管巴县档案已经出版了如上汇编，但相比最近几年其他地方档案和文献汇编出版的蓬勃之势[1]，巴县档案的汇编还显得零散而不成体系，在汇编的编排方式和编排质量上也是参差不齐、情况各异。在选材内容、编撰方式方法、印刷质量等方面与高水平、高要求的档案汇编还存在一定的差距，尚不能满足利用者的多元化需要。

在报刊公布方面，早在50年代中期，《四川大学学报》《历史研究》《近代史料》等期刊就刊登公布了一些巴县档案中的史料。如：《四川大学报》1956年第1—2期刊登了四川大足教案与四川东乡县

---

[1] 2016年，由南充市档案局、国家清史编撰委员会、黄山书社合作的《清代四川南部县衙门档案》历时4年时间完成并正式公开出版发行，全套308册，每套定价24万元。汇编采用影印出版的方式首次向社会公布了清代四川南部县衙门的全部档案，并荣获国家古籍整理项目一等奖。见《〈清代四川南部县衙门档案〉：中国文献史上的奇迹》，四川新闻网南充频道综合，2016年6月25日。2019年9月，浙江大学历史系与浙江省龙泉市档案馆合作整理的《龙泉司法档案选编》五辑96册全部出版，历时8年，选编案例343个，涵盖1084个卷宗26528件档案。2019年12月，中国政法大学与四川省冕宁县档案局组织编写的《清代冕宁司法档案全编》（第一辑）也得以成功出版，历时8年多，共计5编35卷。

人民抗粮斗争的史料；《历史研究》1956年第2期、第10期分别公布了四川义和团、自立会、刘仪顺的相关档案；《近代史料》1958年第1期公布了余栋臣与四川农民反帝运动的相关史料。① 四川省档案馆于1983—1985年主编的季刊《四川档案史料》公布了巴县档案中有关吏治整顿、土地租佃关系、山货帮、川江铜铅运输等方面的史料。重庆市档案局（馆）于1989—1990主办的季刊《档案史料与研究》，公布了部分巴县档案史料。比如"清末巴县祭祀档案史料选"（1989.3）、"清代四川民俗史料选辑"（1990.4）等。《四川档案》期刊也曾经发布了"鸦片战争中川省各营官兵出师江南抗英档案选辑"（1997增刊）、"巴县档案中保存的嘉庆二十一年禁烟告示"（2010.2）等史料。《中国档案报》刊登了部分巴县档案，比如"四川巴县民俗档案"（2012-2-13）。

综上所述，对巴县档案的整理已经取得了一定的成绩，整理出版专题汇编和综合汇编多种，在报刊公布档案若干，引起了国内外专家学者的广泛关注。尽管如此，对巴县档案乃至所有清代档案的整理仍然还存在着诸多问题，需要进行反思。② 笔者认为，清代档案整理与现代档案的整理有共同之处，应该遵循档案整理的基本原则，即：档案的整理应该充分利用原有的整理基础，保持文件之间的历史联系，便于保管和利用。③ 此外，还需格外注意"高龄档案应当受到尊重"，即在遵循基本原则的基础上，考虑到档案的珍贵性和保存状况，尽量保护档案原件不受损毁，采用数字化扫描的方式进行保存和利用，加大档案汇编的编撰和出版力度，启动数据库的建设和推广，拓宽档案提供利用的方式。

---

① 张仲仁：《一批宝贵的档案"开花结果"了》，《档案工作》1958年第4期。
② 对包括巴县档案在内的清代档案整理进行反思可以参见吴佩林的成果：《近三十年来国内对清代州县诉讼档案的整理与研究》（《北大法律评论》2011年第1期）、《地方文献整理与研究的若干问题——以清代地方档案的整理与研究为中心》[《西华师范大学学报》（哲学社会科学版）2011年第6期]、《地方档案整理何处去——基于清代地方档案整理现状的反思》（《光明日报》2016年4月11日，第11版）。
③ 陈兆祦、和宝荣、王英玮：《档案管理学基础》，中国人民大学出版社2005年版，第95—99页。

四 巴县档案的研究情况

近年来，就四川而言，学界高度关注的最有代表性的地方档案有巴县档案、南部档案、冕宁档案。其中，巴县档案和南部档案都获得了国家社科基金重大项目的立项建设。2011年，以吴佩林教授为首席专家申报的"清代南部县衙档案整理与研究"获得国家社科基金重大项目立项（批准号：11&ZD093），该课题是西华师范大学历史文化学院与南充市档案馆联合申报的，被视为校（院）馆合作的典型。2016年，四川大学陈廷湘教授领衔申报的课题"清代巴县衙门档案整理与研究"也获得了国家社科基金重大项目立项（批准号：16ZDA126）。除国家社科重大项目之外，近几年立项的与巴县档案有关的其他类别的项目也比较多。其中，国家社科基金项目主要有：西南科技大学廖斌主持的"清代四川地区刑事司法制度的变迁与演进——以巴县司法档案为例"（2007年），四川大学谯珊主持的"控制与整合：清代重庆城市管理研究"（2009年），西南政法大学梁勇主持的"移民、国家与地方权势——以清代巴县为例"（2011年）、"近代重庆公局与地方行政变革研究"（2014年），成都大学张晓霞主持的"清代巴县婚姻档案研究"（2013年）、"乾嘉道时期巴县命案中的信息传递与处置能力研究"（2020年），重庆中国三峡博物馆龚义龙主持的"清代巴蜀移民社会研究"（2013年），四川大学周琳主持的"清代州县档案中的市场、商人与商业制度研究"（2014年）。省部级以上项目主要有：西南政法大学梁勇主持的教育部人文社科项目"清代移民社会地方基层制度研究——以巴县客长制为中心"（2007年），湖州师范学院史玉华主持的浙江省哲学社会科学规划项目"清代州县财政与基层社会——以巴县为例"（2007年），中国政法大学李青主持的教育部人文社科项目"清代档案与民事诉讼制度"（2008年），太原师范学院陈亚平主持的教育部人文社科项目"18—19世纪重庆商人的实践历史研究：以巴县档案为中心的考察"（2010年），广东惠州学院魏顺光主持的教育部人文社科项目"清代中期坟产争讼问题研究——基于巴县档案为中心的考察"（2011年），西南政法大学刘熠主持的教育部人文社科项目"清末底层兴学与社会变迁——以四川省为考察对象"（2013年），重庆中国三峡博物馆傅裕主持的重庆市社科规划项目"基于巴县档案的会馆研究"（2014年），四川外国语大学惠科主持的重庆市社科规划项目"重庆府视閾下的近代巴县治理研究（1876—1911）"（2019年）。海外的还有京都大学名誉教授夫马进主持的日本学术振兴会资助项目"『巴縣档案』を中心として見た清代中国社会と訴訟・裁判——中国社会像の再檢討"。

专门以巴县档案为中心的学术会议很少，主要是一些与地方档案与文献、古代史、法律史、文化史、社会史等相关的学术研讨会，也有学者提交与巴县档案有关的论文进行讨论。比如：2012年以来西华师范大学、曲阜师范大学先后举办的五届"地方档案与文献研究"学术研讨会，2012年11月在海南海口举办的中国法律史学会学术年会，2013年8月成都市龙泉驿区人民政府主办的龙泉驿百年契约文化学术研讨会，2013年10月在四川成都召开的第二届巴蜀文化与湖湘文化高层论坛，2015年10月在北京召开的中国优秀传统法文化与国家治理学术研讨会暨庆祝研究院（所/中心）成立三十周年并中国法制史专业委员会年会，2019年4月河南大学法学院主办的"中世纪与近代早期法律治理与国家形成"国际论坛等等学术会议，都有学者提交与巴县档案相关的论文。日本同志社大学文学部成立了巴县档案读书会，该读书会从2010年7月起基本每月举办一次，一直持续至2015年8月。在此期间，主要围绕乾隆朝和同治朝的巴县档案缩微胶片，各自选择史料细读并研讨。①

通过维普期刊平台进行检索，检索截止时间：2021年10月2

---

① ［日］小野达哉编著：《〈巴县档案〉读书会研讨词汇集》，杜金译，载《中国古代法律文献研究》第12辑，社会科学文献出版社2018年版。

日；检索词："巴县档案"或"巴县；档案"，共获得文献总数 148 篇①，从中可以看出对巴县档案进行研究的文献分布时间呈现出先冷后热的态势。2000 年以前共发表 26 篇，其中 1958—1980 年 4 篇，1981—1990 年 11 篇，1991—2000 年 11 篇；2001—2021 年相关文献数量急剧增加，共有 122 篇，其中 2001—2010 年 21 篇，2011—2021 年 101 篇。从这些数据可以看出，2000 年之前学界对巴县档案的关注度不够，2000 年之后对巴县档案的研究呈愈来愈热的势头，尤其在最近的 10 年体现得更为明显。这个趋势与整个学界对地方档案与文献关注程度的变化是一致的。随着"眼光向下"研究范式的流行，再加上如巴县档案、南部档案、冕宁档案、孔府档案、宝坻档案、清水江文书、徽州文书等越来越多的地方档案与文献被大家所熟知，其作为"第一手史料"的价值和功用引起了学界的广泛关注，为学界对基层社会的深入研究提供了可能。

就维普收录的相关论文来看，2000 年以前的 26 篇作者主要是四川省内的专家学者，集中分布在四川省档案馆、四川大学历史系，而四川以外的学者对巴县档案的关注度还不高，研究成果较少。其中，1958—1980 年的 4 篇论文如下：1958 年四川省档案馆张仲仁《一批宝贵的档案"开花结果"了》（《档案工作》1958 年第 4 期）是最早发表的与巴县档案相关的论文，该文对巴县档案的保存、整理及研究情况进行了概况性介绍。1960 年四川大学历史系隗瀛涛《义和团在四川迅速发展的原因及其特点》[《四川大学学报》（社会科学版）1960 年第 2 期]，对义和团运动在四川的发生与发展、四川义和团迅速发展的原因及其特点等方面进行了详细的阐述和论证，主要使用了四川大学藏原巴县档案义和团专卷。1979 年四川大学历史系伍仕谦《一座内容丰富的文献宝库——巴县档案》（《文献》

---

① 需要说明的是，一些论文集和辑刊也会刊载巴县档案的研究论文，如：《四川清代档案研究》（李仕根主编，西南交通大学出版社 2004 年版）、《从诉讼档案出发：中国的法律、社会与文化》（黄宗智、尤陈俊主编，法律出版社 2009 年版）、《明清法律运作中的权力与文化》（邱澎生、陈熙远主编，广西师范大学出版社 2017 年版），还有《地方档案与文献研究》《中国古代法律文献研究》《法律史译评》《法律史评论》《徽学》等等。此处统计的只是维普期刊平台收录的数据。

1979年第1期)、《关于巴县档案》(《中国史研究动态》1979年第4期),对巴县档案的发现、内容、价值等方面进行了较为详细的介绍,被学界广为转载。

2000年以前的研究成果主要出自四川大学历史系和四川省档案馆,省外学者关注度不高,这与巴县档案的保存与流转相关。如前所述,四川大学历史系和四川省档案馆先后承担了对巴县档案的保存和整理工作,对巴县档案进行研究有地利与资料之便利。但需要注意的是,美国学者早在20世纪80年代就认识到巴县档案的重要价值,纷纷到四川省档案馆查阅巴县档案,开展相关研究。1985年至2006年,到四川省档案馆利用巴县档案的外国利用者共1977人次,查阅档案139232卷次,复印67245页。[①]曾小萍早在1986年就发表了利用巴县档案进行研究的论文;白德瑞1994年完成博士学位论文,2000年出版专著;20世纪90年代,唐泽靖彦在四川省档案馆查阅巴县档案长达半年之久;苏成捷1994年完成博士学位论文,2002年出版专著;美国北卡罗来纳州州立大学历史系教授欧中坦主要致力于清代法制史与法律史的研究,分别于1993年、1994年、1996年三次到四川省档案馆查阅巴县档案;美国密苏里大学教授魏达维为研究清代家族的分家问题,于1995年到四川省档案馆查阅巴县档案。[②]之后还有很多的美国中青年学者,如白莎、戴史翠等一直都在利用巴县档案进行研究。从中可以看出,美国学者对巴县档案关注早,研究成果丰硕,其中又尤以黄宗智教授为核心的加州大学洛杉矶校区中国法律史研究群最为集中,代表人物主要有黄宗智、白凯、白德瑞、苏成捷、唐泽靖彦。此外,对巴县档案的研究取得了突出成绩的还有日本学者夫马进所带领的团队。根据伍跃的介绍,2013—2015年,夫马进主持了"以巴县档案为中心所见清代中国社会与诉讼·审判—中国社会像的再认识"的集体研究。团队成员通过影印和购买缩微胶片等方式,比较完整地收集到了巴县档案的乾

[①] 张晓霞、黄存勋:《清代巴县档案整理研究的回顾与思考》,《档案学通讯》2013年第2期。

[②] 朱兰:《"老外"眼中的巴县档案》,《四川档案》1998年第3期。

隆朝、嘉庆朝、同治朝部分，研究成果主要集中在夫马进所编的《中国訴訟社会史の研究》（京都大学学术出版会2011年版，浙江大学出版社于2019年出版了中文本）、《東洋史研究》，74卷3号（特集：「巴縣檔案」に見る清代・會と地方行政），2015年。①

就现有的研究成果来看，研究所涉及的范围和领域非常广泛，主要可以分为以下几个方面。

（一）有关巴县档案文本的文献学、档案学及其他相关研究

1. 对巴县档案基本情况的介绍和研究，包括巴县档案数量、起止时间、保存与整理情况、流转过程、主要内容、重要价值等方面。黄存勋对巴县档案等清代地方档案的作用与价值进行了分析与论证，认为清代地方档案作为清代地方衙门的活动记录，是清代社会生活的生动写照，是重要佐证与珍贵样品。② 相关成果还有：陈代荣《巴县档案今昔》（《档案工作》1984年第4期），张仲仁、李荣忠《历史的瑰珍——清代四川巴县档案》（《历史档案》1986年第2期），马小彬《清代巴县档案拾零》（《四川档案》1986年第2期），耘耕《一块待开垦的清代法律史料园地》（《现代法学》1991年第3期），朱兰《"老外"眼中的巴县档案》（《四川档案》1998年第3期），刘君《镇馆之宝——清代巴县档案》（《四川档案》2000年第1期）、《中国县级地方历史档案之最——清代四川巴县档案概览》（《档案》2000年第3期）、《清代四川巴县衙门档案评述》（2003年在成都举办的海峡两岸档案暨缩微学术交流会发表），陈建明《四川地方历史档案文献述要》［《四川师范大学学报》（社会科学版）2000年第4期］，刘昌福《嬉笑怒骂皆是怨——清代巴县档案中的故事》（《四川档案》2003年第2期），廖晖、游江《清代巴县档案的命运》（《重庆与世界》2004年第5期），雷荣广《清代巴县衙门

---

① 伍跃：《日本学界对明清档案的利用与研究》，载吴佩林主编《地方档案与文献研究》（第五辑），国家图书馆出版社2021年版，第100—113页。

② 黄存勋：《清代地方档案浅议》，《四川档案》1985年第1期。

档案价值探析》（李仕根主编《四川清代档案研究》2004年），张晓蓓、张培田《清代四川地方司法档案的价值评述——以清代巴县、南部县衙门档案为例》（《四川档案》2007年第5期）等等。

2. 对巴县文书工作、档案工作的研究，包括文书机构、文书人员、文书制作与处理，档案的分类、整理、缩微、编研、利用等方面。张永海对巴县衙门承办文书机构的执掌，文书人员的选拔与办公制度，文书处理程序，公文传递，文书档案的保密制度、交接制度、借阅制度等方面进行了论述。① 李荣忠以清代四川巴县、冕宁县等地现存档案为中心进行研究，详细阐述了清代四川各衙门的文书立卷归档工作和档案保管利用工作，并对清代地方档案损毁的原因进行了探究，认为除保管条件简陋之外，国民政府对清代档案不重视也是一个重要的原因。② 郑金刚的著作《文书转述：清代州县行政运作与文字·技术》，以巴县为个案考察了"清代州县在行政、诉讼及基层控制与动员过程中的文书转述现象"，认为"清代州县地方政府实际是通过将文字能力转化为一种行政策略与技术"，从而"以小规模、低成本的行政运作模式实现对广大乡村社会的有效控制与治理"。③ 赵彦昌、王晓晓对巴县档案、黄岩诉讼档案等为代表的清代诉状进行了探讨。④ 王睿嘉对2010—2019年清代档案汇编的编纂成就进行了梳理和分析，其中涉及巴县档案的编纂问题。⑤ 相关成果还有：沐洲《全国重点档案应提供复制件利用——从利用清代巴县档案说起》（《四川档案》1990年第1期）、《整理清代地方历史档案应根据实际情况进行分类——从清代巴县档案分类谈起》（《档案文荟》1991年第3期），刘君《清代巴县档案编研工作概述》（《历史档案》1995年第2期），冯宁、魏小波《清代巴县档案缩微工作回顾》（《四川档案》2006年第4期），

---

① 张永海：《巴县衙门的文书档案工作》，《档案学通讯》1983年第Z1期。
② 李荣忠：《四川清代档案工作研究》，《档案学通讯》1989年第1期。
③ 郑金刚：《文书转述：清代州县行政运作与文字·技术》，人民出版社2016年版。
④ 赵彦昌、王晓晓：《清代诉状探微》，《档案》2020年第7期。
⑤ 王睿嘉：《2010—2019年清代档案汇编编纂成就解析》，《兰台世界》2020年第6期。

葛勇《谈清代巴县档案司法文种》(《四川档案》2006年第4期)，雷荣广《明清档案中的抬头与避讳》(《四川档案》2006年第6期)等等。

3. 对巴县档案语言、文字、称谓等方面的研究。唐泽靖彦早在20世纪90年代就开始利用巴县档案研究清代中晚期的司法语言问题，他着重对原始口供到成文供状之间所发生的变化进行探讨。① 常建华以刑科题本、巴县档案为基本资料，对清乾嘉时期四川地方职役的名称和用语进行了统计和分析，发现巴县档案中以保甲、乡约较为常见，而刑科题本中以约邻最为常见。② 重庆大学龚泽军及其指导的研究生从语言学的角度对巴县档案进行了较为深入的研究。龚泽军认为，巴县档案中以"卖"为构词语素所构成的复音词多达32个，对这些词语进行研究具有十分重要的意义与价值。他还对巴县档案中俗字的价值进行了研究。③ 赵茜对乾隆年间巴县档案中的词汇进行了研究。④ 张嘉楠以《清代四川巴县衙门咸丰年间档案选编》为研究对象，将其中的俗字进行收集和分类，总结出咸丰年间巴县档案俗字的特点，并对其研究价值进行了评价。⑤ 刘金霞对诉讼文书中"蚁"的称谓进行了探讨。⑥ 西华师范大学杨小平、倪荣强、张锦雨等对巴县档案中的俗字和俗语词进行了研究。⑦

---

① [日] 唐泽靖彦：《从口供到成文记录：以清代案件为例》，载 [美] 黄宗智、尤陈俊主编：《从诉讼档案出发：中国的法律、社会与文化》，法律出版社2008年版，第80—107页；《清代的诉状及其制作者》，《北大法律评论》2009年第1期。
② 常建华：《清乾嘉时期四川地方行政职役考述——以刑科题本、巴县档案为基本资料》，《清史论丛》2016年第1期。
③ 龚泽军：《基于巴县档案看地方档案在汉语词汇研究中的价值——以"卖"为构词语素为例》，《重庆师范大学学报》(社会科学版) 2019年第3期；龚泽军、张嘉楠：《巴县档案所见俗字之价值述略》，《西华师范大学学报》(哲学社会科学版) 2019年第5期。
④ 赵茜：《乾隆年间巴县档案词汇研究》，硕士学位论文，重庆大学，2017年。
⑤ 张嘉楠：《咸丰朝巴县档案俗字研究》，硕士学位论文，重庆大学，2018年。
⑥ 刘金霞：《低到尘埃里的称谓"蚁"》，《四川档案》2019年第2期。
⑦ 倪荣强、杨小平：《〈清代巴县档案〉俗字考释五则》，《文山学院学报》2021年第2期；杨小平、张锦雨：《清代巴县档案俗语词释义六则》，《四川文理学院学报》2021年第3期。

（二）有关基层社会治理的研究

1. 对川东道台、巴县县官、书吏、差役、乡保、团练、客长、里正等问题的研究。苟德仪主要依据巴县档案，对清代川东道台与地方政治之间的关系进行研究，认为川东道台在地方政治中的作用并非仅是监察和观察，而是常常卷入地方司法、教育、税收、社会治安、对外事务等各类实际政务中。① 王亚民以乾隆朝巴县档案为中心，对巴县知县的乡村管理问题进行了探讨，认为"繁"与"难"是巴县知县乡村管理的特征。② 李荣忠对清代巴县衙门书吏与差役的执掌、员额、经济收入、舞弊作恶行为及其产生的原因进行了探讨，认为书差之害是清朝灭亡的一个重要因素。③ 美国学者白德瑞认为巴县的书吏和差役具有"非正当的正当性"，是衙门正常运作中不可缺少的非正当的正当科层制人员，颠覆了人们对清代县衙吏役的刻板印象。④ 日本同志社大学小野达哉以清末巴县户房胥吏谭敏政为研究中心，对县衙胥吏阶层的活动轨迹和行为模式进行了细致的考察，认为谭敏政最终成为乡绅，"是众多胥吏努力出人头地的一个小小缩影"。⑤ 刘君对清前期巴县的城市工商业者差役制度进行了探讨。⑥ 张恒以乾嘉道巴县档案为中心，对清前中期的法制状况、惩恶与治吏的状况进行了分析和评价，他认为乾嘉道时

---

① 苟德仪：《川东道台与地方政治》，中华书局2011年版。苟德仪相关研究成果还有：《清代道台衙门的书吏与差役——以川东道衙为考察中心》，《历史档案》2012年第2期；《川东道台与地方政治——以黎庶昌为个案的分析（1891—1895）》，《四川师范大学学报》（社会科学版）2012年第2期。

② 王亚民：《从乾隆朝巴县档案看知县对乡村的管理》，《历史档案》2014年第2期。

③ 李荣忠：《清代巴县衙门书吏与差役》，《历史档案》1989年第1期。

④ Bradly W. Reed, *Talons and Teeth: County Clerks and Runners in the Qing Dynasty*, California: Stanford University Press, 2000.（［美］白德瑞：《爪牙：清代县衙的书吏与差役》，尤陈俊、赖骏楠译，广西师范大学出版社2021年版）；［美］白德瑞：《"非法"的官僚》，载黄宗智、尤陈俊主编《从诉讼档案出发：中国的法律、社会与文化》，法律出版社2008年版，第43—79页。

⑤ ［日］小野达哉：《清末巴县胥吏谭敏政》，薛云虹、吴佩林译，《四川大学学报》（哲学社会科学版）2020年第2期。

⑥ 刘君：《清前期巴县城市工商业者差役初探》，载李仕根主编《四川清代档案研究》，西南交通大学出版社2004年版。

期对各个行业"除恶"的规定是细致的,对官吏的惩治条例是严厉的。① 梁勇对客长制的兴起、客长的任免与职责、客长制与保甲制的关系进行了论述,认为客长是具有移民社会特质的地方基层管理人员;他还对嘉庆、咸丰时期巴县团首与客长及团正内部的矛盾进行了描述,认为团正改变了乡村社会既有的权力结构,是清代中期巴县乡村团练的实际领导者。此外,梁勇还以巴县档案为主要史料,对清代四川夫马局、经征局的创建及运作实态,晚清公局与州县行政改革,晚清州县委员会与官僚行政等问题进行了探讨。② 陈亚平对巴县乡约、保长、客长等在基层社会管理中的实际状况及其对基层社会秩序的作用、功能、局限性进行了探讨,对黄宗智所提出的"第三领域"理论进行了评价。③ 日本大阪经济法科大学伍跃认为巴县档案中所见的乡约并不是"乡村自治"的代表者,乡约已经逐步变成了为行政服务的职役,甚至具有了某种行政组织的特征,其本来面目是"准官吏"和"在民之役"。④ 严新宇、曹树基以清代乾嘉道巴县档案为基础,对乡保制的产生、作用及功能进行了论述,认为乡保制是一种半官方的地方管理机制,是在清代地方官吏队伍不足的情形下应运而生的。严新宇还提出,清中叶之后巴县坊厢的保正之职可以出租、出卖甚至合伙承充,其广泛的利益空间吸引了很多人投身其中,使该职成为一种与衙役高度相似的职

---

① 张恒:《重庆乾嘉道惩恶治吏研究——以清巴县档案为中心》,硕士学位论文,重庆大学,2014年。

② 梁勇:《清代四川客长制研究》,《史学月刊》2007年第3期;《团正与乡村社会的权力结构——以清代中期的巴县为例》,《中国农史》2011年第2期;《清末四川经征局的设置与州县财政改革》,《华中师范大学学报》(人文社会科学版)2018年第2期;《清代四川夫马局简论——侧重于巴县》,《西南政法大学学报》2019年第5期;《晚清公局与州县行政改革——以巴县为例》,《中国高校社会科学》2020年第2期;《晚清州县委员与官僚行政——以巴县为例》,《社会科学研究》2020年第6期。

③ 陈亚平:《清代巴县的乡保客长与地方秩序——以巴县档案史料为中心的考察》,《太原师范学院学报》(社会科学版)2007年第5期;《清代巴县的乡保、客长与"第三领域"——基于巴县档案史料的考察》,《中西法律传统》2009年。

④ [日]伍跃:《"在民之役":巴县档案中的乡约群像——近代以前中国国家统治社会的一个场景》,载《中国古代法律文献研究》第10辑,社会科学文献出版社2016年版。

业，表现出任职长期化、朋党化等特征。①孙明以清末巴县档案为重点，对乡里首人的身份与形象、乡场与四川团练运行机制、团练局绅的生涯与人生意态进行了考察。②谯珊以重庆团练与地方权力结构为视角，对晚清官绅政治进行了探讨。③张晗以巴县保甲法为例，对保甲制度政治参与的模式进行了分析，并对清代基层社会治理进行了探究。④金玉峰重点研究了巴县的里正。⑤李妍祺对巴县里甲分布情况进行了分析和探讨。⑥凌鹏以清代咸丰朝巴县木洞镇为例，探究传统地方治理的多层结构，论述巡检司、团约、士绅以及知县在地方治理中的不同作用。同时，他也对清代中后期巴县地区"团"的社会性特征进行了探讨。⑦

2. 对消防管理、治安管理、公共工程、救生救济等公共事务管理问题的研究。张洁梅以巴县档案和《巴县志》为基础，对清代重庆的消防进行了探讨，重点分析了重庆火灾甚多的原因以及救火力量、救火器具、组织水源、救火之道等多个方面，总结出重庆消防工作的特色。⑧丁小姗以巴县档案为主要史料，对清代城市消防管理进行了研究，从救济、增大消防管理力度和灾后管理机制的变化三个方面对晚清重庆消防管理及其变化进行了探讨，认为随着面向整

---

① 严新宇、曹树基：《乡保制与地方治理：以乾嘉道时期巴县为中心》，《史林》2017年第4期；严新宇：《职业化差役：清中叶以后的巴县坊厢保正》，《清史研究》2017年第4期。

② 孙明：《局绅的生涯与人生意态——以清末四川团练局绅为重点》，《北京大学学报》（哲学社会科学版）2018年第1期；《清代四川乡职身份良贱之两歧——以团保首人为重点》，《近代史研究》2018年第2期；《乡里首人的"刁劣"污名与风俗之坏——以清末巴县档案中的案例为重点》，《中国社会经济史研究》2018年第2期，《乡场与晚清四川团练运行机制》，《近代史研究》2020年第3期。

③ 谯珊：《晚清官绅政治与帝国崩解——以重庆团练与地方权力结构为视角》，《中华文化论坛》2019年第1期。

④ 张晗：《清代社会控制下的政治参与——以巴县保甲法为例》，硕士学位论文，西南政法大学，2018年。

⑤ 金玉峰：《清末巴县档案里的"里正"》，《四川档案》2019年第2期。

⑥ 李妍祺：《清代巴县里甲分布情况探析》，硕士学位论文，西南大学，2015年。

⑦ 凌鹏：《中国传统地方治理的复杂结构——以清代咸丰朝巴县档案为例》，《社会治理》2019年第2期；《清代中后期巴县地区"团"之社会性特征——以〈巴县档案〉相关案件为史料》，《求索》2020年第6期。

⑧ 张洁梅：《谈清代重庆消防》，载李仕根主编《四川清代档案研究》，西南交通大学出版社2004年版。

个社会服务的公共消防组织水会局的出现，城市公共事务管理迈上了一个新的台阶。① 梁勇认为，清代重庆火灾防控机制经历了从官方主导到官民合办的演变过程，清代重庆火灾防控设备也得到了提升，但重庆火灾防控效果却并没有达到预期，还在一定程度上加重了民众的负担。② 杨发源认为清代中前期地方城市的治安管理取得了一定的成就，但清中叶之后各种治安问题层出不穷，警察制度的出现推动了城市治安管理的现代化。③ 杨宇振利用巴县档案，通过探讨清代重庆城垣维修的财政来源与社会运作，对大型公共工程项目与政府和地方社会之间的关系进行了讨论。④ 惠科以巴县档案为中心，对重庆的水火灾害与地方救济活动进行了考察，对重庆的水上救生事业、恤老育婴救济事业进行了研究。⑤

3. 对人口、移民、赋税征收、会馆、慈善等问题的研究。徐学初、刘文杰依据已公开出版的巴县档案，对清中叶四川地区人口自然构成中的家庭规模和男女性别比例进行了探索，认为与官修史志相比，巴县档案中有关人口自然构成状况的记载更原始，更丰富细致。⑥ 清代各省移民迁入巴蜀大地，人口数量骤增，龚义龙以巴县档案为重要史料，从移民的择业、行业经营与移民产业、古老行业扩大经营规模与移民佣工三个方面细致地论述了清代巴蜀地区缓解人口压力的途径：或深入山区开垦土地，或经营各行各业，或佃耕和

---

① 丁小姗：《清代城市消防管理研究》，硕士学位论文，四川大学，2006年；《初探晚清重庆消防管理及其变化——以光绪二十年火灾灾后管理为视角》，《社会科学家》2007年6月增刊。

② 梁勇：《从官方主导到官民合作：清代重庆火灾防控机制的演变》，《中华文化论坛》2019年第4期。

③ 杨发源：《清代地方城市治安管理研究——以重庆为中心》，硕士学位论文，四川大学，2006年。

④ 杨宇振：《大型公共工程、国家与社会：清代重庆府城城垣维修》，《城市地理》2012年第A1期。

⑤ 惠科：《清代重庆育婴慈善活动的历史考察——以育婴堂为中心》，《重庆第二师范学院学报》2020年第6期；《清代重庆的水火灾害与地方的救济活动考察——以巴县档案为中心》，《三峡大学学报》（人文社会科学版）2021年第2期；《晚清重庆城的恤老救济事业考察》，《牡丹江师范学院学报》（社会科学版）2021年第2期；《近代长江上游城市重庆的水上救生事业探赜——以巴县档案为中心》，《西华师范大学学报》（哲学社会科学版）2021年第4期。

⑥ 徐学初、刘文杰：《从巴县档案看清中叶四川地区的人口自然结构》，《中共成都市委党校学报》2007年第3期。

佣工，并提出这可能是巴蜀地区小商小贩、小手艺人、佣工数量巨大的历史根源。[1] 李仕根依据巴县档案和《巴县志》，论述了明末清初赋税和劳役的具体情况及其产生的影响。[2] 史玉华考察了清代巴县田赋和契税征收的实际运作过程，认为在赋税征收问题上，基层社会"更多地依赖书吏、差役、乡绅等非正式国家行政人员"，"清代国家对基层社会的控制体现了正式性与非正式性的统一"。[3] 小野达哉以"抬垫"为例，对清末巴县农村地区的赋税包揽与诉讼之间的关系进行了探讨。[4] 清代巴县是一座移民城市，会馆很多。史玉华考察了重庆八省会馆的形成，会馆在厘金、斗捐、水捐、差费等捐税征收中的作用，对会馆与政府的相互关系进行分析。[5] 梁勇在博士学位论文基础上出版的著作《移民、国家与地方权势：以清代巴县为例》勾勒了"清代巴县基层社会权力结构的发展历程"，讨论了"不同时期巴县城乡社会的治理模式"，内容涉及移民社会、保甲制度、啯噜、客长、庙产兴学、八省会馆等多个方面。[6] 谯珊认为，清代中国的城市管理仍以官府治理为主，重庆八省会馆等民间组织的自治实质是"专制下的自治"，与西方中世纪的"城市自治"有明显的不同。[7] 傅裕以巴县档案中江南会馆光绪三十三年（1907）的账本作为研究中心，对江南会馆的经费收支情况和经营状况、管理模式等问题进行探讨，还对会馆的信仰、社会功用、慈善活动的经

---

[1] 龚义龙：《试析清代巴蜀地区的人口压力及其缓解途径》，《中国经济史研究》2012年第1期。

[2] 李仕根：《从巴县档案看明末清初的赋役及其产生的影响》，载李仕根主编《四川清代档案研究》，西南交通大学出版社2004年版。

[3] 史玉华：《赋税与基层社会控制——以清代巴县为个案的考察》，《嘉兴学院学报》2010年第2期。

[4] ［日］小野达哉：《清末巴县农村地区的赋税包揽与诉讼之关系——以"抬垫"为例进行探讨》，凌鹏译，载周东平、朱腾主编：《法律史译评》第5卷，中西书局2017年版。

[5] 史玉华：《会馆与政府的互动关系——兼论清代巴县的八省会馆》，《四川档案》2007年第3期。

[6] 梁勇：《移民、国家与地方权势：以清代巴县为例》，中华书局2014年版；《清代重庆八省会馆初探》，《重庆社会科学》2006年第10期；《清代重庆八省会馆》，《历史档案》2011年第2期。

[7] 谯珊：《专制下的自治：清代城市管理中的民间自治——以重庆八省会馆为研究中心》，《史林》2012年第1期。

费来源及具体的慈善活动进行论述。① 梁勇、周兴艳以巴县至善堂为例，对至善堂的经费来源及具体善行进行了探讨，认为至善堂的善行已经超越了移民的团体，其影响力逐渐从移民群体转向整个巴县，进入到地方社会的权力结构之中，成为社区救助的中心。② 肖斌对清末民初重庆的慈善事业进行了探讨，认为当时重庆民间的慈善事业在办善思想与善举方面具有较强的独立性，现代特征已经凸显。③ 刘杨以巴县会馆为中心，考察了清代重庆地区商业兴盛的原因、会馆的商业性功能以及会首在会馆商业性功能发挥中起到的作用。④ 傅裕以巴县档案为基础史料，对重庆三忠祠的创建、更名等问题进行考察，发现三忠祠与同乡和同乡组织之间有着极为紧密的联系。⑤

4. 对清末新政、啯噜匪、禁政、教会等问题的研究。陈显川以巴县档案为中心，对清末新政时期四川统一度量衡改革及地方的回应进行了探讨。他认为清末度量衡的改革与地方习惯存在明显冲突，再加上改革历程漫长，加剧了民间对度量衡改革的不适应，在特定的时空内遭到来自民间的抗拒。此外，他还对清末新政时期巴县应对改革的态度与目的、县长形象的构建等问题进行了探讨。他认为基层官民对清末新政改革的认识更多是基于自身具体利益的判断，新政时期州县官员努力构建自我形象，突出自己在新政中的贡献，以获得良好的名誉和晋升的机会。⑥ 陈显川以

---

① 傅裕：《清末江南会馆经营状况初探——以巴县藏光绪三十三年档案为研究中心》，《重庆师范大学学报》（社会科学版）2016年第3期；《会馆信仰及其社会功用——以清代重庆九省会馆为考察对象》，《重庆第二师范学院学报》2016年第5期；《清末以来重庆地区会馆慈善活动初探——基于巴县档案的研究》，《长江文明》2016年第4期。

② 梁勇、周兴艳：《移民、善堂与地方权力机构——以清代巴县至善堂为例》，载吴佩林、蔡东洲主编《地方档案与文献研究》（第一辑），社会科学文献出版社2014年版。

③ 肖斌：《清末民初重庆民间慈善事业研究》，硕士学位论文，四川大学，2007年。

④ 刘杨：《清代重庆地区会馆商业性功能研究——以巴县为考察中心》，硕士学位论文，重庆师范大学，2016年。

⑤ 傅裕：《重庆三忠祠——以巴县档案为基础史料的考察》，《长江文明》2019年第2期。

⑥ 陈显川：《清末新政时期四川统一度量衡改革及地方的回应——以巴县档案为中心》，《农业考古》2017年第3期；《清末新政时期巴县应对改革的态度与潜在目的——以巴县档案为中心的考察》，《成都大学学报》（社会科学版）2017年第5期；《"制造"县长：县长形象构建与地方的清末新政——以巴县档案为中心》，《兰台世界》2017年第7期。

巴县档案为中心，重点考察了两金川战争时期的啯噜匪，他认为金川战争时期四川兵力被大量抽调，地方上原来的缉匪系统难以正常运作，因此各地啯噜匪患变得更加严重，他还对当时巴县的社会生活状况进行了考察。① 龚义龙以巴县档案与巴蜀古籍为依据，认为啯噜这个社会群体的成分十分复杂，乞丐、水手、过路人以及其他失业者在官府眼中都有啯噜的嫌疑。② 史玉华以巴县档案为中心，对私盐的种类和主要表现形式、私盐对清代四川社会所造成的影响进行了探讨，特别指出清代四川私盐盛行的原因主要在于利益的驱使、特殊的地理条件以及缉私人员的玩忽职守。③ 张洪林认为，清代四川私盐难禁的最根本原因是私盐的利益所在，官盐的垄断所形成的利差使得各种利益主体参与博弈，破坏了法律构筑的禁私体系，而利益主体除官吏外，还有消费者和走私集团两个重要主体。④ 陈倩也根据巴县档案对清代四川私盐问题进行了研究。⑤ 高龙基于巴县档案、南部档案，对清末四川的硝政改革与官硝店的设立和运营情况进行了考察，认为硝政的改革侵害了多种群体的利益，因此官硝遭到抵制，私硝和缉私问题大量涌现。⑥ 刘君根据巴县档案，从天主教入川与四川禁教、天主教在四川的初步发展、重庆开埠后外国教会势力的迅猛发展三个方面对清代四川外国教会进行了梳理与论述。⑦

（三）有关土地租佃、农田水利、庙产的研究

1. 对租佃关系的研究。李映发运用巴县档案对清代前期、中

---

① 陈显川：《以巴县档案为中心考察两金川战争时期的啯噜匪》，《兰台世界》2012年第3期；《清代金川战争时期巴县社会状况的考察——以巴县档案为考察中心》，《西南农业大学学报》（社会科学版）2011年第11期。

② 龚义龙：《清代巴蜀"啯噜"性质研究——以〈清代巴县档案〉与巴蜀古籍为依据》，《湖北民族学院学报》（哲学社会科学版）2012年第3期。

③ 史玉华：《从〈巴县档案〉看清代四川的私盐问题》，《滨州学院学报》2005年第2期。

④ 张洪林：《清代私盐难禁之法律缘由考析——以四川为例》，《学术研究》2012年第2期。

⑤ 陈倩：《从〈清代巴县衙门档案〉看清代四川私盐问题》，《兰台世界》2020年第4期。

⑥ 高龙：《清末四川硝政改革与官硝店的运作——基于巴县、南部县档案的考察》，《社会科学前沿》2020年第1期。

⑦ 刘君：《清代四川外国教会述论》，《历史档案》2002年第4期。

期重庆地区农田租佃关系中的押佃作用、地租形态、"顶打"转租现象、当出佃转关系、永佃权的争夺等重要问题进行了论述。① 美国学者曾小萍利用巴县档案研究清代中期四川的土地租佃权问题，早在1986年就发表了相关的论文。② 凌鹏以清代同治时期巴县档案为材料，对租谷纠纷中"欠租""揩租""骗租""抗租"的具体概念进行了解读，并对同治时期巴县当地"主客关系"的含义及其对于租佃关系各个侧面的具体影响进行了讨论，还通过清代巴县的"减租"习俗讨论了中国传统社会中习俗、法律与社会之间的关联。③

2. 对农田水利的研究。王晓晖以清代乾嘉道时期的巴县档案为中心，梳理了档案中争夺水源进行农业灌溉的诉讼材料，以及水利设施所有权记录、分水规则、用水执照、塘堰名录等相关记载。④ 蔡群以巴县档案和地方志为中心，对清代中期巴县农田水利资源的开发与管理问题进行探讨。⑤

3. 对庙产的研究。从清末延续至民国的"庙产兴学"运动，对乡村社会权利网络造成了冲击，也对"庙产"原有的管理者佛教团体产生了很大的影响。梁勇以巴县档案为基本史料，对"庙产兴学"过程中地方权势的演变过程进行了探讨，并对巴县"庙产兴学"过程中地方官的积极推动、佛教团体的态度及反应进行了讨论。⑥ 吴欣从僧道对庙产的处置权、舍主及绅民对僧道寺观产业处置权的干预以及地方官对僧道庙观产业管理权的剥夺几个方面进行论述，展示

---

① 李映发：《清代重庆地区农田租佃关系中的几个问题》，《历史档案》1985年第1期。
② Madeleine Zelin, "The Rights of Tenants in Mid-Qing Sichuan: A Study of Land-Related Lawsuits in the Baxian Archives", *Journal of Asian Studies*, vol. 45, No. 3 (May 1986), pp. 499–526.
③ 凌鹏：《清代巴县农村的租佃实态——"抗租"、"骗租"与"主客关系"》，载《中国古代法律文献研究》第10辑，社会科学文献出版社2016年版；《习俗、法规与社会——对清代巴县地区"减租"习俗的法律社会史研究》，《四川大学学报》（哲学社会科学版）2020年第1期。
④ 王晓晖：《清代乾嘉道巴县档案所见水事问题研究》，《兰台世界》2014年第29期。
⑤ 蔡群：《从地方文献看清中期巴县农田水利资源的开发与管理——以〈巴县档案〉和地方志为中心》，《人文世界》第7辑，贵州大学出版社2016年版。
⑥ 梁勇：《清末"庙产兴学"与乡村权势的转移——以巴县为中心》，《社会学研究》2008年第1期；《从〈巴县档案〉看清末"庙产兴学"与佛教团体的反应》，《宗教学研究》2011年第4期。

出了官、民、僧道之间判与罚、背离与合作的相互关系。①

（四）有关工商业的研究

1. 对行帮的研究。四川大学冉光荣较早开始关注这一问题，他依据巴县档案，重点探讨了清代前期重庆行会对工商业发展的抑制作用。但他同时提出"工商业者的先天不足，反过来又影响了中国近代经济的正常、健康发展"。② 陈亚平以巴县档案为中心，重点探讨了18—19世纪巴县行帮与国家在城市地方社会建构中的作用，还对重庆商人组织的名称和概念进行了统计和分析。他认为，当时的重庆商人组织既"积极谋求官府的认可""与官府相互依存"，同时"也深怀商人社会特有的对城市公共生活的秩序理想""对城市社会秩序建设发挥着决定性作用"。③ 龚义龙梳理了清代巴县行会行规、官府与行会的关系，分析了"牙贴"的顶补与世代相传、租佃、典当等工商业经营权继替形式，认为行会经营权是可以流转的，因此行会的封闭性和排他性是相对的。④ 周琳认为，咸丰至光绪时期的重庆牙行虽然有诸多贪渎害商的行为，但他们仍是官府最可信赖的市场力量。她对巴县档案中的70个行帮公产纠纷案例进行了分析和讨论，发现官府既会在经济、社会比较稳定的前提下保护行帮公产，也会在面对财政压力和形势突变的时候剥夺行帮公产。她还对清代重庆外来工商业者的流动规模、内部构成进行了统计和分析。⑤ 邱澎

---

① 吴欣：《清代寺庙产业纠纷中的国家与社会——以档案与判牍资料为例》，《中国社会历史评论》第七卷，天津古籍出版社2006年版。

② 冉光荣：《清朝前期重庆行会简析》，载李仕根主编《四川清代档案研究》，西南交通大学出版社2004年版。

③ 陈亚平：《18—19世纪的市场争夺：行帮、社会与国家——以巴县档案为中心的考察》，《清史研究》2007年第1期；《清代商人组织的概念分析——以18—19世纪重庆为例》，《清史研究》2009年第1期；《寻求规则与秩序：18—19世纪重庆商人组织的研究》，科学出版社2014年版。

④ 龚义龙：《在封闭与开放之间：从清代巴县工商业经营权继替惯例对行会特性的理解》，《长江师范学院学报》2012年第7期。

⑤ 周琳：《征厘与垄断——〈巴县档案〉中的晚清重庆官立牙行》，《四川大学学报》（哲学社会科学版）2015年第5期；《产何以存？——清代〈巴县档案〉中的行帮公产纠纷》，《文史哲》2016年第6期；《清代重庆的工商业移民——依据〈巴县档案〉的研究》，载吴佩林、蔡东洲主编《地方档案与文献研究》（第一辑），社会科学文献出版社2014年版。

生以清代前期巴县司法档案与契约文书为主要史料，对重庆船运纠纷及其解决机制进行研究。① 张渝以巴县档案为主要史料，对清代中叶巴县地方政府对重庆水运、牙行业、脚夫的管理进行了分析和论述，认为清代巴县地方政府在商业秩序构建方面发挥了非常重要的主导作用。② 周琳和刘之杨还专门讨论了清代重庆行帮组织中的脚夫。周琳重点考察了乾隆至同治时期重庆脚夫组织的演变历程和暴力行为方式的由来，并对这一时期重庆脚力业的产权规则进行了探讨，③ 刘之杨则重点分析了清代中期重庆脚夫的横向分类、纵向层级以及他们的权能与义务。④ 日本学者山本进《清代巴县的脚夫》，从商业和流通方面探讨了清代脚夫的存在形态。⑤ 林红状依据巴县档案、方志等地方文献，对清代重庆船行埠头设立、弊病等问题进行了考察，并分析船行埠头制度变迁所隐含的政治、经济和社会环境因素。⑥

2. 对工商业合伙的研究。李玉以巴县档案为中心，归纳和总结了中国传统合伙制的特征：基本将人合放在首位，契约至高无上，股份均一的原则基本体现，所有权与经营权基本不发生分离，债务共偿原则。⑦ 谢晶主要依据巴县档案中的合伙诉讼材料，对晚清巴县工商业合伙秩序的概貌、秩序的形成与维护等问题进行探讨，她认为这一秩序的稳定与完善都只是相对的，最终这一秩序走向瓦解，

---

① 邱澎生：《国法与帮规：清代前期重庆城的船运纠纷解决机制》，载邱澎生、陈熙远主编《明清法律运作中的权力与文化》，广西师范大学出版社2017年版。
② 张渝：《清代中叶巴县地方政府与巴县商业秩序的构建》，《重庆大学学报》（社会科学版）2009年第3期。
③ 周琳：《殴斗的逻辑——乾隆至同治时期重庆的脚夫组织》，《清史研究》2018年第3期；周琳、马冉：《产权的嬗变：乾隆至同治时期重庆的"脚力生意"》，《中国经济史研究》2020年第2期。
④ 刘之杨：《传统城市中的货运业：清代重庆脚夫的类型与权责分担——以巴县档案为考察中心》，《法大研究生》2017年第2期。
⑤ 转引自［日］泷野正二郎《2000年日本史学界关于明清史的研究》，张玉林译，《中国史研究动态》2002年第10期。
⑥ 林红状：《从地方文献看清代重庆的船行埠头》，《图书馆工作与研究》2012年第3期。
⑦ 李玉：《从巴县档案看传统合伙制的特征》，《贵州师范大学学报》（社会科学版）2000年第1期。

被从西方舶来的近现代合伙以及公司制度全盘取代。她还对合伙所有权的取得与变更、合伙的执行及执行人的义务、合伙事务的决定权与监督权进行了讨论,认为晚清巴县合伙的所有权与经营权基本没有发生分离,还没有自发演变为近现代企业制度的迹象。①

3. 对商贸、绅商、商业秩序及商业制度的研究。冉光荣以巴县档案为中心,对清代前期重庆的店铺经营问题进行探讨,发现重庆店铺经营完全处于行会控制之下,没有主动地位。经营规模小,经营内容多为日常生活用品。②范金民对巴县档案中工商人户承应官府差事的诉讼材料进行研究,发现清代重庆的牙行、铺户等都需要承应官差,在官府的全力支持和维护下,行商铺户可以承差为名垄断经营、把持价格,承差与把持互为表里。③陈亚平对咸同时期巴县绅商进行了研究,发现大量参与城市公共活动的巴县绅商已经成为城市居民中特殊的社会群体,在保卫地方、基层社会秩序构建中扮演重要的角色。④许檀对乾隆至道光年间重庆城市经济的发展特点,特别是重庆作为西南地区重要流通枢纽的地位和作用进行了探讨。⑤张渝以《清代中期重庆的商业规则与秩序——以巴县档案为中心的研究》为题撰写了博士学位论文,并在此基础上出版了专著。专著以清代巴县司法档案与契约文书为主要研究资料,对清代中期重庆行会习惯法的发展及其变迁、地方政府于民间商业社会构建行会习惯法的种种努力等问题,进行了全面的探讨。⑥谷井阳子《清代中期重庆的商业界及其秩序》一文,以清代重庆的商业纠纷案例为中心,

---

① 谢晶:《没有法律的秩序:晚清巴县工商业合伙研究》,硕士学位论文,中央民族大学,2012年;《中国传统工商业企业的所有权与经营权:以晚清四川巴县合伙为例》,载《清华法律评论》第7卷,清华大学出版社2014年版。
② 冉光荣:《清代前期重庆店铺经营》,载李仕根主编《四川清代档案研究》,西南交通大学出版社2004年版。
③ 范金民:《把持与应差:从巴县诉讼档案看清代重庆的商贸行为》,《历史研究》2009年第3期。
④ 陈亚平:《咸同时期的巴县"绅商"——以清代巴县档案为中心的考察》,《近代史学刊》2007年第4辑。
⑤ 许檀:《清代乾隆至道光年间的重庆商业》,《清史研究》1998年第3期。
⑥ 张渝:《清代中期重庆的商业规则与秩序:以巴县档案为中心的研究》,中国政法大学出版社2010年版。

对商业秩序中人际关系的实态与得失进行了探讨。① 付春杨对巴县档案中的工商业纠纷进行了梳理，主要包括合伙纠纷、雇佣纠纷、消费纠纷、工商业竞争、牙行纠纷、合同纠纷、经营权纠纷等九个方面，并对地方政府裁断这些纠纷的规则进行了归纳和总结。② 美国加州理工学院戴史翠一直致力于清代巴县商业纠纷的研究，对商业债务纠纷与国家建构、新政改革等问题进行了探讨。③ 梁勇认为清代重庆公估局的成立有助于维持正常的商贸秩序，体现了局绅为主导的公局在地方公共事务中的积极作用。④ 马超然对清代中后期重庆的商税包揽及其变迁问题进行了探讨。⑤ 周琳通过对重庆商业制度和商人群体的研究，发现清代重庆的商业发展水平可能并不像之前估计得那么高，政治权力才是影响商业制度更具决定性的因素。⑥

4. 对集市、场镇、矿产开采、交通、邮政、货币等问题的研究。常建华以巴县档案和刑科题本为基本资料，对清代乾嘉时期四川的赶场活动与场市的兴建、组织与管理等问题进行了探讨。⑦ 龚义龙对清代巴蜀场镇的社会功能进行了探讨，认为"场镇是居民买卖活动的集散地，也是人们社会生活的中心地，还是官方进行社会控制的重要地方"。⑧ 惠科以重庆为例，对近代长江上游城市的博览会活动进行了考察。⑨ 关于矿产的开采问题，风水影响论较为流行，王晓飞、张朝阳通过对乾嘉道时期巴县档案中矿产纠纷案件的分析，

---

① 转引自［日］冈本弘道《2015年日本学界的明清史研究》，阿风编译，《中国史研究动态》2017年第6期。

② 付春杨：《清代工商业纠纷与裁判：以巴县档案为视点》，武汉大学出版社2016年版。

③ ［美］戴史翠：《超越法律阴影：晚清重庆的商户债务纠纷、国家建构与新政破产改革》，黄艺卉译，载周东平、朱腾主编《法律史译评》第5卷，中西书局2017年版。

④ 梁勇：《清代重庆公估局与地方商贸秩序》，《西华师范大学学报》（哲学社会科学版）2020年第2期。

⑤ 马超然：《商人、牙行与书吏：清中后期重庆城的商税包揽及其变迁》，《清史研究》2021年第2期。

⑥ 周琳：《商旅安否：清代重庆的商业制度》，社会科学文献出版社2021年版。

⑦ 常建华：《清代乾嘉时期的四川赶场——以刑科题本、巴县档案为基本资料》，《四川大学学报》（哲学社会科学版）2016年第5期。

⑧ 龚义龙：《清代巴蜀场镇社会功能研究》，《长江师范学院学报》2017年第1期。

⑨ 惠科：《近代长江上游城市的博览会活动考察——以重庆为例》，《乐山师范学院学报》2021年第2期。

发现影响巴县矿产资源开发的决定性因素并不是风水，而是经济利益，"风水仅仅是当事人用来维护社会秩序和经济利益的一种手段"。① 张永海、刘君以巴县档案为主要材料，对清代京运过程中铜铅出入川江的转运组织制度、规模、运价及历史作用进行了探讨，张永海还对清代巴县的邮政传递工作进行了考察。② 蓝勇依据巴县档案、清实录、内阁大库档案等多种资料，对沉溺铜铅打捞程序及水摸水手盗卖铜铅的基本情况进行了研究。③ 惠科对清末重庆的货币改革进行了探讨。④

（五）有关司法问题的研究

1. 对刑事司法制度的研究。廖斌、蒋铁初考察了巴县档案中刑事案件的受理情况，认为官府对刑事案件和民事案件受理的态度存在区别，对刑事案件的态度很积极。他们还以巴县司法档案为主要文献支撑，对清代四川地区的刑事司法制度进行了深入而系统的研究。廖斌通过对巴县档案中刑事案件裁断的考察，认为司法理论对刑事案件的事实认定更加强调证据的重要性，以发现真实为最高追求；而司法实践表明刑事案件的事实认定更加偏重口供，以判决稳定性为最高追求。⑤ 日本京都大学教授寺田浩明以巴县同治年间的命案为研究对象，重点考察了清代州县档案中的命案处理实态。⑥ 崔彦超以咸丰年间巴县档案中的盗窃犯罪案件为中心，对盗窃案的报案

---

① 王晓飞、张朝阳：《利益、治安与风水：清代巴县档案中的采矿纠纷》，《西华师范大学学报》（哲学社会科学版）2017年第5期。
② 张永海、刘君：《清代川江铜铅运输简论》，《历史档案》1988年第1期；张永海：《论清代巴县邮政传递工作》，载李仕根主编《四川清代档案研究》，西南交通大学出版社2004年版。
③ 蓝勇：《清代京运铜铅打捞与水摸研究》，《中国史研究》2016年第2期。
④ 惠科：《晚清地方政府与新式货币的推广研究——以巴县档案所见重庆为例》，《临沂大学学报》2021年第1期。
⑤ 廖斌、蒋铁初：《清代州县刑事案件受理的制度与实践——以巴县司法档案为对象的考察》，《西南民族大学学报》（人文社科版）2008年第5期；廖斌、蒋铁初：《清代四川地区刑事司法制度研究：以巴县司法档案为例》，中国政法大学出版社2011年版；廖斌：《论清代刑事案件裁判事实的获得路径——以巴县衙门司法档案为基础的分析》，《甘肃政法学院学报》2011年第2期。
⑥ ［日］寺田浩明：《清代州县档案中的命案处理实态：从"巴县档案（同治）"命案部分谈起》，陈宛妤译，《台湾东亚文明研究学刊》2009年第2期。

和查勘,盗贼的缉捕和看押,盗窃案的传唤、保释和处置结果等问题进行了分析。①

2. 对民事诉讼问题的研究。李青依据清代四川巴县、河北宝坻、四川冕宁、陕西紫阳、台湾淡新档案,同时参考黄岩档案,对档案中的民事案件进行了数据分析和法理分析,概括出了清代民事诉讼制度的内容与特点。② 张渝以巴县档案为基础,对清代重庆商业诉讼审理的依据、行规在诉讼审理中的地位进行研究,发现清代重庆的商业诉讼"仍然需要依循律例的相关规定",但是在律例没有明文规定的情况之下,"地方的商业惯例和商人团体制定的行规是审理的主要依据"。③ 魏顺光以巴县档案为中心,结合地方志、家谱和其他史料,对清代中期坟产争讼问题进行了较为系统的研究。他认为,坟产争讼不同于一般的民事纠纷,还涉及产权问题、风水信仰问题和宗族观念问题,可以从清代中期的坟产争讼来透视一幅有关清代文化、法律和社会的多维画卷。他还依据巴县档案中的坟产讼案,对清代民事法源问题进行了探讨,他认为应该从"法律多元"的视角来考量清代的民事法源问题,既不是黄宗智的"严格依律判决",也并非滋贺秀三的"依据情理"进行"教谕式的调解"。④ 日本学者小野达哉《清末巴县乡村的税收包揽与诉讼的关系》一文,重点对清末巴县档案中垫付赋税的诉讼案件进行了考察,揭示了包揽的实态。⑤ 杨丹、郭伟彦以乾隆年间巴县档案中的租佃纠纷和婚姻纠纷案件为中心,对清代民事诉讼的过程、结案方式、判决依据等问题进

---

① 崔彦超:《咸丰年间巴县盗窃案中刑事司法运作研究》,硕士学位论文,河南大学,2019年。
② 李青:《清代档案与民事诉讼制度研究》,中国政法大学出版社2012年版。
③ 张渝:《清代重庆的商业诉讼及其审理》,《重庆师范大学学报》(社会科学版)2009年第3期。
④ 魏顺光:《清代中期坟产争讼问题研究——基于巴县档案为中心的考察》,博士学位论文,西南政法大学,2011年;《清代民间社会中的坟产管理》,《重庆理工大学学报》(社会科学版)2013年第6期;《清代的民事法源问题再探析——以巴县档案中的坟产讼案为中心》,《湖南警察学院学报》2013年第3期。
⑤ 转引自[日]冈本弘道《2015年日本学界的明清史研究》,阿风编译,《中国史研究动态》2017年第6期。

行了探讨。① 惠科对晚清巴县档案中的华洋诉讼案件进行考察，探讨了华洋诉讼产生的历史语境、华洋诉讼的主要形态以及巴县的审理和裁断，从中了解到近代中国地方司法运作的实态。他还重点对20世纪初重庆发生的一起华洋版权纠纷案进行了探讨。② 廖光平以巴县档案中的不孝纠纷案为基础，对清代孝治在民事诉讼中的体现进行分析，认为巴县地方官对不孝案件极为重视，注重对不孝行为的惩戒，同时努力维持现有家庭伦理关系。③

3. 对民间调解问题的研究。陆娓以巴县档案、黄岩档案为例，对清代乡里调解制度进行了剖析，认为乡里调解制度"因其调解人的权威性和亲近性以及解决纠纷的快速性和便捷性而深受民众的肯定""已发展成为由基层社会乡村教化与治安维护机构为主体的稳定的调解模式"，她还试图对清代乡里调解的理性与经验进行反思与总结。④ 梁勇通过对清代重庆商业纠纷及其调处机制的分析，认为当时重庆"社区、亲邻的调处能力不及商帮、会馆的调处能力"，而这种现象与清代重庆移民社会的特点紧密相关，"正式的司法审判通过多种形式介入百姓的日常生活之中"。⑤ 魏顺光以巴县档案中的110件坟产争讼案件为中心，对诉讼中的民间调处进行分析，认为民间调处是除官府审断外最为主要的救济方式，在化解社会纠纷和构建社会秩序中发挥了重要的作用，今天依然可资借鉴。⑥ 胡谦以巴县档案、曲阜孔府档案、徽州文书为基础，对清代

---

① 杨丹、郭伟彦：《清代民事诉讼若干问题浅论——以〈乾隆卷〉中的租佃纠纷、婚姻案件为中心》，《智能城市》2016年第12期。
② 惠科：《晚清重庆华洋诉讼与地方司法初探——以巴县档案为中心的考察》，《西南大学学报》（社会科学版）2018年第3期；《近代重庆中英"版权"诉讼案研究——以巴县档案为中心》，《重庆师范大学学报》（社会科学版）2021年第2期。
③ 廖光平：《清代巴县诉讼中的孝治》，硕士学位论文，东北师范大学，2018年。
④ 陆娓：《明清乡里调解制度研究》，硕士学位论文，南京师范大学，2007年；《清代乡里调解制度研究——以"黄岩档案"与"巴县档案"为例》，《求索》2013年第11期；《必也使无讼乎：清代乡里调解的理性与经验——以巴县档案为素材》，《原道》2015年第25辑。
⑤ 梁勇：《清代移民社会商业纠纷及其调处机制：以重庆为例》，《重庆社会科学》2010年第2期。
⑥ 魏顺光：《清代坟产争讼中的"民间调处"——以巴县档案为中心的考察》，《江汉论坛》2013年第4期。

民事纠纷民间调处的内容、社会基础、基本程序、影响因素及有效性和局限性等问题进行了探讨,并对清代重庆工商团体的纠纷调处机制进行了考察。①

4. 对诉讼风气和诉讼制度的研究。清代社会的诉讼风气到底是"无讼""厌讼""畏讼"还是"健讼",关于此问题学界一直还有争论。魏顺光对清中期巴县档案中的"藉坟滋讼"案件进行考察,发现从现有的史料中很难得出确切的结论,能够确定的是儒家所提倡的"无讼"主张同基层实际情况存在一定的差距。他还通过坟山风水争讼案件来透视中国传统法律文化,认为风水争讼具有特殊性和代表性,对此问题的研究于今天的司法实践依然有借鉴和参考的意义。②京都大学夫马进提到清代同治年间巴县的诉讼"不论质或量都很惊人",他对巴县的健讼之徒何辉山这个典型个案及何辉山与知县之间的司法权冲突进行了分析,认为"凭团理剖"实际上是一种"裁判式调解"。③日本大阪经济法科大学伍跃通过对巴县档案同治朝一个赌博类案例的考察和研究,发现中国传统社会是高唱着"无讼"理念的诉讼社会,"无讼"只是一种永远的"理想","无讼"的理念与"健讼"的现实并存。④汪雄涛以巴县档案为中心,对清代纠纷解决机制中国家与个人的角色进行探讨,认为清代的州县诉讼其实是以"无讼"之名行"压制性诉讼"之实,国家与个人都在这种"压制性诉讼"中深陷困境、力不从心。⑤柳岳武、蒲欢以巴县档案所见堰塘争水讼案为中心,认为清代巴县水案充分暴露出清

---

① 胡谦:《清代民事纠纷的民间调处研究》,博士学位论文,中国政法大学,2007年;《纠纷与秩序:清代重庆工商团体纠纷调处机制》,《石家庄学院学报》2012年第4期。
② 魏顺光:《清代中期的"藉坟滋讼"现象研究——基于巴县档案为中心的考察》,《求索》2014年第4期;《从清代坟山风水争讼透视中国法律文化之殊相》,《江西社会科学》2013年第3期。
③ [日]夫马进:《清末巴县"健讼棍徒"何辉山与裁判式调解"凭团理剖"》,瞿艳丹译,载《中国古代法律文献研究》第10辑,社会科学文献出版社2016年版。
④ [日]伍跃:《必也使有讼乎——巴县档案所见清末四川州县司法环境的一个侧面》,载《中国古代法律文献研究》第7辑,社会科学文献出版社2013年版。
⑤ 汪雄涛:《清代州县讼事中的国家与个人——以巴县档案为中心》,《法学研究》2018年第5期。

代巴县社会"健讼"风气之盛。① 对诉讼制度的研究主要包括抱告制度、官代书制度等方面。张晓霞以巴县档案为中心,对清代抱告制度的规定和实际运行状态进行了探讨,并以南部档案、紫阳档案、冕宁档案、黄岩档案为对照,对清代各个时期巴县档案官代书戳记的样式以及在状纸中的位置进行了论述。② 吴佩林、邓建鹏依据巴县档案、南部档案、淡新档案、黄岩档案等多种地方档案,对官代书制度进行了探讨。③

(六) 有关社会文化生活、教育等方面的研究

1. 对妇女、婚姻、家庭关系等问题的研究。尹怀炯根据巴县档案中人口买卖的相关记录,对清代巴县的奴婢制度进行了分析。④ 梁勇根据巴县档案的卖妻案件记录,认为清代巴县的丈夫并不能随意卖妻,如果不经过妻子娘家同意将妻子嫁卖,就会被妻子娘家追问、斥责,一旦告到衙门,地方官会对卖妻人进行惩罚。⑤ 张志军也对巴县档案中的嫁卖类别和原因进行了探讨,认为清代巴县的县官是反对嫁卖妻子的。⑥ 陈翔对巴县婚姻档案中的庚帖、喜课及婚姻关系进行了介绍。⑦ 张晓霞对 6000 余卷巴县婚姻档案进行系统梳理和研究之后认为,巴县婚姻档案很有特色,具有非常重要的史料价值,分别对童养媳、退婚、休妻与嫁卖生妻、孀妇再嫁、犯奸、契约文书

---

① 柳岳武、蒲欢:《清代巴县水案与地方健讼研究——以〈巴县档案〉所见堰塘争水讼案为中心》,《西南大学学报》(社会科学版) 2021 年第 1 期。
② 张晓霞:《清代抱告制度在州县民事诉讼中的实践——以清代巴县档案为中心的考察》,《成都大学学报》(社会科学版) 2017 年第 4 期;《清代巴县档案中的官代书戳记》,《档案学通讯》2019 年第 2 期。
③ 吴佩林:《法律社会学视野下的清代官代书研究》,《法学研究》2008 年第 2 期;邓建鹏:《清朝官代书制度研究》,《政法论坛》2008 年第 6 期。
④ 尹怀炯:《简述清代巴县的奴婢制度》,载李仕根主编:《四川清代档案研究》,西南交通大学出版社 2004 年版。
⑤ 梁勇:《妻可卖否?——以几份卖妻文书为中心的考察》,《寻根》2006 年第 5 期。
⑥ 张志军:《何以嫁卖?——从乾嘉道巴县 36 份嫁卖案例说起》,《西华师范大学学报》(哲学社会科学版) 2019 年第 3 期。
⑦ 陈翔:《庚帖、喜课与民间婚姻——四川省档案馆所藏巴县婚姻纠纷档案释读》,《中国档案》2008 年第 7 期。

中的女性等问题进行了探讨。① 台湾政治大学李清瑞以巴县档案的拐案记录为中心，辅以中央档案中的拐案记载、地方县衙的审判制度和地方档案中的非拐案记录等资料，集中剖析了清代乾隆年间四川拐卖妇女的案件及所反映出来的各种社会问题。② 赵青娟也以巴县档案为中心，对清代拐卖妇人案件的法律规定及实践进行了研究。③ 杨毅丰以巴县档案为基础，对四川妇女改嫁原因、特点以及由此而引起的财产纠纷进行了论述。④ 高钊对咸丰朝巴县婚姻离异的类型进行了探讨，提出基层长官判案时并不一定与中央律法条规一致，具有较强的灵活性。⑤ 刘艳丽以巴县档案、徽州文书等材料为中心，对清代妇女的法律地位进行了探析，认为清代妇女的地位依然非常卑微。⑥ 周彦冰对清代巴县妇女尤其是已婚妇女在家庭中的权益和地位进行了分析。⑦ 刘欢欢以巴县档案和南部档案为基本材料，对清代下层妇女离家出走现象进行了专门考察。⑧

美国学者对婚姻与妇女的问题关注早，研究也很深入，其中最有代表性的是黄宗智、白凯、苏成捷等人的成果，均利用了大量巴

---

① 张晓霞：《清代巴县婚姻档案史料价值探析》，《兰台世界》2013 年第 19 期；《清代巴县孀妇的再嫁问题探讨》，《成都大学学报》（社会科学版）2013 年第 2 期；《清代巴县档案中的 54 例犯奸案件分析》，《中华文化论坛》2013 年第 8 期；《清代巴县档案中的"休妻"与"嫁卖生妻"》，《甘肃社会科学》2014 年第 2 期；《契约文书中的女性——以龙泉驿百年契约文书和清代巴县婚姻档案为中心》，《兰州学刊》2014 年第 8 期；《清代童养媳现象探析——以巴县档案为中心》，《成都大学学报》（社会科学版）2017 年第 3 期；《清代退婚文约之特点及真实性探讨——以巴县档案为例》，《成都大学学报》（社会科学版）2019 年第 1 期；《清代巴县婚姻档案研究》，中华书局 2020 年版。

② 李清瑞：《乾隆年间四川拐卖妇人案件的社会分析——以巴县档案为中心的研究（1752—1795）》，山西教育出版社 2011 年版。

③ 赵青娟：《清代拐卖妇人案件的法律规定及实践——以〈巴县档案〉为中心的研究》，《青海师范大学学报》2020 年第 6 期。

④ 杨毅丰：《巴县档案所见清代四川妇女改嫁判例》，《历史档案》2014 年第 3 期。

⑤ 高钊：《咸丰朝巴县地区婚姻离异现象研究——以〈清代四川巴县衙门咸丰朝档案选编〉为中心》，《乐山师范学院学报》2014 年第 6 期。

⑥ 刘艳丽：《浅谈清代妇女社会地位——以清代巴县档案为视角的考察》，《商品与质量》2012 年 S6 期。

⑦ 周彦冰：《清代巴县妇女的权利研究》，硕士学位论文，广西师范大学，2015 年。

⑧ 刘欢欢：《清代下层妇女离家出走现象考察——基于巴县、南部县档案的研究》，硕士学位论文，中国人民大学，2015 年。

县档案。其中，黄宗智《清代以来民事法律的表达与实践》（法律出版社 2014 年版）三卷本之《法典、习俗与司法实践：清代与民国的比较》中对清代妇女婚姻奸情进行论述，其中用到了从巴县和宝坻县搜集的 131 件清代婚姻奸情类档案。白凯《中国的妇女与财产：960—1949》（上海书店出版社 2007 年版）使用了 1760 年代至 1850 年代的巴县档案，以及宝坻县档案、台湾地区淡水分府新竹县档案、江苏太湖厅档案等 5 个不同司法辖区的档案。苏成捷利用巴县档案对性、妇女、婚姻等问题进行研究，专著《中华帝国晚期的性、法律和社会》使用巴县档案 500 件，在学术界获得极高的评价。他还专门对清代底层社会的一妻多夫婚姻尤其是"招夫养夫"现象和卖妻交易进行了研究，认为不管是一妻多夫还是卖妻，都是贫穷所引发的一种生存策略。[①] 日本学者也对清代巴县档案中的妇女诉讼问题有所研究。日本关西学院大学文学部水越知以同治朝巴县档案为中心，对清末的夫妇诉讼与离婚问题进行了探讨。[②] 日本东京外国语大学臼井佐知子以巴县档案、徽州文书、太湖厅（理明府）档案、顺天府档案为基本材料，对清代妇女诉讼涉及的范围进行了分析，认为"妇女作为原告的案例，主要集中在承继、家产、夫妻纠纷和债务等方面"。[③]

2. 对民俗、文化、医疗卫生、教育等问题的研究。魏顺光对清代地权变动中的"卖地留坟"习俗、"坟禁"习俗进行了探讨。[④] 陈翔认为巴县档案中的民俗档案非常有特色，对民俗档案的定义、价

[①] Matthew H. Sommer, *Sex, Law, and Society in Late Imperial China*, California: Stanford University Press, 2000.；《性工作：作为生存策略的清代一妻多夫现象》，载［美］黄宗智、尤陈俊主编《从诉讼档案出发：中国的法律、社会与文化》，法律出版社 2008 年版，第 111—139 页；《清代县衙的卖妻案件审判：以 272 件巴县、南部与宝坻县案子为例证》，载邱澎生、陈熙远主编《明清法律运作中的权力与文化》，广西师范大学出版社 2017 年版。

[②] ［日］水越知：《清代后期的夫妇诉讼与离婚——以同治年〈巴县档案〉为中心的研究》，海丹译，载周东平、朱腾主编：《法律史译评》第 5 卷，中西书局 2017 年版。

[③] ［日］臼井佐知子：《从诉讼文书来看清代妇女涉讼问题》，载《徽学》第 9 卷，合肥工业大学出版社 2015 年版。

[④] 魏顺光：《清代地权变动中的"卖地留坟"问题研究——侧重于巴县档案的考察》，《河北法学》2013 年第 9 期；《清代土地权利中的"坟禁"习俗探析——基于巴县档案为中心的考察》；《甘肃政法学院学报》2013 年第 3 期。

值进行了述评,并统计出巴县民俗档案共有 287 件 1.8 万卷,主要包括会馆行帮章程、婚葬礼仪、宗族条规、赡养继承、宗教等内容。① 傅裕以巴县档案为基础,对清代重庆人的饮食习惯和饮食爱好进行了研究。② 蓝鹰等人利用巴县档案和地方志,对四川清音的源起与形成进行了探讨。③ 李泽民根据巴县档案,对清末四川彩票发售的背景、时间、形状及内容等问题进行了研究和考证。④ 龙伟以巴县档案、《刑案汇览》、清《申报》中有关医疗纠纷的记载为文本,对清代医疗纠纷的基本特征和处理逻辑进行探讨,发现州县多为民事性赔偿,而中央则"明显偏向于打击挑战正统的异端邪术,力图防范宗教、巫术等透过医疗市场可能给中央王权带来的潜在危害"。⑤ 惠科考察了 1908 年重庆的霍乱,探讨了各方力量对这次烈性传染病的态度以及采取的应对措施。他还对巴县档案中晚清重庆的牛痘接种和街道卫生清洁活动进行了考察,重点关注地方政府所扮演的角色及发挥的作用。⑥ 四川省档案馆刘严付对清代重庆教育问题关注较早,他根据巴县档案,对重庆地区新学教育的发展、办学模式和经费来源等问题进行了简要的探讨。⑦ 苟德仪依据巴县档案,重点考察了黎庶昌在川东道台任内创办与管理洋务启蒙学堂之事。⑧ 刘熠一直

---

① 陈翔:《清代巴县民俗档案评述》,载李仕根主编《四川清代档案研究》,西南交通大学出版社 2004 年版;《定格的民俗镜头——巴县档案中的民俗档案文献简介》,《山西档案》2011 年第 5 期;《清代四川别样的民俗"画卷"——清代四川巴县档案中的民俗档案文献掠影》,《中国档案报》2019 年 12 月 27 日。

② 傅裕:《清代重庆人饮食谈趣》,《红岩春秋》2018 年第 6 期。

③ 蓝鹰、周伟、牛会娟:《也论四川清音的源起与形成——从清代巴县官府档案管窥清音的蛛丝马迹》,《四川戏剧》2016 年第 9 期。

④ 李泽民:《清末四川彩票》,载李仕根主编:《四川清代档案研究》,西南交通大学出版社 2004 年版。

⑤ 龙伟:《清代医疗纠纷的调解、审理及其特征》,《西华师范大学学报》(哲学社会科学版)2016 年第 6 期。

⑥ 惠科:《疾病与社会:清季重庆城的霍乱应对——基于巴县档案为中心的考察》,《西华师范大学学报》(哲学社会科学版)2019 年第 3 期;《权力与日常生活:晚清重庆的种痘防疫与环境卫生活动探赜》,《中医药文化》2019 年第 4 期。

⑦ 刘严付:《清重庆地区的新学教育》,载李仕根主编《四川清代档案研究》,西南交通大学出版社 2004 年版。

⑧ 苟德仪:《黎庶昌与重庆洋务启蒙学堂》,《遵义师范学院学报》2011 年第 6 期。

致力于清末四川学堂的研究，以巴县档案、南部档案为主要史料，对清末四川基层书院改办学堂的历程、晚清私塾与学堂的对立、私塾的整饬与晚清改革等问题进行了系统的论述。① 对清代重庆书院的兴衰、流变等问题进行研究的还有唐旭、吴洪成等。② 惠科对重庆地方政府的报刊出版活动和兴学活动进行了考察和研究。③

结　　语

巴县档案从1953年发现，距今已有近70年时间，虽然已经出版了部分汇编，也有了相当数量的论文和著作，但相比巴县档案庞大的数量和丰富的内容，目前对巴县档案的整理和研究都还有很大的挖掘空间。而整理和出版的汇编数量与研究成果的数量与质量之间又存在着必然的联系。毕竟，能每天耗在档案馆里摘抄资料的人是非常少见的，大部分人需要通过档案汇编提供的史料对巴县档案进行研究，目前已有的汇编显然还不能完全担负此重任。就最近几年出版的乾隆朝、嘉庆朝、道光朝三朝四本汇编来看，采取了彩色影印的方式最大限度再现了档案的原貌，并且按"卷"的逻辑顺序进行了编排，并给收录的每一个案件编写了"案情导读"，相比而言已经是非常大的进步。但就选择的档案内容来看，这四本汇编涉及三朝，却仅仅收录了85个案卷④。虽然这几本汇编对于读者了解巴县档案内容、形式和价值具有非常重要的作用，但学界最需要的还

---

① 刘熠：《官府与民间的离合：清末四川基层书院改办学堂的历程》《学术月刊》2016年第8期；《虚实之间：晚清私塾与学堂之争——以四川省为例的考察》，《江苏社会科学》2018年第1期；《转变中的官府：清末四川整饬私塾与晚清改革》，《学术研究》2018第9期。

② 唐旭：《清代重庆书院的兴衰与流变》，《重庆师范大学学报》（社会科学版）2015年第4期；吴洪成、郭春晓：《清代重庆书院探析》，《南昌师范学院学报》（社会科学版）2017年第1期。

③ 惠科：《近代重庆地方政府的报刊出版活动》，《兰台世界》2020年第9期；《晚清重庆地方政府的兴学活动考察——以巴县新式学堂为例》，《西华师范大学学报》（哲学社会科学版）2020年第6期。

④ 前面曾经提到的《龙泉司法档案选编》涵盖1084个卷宗26528件档案。

是系统的成套的涉及更多案卷内容的汇编。更何况到目前为止，同治、光绪、宣统三朝还没有档案汇编问世，而这三朝档案数量占巴县档案总数的57.4%。① 无论如何，对巴县档案进行成套汇编已经迫在眉睫，这既是当前学术研究"眼光向下"背景下应该加强基层社会研究的需要，更是新时代档案文献服务于科学文化研究的需要。有了成套的汇编出版，将会为研究者提供更大的便利，对巴县档案的研究必将会更加深入而细致。

就研究成果而言，目前并没有形成各学科领域集中深入研究的状况，大都是零敲碎打，各自为战。基于自己兴趣进行局部研究的多，对巴县档案整体进行全面研究的少；研究主题分布极不平衡，有的领域还很少有人涉猎；缺少科学系统的研究体系和研究规范，需要进行统一规范和指导。② 再加上专门基于巴县档案的学术会议很少，学界的交流和对话做得还很不够，尤其中外学界的沟通与互动还有进一步加强的必要。在研究某一个具体问题时，因档案数量浩大，研究者在收集资料时不能做到穷尽所有档案，因此，在这种情况下基于部分档案得出的研究结论可能并不客观，甚至还会存在盲人摸象的情况。有学者提出这样的担忧：对同一问题的研究可能会因为研究者所收集的资料并不重叠而得出完全相反的结论。这个担忧是有一定道理的，这种现象也是有可能存在的。针对此问题，张勤认为，对反映某一问题的所有资料进行普选，当然是最好的办法，但是难度也是很大的；对这些材料进行概率抽样调查，将抽样的结果推论到所有材料，虽然没有普查结论精准，但也能够在一定程度上降低误差；个案调查只能反映某一个"点"，不能反映"面"。因此，将能展示"面"上广度的普查和抽样方法跟反映"点"上深度的个案方法结合起来，才是利用司法档案进行研究的

---

① 张晓霞、黄存勋：《清代巴县档案整理研究的回顾与思考》，《档案学通讯》2013年第2期。
② 赵彦昌、苏亚云：《巴县档案整理与研究述评》，载赵彦昌主编《中国档案研究》第5辑，辽宁大学出版社2018年版。

可取之道。①

　　针对目前存在的这些情况，对巴县档案的进一步整理和研究迫切需要进行一些改变，笔者认为开展校馆合作是比较切实可行且有效的办法。前面曾经提到，西华师范大学与四川南充市档案馆合作进行南部档案的整理与研究、中国政法大学与四川冕宁县档案馆合作进行冕宁档案的整理与研究、浙江大学与浙江龙泉市档案馆合作进行龙泉档案的整理和研究都是成功的案例。校馆合作，发挥各自优势、互利共赢是新时代档案工作和高校学术研究共同的需求。四川省档案馆可以借鉴以上成功的例子，与川内高校合作，集合各学科领域的专家学者，对巴县档案进行系统的整理与研究。充分利用现代科学技术，对巴县档案全文数字化，建立数据库，进行数据的开发与共享，弥补按事由原则整理所带来的弊端。多借鉴其他地方档案与文献汇编出版的经验和教训，尽快出版成套的、系统的、涵盖更多内容的高水平汇编，为学界提供研究的素材和资料。由高校和档案馆共同牵头，定期举办相关的学术研讨会，进行跨学科的对话和交流，相互合作，共同推进巴县档案的系统整理和研究工作，多出成果，多出精品，使得巴县档案的研究进入一个崭新的阶段。学术研讨会不仅仅局限于国内学者，还需要多邀请一些国外的相关学者参加探讨，尤其美国、日本等国对巴县档案颇有研究的学者，展开中外学界的对话和交流，在研究方法、研究内容、研究思路等方面相互学习，共同探讨，共同进步。"随着可利用的档案史料的价值与数量不断增加，一方面利用这些史料，弄清细节，以推进研究的深入。另一方面，如何推进整体历史形象的反馈，如何认定问题与研究潮流，还有很多探讨的余地。这两方面都非常重要，而不能有所偏废。"②

---

　　① 张勤：《探询实践中的中国法精神——档案利用与清代州县司法研究之回顾及前瞻》，《中国法律史学会成立30周年纪念大会暨2009年会学术论文集》。
　　② ［日］冈本弘道：《2015年日本学界的明清史研究》，阿风编译，《中国史研究动态》2017年第6期。

第二章 清代四川南部档案的保存、整理与研究

20世纪80年代以来，明清地方性官府档案的整理与研究取得了令人瞩目的学术成就。这些地方档案种类齐全、内容丰富，涉及政治、经济、法律、教育、社会、民族等各个方面。其中既有国家下发的有关国家大政方针的文件，省及省以下机关上呈国家的相关文件及平行机关抄存文件，更有基层政权各机关及民间团体直接处理民间事务的大量记载，对民间层面的反映相当全面。① 在档案学、文献学、文物学、历史学、法学、政治学、语言学、经济学、宗教学、教育学等学科日益纵深和跨学科的研究中，其价值越来越受到学者们的重视。这在很大程度上得益于档案的开放与整理，以及学界对档案的基本属性及其价值取得了越来越多的共识。② 但在地方档案整理与研究过程中，面临着"整理质量参差不齐""档案价值弱化""档案同质化""档案的虚构"等诸多质疑之声，这势必影响到对地方档案的整理与利用。因此，本章将着重介绍《清代四川南部县衙档案》（以下简称"南部档案"）的保存、整理与研究情况，反思当下地方档案的整理与研究，以推进地方档案的整理与利用。

---

① 陈廷湘：《清代民国县级档案整理与研究的意义》，载吴佩林主编《地方档案与文献研究》（第四辑），国家图书馆出版社2020年版，第5—17页。
② 可参阅杨培娜、申斌《清代政府档案的价值认知与整理方法的变迁》，《档案学通讯》2021年第3期；张方霖、边媛《档案文本的文化诠释和价值重构》，《档案学研究》2020年第3期；朱诚如《清代档案是国家清史纂修工程的基石——在中国第一历史档案馆成立90周年纪念会上的发言》，《历史档案》2015年第4期；梁勇《州县档案对区域社会史研究的价值》，《光明日报》2012年11月22日。

一　南部档案的发现、保存、内容与价值

南部县创设于北周闵帝元年（557）①，得名于"南梁州之南"②。南部在西汉名充国县，梁始置南部郡，隋代为阆中属县，唐宋时为阆州属县，明清③为保宁府属县，今隶属于四川南充市。南部县位于四川北部丘陵地区，地处嘉陵江中游，东接仪陇、蓬安、营山，南连西充、顺庆，西邻盐亭、剑阁，北界阆中。④ 自顺治四年（1647）第一任知县李元柱主政南部县，到宣统三年（1911）最后一任知县周学夔，清王朝对南部县进行了二百六十余年的治理，在这两个半世纪中，南部县衙门及其所属吏房、户房、礼房、兵房、刑房、工房、盐房等部门处理公务的部分原始文件被保存了下来，这便是"南部档案"。⑤

（一）南部档案的发现与保存

学术界广泛利用的南部档案，其保存历经波折，现存于四川省南充市档案馆。⑥ 关于南部档案的发现与保存情况，已经有多篇论著

---

① 文献中记载的南部县创建时间众说纷纭，根据苟德仪的研究，大致分为梁代说、北周说、隋朝说，比较而言，北周说最为可信。苟德仪：《南部县创建时间及有关诸说考辨》，《西华师范大学学报》（哲学社会科学版）2016年第3期。

② 对于南部县的得名，文献记载中主要有两种说法：一是位于"阆中之南"，一是位于"阆州之南"，蔡东洲认为南部县得名时并无"阆州"之名，且南部县的名称总是随"南梁州"之名的变化而变化，"南梁州更名为隆州，南部县随之更名为南隆"，所以提出南部县得名于"南梁州之南"更合乎史情。蔡东洲等：《清代南部县衙档案研究》，中华书局2012年版，第2—3页。

③ 清代的南部县是汉唐以来充国、南充国、西充国、南部、晋安、晋城、新井、新政、西水、晋安等九县分合整并而来的。蔡东洲等：《清代南部县衙档案研究》，中华书局2012年版，第7页。

④ 四川省文史研究馆考察组：《四川南部县府清代文书之发现及其意义——四川省文史馆南部文书考察纪略》，《蜀学》（第二辑），巴蜀书社2007年版，第307页。

⑤ 蔡东洲等：《清代南部县衙档案研究》，中华书局2012年版，第1页。

⑥ 2013年，南部县档案馆在整理和数字化馆藏民国档案时，发现了一批零散清代档案，约有三四百件（一事一件），涉及乾隆、嘉庆、道光、咸丰、同治、光绪、宣统等朝代。南充市档案局：《南部县档案馆发现零散清代档案》，《四川档案》2013年第4期。

发表。① 其中以 2007 年 4 月四川文史馆赴南充市和南部县的考察纪略最为详细，② 以下涉及南部档案的发现与保存情况大多引用自该报告。根据考察纪略报告，可将南部档案的迁徙、保管经过制图（见图 2-1）。

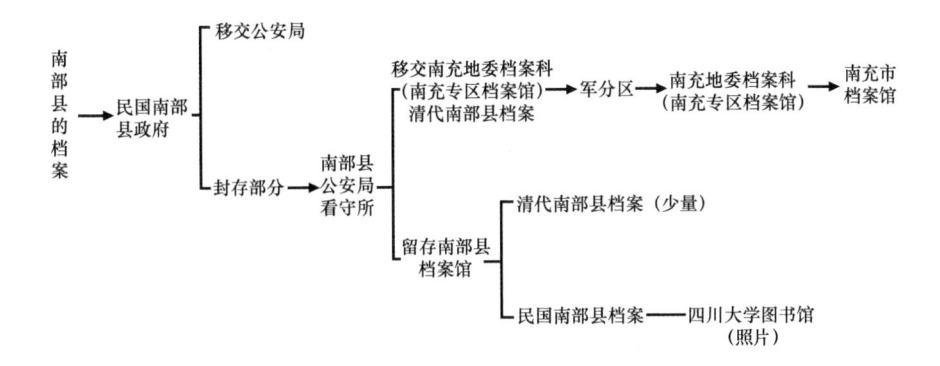

图 2-1　南部档案迁移保管经过

　　南部档案的发现与保存经历了"辛亥革命"时南部县的"和平易帜"、解放军入城的"军事接管"、"文化大革命"中红卫兵的冲击与档案管理人员的保卫，以及几次藏地迁徙。宣统三年（1911）十二月，南部县被迫"和平易帜"，伏衍羲将南部县事权移交给四川大汉军政府札委的周学夔代理，蔡东洲认为这种政权交接方式使南部档案避免了兵燹之灾，得以完好地保存下来，并依据南部档案的迁移情况推断，此时南部县衙七房的档案文书仍然存放于县衙门内，

---

① 四川省文史研究馆考察组：《四川南部县府清代文书之发现及其意义——四川省文史馆南部文书考察纪略》，《蜀学》（第二辑），巴蜀书社 2007 年版；蔡东洲等：《清代南部县衙档案研究》，中华书局 2012 年版；吴佩林：《清代县域民事纠纷与法律秩序考察》，中华书局 2013 年版；张新、王晓春：《一宗县衙档案、半部清史写照——清代四川南部县衙门档案掠影》，《中国档案》2005 年第 2 期；王晓春：《清代四川南部县衙档案》，《历史档案》2007 年第 1 期；佘正松、郑杰文：《清代南部县衙档案及其价值》，《文献》2008 年第 1 期；南充市档案局：《清代四川南部县衙门档案简介》，《四川档案》2008 年第 6 期；赵彦昌、苏亚云：《南部档案整理与研究述评》，《中国档案研究》2018 年第 2 期；陈维：《20 世纪 60 年代以来清代南部县衙档案整理研究》，硕士学位论文，云南大学，2019 年。

② 详见四川省文史研究馆考察组《四川南部县府清代文书之发现及其意义——四川省文史馆南部文书考察纪略》，《蜀学》（第二辑），巴蜀书社 2007 年版，第 307—309 页。

58　/　清代地方档案的保存、整理与研究

也就是代之而起的民国南部县政府内。①

图 2-2　吴佩林教授随四川省文史馆
对南部县档案馆何大俊馆长进行采访（2007 年 4 月 25 日）

　　1949 年 12 月 24 日，中国人民解放军第 61 军 181 师解放了南部县城，12 月 28 日南部县人民解放委员成立，下设秘书处等机构，秘书处下设档案室等 7 室，原民国县府档案由秘书处保管；1950 年 1 月 10 日，南部县人民政府成立，马浩天任县委书记兼任县长，和平接管政权，纪委书记王杰兼公安局长，带着通信员吕敏和赵玉、尹喜成进驻位于当铺街的旧公安局，清理公物时，他们发现一间屋子里堆满了旧书烂卷，由于都识不了几个字，也没翻看是什么东西便搁置未理，1951 年初，公安局决定搬去文庙街的女中办公，王杰向马浩天请示如何处理这堆"老材料"，得到搬的指示，仍然专找一间屋堆放这些旧书烂卷。② 1955 年 5 月开始全国清查"胡风反革命集团"，各地由公安部门组织人力清理旧档案，从中将民国时期反动党团材料清理出来由公安部门保管，余下的档案

---

①　蔡东洲等：《清代南部县衙档案研究》，中华书局 2012 年版，第 17 页。
②　《南部文史资料选辑》第二辑，第 4—10 页；刘松乔：《清代南部县衙档案保护始末——尘封的南部故人旧事》，2021 年 10 月 10 日访问 https://baijiahao.baidu.com/s? id = 1712751312425818480&wfr = spider&for = pc。

封存另待处理;1956年初清理材料时,由于南部县旧档案中的清代文书容易辨识,便将这部分文书以及大部分民国文书移置南部县公安局后面看守所放置;1960年四川省档案局发出在全省范围内对旧政权机关档案进行调查的通知,中共南充地委档案科根据这一指示,当年10月23日抽出人员赴各县调查,调查员在南部县公安局发现有一捆一捆的清朝档案,估计有4000多卷,全部未经清理,由此南部档案得以被发现。①

1964年4月24日,四川省人民委员会办公厅和四川省档案管理局联合发出《关于清理、整理和集中历史档案工作中有关问题的处理意见的通知》,要求明、清地方机关的档案由档案馆单独保管,同时造案卷目录报省档案局。②南部地委即召开档案工作会议,地委档案科彭科长到南部指示要重视档案工作,县公安局秘书处严运监反映县内某处堆放许多性质不明的旧档案,才记起此件事。据孙洪春③先生回忆,这批档案一直存放在南部县城北炮楼街公安局看守所的哨楼里,哨楼是简单的扇架竹木架构,上盖小青瓦,共三层,一层空闲着,二层为哨兵守望台,三层为清代和民国的档案存放地,一叠一叠的乱堆着,连门都没有,更无人看管,加之哨楼环境恶劣(屋顶漏光漏雨,屋里有老鼠窝,甚至还发现有小青蛇),许多档案被损坏,或成碎片,或粘连成坨,被损毁的档案约有三分之一。④1965年6月这批清代档案移交南充地委档案科⑤,在南充专区档案馆安家了。

---

① 详见四川省文史研究馆考察组:《四川南部县府清代文书之发现及其意义——四川省文史馆南部文书考察纪略》,《蜀学》(第二辑),巴蜀书社2007年版,第307—309页。
② 转自吴佩林《清代县域民事纠纷与法律秩序考察》,中华书局2013年版,第10页。
③ 孙洪春,1933年生,南部县伏虎镇人,高小文化,1953年任南部县机要通讯员,1963年调入县委档案室工作,1965年负责整理南部档案。
④ 四川省文史研究馆考察组:《四川南部县府清代文书之发现及其意义——四川省文史馆南部文书考察纪略》,《蜀学》(第二辑),巴蜀书社2007年版,第307—310页。
⑤ 南部县旧档案有清代和民国文书两部分,此次移交只移交了清代档案,尚有民国档案2万余卷(十余万件)保存在南部县档案馆内。四川省文史研究馆考察组:《四川南部县府清代文书之发现及其意义——四川省文史馆南部文书考察纪略》,《蜀学》(第二辑),巴蜀书社2007年版,第309页。

1966年"文化大革命"爆发，在红卫兵眼里，南部档案是地地道道的封建主义黑货，是破"四旧"的首要内容，一些红卫兵扬言要革这些封建主义旧档案的命，企图将南部档案毁于一旦。[1] 据青长盛[2]回忆，南充地委书记卫广平[3]、副书记曹廷明决定采取迁避之法，将档案用大卡车转移到军分区，放了2个月后，军分区政委梁万华、司令员陈刚表示要保持中立，不介入地方，因此又将这批档案运回了地委。不久，南下的红卫兵到达南充，立即将专属档案室查封，在准备冲进去查阅时被专属档案室工作同志阻挡，红卫兵随即找主管部门解决，此时地委档案保管者青长盛因担心红卫兵找到地委去，就去专署档案室解决此问题，最后同红卫兵达成一致意见，由青长盛一人进专署档案室查询有无黑材料。青长盛查阅中将"四清"人头档案分散藏起来，说没有黑材料，红卫兵不信，破门而入，查找出"四清"人头档案并抱走，但第二天又退还回来。随后，青长盛被红卫兵任命为地委机关总勤务员，成为造反派，红卫兵也就不去地委档案馆了，所有档案包括清代南部县衙档案得以保存下来。[4]

20世纪80年代，四川省档案馆要求将南部县档案移交省档案馆接收，南充市档案馆以"中央有文件规定，档案材料实行分级管理"的规定为由予以拒绝，拒不移交。南部县也以此为由要求南充将档案退回南部县自己管理，南充市档案馆仍然拒绝。因此，这批档案一直保存在南充市档案馆。1984年10月，南充市档案馆新库房建成，二楼为档案室，南部档案分装于六七个排柜箱内，置于档案室

---

[1] 蔡东洲等：《清代南部县衙档案研究》，中华书局2012年版，第13页。
[2] 青长盛，1930年生，南充人，1965年自西昌地委调到南充地委，负责档案保管工作，1979年任副馆长。
[3] 卫广平（1919—2012），山西洪洞人，曾任四川南充地委宣传部办公室主任、秘书长、农工部部长、地委书记，四川省政府农业办公室主任，省顾问委员会委员等职务。
[4] 四川省文史研究馆考察组：《四川南部县县府清代文书之发现及其意义——四川省文史馆南部文书考察纪略》，《蜀学》（第二辑），巴蜀书社2007年版，第309页。

的左角，南部档案完成了又一次迁徙，即由老馆到新馆。[①] 所以，2020年，南部档案由市委大院迁到位于万年西路的新建档案馆。目前我们看到的档案保存于万年西路南充市档案馆。

（二）南部档案的内容与价值

南部档案共有18186卷84010件，[②] 装1873盒，编制目录23本，时间从顺治十三年（1656）至宣统三年（1911），历时256年，是目前发现的历时第二长的清代州县衙门档案。该档案历经五次整理，最后形成以朝代为经、以房科为纬的保存体系，即从时间上按顺治、康熙、雍正、乾隆、嘉庆、道光、咸丰、同治、光绪、宣统十代排序，每代再按吏、户、礼、兵、刑、工、盐等各房进行分类，档案具体分布情况见表2-1，该档案以"案"为单位进行保存，一案一卷，一案多件。

表2-1　　　　　　南部档案各朝代各房数量分布表[③]　　　　　单位：卷

朝代房别	顺治	康熙	雍正	乾隆	嘉庆	道光	咸丰	同治	光绪	宣统	合计
吏房			1	1		1		1	171	166	341
户房			1	3	6	36	21	39	3520	500	4126
礼房	1	1	2	4	22	161	151	350	3124	902	4718
兵房			6	58	56	57	33	44	859	137	1250
刑房			1	2	1	5	1	36	1510	538	2094
工房			1	1	1	107	87	122	2680	1030	4029

---

① 关于南部档案的发现与保存情况综合参阅：四川省文史研究馆考察组《四川南部县府清代文书之发现及其意义——四川省文史馆南部文书考察纪略》，《蜀学》（第二辑），巴蜀书社2007年版；蔡东洲等《清代南部县衙档案研究》，中华书局2012年版；张新、王晓春《一宗县衙档案、半部清史写照——清代四川南部县衙门档案掠影》，《中国档案》2005年第2期；王晓春《清代四川南部县衙门档案》，《历史档案》2007年第1期；佘正松、郑杰文《清代南部衙档案及其价值》，《文献》2008年第1期；南充市档案局《清代四川南部县衙门档案简介》，《四川档案》2008年第6期；吴佩林《清代县域民事纠纷与法律秩序考察》，中华书局2013年版；赵彦昌、苏亚云《南部档案整理与研究述评》，《中国档案研究》2018年第2期。

② 此数据来源于南部档案第四次整理（2005年至2009年）。

③ 该表转自吴佩林：《清代县域民事纠纷与法律秩序考察》，中华书局2013年版，第11页。

续表

朝代 房别	顺治	康熙	雍正	乾隆	嘉庆	道光	咸丰	同治	光绪	宣统	合计
盐房			2	9	33	15	78	1169	206	1512
合计	1	1	12	71	95	400	308	670	13033	3479	18070

说明：此表根据第三次（1984至1986年）对南部档案整理的数据进行制作，第四次整理（2005至2009年）对档案进行整理后，南部档案的数量确定为18186卷、84010件。虽卷数、件数有些微变化，但朝代和房科档案数量的大体分布差别不大。

南部档案在各朝代的分布极不平衡，大体呈现出朝代越靠后数量越多的关系。顺治、康熙朝各仅1卷（件）；雍正朝有12卷；乾隆、嘉庆两朝渐多，85年间有166卷；道光至宣统间的档案更多，91年间有17890卷，约占档案总数的90%。其中又以光绪朝档案数量最多，有13033卷，占总量的72%。蔡东洲认为"这可能是因为南部县先后遭到吴三桂叛乱、白莲教起义的侵扰，档案可能受到一些人为的破坏，又因时间久远，档案亦有自然的损毁，因而现存南部档案在十朝中的存量很不平衡。"[①]

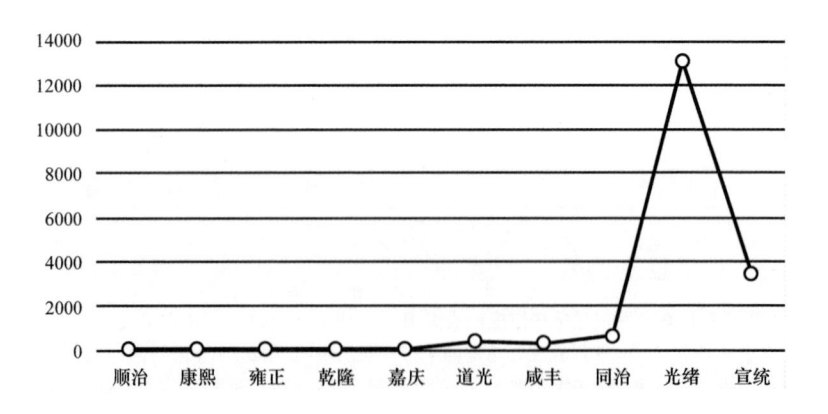

图2-3 南部档案各朝代数量分布图[②]

---

① 蔡东洲等：《清代南部县衙档案研究》，中华书局2012年版，第23—25页。
② 此图据表2-1制作。

南部档案的存量不平衡还体现在各房科上。吏房档案最少，仅341卷；户房、礼房、工房数量最多，三房共有12873卷，分别占档案总量的23%、26%、22%。

地方衙门档案既有历任知县及其佐贰官在县政活动中形成的文件，又有从省、道、府等上级机关发来的谕示和批覆，亦有同级县官发来的咨文、照会等来往文书，更珍贵的是，有较大量本县衙门内吏、户、礼、兵、刑、工等房书吏为执行公务的档案文卷。[①] 清代县衙通过公文完成各项工作的运转，可以说公文几乎渗透到州县行政所涉及的一切领域。就南部县而言，公文种类十分多样，大部分是县府各房来往的公文以及诉讼档案，公文中有从内阁抄出转发的奏稿，皇帝的谕旨及皇太后、太后的懿旨，也有县府同上级、下级和平行府署交往的公文，此外还有大量的民间契约文书。[②] 如图2-4所示。

如图所示，南部档案的文书种类包括：皇太后发布的懿旨，皇帝颁行的制、诏、诰、谕、旨等，四川总督、巡抚、保宁府下发的札文等，南部县向上级衙门府、道、司、督抚上报的详文、申文等，南部县下发的传票、告示等，南部县县丞、典史等上呈的禀文等，南部县绅、商、生、民上呈给南部县衙的告状、诉状等。公文涉及禀、移、札、详、谕、牒、呈、牌、签、票、告示等多种类型的上行文、平行文和下行文。此外，传统中国在进行诉讼时，尤其在涉及经济纠纷、婚姻纠纷等案件中，往往需要原被告双方提供相应的契约文书作为断案依据，所以也有大量的民间契约文书（田土房屋等买卖契约、分关文约、婚姻文约等）、交易登记册、土地房屋测绘图等得以在衙门档案中保存。这些公文"既有来自中央、省府一级的札令饬文，又有州县出台的管理政策；既有县衙书吏衙役的禀文

[①] 韦庆远：《大陆地区现存明清档案的分布及其史料价值》，根据1996年1月19日在台湾政治大学图书信息学研究所的讲演整理，原载于台湾政治大学图书馆《图书与资讯学刊》第17期，1996年5月。文章通过孔府档案研究中心网站访问，2020年9月12日访问 https://kfda.qfnu.edu.cn/info/1135/2411.htm。文章来源于微信公众号《明清史研究辑刊》2018年8月22日。

[②] 胡忠良：《四川省南充市档案馆清代档案调研报告》，载国家清史编纂委员会《档案调研报告》（三），第48—68页，系清史委档案处内部参阅资料；蔡东洲等：《清代南部县衙档案研究》，中华书局2012年版，第34—36页。

报告，又有士绅和普通乡民的心声；既有诉讼案件也有经济案卷；既有大的政令政策记载，也有细致的关于物价、行用（税收）、规费等与经济财政相关的资料数据"①。

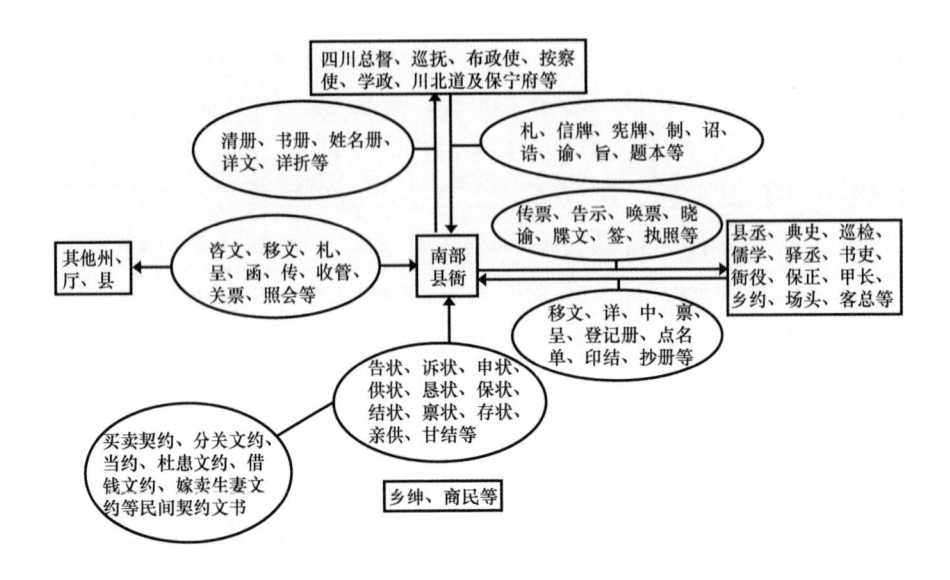

图 2-4　南部县往来文书种类示意图②

然而，官府文书的特殊性就在于，这些公文大多和诉讼相关，根据南充市档案馆的统计，南部档案中诉讼档案有 11071 卷，约占总档案量的 61%。

表 2-2　　　　　　清朝南部档案诉讼档案数量统计表③

朝期	兵房	吏房	工房	刑房	户房	礼房	盐房	总量
顺治	0	0	0	0	0	0	0	0

---

① 钟莉：《晚清"州县财政"近代化的启动——以四川南部县为例》，博士学位论文，中山大学，2019 年，第 10—11 页。

② 此图根据《四川省南充市档案馆清代档案调研报告》以及《清代南部县衙档案研究》中关于南部档案的文书种类统计制作。

③ 转引自蔡东洲等：《清代南部县衙档案研究》，中华书局 2012 年版，第 25—26 页；余正松、郑杰文：《清代南部县衙档案及其价值》，《文献》2008 年第 1 期。

续表

朝期	兵房	吏房	工房	刑房	户房	礼房	盐房	总量
康熙	0	0	0	0	0	0	0	0
雍正	0	1	1	1	0	1	0	4
乾隆	0	9	1	1	0	1	0	12
嘉庆	0	4	0	1	2	13	6	26
道光	0	5	101	4	18	110	8	246
咸丰	0	1	80	4	10	82	9	186
同治	0	2	96	33	23	264	42	460
光绪	187	8	1762	1251	3162	1501	781	8652
宣统	3	34	419	304	363	208	154	1485
小计	190	64	2460	1599	3578	2180	1000	11071

与巴县档案按照司法、命案、商贸、租佃等分类体系不同，南部档案按房科体系进行分类，从这些分类的档案中可以看到南部县的日常政务处理及州县管理活动，这些档案真实反映了清代南部县吏、户、礼、兵、刑、工、盐等各房在履行职责过程中的方方面面。

表2-3　　　　　　　南部档案各房案卷主要内容①

房别	内容
吏房	官员管理：官员选用、任免、考核、奖惩、封恤、升调、黜陟、病故缴照，胥吏招募、斥革、优免，捐监与册结、捐监给照等； 行政机构管理：行政机构设置、裁撤、分合、名称更改、印信启用； 此外，还包括官吏失窃、查缉亏贪逃官、引见封赠、振兴庶政等。
户房	丁粮钱谷：有分摊驻藏大臣协济银两、清查全川仓库及买谷还仓等； 财政税课：赋役制度、赋税征收、逃税漏税、财政预算； 田土买卖：田土房屋买卖、转让、租佃、捐舍、典当等； 纠纷处理：包括田土纠纷、税收纠纷等； 户籍管理：人口统计、人丁归籍、人口买卖等； 此外，还有巡警设立、章程制服；筹办消防、开办会典、防杜新党，以及设置卫生机构等。

---

① 除特别注明外，该表内容来自：余正松、郑杰文《清代南部县衙档案及其价值》，《文献》2008年第1期；蔡东洲等《清代南部县衙档案研究》，中华书局2012年版，第26—27页；王晓春《清代四川南部县衙门档案》，《历史档案》2007年第1期。

续表

房别	内容
礼房	庆典礼仪：如皇室寿诞的服制、太后崇加徽号等皇室礼仪，祭祀、宾客接待等民间礼仪； 婚丧制度、婚丧承嗣：包括婚姻、丧葬等婚姻习俗或婚姻诉讼等； 科举学堂：包括科举制度的改革、废除，书院、科举考试、近代教育制度、留学教育、刻书贩书等； 宗教迷信：宗教、祭祀、医巫； 外事外交：对外章程、条约；外国人之经商、传教； 天文水旱：日食、月食及水旱灾害； 地方自治：地方风俗、乡规民约、家规族规；地方自治章程、自治机构及事务。①
兵房	办理各类军事事务：供应军需、协助相涉营汛、协助招募兵丁、追缉涉军人犯及物资、优抚安置军兵； 非军事领域的应役：支应科举活动、服务官员过境、护解官银； 维持县境治安：防匪缉匪、管控团保、预防散勇滋事、监控社会动向； 对驿递系统的经营与管控：经理驿产、剖断纠纷、调配经费、整顿驿务、驿递改革； 管理武科各事：日常管理、武科考试、武职叙用； 审处相关讼案：包括武生、武举、书吏、衙役、营兵等涉及的案件； 此外还有对衙役系统的管控，以及管理里排、场头等地方代理人。②
刑房	规章制度：包括刑罚章程、律例、细则，刑政机构及其改革，保甲制度及其变革； 治安管理：冬防、防匪、严禁私造私贩刀枪； 刑狱诉讼：命、盗、抢、奸、娼、匪、飞、走、凶、伤诸案； 保甲制度：保甲长辞退、斥革、另委； 狱政管理：缉拿逃犯，人犯清册，管理、递解、保释、病故等。
工房	涉及农业、商业、建筑、财政、林业、水利、工矿等各方面，具体包括： 兴修工程：包括城池、衙署、学堂、道路等工程的勘查、估价、雇工、造价、验收、监督等； 对农工商矿系统的经营与管控：包括经收税厘、核对账目，各种经济机构及章程，矿产调查统计及矿务筹办管理，度量衡、商埠、《商报》、银行则例、商业赛会，土产、树木、作物引进及试验、种植、推广，禁烟机构的设置及章程，硝务办理章程及措施等； 查勘及绘图：包括对铺房租佃、田土界址、舆图等现场查勘与地图绘制； 备办物品：包括迎春大典所需物品、县衙所需桌椅等物品； 缮写文书：办理词讼及上下往来文牍。③

① 参阅刘金霞《清代南部县衙礼房档案研究》，博士学位论文，四川大学，2012年，第24—29页。

② 具体可参阅吕兴邦《清代〈南部档案〉"兵房"资料整理概言》，《北方工业大学学报》2021年第2期。

③ 参阅苟德仪、唐宁《清代南部县衙工房的职能与具体工作》，《西华师范大学学报》（哲学社会科学版）2019年第5期。

续表

房别	内容
盐房	盐井生产与销售：包括南部县井灶数目清册、盐茶机构、私贩盐茶； 盐务管理：盐务法规、盐户统计、井灶调查、井灶买卖、盐茶赈捐； 课税征收：有任命首事征收盐厘，催领盐引，加征盐厘及申解盐厘等有关盐茶课税的征收； 此外，还有大量与井灶、井盐相关的诉讼案件。①

从上表我们可以看到清代南部县衙各房的大体职责范围，吏房分管行政机构设置以及官吏任免、监督等；户房分管田土房屋、人丁户口、税赋课征、公款公产、财政预算、防灾赈灾、公益事业等；礼房分管庆典礼仪、科举学校、宗教迷信、外事外交、婚丧嫁娶、地方自治等；兵房分管军事通报、武官事务、邮驿马政、军资军纪；刑房分管刑罚狱政、政令治安、偷税私铸等；工房分管关卡赋税、农工商业、交通路桥、禁烟硝务等；盐房分管盐、茶管理。②

南部档案保存的各种文书原件大部分为手抄，也有少量是木刻印刷和石印，这批档案本身已成为文物，具有重要的文物价值。③ 2000 年，国家档案局牵头组织实施中国档案文献遗产工程，2002 年 10 月四川省档案局对南部档案进行调研后认为该档案具备申报《中国档案文献遗产》的条件，南充市档案馆按照申报的有关规定向国家档案局递交了申报材料，2003 年 10 月南部档案入选第二批《中国档案文献遗产名录》。④ 2004 年 12 月，南部档案被列入"国家清史工程整理项目"。2011 年 10 月，西华师范大学联合南充市档案馆申报的国家社科基金重大项目《清代南部县衙档案整理与研究》获准立项。2014 年 11 月，由国家社科基金重大项目课题组策划、设计的《清代南部县衙档案展览馆》在四川南部县建成并对外开放。凡

---

① 参阅刘艳伟《清代南部县衙盐房档案的盐史研究价值》，《盐业史研究》2015 年第 4 期。
② 蔡东洲等：《清代南部县衙档案研究》，中华书局 2012 年版，第 26 页。
③ 四川省文史研究馆考察组：《四川南部县府清代文书之发现及其意义——四川省文史馆南部文书考察纪略》，《蜀学》（第二辑），巴蜀书社 2007 年版，第 314—315 页。
④ 侯文倬：《清代四川南部县衙门档案的整理与利用》，《清代档案整理与馆际合作会议论文》（内部印制），第三届清代档案国际学术研讨会，台北故宫博物院，2006 年 11 月 2—3 日。

此皆表明南部档案具有非常重要的文献价值、文化价值和史料价值。

第一，档案的系统性使整体史的研究成为可能。① 系统性首先体现在档案文种齐全。文种包括督抚司道府转发的皇帝制诏、谕旨，臣下呈奏的题本、奏折，督抚司道府的札文、信牌，平级县衙的咨移、函传，本县上报的清册、验折、申文，本县下发的传票、拿票、唤票、告示、通知、晓谕、牒文、契尾、牌签，民间役差的文状、契约等。不仅如此，由于历时久远，文种格式的变化也能展示出来。其次体现在内容的广泛全面。南部档案记录了清朝四川南部县的历史，是清代政治、经济、军事、司法、宗教、教育、文化、卫生等在地方上的缩影。藉此档案可见县衙体制与各房职掌、经济运营与各种契约规制、军事与驿务管理、朝廷与地方外交、刑民诉讼与地方治理、科举改革与学堂教育、庙宇等公共设施的培修与新建、礼俗教化与祭祀先灵鬼神等多方面的具体情况。其所载内容也不限于南部县，而是涵盖全川，辐射全国，它全面而真实地记录了南部县衙与中央、省府、周边地区以及所属县民的各种交往。②

其二，档案在时间、内容上的延续性。南部档案数量大、时间跨度长，记录了清代南部县从顺治十三年（1656）到宣统三年（1911）共256年的历史。这批档案记载了州县财税从传统到近代变革的过程，在晚清近代转型的大背景中，南部县财税也历经咸同军兴、晚清洋务、清末新政等社会变革，变革中州县政府、地方局所、书吏衙役、地方士绅、普通民众等不同群体皆有不同的因应，因此可以动态考察南部县财政近代化的过程。③ 此外，还可以考察法律、教育、警察等历史变迁情况。这些将有助于我们总体理解我们的社会如何由传统走向"近代化"。南部县所提供的个案，无论是法制史、财税史还是教育史，都有不可低估的作用。

---

① 梁勇：《州县档案对区域社会史研究的价值》，《光明日报》2012年11月22日。
② 钟莉：《晚清"州县财政"近代化的启动——以四川南部县为例》，博士学位论文，中山大学，2019年。
③ 钟莉：《晚清"州县财政"近代化的启动——以四川南部县为例》，博士学位论文，中山大学，2019年。

其三，诉讼档案承载的法文化价值。地方衙门档案的原始性真实反映了清代法律制度的适用情况，展现了法律内容实施与变通，体现出诉讼程序、审判程序的固化与灵活，因此可以看到官吏法律意识的表现，同时诉讼档案体现了民众追求自身利益或者自身诉求的实际状态，反映了民众的法的观念。① 此外，一件完整的诉讼档案记录案件从开始到结束的整个过程，我们能看到当事人的年龄、住址、家庭成员、邻里关系、经济状况等众多信息，而且大部分案件为普通百姓生活琐事，通过这些档案我们能了解乡村社会百姓的日常生活。②

其四，南部档案中俗字比例较高。由于南部档案大多为人工书写，加之档案的源头主要来自普通百姓，所以档案中使用了不少俗字，几乎每页档案都有俗字的出现，涵盖的俗字类型颇多，同敦煌俗字、宋元俗字是一脉相承的，因此南部档案中俗字的传承途径尤其值得探讨，能够推进我们对整个清朝俗字的演变历史的认知。③

二 南部档案的整理情况

南部档案自 20 世纪 60 年代被发现以来，主要进行了五次整理，每次整理皆有不同的贡献和成果。蔡东洲《〈南部档案〉的整理与研究》、吴佩林《〈清代南部县衙档案〉的发现、整理与研究》二文已有很好的梳理。④ 笔者将在二文基础上结合新的发现进行再叙述，除特别说明引用外，此部分叙述皆引自二文。

---

① 张晓蓓、张培田：《清代四川地方司法档案的价值评述——以清代巴县、南部县衙门档案为例》，《四川档案》2007 年第 5 期。
② 吴佩林：《利用州县档案拓展法制史研究》，《光明日报》2013 年 6 月 1 日第 11 版。
③ 杨小平：《南部档案俗字考释》，《西华师范大学学报》（哲学社会科学版）2012 年第 6 期。
④ 蔡东洲等：《清代南部县衙档案研究》，中华书局 2012 年版，第 14—18 页；吴佩林：《〈清代南部县衙档案〉的发现、整理与研究》，中国社会科学院近代史研究所：《近代法律史通讯》2014 年第 2 期。

（一）按册编号：南部档案的第一次整理（1965年）

1960年，南部档案在南部县公安局后的看守所被发现，一直未经整理。直到1964年4月，四川省人民委员会办公厅和四川省档案管理局联合发出《关于清理、整理和集中历史档案工作中有关问题的处理意见》的通知，通知指出：明代、清代地方机关的档案由档案馆单独保管，并造案卷目录报省档案管理局。1965年初，四川省档案管理局又发出《关于全省清理、整理和集中历史档案情况和今后意见》的通知。

1965年春，中共南部县委下拨专款3000元，时任文书的孙洪春主持了这次南部档案的清理工作。孙洪春聘请了四个有一定文化知识的青年人，工资每月十六七元，对这批档案进行了为期三四个月的清理。通过逐页梳理，把破损严重的档件碎片予以淘汰，直接送到造纸厂做纸浆原料，约占全部档案的三分之一。由于这批档案长期堆放在哨楼上，风雨浸蚀，鼠耗啃咬，虫子蛀食，破损严重。整理工作是一张一张地清理出来，清理好一本，装订一本，用牛皮纸封面，每本编数序号，清理了两三百本档案出来，堆了几个柜子，这算是中华人民共和国成立后对这批档案的第一次整理。

图2-5 南部县当年装档案的柜子①

---

① 图片来自吴佩林：《清代县域民事纠纷与法律秩序考察》，中华书局2013年版，第10页。

这次整理初步完成了订成卷、编排卷号、制造案卷目录等目标任务，此次造卷编目的清理结果是：康熙朝 5 卷，雍正朝 11 卷，乾隆朝 9 卷，嘉庆朝 10 卷，道光朝 37 卷，咸丰朝 28 卷，同治朝 60 卷，光绪朝 1359 卷，宣统朝 26 卷，共计 1735 卷。

（二）成卷编目：南部档案的第二次整理（1979 年）

1965 年 6 月，南部档案在经过第一次整理后被送交南充专区档案馆存房，1966 年 8 月，时值"文革"初期，各地红卫兵冲击档案馆，几经周折，得以幸存。

由于当时保管条件简陋，虽然档案进行了初步整理，装订造册，却无法向外提供利用，只能原封不动地搁置起来。1979 年时任档案馆正副馆长的彭承志[①]、青长盛主持对这批档案进行第二次整理，其主要工作目标是"成卷编目"。参与第二次整理工作的人员有张志湘、张国良、吴尚书、赵树英、陈世华、陈志洪、陈天祥等人。由于档案浩繁，参与其事的人员又少，况且未纳入正常工作范围，只是"抽时间"整理而已，因此根本无法实现工作目标，加上编写的目录也没有流传下来，这次整理没有取得实质性的成果，但却开启了南部档案整理编目的先河。

（三）编目装盒：南部档案的第三次整理（1984—1986 年）

改革开放后，随着我国科学文化事业的发展，各个方面尤其是我国史学界，迫切要求各级档案馆积极地和系统地向他们提供档案。1980 年 3 月党中央和国务院批准《关于开放历史档案的几点意见》，意见指出："一九四九年以前的历史档案，即国民党统治溃灭以前的旧政权档案，除了极少数部分必须加以限制外，拟向全国史学界和有关部门开放；一九四九年前的党的革命历史档案，除某些特定部分须限制利用外，拟向搞党史研究的部门开放。"[②] 但是，由于我国

[①] 彭承志，高小文化程度。
[②] 《中国档案开放大事记》，《中国档案》2007 年第 6 期。

绝大多数档案都没有进行过系统的整理，利用起来相对困难，因此开放历史档案不仅仅只开放，还需要档案馆开展相应的编研工作，以便学界利用。

南部档案自 1960 年发现后并未立即整理，1965 年进行了初步整理和编目造册，1979 年虽进行了成卷编目，但也只是抽时间整理，并未完成成卷编目的工作。因此，南部档案的整理与编研工作在 20 世纪 80 年代的背景下显得十分重要。自 1980 年开始，饶德安①调至南充专区档案馆任管文科科长，开始负责南部档案的保管与整理工作。据他回忆，南部档案原件一捆有五十厘米长，这些文书大多是水纸写的，有部分是用的连丝纸，少数契约是用红布写的，朝廷的公文由省缮写抄转，也有石印的。但是具有实际意义的整理工作还是从 1983 年开始。1983 年，国家档案局颁发《档案馆工作通则》，《通则》中指出，档案馆的档案要以全宗为单位进行科学的分类、排列、编号，每个全宗都要建立全宗卷，记载立档单位和全宗历史演变情况。并且要求档案库房必须坚固适用，并应具有抗震、防盗、防火、防水、防潮、防尘、防虫、防鼠、防高温、防强光等设施。对此，1983 年，南充市档案馆开始对南部档案重新整理，雇请了当地文化水平很高的老先生林臻和陈福烈抄写文书封面和标题，写一条给一角钱。②

1984 年 10 月，南充地区档案馆新库房建成。为了更好地保存、开发和利用这部分清代档案，较为系统的档案整理工作提上了地区档案局的议事日程。经抽查，发现这部分档案大多受潮发霉，粘连成坨，纸张缺损，字迹褪色，蛀洞斑斑，与废纸已没有多少差别了。若不及时进行抢救，这部分宝贵资料就会损毁。局馆领导决定立即对这部分档案进行抢救性整理。据曾任南充市档案局副局长任建回忆，当时档案馆条件有限，只能对这些档案进行一些简单的处理，

---

① 饶德安，1941 年生，南充人，1965 年毕业于南充师范学院历史系，分配在雅安四川省档案馆工作，1980 年调至南充专区档案馆任管文科科长。

② 四川省文史研究馆考察组：《四川南部县府清代文书之发现及其意义——四川省文史馆南部文书考察纪略》，《蜀学》（第二辑），巴蜀书社 2007 年版。

那时的工作人员先后用敌敌畏、福尔马林蒸煮等方法为档案消毒，但房间里的毒气经久不散，最后工作人员不得不戴防毒面具进去。①此次整理投入了大量的人力、物力、财力，并制作了专用的卷皮、卷盒以便包装存放，经过三年的努力，到1986年基本完成编目装盒的整理工作。

草稿版　　　　　　　　　　　手抄版

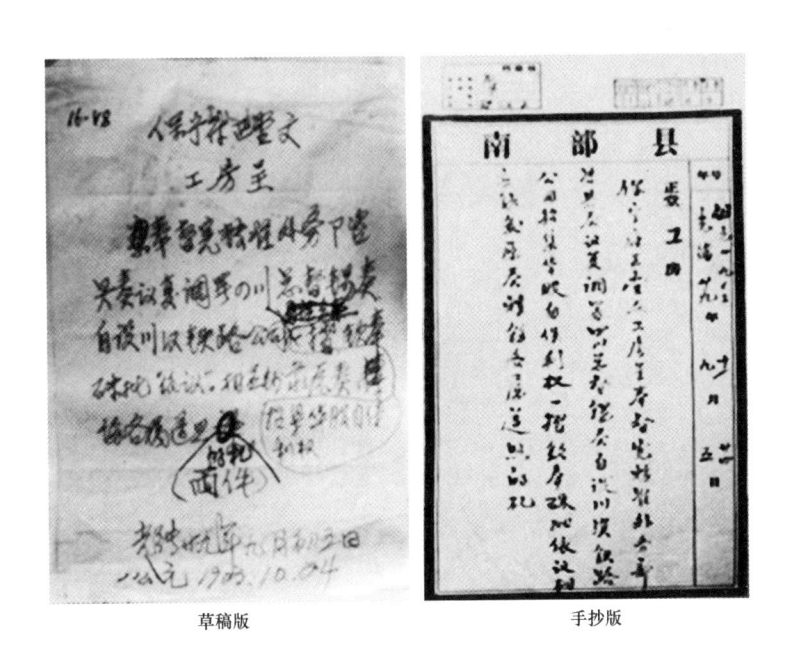

图2-6　《南部档案》16—48文书封面和标题抄写版②

这次整理的目标任务是以时为序，按房排列，分盒存放，编写目录。在整理过程中，对这部分档案先按顺治、康熙、雍正、乾隆、嘉庆、道光、咸丰、同治、光绪、宣统十代分排，每代内再按吏房、户房、礼房、兵房、刑房、工房、盐房七房排列。最终编撰目录23本，装盒1873盒，18070卷，10余万件。其具体排列装存如下：顺治时1卷（见1目录1盒1卷），康熙时1卷（见1目录1盒），雍

---

① 《八万余件南部档案告诉你——清代川北民间生活是啥样》，《四川日报》2016年7月8日。
② 草稿版为笔者2012年于南充市档案馆查阅资料时，经档案馆工作人员同意拍摄的。

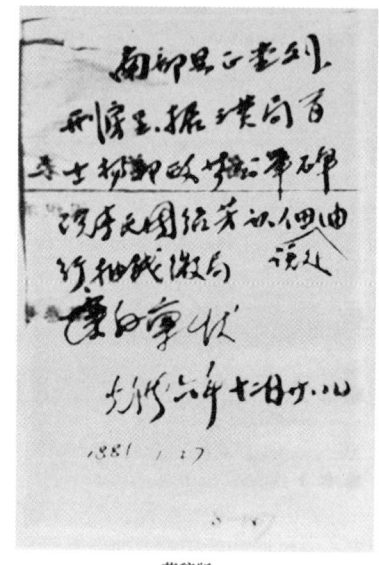

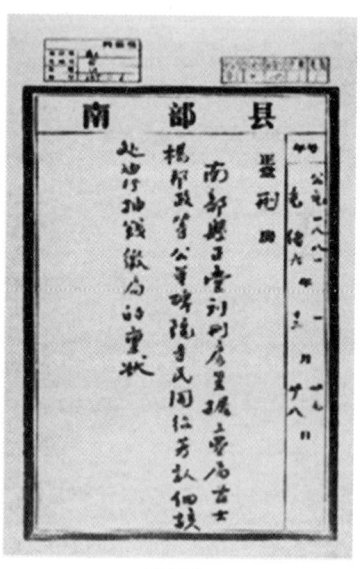

正时12卷（见1目录1、2盒3—14卷），乾隆时71卷（见2目录1至10盒），嘉庆时95卷（见3目录1—9盒），道光时400卷（见4目录1—4盒），咸丰时308卷（见5目录1—30盒），同治时670卷（见6目录1—68盒），光绪时13033卷（见7目录至19目录，共1361盒），宣统时3479卷（见20—23目录，共350盒）。若按七房统计，则吏房341卷，兵房1250卷，刑房2094卷，户房4126卷，工房4029卷，礼房4718卷，盐房1512卷。①

草稿版　　　　　　　　　手抄版

图2-7　《南部档案》8—147文书封面和标题

（四）著录缩微：南部档案的第四次整理（2005至2009年）

2000年正式启动中国档案文献遗产工程，开始对正在逐渐老化、损毁、消失的人类记录进行调查、抢救和保护，2002年，南充市档案馆按照申报的有关规定向国家档案局递交了申报材料，2003年10月南部档案入选第二批《中国档案文献遗产名录》。南充市档

---

① 吴佩林：《清代县域民事纠纷与法律秩序考察》，中华书局2013年版，第11页。

案局开始进行进一步的保护，但当时南充本地只有一个人会修裱，最后是拿到省档案馆去修复的。从那时开始，档案的内容和价值也逐渐被挖掘出来。①

经党中央和国务院批准，国家有关部门于 2002 年下半年正式启动了清史纂修工程，并面向全国征集档案，南充市档案馆保存的"时间跨度长、保存完整的县级地方政权历史档案——清代南部县衙"，成为该纂修工程弥足珍贵的档案文献。应国家清史编纂委员会的邀请，市档案局向该委员会报送了从清代顺治至同治朝间的 2 万件档案，申请抢救整理立项。为此，国家清史编纂委员会于 2004 年 9 月 21 日在南充召开了国家清史纂修工程档案立项协调会，9 月 21 日至 23 日档案组组长邹爱莲，组员胡忠良、郑华等人到四川省南充市档案馆就清代南部县衙档案立项一事进行了考察调研，并顺利得以立项。12 月，国家清史纂修工程项目总主持人戴逸与市档案局局长侯文俸正式签订《国家清史纂修工程项目合同书》，南部档案被列入"国家清史工程整理项目"，南部档案第四次整理工作正式开始。市档案局还成立了专门的项目机构，全面推进完成这批档案的修复、缩微数字化处理等一系列工作。这也标志着清代南部县衙门档案，进入实质性抢救、整理、利用阶段。②

此次整理主要完成两项工作，一是在第三次编目的基础上按照 1994 年 10 月 1 日公布的《明清档案著录细则》规定的标准对南部档案重新著录，二是对全宗档案原件进行电子缩微。

这次重新著录狠下了一番功夫，无论是总结著录明清地方档案的经验教训，还是使用这批档案进行专题研究，都值得浓墨重彩的写一笔。

首先，研究和制定整理规范。按照 1994 年 10 月 1 日公布的中华人民共和国档案行业标准 DA/T8－94《明清档案著录细则》，结合南部档案的实际情况，在"清史编纂委员会"档案组专家的指导

---

① 《八万余件南部档案告诉你——清代川北民间生活是啥样》，《四川日报》2016 年 7 月 8 日。

② 《国家纂修清史清代南部档案成珍品》，《南充日报》2005 年 1 月 1 日。

下，南充市档案局与西华师范大学于2005年4月制定了《南部档案著录细则》。这个《细则》包括"基本要求"和"著录项目"两个部分。"基本要求"明确提出："南部档案文件著录要达到'清史工程'上报目录数据的标准，并符合《明清档案著录细则》的基本要求"。"著录项目"分为必要项目和选择项目，必要项目包括题名、责任者、时间、分类号、档号、缩微号和主题词；选择项目包括文种（或文本）、附注、档案馆（室）代号和提要。整个南部档案的著录项目一般为题名、责任者、时间、分类号、档号、缩微号、文种、附注等八项内容，每项内容皆翔实的说明，并附以结构模式。

同时，制定了《著录南部档案须知》以确保档案原件安全完整，其主要内容有七条：一、著录人员应自觉遵守《档案法》《档案法实施办法》及档案工作的其他法律、法规。二、著录人员在著录中要自觉保护档案的实体安全和信息安全。三、著录中不得在档案上涂改、挖补、作记号、随意乱写、乱画；不得抽取、撕毁档案。四、著录人员在著录中不得对档案拍照、摄像、复印，不得抄录档案原文。五、著录人员不得将所著录的内容向他人和社会公布。六、每天做好档案交接手续，做到不破损，无污染，无掉页，无丢失。七、著录中室内保持安静，不得高声喧哗，不在室内吸烟，不得将墨水、茶水溅到档案上。

其次，组织整理队伍，明确人员职责。这次整理队伍由两部分人员组成：专门的管理人员2人和专门的著录人员十余人。管理人员的职责有二：一是档案原件管理，如监控档房、借出回收档案等；二是过程管理，其中一位负责管理和监督著录现场和著录人员，具体职责有四：其一，领取、发放、回收、检查、归还档案原件；其二，发放、回收、检核、保管著录单；其三，记录、反馈著录过程中出现的问题；其四，随时监控著录现场、著录人员。另一位负责著录工作指导，具体职责是指导著录方法、解决著录过程中出现的问题。

著录人员主要从西华师范大学历史文化学院的研究生中优选产生，并在著录前对著录人员进行培训，培训内容包括著录安全、著录质量、著录方法、著录流程及著录背景知识（包括档案常识、清朝历史、古代汉语）等。著录人员个人还分别与南充市档案局签订了《南部档案著录合作协议》，约束著录人员"必须严格按照《明清档案著录细则》和《南部档案著录细则》进行"著录，"必须使用提供的笔墨、纸张，不得自行其是"，"利用档案要戴手套、轻拿轻放，严防损毁档案；必须在甲方（南充市档案馆）安排在地点开展工作，不得将档案带出工作室"，"揭示每件档案主题明确，分类准确，著录卡片填写完整、准确，字迹工整，不得涂改"，"如发现问题要及时上报，不得随意改动"，严格要求著录人员"若出现不符合质量要求的，必须返工重新著录"。对于无法保证著录时间，或者其著录质量达不到要求者，档案馆可以单方面终止著录合作协议的继续执行。

再次，监管著录过程，确保著录质量。除规范著录标准、著录管理、著录人员、著录项目外，还在著录方法和著录审查上采取了一些切实可行和行之有效的措施，使著录过程趋于标准化，从而减少漏填或误填，加快著录速度，提高著录质量。

根据著录单的著录项目及其内在联系，结合档案著录的难易程度，南充市档案局设置了著录流程，其式如下：档号→责任者→文种→时间→题名→分类号→附注。

档号已在著录前由南充市档案局统一在档案原件上予以印填，著录人员直接抄录即可。责任者、文种和时间一般在档案原件上都有所体现，著录人员经过略读，即可通过"前衔"判断出责任者，通过"结束语"判断出文种，通过"后书"判断出时间，然后抄录。题名是著录的基础和重难点，也是著录中最费时间和精力的环节。由于各种原因，南部档案的原题名大多未保存下来，需要根据档案内容重新提炼。著录人员必须在通读甚至精读档案的基础上，并把档案的"事由""正文"和"受文者"有机地结合起来，才能比较准确地拟定出题名。分类号必须在正确题名的基础上，并查阅《清代档案分类表》，才能准确著录。附注由于其特殊性，较少填著。

著录人员在著录完领取的档案后，还必须经过层层审查才能归还档案和上交著录单。南充市档案馆设置了严格的审查程序，包括自审、互审和主审三环节。自审就是自己审查，即著录人员自己对著录各项进行审查，以避免漏填和明显的误填。互审即著录人员之间的审查，以发现和纠正著录人员在著录和自查中不曾发现的明显错误。主审即专人负责审查，仔细统审著录，一旦发现著录人员在形式上的疏漏和内容上的错误，便及时反馈给著录人员，并令其重新著录。

经过五年的努力，实现了此次整理的两个既定目标：一是对南部档案进行了重新著录，制作成电子版《南部档案著录》，并在此基础上修订、出版了《清代南部档案目录》[①]；二是对南部档案进行了电子缩微，以便更好地利用和保护。相对前三次整理，这次无疑是最成功的，完全可以说，完成了一件承传历史、惠及学界、遗泽后世的大事。

首先，摸清了南部档案的现存情况，这次整理明确定卷件为18160卷、84010件。

其次，实现了对原始档案的更好保护。这次整理的一项重要目标任务就是对全宗档案实行电子缩微，并配置了相应的阅读设备，一般性的查询只需要在这套设备上操作，而原始档案规整入架，并加以温度、湿度控制，从而使原始档案得到了前所未有的保护。

其三，为档案的合理使用提供了方便。过去没有可以检索的目录索引，面对这套浩繁的文献资料，研究者往往望而却步，即使决意要使用这批档案资料的学者基本只能盲目翻阅，费力耗时。而今电子版《南部档案著录》，可以让学者有的放矢，快捷地查询到自己需要的档案文献。2009年，又以《清代南部县衙著录》为基础，按照纸质出版物的规范和要求，进一步整理、修订完成了《清代南部县衙档案目录》，为当今学者了解和使用资料丰富、卷帙浩繁的南部档案，提供了一条门径，学者可据之了解其基本情况和大体内容，

[①] 该目录共计500万字，具有整理科学、著录规范、目录宏富、题名精炼、编排清晰等特点。西华师范大学、南充市档案局：《清代南部县衙档案目录》（全三册），中华书局2009年版。

图2-8 《清代南部档案目录》（全三册）

并可据之查找相应的档案原件。

（五）归档彩制：南部档案的第五次整理（2011年至今）

2011年10月，西华师范大学联合南充市档案馆等单位投标的课题《清代南部县衙档案整理与研究》被立为2011年度第二批国家社会科学基金重大项目，随后开启了南部档案的第五次整理。该项目在整理方面，主要完成以下目标：以朝代为经、以房科为纬，按房分辑出版彩色纸质档案，并为以后的数字化做准备。

首先，制定了整理方案

此次整理由首席专家统领，实行分房专人负责制，分成吏房（左平负责）、户房（王雪梅负责）、礼房（蔡东洲、杨小平负责）、兵房（吕兴邦、黎春林负责）、刑房（吴佩林负责）、工房（苟德仪负责）、盐房（金生杨负责）七房进行整理。2012年8月，南部档案的初选工作基本完成,完成了上述七房84010件档案分房归类的工作,对错房、漏房、房名不清等情况也进行了统计。①

为使学界更好利用这批档案,课题组决定将选用的档案案卷以时间为序,分房编排、撰写档案提要、编制档案索引,并附上档案的彩色原件图片。课题组多次讨论,制定了《清代南部县衙档案选编》整理方案,方案对案卷的选编原则、档案提要的编写、档案索引的编制等问题进行了规范统一,达成了共识,认为档案整理的基本要求是:

1. 最大限度保持档案原貌;

2. 每个整理方案实施之前,须经广泛调研,尽量做到整理方案的科学性、规范性、可行性,尽量减少因考虑不周导致的返工现象,减少不必要的人力、物力、财力投入;

3. 以"卷"而非"件"为单位进行整理;

4. 按"房名存状"而非"事件"归类整理;

5. 聘请专业人员高质量拍摄档案原件;

6. 每卷的整理,按确定案卷名称、撰写内容提要、编定档案索引、影印档案图版等4大步骤进行。其中四大步骤的具体内涵如下:

第一、案卷名称。诉讼案卷的名称一般包含年代、两造、案由三方面的信息,其中年代、两造一般以档案中时间最早的档案为准,案由一般摘选档案原文有概括性的字词,如"光绪三十三年文生孙纯熙具告贾甲儿等拦途劫殴一案"。非诉讼案卷的名称一般包含年代、责任者、事由三方面的信息,其中年代、责任者一般以档案中时间最早的档案为准,事由一般摘选档案原文有概括性的字词,如"光绪三十三年南部县正堂史久龙晓谕勿听讼师教唆以保身家一案"。

第二、内容提要。内容提要包括两部分:第一部分简要说明收录档案的概况,包括所属档号、文种和数量。如"雍正十二年(一七三四)何书一等领回被窃牛只一案,相关档案保存于1-13卷宗,

---

① 《南部档案》课题组编:《国家社科基金重大项目〈清代南部县衙档案整理与研究〉工作简报》第5期,2012年10月15日。

包括雍正十二年八月初二日至十五日的缴状二件、领状三件，共五件"。第二部分撮要说明卷宗内容。

第三、档案索引。档案索引内容包括档案的编号、时间、责任者、题名、类型、房别、卷宗号等信息。

1. 编号：即整理序号。原则按档案的形成时间为序，但若 A 件是 B 件的附件，则放于 B 件之后，其编号为 B‐F1、B‐F2 等。对于时间不详的案件编号，一般列于本卷档案的最后。

2. 时间：即档案落款时间。落款时间缺失时，据批示时间、签收时间为断，以最早者为准。上述时间均无，则据该件档案或相关档案的内容等予以推断，推断时间均加方括号，酌情加注说明。时间无从推断则标为"不详"。

3. 责任者：即对档案内容负有责任的机构、团体或个人。往来公文的责任者，以档案原件为准，或署主官姓名，或署发文机构。多个责任者，只著录一个，后面加"等"字。责任者的职官，只标正职，不标兼职、加级、纪录、随带军功、所带处分等。吏役等类的责任者，保留职名，如"吏书""总役""保正""甲长"等。普通责任者照录。若责任者有姓无名时，均不补出，如"保宁府正堂佛"。

4. 题名：即案件名。一般采用"为某某事"的格式，根据每件档案的事由或核心内容来拟定。往来公文一般在"为某某事"后加书受文者，如"为查覆本县示禁赌博并无演戏说评书等事呈保宁府"。

5. 类型：即档案文书种类，如"诉状""禀""文约"等。

6. 房别：是指该卷档案所属房。

7. 卷宗号：此件档案在档案馆现藏卷宗号，以加盖在档案上的蓝色戳记所著录的卷宗号为准。档号中"J"表示在此次整理中课题组新编的档案件号，如 2‐65‐J4 表示第 2 目录第 65 卷增加的第 4 件。

第四，档案图版。档案图版影印自四川省南充市档案馆所藏档案原件。图版名称由时间、责任者、题名、文种等构成，图版名称后标注档号、原件尺寸（宽×高 cm）。如"光绪三十年八月初三日陈泽森为具告蒲正礼等教诬蹧搪事告状（16 - 735 - 1）99.7 × 40.6cm"。一件分为多页或限于版面裁切成多幅图者，均在原档号后加 - 1、- 2、- 3……表示，如 2 - 15 - 6 - 2 表示第 2 目录第 15 卷第 6 件的第 2 页或被裁成的第 2 幅图。

其次，确保档案拍摄质量

如何保证南部档案的拍摄质量，如何确保拍摄工作的有效开展一直是课题组棘手的问题。从 2013 年开始，虽然陆续商定过几种方案，但苦于不能保证质量，始终未能正式启动。几经周折与协调，在中华书局的帮助下，最终确定由国家图书馆来完成。2014 年 11 月，中华书局和国家图书馆金锋主任一行四人专程来南充，商议并确定档案的拍摄方案。随后，课题组配合国家图书馆专业人员测量档案长宽数据、配置拍摄用具，并协助拍摄。

图 2-9　南部档案拍摄现场

图片采集工作由国家图书馆从事古籍善本处理的专家完成,拍摄专业人员对档案的平整度作了精细的处理,图片采集质量为同类档案之最,这些都为后期档案的整理与出版工作奠定了坚实的基础。经4个月的努力工作,2015年5月课题组高质量地完成档案拍摄工作,最终拍摄档案24872件(52160拍),装订成82册,其中吏房2册、户房17册、礼房28册、兵房5册、刑房8册、工房14册、盐房8册,整理成果将分辑出版。①

此次整理成果实现了"历史性、资料性、艺术性"三者的统一,对大陆地区清代州县档案整理将起到范式性的引领作用。具体表现:

1. 确定了科学、规范且行之有效的一套整理方案。长期以来,对地方档案的整理多存在"边整理边破坏"的情况。课题组在开始整理档案时,即与中华书局以及相关专家多次研讨整理方案。档案整理的基本要求是:①以"卷"而非"件"为单位;②按"房名存状"而非"事件"归类;③每卷的整理,按确定案卷名称、撰写内容提要、编定档案索引、影印档案图版等4大步骤进行。

2. 档案图像采集标准、美观。对档案图像之前,课题组参与档案的裱糊、褶皱处理,这是一项费时费人工的艰苦工作;图像的采集是在国家图书馆专家的专业指导下完成的。整理操作规范、科学,采集无褶皱、资料无遗漏。图像采集质量在国内的同类档案中是最好的。

从20世纪60年代南部档案发现至今,共经历了五次整理,每次整理皆是嘉惠学林。2016年国家清史委将第四次的整理成果之一——南部档案的微缩胶卷进行了影印出版,共308册。②但由于是黑白,且编排比较粗疏,不能体现档案原件中的诸多细节。第五次档案的整理出版工作充分体现了档案的"社会学价值、文物价值、文献价值",其图片拍摄之精美,将会是艺术性与学术性的一次完美结合,相信随着它的陆续出版,必将引起海内外学术界对此档案的

---

① 《南部档案》课题组编:《国家社科基金重大项目〈清代南部县衙档案整理与研究〉工作简报》第25期,2015年12月21日。

② 四川省南充市档案馆编:《清代四川南部县衙门档案》(全308册),黄山书社2016年版。

进一步关注，也会推出一批厚重的研究成果。

三 南部档案的研究情况

进入 21 世纪以来，随着南部档案的开放与整理出版，一些学者利用该档案开展了相关问题的学术研究，其中西华师范大学对《南部档案》的整理与研究已近二十年，在蔡东洲、吴佩林教授等人的带领下，逐渐形成了以西华师范大学为主阵地的南部档案研究团队，该团队围绕南部档案的整理与研究取得了一系列的成效。指导完成硕博士论文 60 余篇。在课题申报方面，除获得国家社科基金重大项目 1 项外，还获得 12 项国家社科基金，10 余项省部级项目，近 30 项市（地）厅级项目。

表 2-4　　　　　　　　南部档案基金项目一览表

国家级项目				
序号	主持人	项目名称	立项时间	项目来源类别
1	蔡东洲	清代南部县衙档案整理与研究	2006 年	国家社科基金西部项目
2	吴佩林	清代县域民事纠纷与法律秩序——以《南部档案》为中心	2010 年	国家社科基金后期资助项目
3	吴佩林	清代南部县衙档案整理与研究	2011 年	国家社科基金重大项目
4	苟德仪	清代基层组织与乡村社会管理研究	2012 年	国家社科基金西部项目
5	左平	清代州县佐杂官与基层社会治理研究	2014 年	国家社科基金一般项目
6	杨小平	清代手写文献之俗字研究	2014 年	国家社科基金后期资助项目
7	金生杨	清代南部县盐务与川北社会研究	2017 年	国家社科基金西部项目

续表

国家级项目

序号	主持人	项目名称	立项时间	项目来源类别
8	王雪梅	清代南部县宗教与乡土社会研究	2018年	国家社科基金一般项目
9	吴佩林	清代地方档案中的政治、法律与社会	2019年	国家社科基金后期资助项目
10	苟德仪	清代州县房科与地方行政	2020年	国家社科基金西部项目
11	杨小平	清代写本之俗语词研究	2020年	国家社科基金一般项目
12	董清平	近代中国盐运安全保障研究	2020年	国家社科基金一般项目
13	吕兴邦	清至民国硝磺的开发、管控与社会治理研究	2021年	国家社科基金一般项目

省部级项目

序号	主持人	项目名称	立项时间	项目来源类别
1	吴佩林	清代地方民事纠纷及其解决	2009年	教育部人文社科项目
2	吴佩林	清代基层民众的法律生活	2009年	中国博士后科学基金项目
3	苟德仪	清代四川基层组织与乡村治理研究——以《南部档案》为考察中心	2009年	四川哲学社会科学规划项目
4	苟德仪	清代基层组织对乡村的管理研究——以《南部档案》为中心	2011年	教育部人文社科项目
5	吴佩林	清代南部县衙门档案中的契约研究	2011年	中国博士后科学基金项目
6	左平	清代县丞研究——以《清代南部县衙档案》为中心	2011年	四川哲学社会科学规划项目
7	吴佩林	清代讼状辑考	2014年	中国博士后科学基金
8	苟德仪	清代南部县衙工房与工房档案	2018年	四川哲学社会科学规划项目

续表

省部级项目

序号	主持人	项目名称	立项时间	项目来源类别
9	黎春林	清代生员与地方社会研究——以《清代南部县衙档案》为中心	2020 年	教育部人文社科项目
10	钟莉	清至民国县级财政转型与基层治理变迁研究	2021 年	教育部人文社科项目

这些项目选题涉及基层组织结构、衙门运作机制、俗字变迁、宗教、盐务、财政、社会治理等各个方面，已结项项目的成果大部分以专著的形式进行了出版。已出版《清代南部县衙档案目录（全三册）》（中华书局2009年），《清代南部县衙档案研究》（中华书局2012年），《清代县域民事纠纷与法律秩序考察》（中华书局2013年），《清代基层组织与乡村社会管理——以四川南部县为个案的考察》（中华书局2020年），《清代手写文献之俗字研究》（北京师范大学出版社2019年），《清代地方档案中的政治、法律与社会》（中华书局2021年）等。成果中入选《国家社科基金成果文库》2部[①]，荣获教育部高等学校科学研究优秀成果二等奖1项、四川省哲学社会科学优秀成果一等奖2项。此外，团队取得的学术成果多次被《光明日报》《中国社会科学报》报道，多篇论文被中国人民大学报刊复印资料《明清史》《中国近代史》《法理学、法史学》《历史学文摘》等全文转载。西华师范大学已经成为清代州县档案研究的学术重镇。

[①] 一是《清代南部县衙档案研究》，中华书局2012年出版，入选2011年历史学类《国家哲学社会科学成果文库》；二是《清代县域民事纠纷与法律秩序考察》，中华书局2013年出版，入选2012年法学类《国家哲学社会科学成果文库》。

表 2-5　　　　　　　　　　南部档案博硕士学位论文一览表

博士学位论文

序号	作者	指导老师	论文题目	毕业学校及完成时间
1	赵娓妮	罗志田	清代知县判决婚姻类案件的"从轻"取向——四川南部县档案与"官箴"的互考	四川大学 2008 年
2	里赞	罗志田	晚清州县诉讼中的审断问题：侧重四川南部县的实践	四川大学 2008 年
3	吴佩林	杨天宏	清代地方民事纠纷与解决机制研究：以清代四川南部县衙门档案为中心	四川大学 2009 年
4	刘金霞	黄存勋	清代南部县衙礼房档案研究	四川大学 2012 年
5	Tristan G. Brown	M. Zelin	The Veins of the Earth: Property, Environment, and Cosmology in Nanbu County, 1865—1942	Columbia University 2017
6	钟莉	温春来	晚清州县财政近代化的启动——以四川南部县为例	中山大学 2019 年
7	陈慧萍	何波	清末四川新式学堂研究——以南部县为中心	青海师范大学 2020 年
8	张亮	关晓红	晚清童试研究——以四川南部县为中心的考察	中山大学 2021 年
9	万海荞	王先明	近代四川县政变迁研究（1901—1949）	南开大学 2021 年
10	李升涛	郑成林	清代中后期四川乡场研究	华中师范大学 2022 年

硕士学位论文

序号	作者	指导老师	论文题目	毕业学校及完成时间
1	左平	蔡东洲	清代县政府研究	西华师范大学 2005 年
2	马丽	蔡东洲	晚清劝学所研究	西华师范大学 2008 年
3	王同朝	吴佩林	清代四川三费局研究	西华师范大学 2011 年
4	蒲海涛	吴佩林	清末清理财政研究（1908—1911）	西华师范大学 2012 年
5	孙雪玲	吴佩林	晚清四川育婴局研究	西华师范大学 2013 年
6	陈凯	吴佩林	清末四川劝工局研究（1903—1911）	西华师范大学 2013 年
7	李莹莹	毛立平	清代婚姻家庭纠纷的民间"集理"：以南部县档案为中心的考察	中国人民大学 2014 年
8	钟莉	吴佩林	清代"割股疗亲"语境中的观念与信仰	西华师范大学 2014 年

续表

			硕士学位论文	
序号	作者	指导老师	论文题目	毕业学校及完成时间
9	李升涛	吴佩林	清代《南部档案》告示研究	西华师范大学 2014 年
10	庞亚妮	蔡东洲	清代童试研究三题——以《南部档案》为中心的考察	西华师范大学 2014 年
11	王丽华	蔡东洲	清代地方应付官员过境研究——以《南部档案》为中心的考察	西华师范大学 2014 年
12	张明洁	蔡东洲	晚清四川地方新式教育探析	西华师范大学 2014 年
13	刘丰年	杨小平	《汉语大字典·金部》俗字研究	西华师范大学 2014 年
14	晏昌容	杨小平	《汉语大字典·人部》俗字研究	西华师范大学 2014 年
15	汪秀平	苟德仪	川北道研究	西华师范大学 2014 年
16	刘艳伟	金生杨	清代四川乡试研究	西华师范大学 2014 年
17	徐颖	金生杨	清代四川学政研究	西华师范大学 2014 年
18	李晋	吴佩林	清代南部县的盗贼与地方治理	西华师范大学 2015 年
19	张雅岚	吴佩林	清代南部县知县袁用宾研究	西华师范大学 2015 年
20	李增增	吴佩林	《南部档案》中的契约文书研究	西华师范大学 2015 年
21	张亮	蔡东洲	清代南部县武庙经管研究——以《南部档案》为支撑	西华师范大学 2015 年
22	郭须挺	蔡东洲	清代四川州县军火管理研究——以《南部档案》及《巴县档案》为中心	西华师范大学 2015 年
23	朱忠华	苟德仪	清代县域民事纠纷中的"干证"——以清代《南部档案》为中心	西华师范大学 2015 年
24	代容	苟德仪	收族睦宗：清代四川南部县清明会研究	西华师范大学 2015 年
25	马莉莉	王雪梅	清代地方寺僧涉讼研究——以《南部档案》为中心	西华师范大学 2015 年
26	敬凯雁	王雪梅	清代南部县寺庙、寺产与寺僧	西华师范大学 2015 年
27	范闻	魏道明	清代司法检验制度研究——以南部县衙档案为中心	青海师范大学 2015 年
28	郭宇昕	毛立平	清代抱告案件视野中的基层社会——以南部县档案为中心的研究	中国人民大学 2016 年
29	刘瑷蓉	吴佩林	清代四川南部县的公文传递研究	西华师范大学 2016 年
30	吴冬	吴佩林	清代县衙刑房研究——以《南部档案》为中心	西华师范大学 2016 年
31	杨明阳	蔡东洲	清代学田局研究——以《南部档案》为中心考察	西华师范大学 2016 年

续表

硕士学位论文			
序号	作者	指导老师	论文题目	毕业学校及完成时间
32	付珊珊	苟德仪	晚清四川通省厘金总局研究	西华师范大学 2016 年
33	申艳茗	苟德仪	清代南部县衙工房档案研究	西华师范大学 2016 年
34	亢彩华	苟德仪	清代文书制度中的"牒文"研究——以清代《南部档案》为中心	西华师范大学 2016 年
35	李彦锋	王雪梅	清代州县户房研究——以《南部档案》为主要史料的考察	西华师范大学 2016 年
36	李庆宏	王雪梅	清代南部县地方社会与鸦片管理问题研究——基于鸦片生产、消费、禁烟的考察	西华师范大学 2016 年
37	万海荞	吴佩林	清代四川南部县知县研究	西华师范大学 2017 年
38	曹婷	吴佩林	清代州县档案中的文书研究	西华师范大学 2017 年
39	程莎	吴佩林	法律视野下清末四川的警政建设	西华师范大学 2017 年
40	王杰	彭泽润	四川南部县方言词汇和词典编写研究	湖南师范大学 2018 年
41	刘涛	蔡东洲	晚清州县教育经费考察：以南部县为中心	西华师范大学 2018 年
42	罗林军	吴佩林	清代四川南部县田地纠纷案件研究及其现代启示	西华师范大学 2018 年
43	林勃	左平	清代典史研究——以《南部档案》为中心	西华师范大学 2018 年
44	谢佳元	金生杨	清代南部县盐务管理研究	西华师范大学 2018 年
45	王楚强	吴佩林	清代州县低成本治理	西华师范大学 2018 年
46	袁慧	金生杨	清代南部县盐厘局研究	西华师范大学 2018 年
47	张加培	吴佩林	清代四川南部县妇女诉讼问题研究	西华师范大学 2018 年
48	陈维	周铭	20 世纪 60 年代以来清代南部县衙档案整理研究	云南大学 2019 年
49	云霖霖	李力	《南部档案》所见盐井产权及纠纷解决	中南财经政法大学 2019 年
50	郭晋	吴琦	清代州县刑房制度及其运作研究	华中师范大学 2019 年
51	滕冉	左平	清代四川驻县绿营兵研究——以《南部档案》为中心	西华师范大学 2019 年
52	魏志雯	苟德仪	清末县域警政与基层社会——以《南部档案》为中心的考察	西华师范大学 2019 年
53	李亚男	吕兴邦	《南部档案》所见清末南部县蚕桑业之发展	西华师范大学 2019 年

续表

硕士学位论文			
序号	作者	指导老师	论文题目	毕业学校及完成时间
54	白莎莎	吴佩林	清代州县诉讼案件中的生员——以《南部档案》为中心	西华师范大学 2019 年
55	仲雨婷	吴佩林	清代四川祭先农坛研究	西华师范大学 2019 年
56	谭雪	潘家德	清末四川地方赌博习俗研究	西华师范大学 2019 年
57	吕卓遥	卜永坚	十九世纪四川南部县的盐业与地方社会变迁	香港中文大学 2020 年
58	穆林	温春来	"取行承差"与晚清南部县财政研究	中山大学 2020 年
59	赵雅丽	郑剑平	《南部档案》语言研究——以道光年间的供词为例	西南科技大学 2020 年
60	张咪	吴佩林	清代四川县域诬告行为的发生与治理	西华师范大学 2020 年
61	刘宜	吴佩林	清代四川州县命案处理	西华师范大学 2020 年
62	张欣	张菁	清后期南部县妇女权利研究	南京师范大学 2020 年
63	马代	左平	清代社会日常纠纷中的暴力——以南部县为个案	西华师范大学 2020 年
64	蒋青华	曾晓舸	四川南部县方言研究	西华师范大学 2020 年
65	朱思鱼	苟德仪	捐纳制度在县域的运作——以《南部档案》为中心	西华师范大学 2020 年
66	李玲	潘家德	晚清民国婚姻家庭观念下女性自杀现象研究	西华师范大学 2021 年
67	王一婷	潘家德	清代四川茶税研究	西华师范大学 2021 年
68	潘文倩	杨小平	清代南部县衙礼房档案俗语词研究	西华师范大学 2021 年
69	仇胱胱	陈志刚	清代甘肃镇原县诉讼文书研究	兰州大学 2021 年
70	卿文静	苟德仪	晚清州县与民初政府的房科近代转型研究	西华师范大学 2021 年
71	张瑾瑞	周喜峰	清嘉道时期四川南部县女性诉讼研究	黑龙江大学 2021 年

为了更好地推动地方档案的整理与研究，进一步加大清代南部县衙档案的整理与研究力量，吸收外来经验，推动全国地方档案整理与研究事业，南部档案研究团队积极搭建学术交流平台，召开了一系列学术会议，自 2012 年开始积极举办"地方档案与文献研究"学术研讨会，至今已举办 5 届。依托学术会议，创办《地方档案与文献研究》辑刊，至今已出版五辑：《地方档案与文献研究（第一

辑)》（社会科学文献出版社 2014 年版），《地方档案与文献研究（第二辑)》（社会科学文献出版社 2016 年版），《地方档案与文献研究（第三辑)》（国家图书馆出版社 2017 年版），《地方档案与文献研究（第四辑)》（国家图书馆出版社 2020 年版），《地方档案与文献研究（第五辑)》（国家图书馆出版社 2021 年版）。除出版集刊外，团队在《西华师范大学学报》开设有"地方文化研究"专栏，自 2011 年第 6 期开始，每年在第 3、6 期发表专栏论文，到目前为止，共发表论文 70 余篇，并于 2017 年在国家图书馆出版社结集出版《地方历史文献与文化——〈西华师范大学学报〉文选》一部。

目前，对于南部档案的研究情况已有系统的总结，蔡东洲分别从以南部档案为对象的研究和以南部档案为支撑的研究两个方面介绍了南部档案的研究情况，梳理了州县制度运行、地方司法审断、社会民间风俗、南部盐业经济等方面的研究情况，显示出在政治史、社会经济史等领域，南部档案有着重要的研究价值和利用的可能性。[①] 赵彦昌、苏亚云则从南部档案概述、司法审判、基层管理者、俗字、盐业、社会治安、文书制度、组织机构等方面对南部档案整理与研究状况进行了综合评述。[②] 笔者在已有研究成果和研究综述的基础上，从政治史、经济史、社会史及档案文书等方面进行梳理。

（一）有关政治史方面的研究

左平关注清代南部县佐杂及书吏群体，依据南部档案对典史的设置及典史衙门设置进行了简述，他认为典史衙门实际衙役数超过额定数，其衙役充任存在冒名顶替情况。[③] 衙役方面，他认为州县衙役在来源籍贯、家庭出身、充任年龄、素质以及期限方面有严格的制度规定，但南部县对这些制度并未全部得到真正执行，而且充任条件大大超过法定期限，制度表达与实践存在差异。[④] 清代南部县巡检因需而

[①] 蔡东洲等：《清代南部县衙档案研究》，中华书局 2012 年版，第 18—23 页。
[②] 赵彦昌、苏亚云：《南部档案整理与研究述评》，《中国档案研究》2018 年第 2 期。
[③] 左平、孔令帆：《从档案看清代前期典史衙门设置》，《四川档案》2007 年第 2 期。
[④] 左平、蔡东洲：《从〈南部档案〉看清代州县衙役充任》，《历史教学》2010 年第 10 期。

设，因需裁移，巡检的实际职权大小与其驻守地点密切相关。巡检衙门胥吏也是因时而异，其实际设置超越了制度规定。① 清代县丞并非每县皆设，而是因事而设，县丞衙门的建置和衙役的设置因县因时而变化，其职责也是如此，南部县县丞拥有超越典例规定的命案勘验权和词讼受理权。② 清代书吏的类别和数量也是远超制度规定，书吏职责因房而异，各房内部分工合作而各房之间由于利益存在职权之争。州县书吏由身家清白之良民充任，虽有五年任期规定，但常常出现买卖和垄断现象。③ 蔡东洲等著《清代南部县衙档案研究》一书以南部档案为基础史料，对一个清代县级政府的管理活动进行个案研究，涉及县衙设置、基层组织、文教机构和民间婚姻等专题，对清代基层管理的运作研究有一定的推进。④ 依据文献基础，他认为南部县得名于"南梁州之南"比"阆州之南"更切合历史实际，清代南部县基层区划并非如清朝典制规定的那样整齐划一，县级官衙有普遍设置，亦有因需而置、时废时置者，体现了制度的规范性与实际运行的差异性。⑤ 他的另一篇文章认为南部档案中有关"陈氏四令公"坟墓的档案不能作为这些坟墓在南部县的证据，相反证明了这些坟墓不在南部县，没有动摇其坟墓在河南新郑市郭店镇宰相陈村的结论，但这些档案反映了清朝对保护古昔祠宇茔墓的重视。⑥

黎春林据南部档案中何如道的相关史实认为邹鲁《中国国民党史稿》一书存在部分错误，何如道等人实为义和团起义首领，起义镇压者为"黄鼎"而非"张孝侯"，"丙午江油之役"的撰写混入了光绪三十二年南部县义和团起义史实。⑦ 另外，她考证因西昌

---

① 左平：《从档案看清代州县巡检及其衙门》，《四川档案》2010 年第 4 期。
② 左平：《清代县丞初探——以〈清代南部县衙档案〉为中心》，《史学月刊》2011 年第 4 期。
③ 左平：《清代州县书吏探析》，《西华师范大学学报》（哲学社会科学版）2011 年第 6 期。
④ 蔡东洲等：《清代南部县衙档案研究》，中华书局 2012 年版。
⑤ 蔡东洲：《清代南部县研究六题》，《西华师范大学学报》（哲学社会科学版）2011 年第 6 期。
⑥ 蔡东洲、张亮：《〈南部档案〉中有关宋代阆州陈氏家族墓档案研究》，《中华文化论坛》2014 年第 4 期。
⑦ 黎春林：《"丙午江油之役"考辨——以清代南部县衙档案为中心》，《西华师范大学学报》（哲学社会科学版）2012 年第 6 期。

起义身亡而被列入《清史稿·忠义传》的"章庆"实际名为"章仪庆",南部档案中披露章仪庆生年、出身、早期履历及在剑州任内镇压南部县何如道起义、振兴学务等大量史实,是对《清史稿》的有力补充。① 清代存在"湖广填四川"的现象,黎春林认为出于政策支持与逃避漕务的双重考虑,大量湖广漕丁选择迁往四川,这些外迁漕丁虽在籍而不在乡,对原籍漕务恃远抗避。在迁入地,外迁漕丁与当地大姓联姻,积极参与当地事务,成为一时的地方精英。② 胡剑善于利用南部档案写通俗文章,他梳理了南部档案中廉洁从政的资料,讲述知县章仪庆及知县侯昌镇改革衙门作风、裁去门丁、约束吏役的故事。③ 通过论述南部县县衙机构的设置、县官的任职资格及县官的回避制度,他认为清代南部县的县政管理对于科学设置机构、完善公务员考试录用、建立领导干部任职回避制度有借鉴意义。④ 另外,他又讲述了南部县一起科场舞弊案,邓绍祖请赵光壁充当"枪手",并先后以邓鸿烈和谢大鹏之名入场应考,然后再主动揭发"枪手",以使竞争对手因考试舞弊而被打入另册。⑤

苟德仪以四川南部县为个案,通过对档案中所记载的与南部县各类基层组织,如保甲、里甲与里排、乡约、团练等有关的史料的系统爬梳,对南部县各基层组织的类型、设立原因、职能作用以及吏的选任等问题,进行了系统的研究,深化了对清代基层组织的了解。⑥ 关于清代的乡是行政区划还是地理概念,他认为清代前中期乡成为介于地理概念和行政区划之间的地域单位,清末新政时成为正式一级行政区划与机构,片面强调它是行政区划或是地理概念都是

---

① 黎春林、金生杨:《〈清史稿·章庆传〉史实考补——以〈清代南部县衙档案〉为中心》,《西南交通大学学报》(社会科学版)2014年第1期。
② 黎春林:《乾道间外迁漕丁研究》,《西华师范大学学报》(哲学社会科学版)2015年第6期。
③ 胡剑:《清代南部县衙档案中的廉政启示》,《四川档案》2014年第3期。
④ 胡剑:《清代四川南部县的县政管理》,《档案时空》2018年第1期。
⑤ 胡剑:《清代四川南部县的一桩科场作弊案》,《档案时空》2019年第7期。
⑥ 苟德仪:《清代基层组织与乡村社会管理:以四川南部县为个案的考察》,中华书局2020年版。

简单化理解。① 他利用南部档案考察川北道的辖区与职能，他认为其兴设、裁撤、复设、再裁撤历程反映川北地区的治乱兴衰和国家的治理方略。② 唐宋以来文献对南部县创建时间的记载多有分歧，至少有7种不同观点，经过考证，苟德仪认为南部县创建于北周闵帝元年（557）最为可信。③ 关于工房，苟德仪认为工房的源头可溯至北齐的士曹，明清时普遍设置。工房在衙署中居于大堂前甬道的左或右侧，工房书吏分典吏、经书、清书名目，数量因州县事务繁简以及该房职能的变化而不同。④ 工房的职能也随时代变迁而不断拓展，涉及农业、工业、商业、建筑、财政、林业、水利、消防、矿务、戒烟、劝工等方面。工房书吏的具体工作体现在兴修工程、缮写须知册、草拟词讼稿件、草拟上下往来公文、征收税厘、查勘绘图及收储管理档案等。⑤ 农务保董是在晚清农务整顿语境下出现的基层职役，负责整顿农务，禁戒烟毒及调解民间纠纷，他认为对保董的研究为理解基层社会权力运作样态提供了另一种视角。⑥

金生杨对比南部县五部旧志，认为同治增修的《南部县志》最为全面，并介绍《南部县舆图说》、《南部县乡土志》的特点。⑦ 通过南部档案看清末县志编纂，他认为清廷以征集旧志、上报舆图及调查事项等为主的行政运作模式部分，取代了新修地方志的举措，但为旧志的传播、新志的纂修创造了条件。⑧ 王雪梅通过南部县同光

---

① 苟德仪：《清代的乡是行政区划还是地理概念？——以四川南部县为个案的分析》，《西华师范大学学报》（哲学社会科学版）2013年第3期。
② 苟德仪、汪秀平：《川北道的辖区与职能演变》，《西华师范大学学报》（哲学社会科学版）2014年第3期。
③ 苟德仪：《南部县创建时间及有关诸说考辨》，《西华师范大学学报》（哲学社会科学版）2016年第3期。
④ 苟德仪：《明清州县工房研究的几个问题》，《西华师范大学学报》（哲学社会科学版）2018年第3期。
⑤ 苟德仪、唐宁：《清代南部县衙工房的职能与具体工作》，《西华师范大学学报》（哲学社会科学版）2019年第5期。
⑥ 苟德仪：《论清季农务整顿视野下的保董》，《历史档案》2020年第4期。
⑦ 金生杨、刘艳伟：《〈同治增修南部县志〉略论》，《西华师范大学学报》（哲学社会科学版）2014年第6期。
⑧ 金生杨：《从南部档案看清代县志的编修与征集》，《西华师范大学学报》（哲学社会科学版）2016年第3期。

年间僧会雪帆遴选的过程，探析僧人与士绅关系、官方政策与地方执行之间的冲突妥协等问题。① 刘瑷蓉考察南部县公文传递制度，她认为官方规定的公文传递程限与实际的传递效率存在偏差。② 李彦峰认为南部县巡警是巡警道统一部署与知县二元领导，警员以壮丁为主，文化程度不高，警费以各种税捐为主且入不敷出，领导权限不明、警察职责混乱、管理机械僵化及分割州县职能等宣告基层官制改革的破产。③ 沈真伊以《清史稿》与地方档案互证，考察清知县章仪庆的行政司法史迹，以反映近代政治、思想、文化等变革所带来的行政司法变化。④

吴佩林《清代地方档案中的政治、法律与社会》一书利用地方档案从政治、法律与社会三个视角来构建一个地域社会实态，分别涉及地方档案特性、地方官任职、书吏与州县行政、局所体制、官媒、生员诉讼、风水诉讼、场市设置、官民祈雨、割股疗亲以及官制婚书等论题，对地方政府与基层社会治理，官、吏、绅、民等群体的互动方式及下层民众生活状况等重要问题均有深入探讨。⑤ 他指出清代除"六房"外，常有增加房别、某一房再析分数房或房内书吏轮值之现象，也有不同房的档案存于同一卷宗的情况，他认为有序的衙门运转会因衙门内部房科之间的混争与书吏个人私利的掺入而变得"无序"。⑥

滕冉探讨清代绿营兵的优抚与惩罚制度，他认为南部县与国家规定略有不同，阵亡抚恤金高于国家制定的标准以及自首的逃兵法

---

① 王雪梅：《从〈南部档案〉看清季僧会的遴选》，《西南民族大学学报》（人文社会科学版）2014年第12期。
② 刘瑷蓉：《〈南部档案〉所见的公文传递程限制度研究》，《西昌学院学报》（社会科学版）2015年第4期。
③ 李彦峰、李庆宏：《清末四川南部县乡镇巡警创办研究——以〈南部档案〉为基本史料的考察》，《西南石油大学学报》（社会科学版）2015年第6期。
④ 沈真伊、张晓蓓：《清代凉山彝族地区末世知县的法政人生——章庆史实考》，《西南民族大学学报》（人文社会科学版）2016年第9期。
⑤ 吴佩林等：《清代地方档案中的政治、法律与社会》，中华书局2021年版。
⑥ 吴佩林：《有序与无序之间：清代州县衙门的分房与串房》，《四川大学学报》（哲学社会科学版）2018年第2期。

外开恩等。① 周杰认为晚清南部县书吏的请假遵循严格的制度和程序，请假制度在实施时很人性化，能够充分尊重书吏的个性需求，这有利于调动当时县衙书吏工作的积极性，提高清代地方政府的办事效率。② 林勃认为典史是知县的重要助手，典史的实际设置并未完全遵循清政府的规定。典史具有代理正印官、受理词讼、打击经济犯罪、稽查盐井等新职能，反映地方行政因地制宜的灵活性。③ 马代认为开办各级自治研究所是预备立宪的一个举措，从清政府颁布的各项政令可以看出施行自治之急迫，施行效率亦不低，但多流于表面，缺乏成熟的政治制度和人文环境是重要致因。④ 刘璐梳理南部县农务分会的组织和运作情况，她认为农务分会对于水利、种植二科的努力取得了成效，倡导农学，开启了农智。农务分会进行改组后选举的会长、董事多为地方富有绅农，广大农民无缘参与农会，限制了农务发展。⑤

（二）有关经济史方面的研究

吴佩林利用南部档案对南部县盐业生产的恢复、盐井数量及生产关系、盐业管理、盐税征收、盐业运输销售及其衰败进行了考察。⑥ 冯春明简要叙述南部县清代至民国盐业发展的概况。⑦ 蔡东洲认为武庙作为关帝信仰的物质依托，其经费收支问题实为关帝信仰研究之一端。晚清南部县武庙的经费来源主要有官方的划拨、筹集和民间的捐献、充公以及武庙自我经营所得到的收入，支出则主要

---

① 滕冉：《清代绿营兵优抚和惩罚制度初探——以〈清代南部县衙档案〉为中心》，《文化学刊》2018年第7期。
② 周杰：《从〈南部档案〉看晚清县衙书吏请假制度》，《长江丛刊》2019年第30期。
③ 林勃、王春芳：《清代典史研究——以〈南部档案〉为中心》，《景德镇学院学报》2019年第5期。
④ 马代：《清末县级地方自治研究所实态考察——以南部县为个案研究》，《文化学刊》2020年第1期。
⑤ 刘璐：《清末县域农务分会研究》，《佳木斯大学社会科学学报》2020年第1期。
⑥ 吴佩林、邓勇：《清代四川南部县井盐业概论——以〈清代四川南部县衙档案〉为中心的考察》，《盐业史研究》2008年第1期。
⑦ 冯春明：《南部县盐业史略考》，《四川档案》2014年第5期。

在祭祀武圣和修缮武庙两个方面。① 付珊珊分析南部县新镇坝白蜡分公司的创办、运行、职能及弊端，她认为分公司的成立促进了白蜡产业的发展，但也加重了民众负担。② 她的另一篇文章考察南部县白蜡的产销状况、厘金征收及经费用途，她认为南部县白蜡经费使用合理。③ 郭须挺考察晚清州县政府禁止民间私贩硝磺中官方与民间的态度变化，他认为南部县未严格按照《大清律例》的相关规定处理，而是在省政府的默许下就地贩卖或归公存案，民间贩售硝磺的诬告案件频出给政府造成人力耗费。④ 面对宣统年间的官硝专卖，南部县发起的招徕民间资本入股开办官硝总店这一事件，更多的是解决本地炮房硝磺存量不足及应付四川通省劝业道，并非真心实意的开放这一产业。⑤

金生杨关注清代南部县的盐业与盐政，他梳理道光初年南部县盐业的回配，在严缉私盐、保障课税的前提下，清政府虽多次下令回配，但受到盐商的阻挠与抵制，效果并不理想，不得已向甘肃、陕西方向突破了销售范围。⑥ 通过考察南部县盐务由计口授盐到改配代销这一过程，他认为川北盐业衰落、川南盐业发展是主要原因，改配代销为权宜之计，因其弊端重重而成为四川盐务长期负担。⑦ 另外，他从南部县票盐的兴起、票盐的内在矛盾、军兴引起的抽厘等方面考察票盐，认为私盐盛行、民乱频出、亏挪严重、私吞浸润、灶民负担加重等弊端引发丁宝桢全面改革南部县盐务。⑧ 关于盐厘首事，他认为其因征收盐厘而设，选任有严格限制，多为绅商和灶户

---

① 蔡东洲、张亮：《晚清地方州县武庙的经费收支问题——以〈清代南部县衙档案〉为中心的考察》，《西华师范大学学报》（哲学社会科学版）2013 年第 1 期。
② 付珊珊：《清代南部县新镇坝白蜡分公司》，《四川档案》2015 年第 1 期。
③ 付珊珊：《〈南部档案〉所见清代川省物产"白蜡"研究》，《牡丹江师范学院学报》（哲社版）2015 年第 3 期。
④ 郭须挺：《晚清州县政府禁止民间私贩硝磺研究——以〈南部档案〉为依据》，《西南石油大学学报》（社会科学版）2015 年第 2 期。
⑤ 郭须挺：《宣统年间南部县官硝专卖制度改革考》，《经济与社会发展》2017 年第 6 期。
⑥ 金生杨：《试论清代南部县盐的回配》，《盐业史研究》2015 年第 1 期。
⑦ 金生杨：《计口授盐与改配代销——以清代南部县盐为中心》，《中国盐文化》（第 8 辑）。
⑧ 金生杨：《南部县票盐的兴起及其问题》，《中国盐文化》（第 9 辑）。

代表，主要负责盐厘征收和申解。由于各种困难，按期完成任务对盐厘首事而言十分困难。随着时间的推移，盐厘首事不法行为愈来愈多，盐厘亏挪拖欠情况越来越严重。①通过梳理南部盐务的积弊、丁宝桢推行的改革及实效，他认为南阆盐务改革的根本在于保证厘金收入，取得了一定成效，但积弊未能根除。②

李庆宏梳理南部档案关于鸦片的记载有2899件，他认为这些档案能反映南部县与周边县、乡场的鸦片贸易，可以深描鸦片吸食群体乡镇分布、身体特征、性别比率、生计职业等实态，可以考察鸦片纠纷中县衙、乡里、宗族等组织蕴含的历史结构。③敬凯雁对南部县寺院经济的来源与支出作了梳理，认为来源于官方资助、僧人募款、信众捐赠等，用于庙产兴学、地方摊派、学务，她认为这背后隐藏的是寺庙的颓败与佛教的衰落。④马镛探索清代科举经费摊捐的产生原因、发起方式、具体规则、催缴形式和实施结果，说明有经常性经费缺口，需要通过摊捐等途径多方筹措，是清代中后期科举经费制度发展的一个显著特点。⑤

首事是清代乡村社会中辅助州县政府办理各类专门事务的人员，谢佳元对南部县盐厘首事设置选任、盐厘首事职责、其不法行为与改革约束进行论述，他认为运用盐厘首事征收厘金只是盐厘初征制度的权宜之计。⑥他另一篇文章探讨南部县盐税种类，他认为有井课、帮输、引税、盐厘四种，征收方式灵活多样，既有民间首事井首间接征收，也有知县和盐差直接设柜征收。由于申解盐税程序烦琐，使得州县欠课现象较为严重。⑦袁慧梳理南部县盐政弊端，论述丁宝桢在南部县设盐厘局、分局、验卡的过程，由于巨卡、局员众

---

① 金生杨、谢佳元、刘艳伟：《清代南部县盐厘首事刍议》，《盐业史研究》2017年第3期。
② 金生杨：《丁宝桢与南阆盐务改革》，《中国盐文化》（第10辑）。
③ 李庆宏、刘婷：《三十年来四川鸦片问题研究述论——兼论〈南部档案〉中鸦片史料分布及价值》，《西昌学院学报》（社会科学版）2015年第3期。
④ 敬凯雁：《清代南部县寺产来源与支出研究》，《湖北函授大学学报》2017年第6期。
⑤ 马镛：《清代中后期科举经费摊捐初探——以四川南部县衙档案为例》，《科举学论丛》2016年第2期。
⑥ 谢佳元、金生杨：《清代盐厘首事初探——以南部县为中心》，《中国盐文化》（第10辑）。
⑦ 谢佳元、金生杨：《清代知县的盐税管理》，《中国盐文化》（第11辑）。

多，南部县又多次酌减人员、裁并分卡。① 盐厘局的设置是丁宝桢盐政改革的产物，其职能主要体现在厘票发放、厘金抽收、厘银申解、稽查私盐以及上传下达政策等方面。② 魏志雯梳理清末南部县警政的建立及经费来源，她认为警政经费不列入中央预算给警政带来很大问题，各地自由筹款加重人民负担，拖累警政建设。③

张亮认为各级办考需用不同，经费筹集方式各异，且规制文本与实际操作有明显出入，晚清社会急剧变动，在保宁府童试办考受经费掣肘、举步维艰之时，新政学堂却发展迅猛、筹款顺利，这一矛盾现象反映童试制度之脆弱及科举颓势。④ 钟莉以南部县为例，总结盐斤加价在县一级的具体运作情况，从何为盐斤加价、加的是哪个环节的价格、加价的过程中各方就加价额如何讨价还价以及盐斤加价在晚清经历的变化来考察晚清地方财政制度的运作实况。⑤ 吕兴邦考察清末南部县硝磺政策的变化，他认为硝磺官卖并未达到经济预期，官店等新利益主体的引入强化了缉私氛围，却引发更多诬告性"贩私"案，承商虽有"威势"但不获实利。⑥ 万海荞从地方经费数额变化、财政收入构成及地方经费与财政的比例变化等三个方面对晚清南部县的经费问题进行考察，他认为地方经费的增减受财政体制、经济变化和地方事务繁简的影响，三费局、学田局不仅负责"三费"和学务费，还起着经理县经费的作用。⑦ 李玲认为公费私吞是清末学堂改革的最大弊端，国内环境动荡、地方绅民对新式教育的不同看法、款项筹措人与管收人分开、对公费私吞处置较轻

---

① 袁慧、金生杨：《清代南部县盐厘局的设置》，《中国盐文化》（第11辑）。
② 袁慧：《盐厘局的职能——以清代南部县为例》，《中国盐文化》（第12辑）。
③ 魏志雯：《清末南部县警政经费来源研究——以〈南部档案〉为中心》，《中国民族博览》2018年第8期。
④ 张亮：《晚清童试经费摊派及办考赔累——以四川保宁府为中心的考察》，《学术研究》2018年第7期。
⑤ 钟莉：《清末盐斤加价与官商博弈——以四川南部县为中心》，《盐业史研究》2018年第4期。
⑥ 吕兴邦：《"化私为官"：〈南部档案〉所见清末硝磺政策转变及其在地效应》，《中国经济史研究》2019年第1期。
⑦ 万海荞：《晚清四川的州县经费研究——以南部县为中心的考察》，《中国经济史研究》2019年第5期。

及关系网盘根错节是重要致因。①

苟德仪认为南部县官、民常用不同的土地量词,有全国性的,有区域性的,这些揭示出官方对民间实际控制的无力,使得不同地方在计量方面各显神通,也反映出基层社会的复杂性、多歧性。② 赖骏楠认为由于受困于有限的行政资源,南部知县选择以受理契税诉讼这一被动方式来实现契税治理,这导致全面查知民间匿税行为、司法个案中稽查能力不足、司法公正性受税收考量等弊端,清末川督赵尔巽契税国有化和设立经征局等措施未能从根本上改变契税治理格局。③ 任红压认为晚清酒税的创征是清代酒政从以禁为主走向以税为主的重大转折,在利益的驱使下,酒户抗缴酒税,并于荒年煮酒,在基层负责酒税征收的厘首以诈索酒户为常态。而为了保障税收,地方政府不得不选择妥协与让步。④ 郑成林认为场总经管乡场事务得到官府授权,通过抽收行用和帮差等方式筹集活动经费,具有官府代理人、乡场保护人、逐利者的多重面相。官府和场总共同构建了一个双方均可获利的"盈利空间"是其存在的基础,随着官府加大对乡场财源的吸取力度,场总逐渐丧失管控之权。⑤

(三) 有关社会史方面的研究

郑杰文依据南部档案简要介绍南部县重教倡孝、经济腐败、考试舞弊、拐妻卖妻、婚姻违伦及祭祀崇拜等民风民俗。⑥ 陈翔对比南部县与会理州的迎春仪式,他认为两者在筹办时间长短、筹备手续

---

① 李玲:《清末新政时期四川学堂公款私吞问题——以南部县为例》,《西部学刊》2019年9月。

② 苟德仪:《清代〈南部档案〉中的土地量词考释》,《西华师范大学学报》(哲学社会科学版) 2020年第4期。

③ 赖骏楠:《清代四川州县的契税治理:以南部县契税诉讼为侧重点》,《学术月刊》2020年第10期。

④ 任红压:《晚清四川酒税的创征——以〈南部档案〉为主的考察》,《西华师范大学学报》(哲学社会科学版) 2020年第6期。

⑤ 郑成林、李升涛:《清代中后期四川乡场的管理机制及权力关系——以南部县为中心的考察》,《四川师范大学学报》(社会科学版) 2021年第4期。

⑥ 郑杰文:《清代南部县衙档案所见川北民风民俗》,《民俗研究》2008年第1期。

繁简、参与人员组成及档案记载内容等方面存在差异。① 苟德仪认为南部档案中的"虫月"指的阴历六月,"丝月"指的阴历四月,"全月"指的是十二月,这些指代与养蚕、拴蜡等民众生活有关,而且这些月份名称主要出现中民间契约中,主要在民间使用,正式的公文中没有这些名称。② 教官专为课士而设,苟德仪认为教官通过亲自宣讲和监督宣讲进行教化,对开民智、裕民德、正民俗有重要意义。但教官职分不专,教化效果并不理想,这与教官职能的制度化设计及功利化选择有关。③

吴佩林认为嫁卖生妻虽然为社会主流意识所摈弃,但却作为一种民间习俗而普遍存在。由于没有破坏原有的承嗣和财产继承秩序,故没有被列入恶俗。县官处理这类案件根据乡民不同的诉讼动机,参考但不严格按照律例,权衡各方利益作出弹性处理。④ 清末新政时期四川出于改变婚姻陋习、增加新政经费诸考虑,下令废止民间自拟庚帖,购买官方统一印制的婚书。吴佩林考察这一过程,他认为由于民间婚俗根深蒂固、推行方法失之简单及法律新规形同虚设等原因,致旧弊未杜,新弊日生,最终以失败收场。⑤ 另外,他利用南部档案还原迎春活动这一过程,认为迎春活动由官方倡导转变为民间自发行为,一定程度上凝聚了人心,保持了国家和社会的稳定。⑥

杨兴梅以南部档案为支撑,进而搜集全国性的史料,梳理缠足与反缠足观念的变迁和反缠足方式的发展变化,重建近代中国的缠足与反缠足运动进程。⑦ 马丽认为劝学所内部统辖关系基本形成,监督负责监督办理整个地方学务,总董负责统筹协调地方学务,劝学员负责办理本区学务,学董负责基层学堂事务,但在实际运行过程

---

① 陈翔:《从档案看民间的迎春仪式——清末四川南部县和会理州迎春档案释读》,《中国档案》2008年第2期。
② 苟德仪:《清代〈南部县档案〉中"虫月"等名称考释》,《历史档案》2008年第2期。
③ 苟德仪:《清季教官的宣讲与地方教化——兼及科举制度废除对教官的影响》,《四川大学学报》(哲学社会科学版)2013年第6期。
④ 吴佩林:《〈南部档案〉所见清代民间社会的"嫁卖生妻"》,《清史研究》2010年第3期。
⑤ 吴佩林:《清末新政时期官制婚书之推行——以四川为例》,《历史研究》2011年第5期。
⑥ 吴佩林、曹婷:《传统中国地方社会的迎春活动》,《文史知识》2015年第2期。
⑦ 杨兴梅:《身体之争:近代中国反缠足的历程》,社会科学文献出版社2012年版。

中存在权责不明、事权不一、互相掣肘等情况。① 她另外探讨南部县劝学所的职责，她认为包括创办新式学堂、主持私塾改良、筹集新式学堂经费、培养新式学堂师资、传递相关学务信息等。② 张雅岚讲述了光绪十三年南部县一起自下而上、倒逼政府下禁杀耕牛令的案例。③ 代容考察南部县清明会，她认为清明会除祭祀及救助族人外，在参与纠纷调息、抽收经费、开凿堰塘、修建大路等事务中也起到重要作用。④

毛立平通过司法档案探析女性形象构建，她认为下层女性孱弱、无德、愚昧的描述是男性亲属、官员与妇女本身共同建构的结果，符合在司法实践中既要维护男性权威而压抑女性、又要遵守帝国法律与儒家仁爱思想不能严惩妇女的要求。⑤ 吴志忠简要论述了南部档案中的结婚、离婚习俗。⑥ 李彦峰认为"招夫养子"与"带产入赘"是男女双方各自利益诉求博弈的最终结果，宗族成员对"招夫养子"的不同态度反映了各自对财产觊觎的不同心理。⑦ 李庆宏从籍贯、住地、年龄、生计职业等方面论述晚清南部县童生群体生活实态，他认为童试难度很大，大部分童生终其一生都难以通过院试获得生员身份。其生计主要有攻读应考、训蒙糊口、担任公共职务、经商及务农五种，以前两种为主。⑧

黎春林认为学田局是晚清州县新兴官绅合办的助学助教机构，

---

① 马丽、蒋丽:《晚清地方县域办学体系中的统辖关系——从档案看晚清地方劝学所的内部设置》，《阴山学刊》2013 年第 3 期。
② 马丽:《晚清县域教育机构的职能探究——以南部县劝学所为例》，《重庆科技学院学报》（社会科学版）2015 年第 8 期。
③ 张雅岚:《〈南部档案〉所见清代地方社会对宰杀耕牛的禁止》，《四川档案》2014 年第 2 期。
④ 代容:《〈南部档案〉所见清代地方社会的清明会》，《四川档案》2014 年第 4 期；《清代清明会活动考察——以〈南部档案〉为中心》，《长江师范学院学报》2015 年第 6 期。
⑤ 毛立平:《档案与性别——从〈南部县衙门档案〉看州县司法档案中女性形象的建构》，《北京社会科学》2015 年第 2 期。
⑥ 吴志忠:《〈南部档案〉所见的川北城乡婚俗》，《四川档案》2015 年第 6 期。
⑦ 李彦峰:《清代"招夫养子"与"带产入赘"的利益诉求考察——以〈南部档案〉婚契文约为例》，《长江师范学院学报》2015 年第 5 期。
⑧ 李庆宏:《晚清童生群体生活实态考察——以〈南部档案〉为支撑》，《重庆交通大学学报》（社会科学版）2015 年第 6 期。

其结构大致由局士、管账、房书、巡丁组成。其组织结构中不论是处于最高层的局士，还是最基层的巡丁都与官府有着千丝万缕的联系，学田局组织结构是晚清地方官绅关系的一个缩影。① 刘艳伟论述南部县书院的发展演变、职事设置、财产与收支、藏书情况及南部县衙对它的管理，他认为南部县鳌峰书院大体能反映出清代县级书院的一般情况。② 刘桂海从吏员顶充、职能践行等方面呈现清代县医学实况，他认为训科的实际过程多偏离于令典规定，除履行卫生职能、参与司法处理外，县医学仍需完成各类"他职"，故屡受支差赔累，地方医疗生态遂遭破坏。③

陈慧萍认为南部县劝学所的职责总体呈现界限模糊、权力扩大化的特点，劝学所与县视学的职责一体化、劝学员与劝学学董的职责界限不清，而权力扩大化主要体现在筹款权、禀诉权、办学权上，学部章程的粗略性及地方各利益集团的博弈是重要原因。④ 关于学堂与新旧士绅权力的演变，陈慧萍认为随着学务机构的设立，因办学务而产生新的社会权力资源，使得新旧权力通过教育学制进行社会资源重新分配，打破了传统身份等级秩序通过科举制的流动模式，推动了士农工商四民社会的解体。⑤ 在学堂教学方面，陈慧萍认为新式学堂在具体运作、操作的过程中，呈现越来越规范的趋势，教材逐渐走向统一与标准，学生的招收考核也都呈现新旧过渡的特点。⑥

---

① 黎春林、杨明阳：《晚清州县学田局组织结构探赜——以〈南部档案〉为中心考察》，《西华师范大学学报》（哲学社会科学版）2016 年第 3 期。

② 刘艳伟、金生杨：《清代的县级书院——以南部县鳌峰书院为中心的研究》，《地方文化研究》2016 年第 5 期。

③ 刘桂海：《清代县医学的运作与地方医疗——以南部县为中心》，《安徽史学》2020 年第 3 期。

④ 陈慧萍：《清末劝学所在地方的运作及其实践特点——以四川省南部县为例》，《西北民族大学学报》（哲学社会科学版）2019 年第 2 期。

⑤ 陈慧萍：《清末教育改革视野下地方士绅流动与分化的历史考察——以"四川南部县衙档案"为中心》，《青海社会科学》2019 年第 4 期。

⑥ 陈慧萍：《教育近代化视域下清末新学堂教学的考察——以四川南部县衙档案为中心》，《青海师范大学学报》（哲学社会科学版）2020 年第 6 期。

（四）有关法律史方面的研究

赵娓妮《审断与矜恤》一书以清代知县对婚姻案件的审断为研究对象，通过"悔婚""买休卖休""奸情"等三种类型的考察，她认为律例虽是州县官裁断的基本依据，但并非唯一及最高依据，她对从轻处断的原因进行了剖析。①她结合《樊山政书》与南部档案互证，重点考察诉讼断案中"律例"与"情理"在知县审断案件中的运用及二者作为断案依据的相互关系。②

吴佩林在法律史方面进行了一系列深入研究，《清代县域民事纠纷与法律秩序考察》一书利用清代州县档案以及传世文献、田野调查等资料，打通从民间到衙门的解释渠道，就民事纠纷在民间社会的产生、调解、上诉到衙门，直至县官的裁决这一过程作了精细的实证研究，给我们展现了一幅清代州县鲜活的法律生活图景。③官代书的设立是州县司法制度的一项改革，他认为将写状人的身份由民间转移到官方，对清代地方司法秩序的稳定与发展起到了重要作用，但在实践过程中与讼师无别而被取缔。④关于清代佐贰杂职司法，他认为司法诉讼程序在官方层面不是始于县衙，而是始于县丞所在地的分县署或巡检所在地的分司署之类的行政官署，位于州县衙门和乡村社会之间的县丞、巡检等基层官员在其管辖区也与知县一样具有司法裁断权。⑤对于地方民事纠纷何以闹上衙门这个问题，吴佩林认为在清代地方社会诉讼场域中人们之间的利益关系尖锐，诉讼动机也错综复杂，由于诉讼没到堂审阶段就不一定要付出高昂的费用、调解主体没有足够的权威、旁人或健讼之徒的搬弄、乡民为小利而

---

① 赵娓妮：《审断与矜恤：以晚清南部县婚姻类案件为中心》，法律出版社 2013 年版。
② 赵娓妮：《晚清知县对婚姻讼案之审断——晚清四川南部县档案与〈樊山政书〉的互考》，《中国法学》2007 年第 6 期。
③ 吴佩林：《清代县域民事纠纷与法律制度考察》，中华书局 2013 年版。
④ 吴佩林：《法律社会学视野下的清代官代书研究》，《法学研究》2008 年第 2 期。
⑤ 吴佩林：《万事胚胎于州县乎：〈南部档案〉所见清代县丞、巡检司法》，《法制与社会发展》2009 年第 4 期。

兴讼等因素，仍有相当多的民事纠纷诉诸衙门。① 关于妇女与抱告制度，吴佩林梳理南部档案中妇女参与诉讼的案件，从年龄、抱呈与妇女的关系、以子为抱、夫在告状，及妇女与抱告在呈状、差唤、参与堂审等方面的考察，展现妇女与抱告在司法诉讼中呈现的复杂面相。② 他另外梳理清代州县官审理民事案件的基本思路：凡民间调解系统能调解衙门一般不再干预与追究，只要民间组织申请销案一般皆准，将一些诉讼判归家族或乡保调解，对危及社会秩序的"刁讼"行为予以责处等等，处理民事诉讼的思路与传统法律文化精神相吻合。③

地方诉讼实态是一个长期争论不休的问题，吴佩林认为"反诉讼社会"论者更多表达官方对无讼社会的理想诉求，"诉讼社会"论者力求探知地方诉讼的实际状态，"健讼""无讼"实则是一个话语的表达，是一个基于道德和现实层面的价值判断，它并非指可以测算的诉讼规模。④ "遵用状式"是清代一项基本规定，吴佩林认为"违式"呈状时有发生，州县官也多受理此状，其实质是两者基于地方法院与社会现实的一种博弈，州县官对违式状的不同处理反映了他们原则性与灵活性相结合的理讼观。⑤ "拦留"是清代南部县一种重要的纠纷解决方式，吴佩林认为它缓解了双方的冲突，解决了当事人的困境，使得调解尤其是再次调解得以顺利进行，是清代地方运作机制中国家低成本治理的重要表征。⑥ 他的《清代州县的生员诉讼》一文认为生员除"切己"之事外，也会主动或被

---

① 吴佩林：《清代地方民事纠纷何以闹上衙门——以〈清代四川南部县衙门档案〉为中心》，《史林》2010 年第 4 期。
② 吴佩林：《清代四川南部县民事诉讼中的妇女与抱告制度——以清代四川〈南部档案〉为中心》，《中国乡村研究》2010 年第 1 期。
③ 吴佩林：《从〈南部档案〉看清代县审民事诉讼大样：侧重于户婚案件的考察》，《中外法学》2012 年第 6 期。
④ 吴佩林：《清代地方社会的诉讼实态》，《清史研究》2013 年第 4 期。
⑤ 吴佩林、吴冬：《清代州县司法中的"遵用状式"研究》，《苏州大学学报》（法学版）2017 年第 3 期。
⑥ 吴佩林、李增增：《拦留：〈南部档案〉所见清季地方社会中的纠纷解决》，《华东政法大学学报》2019 年第 3 期。

动参与亲邻、家族、基层等案件之中,生员诉讼反映的不仅是基层社会官、绅、民之间的交流与博弈,而且也折射清末地方社会权力结构的变化。①

王有粮以法律史为进路,以南部档案中庙产案件为例,讨论法律制度及宗教政策对近代庙产兴学的进程及影响,他认为在向基层社会延伸的过程中法律和国家接近于"失范"的状态。②里赞《远离中心的开放:晚清州县审断自主性研究》一书以晚清州县衙门及其审断的自主性为视角,考察清代作为基层的州县与皇帝或中央的关系,进而对"中心与边缘"的关系进行阐述。③《晚清州县诉讼中的审断问题》一书以滋贺秀三、寺田浩明与黄宗智在清代州县审断依据问题上的争论作为切入点,认为州县审断的依据不一,而是以解决纠纷为目标综合运用情理律,在基层审断过程中充满极大的灵活性。基层审断也不是现代意义上的司法活动,更多的是政务行为。④学界认为保甲、家族等"社会"力量在基层政治中有重要功能,从南部县看,许多"琐情"案件直接告于官府,并未看到"社会"的作用,晚清州县"社会"实情有待考证。⑤

朱忠华认为"中证"是清代州县诉讼过程中的重要参与者,他们大多来自宗族系统、乡里组织及士绅阶层。除堂审外,中证还参与调解纠纷、勘验案情及为当事人作保,为知县做出裁断提供了必要依据。⑥张加培认为招赘婚作为重要的婚姻类型之一,包括在室女与寡妇的招赘婚,招赘背后的宗嗣承祧是婚姻的本质。探究四川招赘立嗣案件纠纷,有助于厘清背后隐藏着生存策略下的经济因素以

---

① 吴佩林、白莎莎:《从〈南部档案〉看清代州县的生员诉讼》,《史学集刊》2020年第2期。

② 王有粮:《庙产兴学及其案件中的国家与法律——以清代南部县档案、民国新繁县档案为佐证》,《法律史评论》2008年第1卷。

③ 里赞:《远离中心的开放:晚清州县审断自主性研究》,四川大学出版社2009年版。

④ 里赞:《晚清州县诉讼中的审断问题:侧重四川南部县的实践》,法律出版社2010年版。

⑤ 里赞:《晚清州县审断中的"社会":基于南部档案的考察》,《社会科学研究》2008年第5期。

⑥ 朱忠华:《〈南部档案〉清代州县诉讼中的"中证"考察》,《长江师范学院学报》2015年第1期。

及执法者基于法律对宗祠秩序的维护。① 陈慧萍认为地方官员通过借助生员实现对地方社会的有效治理，而生员们也希求通过司法获得社会权威，二者的结合使生员为证此条例沦文具法。②

吴冬以南部档案中 193 件保状档案为主要史料，探析清代司法中保释制度及程序运作中的官民互动。③ 卿文静以南部县为例论述清末监狱改良，她认为清末新政推行模范监狱的初衷是积极的，沈家本、张之洞、刘坤一等名臣的成绩也较为突出，但在建设过程中存在畸形发展。④ 谢超认为司法档案本身一般都是当时真实的文字，但这些真实文字未必就是历史事实。诉状、辩状、笔录都可能不是史实，同时司法档案中有人为虚构材料，也有事、实混淆记载材料。⑤ 司法档案材料并不等于法律史实，司法档案材料在叙事上有真实的一面，也不缺少虚构或制造情节。应给予档案平等地位，让档案开口说话，通过材料本意发现法律史实。同时尽量克服想当然的主观构建，通过微观镜头观察当事人对话的细微情节。⑥ 杨雪梅认为清代南部县仵作的职位设置、招募培养、考核审查、经济待遇及社会地位等均有明文规定，其职业范畴也从殓葬演变为验尸、验伤等，其检验手段和技术对现代法医有不少启示。⑦

（五）有关档案文书方面的研究

张晓蓓认为南部档案的司法文献真实反映了民众的权利、义务理念、民众的公平正义观念以及民众是如何通过诉讼达到自己的诉

---

① 张加培：《晚清四川南部县"招赘立嗣"案件与审理》，《成都大学学报》（社会科学版）2017 年第 6 期。
② 陈慧萍：《从南部县档案看清代地方的生员中证》，《西华师范大学学报》（哲学社会科学版）2018 年第 3 期。
③ 吴冬：《从南部档案浅析清代地方司法中的保释》，《历史档案》2020 年第 1 期。
④ 卿文静：《清末四川监狱改良研究——以〈南部档案〉为中心》，《文化学刊》2020 年第 6 期。
⑤ 谢超：《司法档案中的材料迷津及其补正——以龙泉、南部县档案为例》，《理论与史学》第 6 辑，中国社会科学出版社 2020 年版。
⑥ 谢超：《司法档案研究中材料与史实的区分——以龙泉、南部县档案为例》，《法律史评论》2021 年第 2 卷。
⑦ 杨雪梅等：《从〈南部档案〉看清代仵作职业制度》，《医学与法学》2021 年第 5 期。

求等实际状态,有助于我们客观理解清代法律的实施以及在实践过程中体现出的灵活性与适应性。① 佘正松首先介绍了南部档案的数量、文书种类,然后从九个方面论述了南部档案的价值。②

吴佩林从档案文书方面对南部档案进行了系列研究,通过对差票的格式及内容进行释读,他认为差票背后的人和事反映了清代文书制度下不同等级的尊卑秩序,同时也反映差役处在国家与社会的交汇点上,起到了州县官与乡里社会的桥梁作用。③ 关于整理地方档案需要注意的问题,他认为地方档案整理应注重保护史料的"原生性",存留档案"原件总量"和保持"档案排列原貌",档案的选取应以"卷"而不是以"件"为单位,以全球化、整体史的视野开展跨专题、跨地域、跨学科的深度研究。④ 随着年终封印制度的推行,为解决封印期间必要的事务处理,清政府开始实行"预印空白"制度。各地的具体做法不尽相同,在实施的过程中,预印空白制度徒具形式。⑤ 关于如何解读官衔,吴佩林认为知县官衔主要分布在上行文、平行文和下行文前后,其主要构成包括加衔、升调花样、职任、议叙和知县姓氏五部分,它不仅反映了官员的性质、迁调路径,也反映了官员任职环境的变迁。⑥ 吴佩林认为画行是指文书法定负责人判定文书是否符合要求、是否准允施行的行为,源于汉代的画可、画诺,至清代渐趋完善。在州县衙门中,文书多由书吏起草、幕友点改、长官画行,画行与否决定者文件是否能够下发执行。⑦ 另外,他认为清中后期的堂审记录称"叙供"更为妥帖,叙供多由承办房的书吏完成,并非仅出于"刑房"。叙供经历了由早期不写房名,到后期具体到相应房,甚至兼及书吏名姓的演变,叙述结构以道光七年、光绪十一年为界呈现

---

① 张晓蓓、张培田:《清代四川地方司法档案的价值评述——以清代巴县、南部县衙门档案为例》,《四川档案》2007年第5期。
② 佘正松、郑杰文:《清代南部县衙档案及其价值》,《文献》2008年第1期。
③ 吴佩林、蔡东洲:《清代南部县衙档案中的差票考释》,《文献》2008年第4期。
④ 吴佩林:《地方文献整理与研究的若干问题——以清代地方档案的整理与研究为中心》,《西华师范大学学报》(哲学社会科学版)2011年第6期。
⑤ 吴佩林、李晋:《清代文书"预印空白"制度考》,《档案学通讯》2014年第3期。
⑥ 吴佩林、曹婷:《清代地方档案中的州县官衔释读》,《安徽史学》2017年第5期。
⑦ 吴佩林、曹婷:《清代州县衙门的画行制度》,《档案学研究》2017年第5期。

出三种样态。① 关于"票",他认为"票"并非只是传唤到庭的命令书,在不同阶段有调查、取证、差唤及人证传唤等功能,衙门将多种功能合为一票的做法,不仅提高了机构办事效率,还降低了当事人的人力物力消耗,是规范管理的体现。② 衙门审案时的点名单并非刑房所独有,其结构为题名、受审人员名单、受审日期、承办差役四部分,点名单内涵丰富,具有多样性与复杂性特征。③

左平以南部档案著录为例,详细论述清代地方档案文件级著录的标准及实践中的著录项目、管理、流程与审查等,为档案著录提供可资借鉴的方法和经验。④ 马强认为地方档案中的环境史资料比方志更加具体真实,里面蕴藏清代四川环境史中的气候、野生植物、动物等诸环境要素的变迁。⑤ 刘金霞认为"牍"是新文种,牍可以分为牍、牍呈、牍知三种,牍和牍呈用于需要请示的事项,牍知用于通知类事项,牍呈是上行文,牍知是下行文。清末佐治官员往来文书文种使用混乱及强化尊卑秩序是新文种出现的原因。⑥ 刘艳伟认为南部县衙盐房档案共有1530卷8444件,内容丰富,真实反映了清代南部县盐业管理的情况,如实记录了地方与盐业相关的经济活动,是地方盐业与区域社会情形的一个缩影。⑦ 申艳茗探析南部档案中"首状",她认为"首状"是用于出首告状的诉讼文书,与其他诉讼文书相比,它的使用范围很小,多限于五服内尊长首卑幼。⑧ 张

---

① 吴佩林:《清代中后期州县衙门"叙供"的文书制作——以〈南部档案〉为中心》,《历史研究》2017年第5期。
② 吴佩林:《论清代州县衙门诉讼文书的多样性与复杂性——以〈南部档案〉中的"票"为中心》,《北大法律评论》2019年第1辑。
③ 吴佩林:《论清代州县衙门诉讼文书的多样性与复杂性——以"南部档案"中的"点名单"为例》,《档案学通讯》2019年第4期。
④ 左平:《标准与实践:清代地方档案的文件级著录》,《档案学研究》2015年第1期。
⑤ 马强、杨霄:《地方文献与明清环境史研究——以嘉陵江流域为主的考察》,《西华师范大学学报》(哲学社会科学版)2015年第3期。
⑥ 刘金霞:《清末新文种"牍"的考释——以〈南部档案〉为线索》,《四川档案》2015年第5期。
⑦ 刘艳伟:《清代南部县衙盐房档案的盐史研究价值》,《盐业史研究》2015年第4期。
⑧ 申艳茗:《〈南部档案〉所见"首状"探析》,《牡丹江师范学院学报》(哲社版)2015年第6期。

志全认为地方档案戏曲史料可分为官府饬禁类文书、民间诉讼类文书，保留了官府禁戏史料、戏班演出的戏俗、戏资等史料，对于考察清代民间戏班的生存状况及官府禁戏政策有重要的参考价值。①

杨和平认为地方档案研究关键一是对史料本身的解读，二是在此上的历史解释，需要不断超越具体研究课题而提出新的问题，确立恰当的意识位置，需要有理论关怀和"出思想"的努力追求。②金生杨关注差票与签、存查的对比，他认为它们在文书形式和功能方面颇为相似，但差票被唤人名在正文之后，且数量较多，签在登载署衔、事由、差役办差信息等方面比较简略。存查出现较晚，作为差票的副本附卷留存备查。③黎春林认为清代州县以红禀写官衔摘事由，以白禀摘时间，谓之红白禀。档案整理中对其文种、责任者与时间的判定与著录亟待规范，红白禀自正副禀简化而来，集中体现禀文上呈候批的功用。虽未能成为官方正式文公形式，却体现了清代公文的多样化特征。④

孙大东认为地方档案整理存在不注意维护档案的原生性、缩微黑白胶片与传统点校方法不便于档案识读、选档选取方式不当、档案整理者缺乏档案维护意识、对档案的研究不够深入等问题。⑤林勃梳理南部档案中的印信档案，他认为这些资料能反映清代南部县及周边道府的印信使用情况，南部县并没有滥用印信的行为，反映清政府中央权力最大限度地延伸到了县一级。⑥白莎莎分析士绅类执照的类型、格式及州县衙门对执照的管理，她认为执照本身承载社会

---

① 张志全：《地方衙门档案中的戏曲史料及其价值发微——以清代南部县衙门档案为例》，《中国戏曲学院学报》2017年第1期。
② 杨和平：《地方历史文献研究中的"史料"与"解释"》，《西华师范大学学报》（哲学社会科学版）2017年第3期。
③ 金生杨、袁慧：《差票与签、存查的对比分析——以〈清代南部县衙档案〉为例》，《西华师范大学学报》（哲学社会科学版）2017年第5期。
④ 黎春林：《清代"红禀"研究》，《西南交通大学学报》（社会科学版）2017年第5期。
⑤ 孙大东：《地方档案整理存在的问题及应对策略研究》，《中国档案研究》2018年第2期。
⑥ 林勃：《清代州县印信制度浅析——以〈南部档案〉为中心》，《六盘水师范学院学报》2018年第2期。

局势的变动、朝代的更迭与制度的变迁。① 张咪认为亲供文书是一种供述身份、行为的说明文书,具有书写对象多样、书写结构简单等特点。亲供文书应用于旌扬、官吏承充、捐纳、科举、丁忧起服、官员病故等方面,由于官方对亲供缺乏有效监督,其效力难以得到保证。② 姚笑云从南部档案在档案汇编、研究论文、研究专著及档案展览等方面进行调研,她认为南部档案开发研究已取得瞩目成绩,但还应降低公众利用历史档案的成本。③ 王一婷介绍南部县捐监文书的种类和作用,她认为这些文书反映出监生考选、入职、捐纳等实情,为研究清代证明类文书、清代科举制度及捐纳制度提供了参考。④

吕兴邦介绍他整理南部档案兵房资料情况,以具体内容为据对现存件数做了增减,他认为兵房通过文书书写、收发、批阅与知县发生直接关联,职能包括办理军务、非军事应役、维持治安、经管驿递系统、管控衙役系统、管制乡村社会代理人、管理武科、审处相关讼案等。⑤ 苟德仪认为承发房是明清时期各级地方衙门普遍设立的房科,在州县行政中主要承担处理文件、草拟文书、填誊状榜、管理代书、办理词讼、收缴词状规费等工作,比既有研究中的"秘书处""收发室"复杂得多。⑥

杨小平注重南部档案中的俗字研究,对什么是俗字,俗字产生的原因,俗字的内涵与外延,俗字的类型,俗字的起源、演变、规范,俗字的识读等问题都作了比较翔实的分析,有助于释读文献。⑦ 他指导研究生对南部档案中俗字进行列举与辨析,分析其在写本文献中的不同表现。董兆娜考辨"充""县""社"等三字的俗体⑧,

---

① 白莎莎:《〈南部档案〉所存士绅类执照小议》,《浙江档案》2019年第8期。
② 张咪:《〈南部档案〉中的亲供文书研究》,《萍乡学院学报》2019年第5期。
③ 姚笑云:《清代南部县衙档案开发研究调研及启示》,《档案管理》2020年第2期。
④ 王一婷:《清代四川南部县捐监文书初探》,《文化学刊》2020年第4期。
⑤ 吕兴邦:《清代〈南部档案〉"兵房"资料整理概言》,《北方工业大学学报》2021年第2期。
⑥ 苟德仪:《清代州县承发房职能考辨——以清代〈南部档案〉为中心》,《西华师范大学学报》(哲学社会科学版)2021年第6期。
⑦ 杨小平:《清代手写文献之俗字研究》,北京师范大学出版社2019年版。
⑧ 董兆娜、杨小平:《浅谈清代南部县衙档案俗字》,《长治学院学报》2013年第3期。

孙芳芳考辨"旨""效""派""今""匹"及"兹"等六字①。王慧兰认为档案中俗字出现的原因包括手写抄录容易产生字体讹误、档案的地方性决定用词的地方特色及民众错误认识文字等。② 王灵芝考辨"纔""盗""节""勒""庙""钱""埠""讯"等八个俗字③，贺敬朱考辨"冀""膝"二字④，王瑞赟考辨"等""覆""叫""据""卷"等五字。⑤《"纸"字俗体演变考》、《"钱"字俗体演变考》等文章梳理"纸""钱"两字的俗体。⑥ 李艳对南部档案中词语进行考释，她认为"下案"的意思为"下届"，"须票"的意思为"按票执行"。⑦ 潘文倩对"不耳""顾盼""估""么房""二比""止合""原中"等俗语词进行考辨与释义。⑧

结　语

2016年四川省南充市档案馆已将清代南部档案全部影印出版⑨，为学界研究提供了便利。随着档案数字化的推行，越来越多的信息会被发现。阅读整理档案可以产生问题意识，与此同时，学者往往带着自己关注的问题来查找档案资料，在阅读资料的过程中不断完善自己的问题意识，通过资料去论证问题、解决问题。南部档案里面蕴藏大量基层行政资料，蔡东洲等首先回顾学界对县衙设置、基

---

① 孙芳芳、杨小平：《〈清代南部县衙档案〉俗字考释六则》，《重庆三峡学院学报》2013年第2期。
② 王慧兰：《浅析清代南部县衙档案中的改换形旁俗字》，《西昌学院学报》（社会科学版）2015年第2期。
③ 王灵芝、杨小平：《清代南部县衙档案俗字例析》，《宜宾学院学报》2015年第5期。
④ 贺敬朱：《南部档案俗字辨析二则》，《铜仁学院学报》2017年第8期。
⑤ 杨小平、王瑞赟：《南部档案俗字考辨》，《佳木斯大学社会科学学报》2019年第2期。
⑥ 杨小平、王瑞赟：《"纸"字俗体演变考》，《辽东学院学报》（社会科学版）2019年第1期；《"钱"字俗体演变考》，《钦州学院学报》2019年第4期。
⑦ 李艳、杨小平：《〈南部档案〉词语考释》，《安康学院学报》2021年第1期。
⑧ 杨小平、潘文倩：《清代南部县衙档案俗语词考释五则》，《绵阳师范学院学报》2020年第7期；《清代南部县衙档案俗语词考证四则》，《四川文理学院学报》2020年第4期。
⑨ 四川省南充市档案馆：《清代四川南部县衙门档案》（全308册），黄山书社2016年版。

第二章　清代四川南部档案的保存、整理与研究 / 113

层组织、文教机构及民间婚姻等专题的研究，然后梳理清代典章政书对这些专题的规定，最后依据南部档案的记载对清代基层管理运作的研究有进一步的推进。清代乡村职役组织各地情况千差万别，资料收集、整理及解读难度大，苟德仪以南部档案为主，同时利用其他文献，对清代南部县的保甲、里甲、乡约、团练等基层组织及其运行实态进行了探讨。法律史的研究方法方面，滋贺秀三从中国法文化的视角探讨清代民事诉讼的性质，黄宗智注意到法律体系内部的非均质性及表达话语与实践之间的背离。吴佩林以丰富的南部档案为基础，兼采其他州县档案、传世文献及田野调查等资料，对民事纠纷的产生、调解、上诉及裁决等环节做了精细的实证研究。他的另一本著作以"人""机构""事件"为视角，考察了州县政府中的知县、书吏、官媒等群体的作用，深入挖掘生员诉讼、风水诉讼、官民祈雨、割股疗亲、婚书推行等地方社会中的重要事件，对局所与州县体制变革、场市设置与州县衙门的关系作出新的解答，极大地推动了地方档案与区域史的相关研究。

关于晚清财政学界有一定的研究，但对于县域财政的具体变化研究尚付阙如，钟莉、万海荞以南部档案为基础梳理出了相关变化特点。南部档案除记载制度文字信息外，里面还有大量档案文书的运行信息，在进行专题研究之外，利用其进行档案文书学也是一条重要路径。通过多种档案史料对比，吴佩林、金生杨、黎春林、杨小平对差票、官衔、预印空白、红票、画行、点名单、首状、俗字等档案文书形态做了研究。这些充分说明，依照学术脉络与问题意识，南部档案可以作为一个支点回答和印证一些重大问题。

然而，就南部档案现有成果而言，其中不乏精细之作，但仍有部分研究属于零敲碎打，进行局部研究的较多而缺乏整体的描述。研究主题不平衡，多集中于政治史、经济史、法律史部分，而对环境史、文化史等部分相对较少。就史料运用而言，部分研究者过于依赖南部档案，忽视与其他文献比对，导致研究视域受限。

近些年多有史学碎片化之感叹，王先明以华北区域史为例认为日趋泛化的"区域史取向"遮蔽了真正的区域史学术诉求，同时也造成史学研究走向"碎化"的境地。① 就地方档案研究而言，罗志田认为"史料本有断裂和片段的特性，史学是一门以碎片为基础的学问，即使断裂的零碎片段也可能反映出整体，需要讨论的是怎样从断裂的片段看到整体的形态和意义"。② 利用地方档案与其他史料相结合、构建特定区域内人口、环境、制度、经济诸多要素的关联及发展趋向是学术界新的追求与期许。

---

① 王先明：《界域建构中的困境及其反思——立足于近代华北区域史研究的考察》，《近代史研究》2022年第1期。
② 罗志田：《非碎无以立通：简论以碎片为基础的史学》，《近代史研究》2012年第4期。

第三章　清代四川冕宁档案的保存、整理与研究

地方档案不仅对国家制度在基层社会的具体运作有着微观的反映，而且也对基层社会政治、经济、文化、教育等诸多方面的生活细节有着翔实的记录，可以填补正史在这些方面记载的粗疏和遗漏。此外，地方档案的数量十分可观。以清代档案为例，现存大约两千万件档案中，有一半都保存在各个地方的档案馆中。[①] 因此，地方档案作为学术研究的一种重要的资料受到学界重视。例如，早在1950年代四川大学历史系就已开始对巴县档案进行整理[②]，此后逐渐形成了一批重要的资料及学术成果。[③] 近年来，学人进一步认识到地方档案对学术研究的价值和意义，并对各地档案的收藏情况进行了挖掘和统计，一些重要的档案资料逐渐为学界所知晓，比如南部档案、龙泉档案、宝坻档案、冕宁档案，等等。在此基础上，相关的整理和研究工作也陆续展开。尽管如此，各地方档案资料受到重视的程度以及整理和研究的进展却不尽相同。其中，龙泉档案和南部档案近来最受关注，现已整理出版有《龙泉司法档案选编》五辑共96册，《清代四川南部县衙门档案》308册。与此相关的研究成果，也日渐丰富。

[①] 吴佩林、万海荞：《地方档案与文献研究的新进展——"第二届地方档案与文献研究学术讨论会"会议综述》，《西华师范大学学报》（哲学社会科学版）2015年第2期。

[②] 刘君：《中国县级地方历史档案之最——清代四川巴县档案概览》，《档案》2000年第3期。

[③] 张晓霞、黄存勋：《清代巴县档案整理研究的回顾与思考》，《档案学通讯》2013年第2期。

相比而言，四川冕宁档案的系统整理起步较晚，研究成果仍不算丰富。此前，笔者曾撰文就相关情况做过初步的梳理和总结。① 最近，在中国政法大学的系统整理之下，冕宁档案已经部分出版，推动该档案的整理工作迈上了一个新的台阶。为此，本章在旧文基础之上，结合最新的进展，对冕宁档案的保存、整理和研究情况做进一步的梳理，希望对学界更为深入地认识和利用这批资料有所助益。

一　冕宁档案概况

冕宁档案，原件现存于四川省凉山彝族自治州冕宁县档案馆，档案内容涉及清代、民国时期冕宁各种地方事务。

冕宁，位于今四川凉山州西北部，安宁河的上游，北临石棉县，南接西昌市，总面积四千四百多平方公里，境内分布有汉、藏、彝、回等多个民族。② 今冕宁之版图，主要形成于明清时期。洪武十五年（1383），今县境北部一带西番部落归附，明朝设苏州（隶属于建昌府），任命西番首领为土知州，治理州境。③ 洪武二十一年（1388），明朝派羽林右卫指挥佥事陈起率军至苏州，建苏州卫（隶属于四川都指挥使司）④，用以制衡番部。洪武二十五年（1392），因苏州土官帕兀它随建昌卫指挥使月鲁帖木儿叛乱⑤，明朝废苏州，设苏州卫军民指挥使司，将当地西番、罗罗等族类纳入卫所统治。⑥ 因其管下西番民户较多，故两年后苏州卫军民指挥使司改称宁番卫军民指挥

---

① 龙圣：《地方档案与社会史研究——基于冕宁档案整理、研究的几点体会》，《西华师范学院学报》（哲学社会科学版）2017 年第 3 期。
② 冕宁县地方志编纂委员会编纂：《冕宁县志》，西南交通大学出版社 2009 年版，第 1 页。
③ 《明太祖实录》卷 143，洪武十五年三月己未，台北："中研院"历史语言研究所 1962 年版，第 2251 页。
④ 《明太祖实录》卷 194，洪武二十一年十月庚午，台北："中研院"历史语言研究所 1962 年版，第 2914 页。
⑤ 龙圣：《明初"月鲁帖木儿之乱"原因探析》，《史学集刊》2016 年第 5 期。
⑥ 《明太祖实录》卷 218，洪武二十五年六月癸丑，台北："中研院"历史语言研究所 1962 年版，第 3203 页。

使司①，简称"宁番卫"，隶属于四川行都指挥使司。② 正统七年（1442），宁番卫东部的冕山堡改为冕山桥守御千户所，仍归宁番卫统辖。③

入清后一段时期内，清朝保留了明代宁番卫的名称，并逐步在其境内四周增设营汛、土司，以巩固宁番卫在安宁河河谷的核心统治区域。雍正六年（1728），宁番卫改为冕宁县，隶属于四川省宁远府，当地始有"冕宁"之称。同年，清朝废除位于冕宁县冕山以东的乾县土千户，次年又在其地增设靖远营（仍隶属冕宁县），以约束周边彝民。其管辖范围，往东最远可达两河口一带。民国初年，仍置冕宁县，属四川省。1939年，冕宁改属西康省。1950年，冕宁解放，同年成立冕宁县人民政府，属四川省西昌专区。1951年，冕宁县东部冕山、靖远两地划归凉山州喜德县。1979年，西昌专区撤销，冕宁县改属凉山彝族自治州，区划至今未再变更。④

通过对冕宁地区行政区划变迁的梳理，可知冕宁档案指涉的地域范围，不仅仅局限于今冕宁县，还涉及今冕宁县以东喜德县的冕山镇、光明镇、且拖乡、两河口镇等地。可见，所谓的冕宁档案，实际上涵盖的地域范围包括今整个冕宁县以及喜德县的西北部地区，是清代、民国时期这些地区官府在具体运作过程中所形成的地方档案资料。

可惜经过战火洗礼、时代变迁，目前保存于冕宁县档案馆里的冕宁档案只是原档案中很小的一部分。其保存和流传的详细经过现已难以考证。可知的是，这批档案的原件在1987年以前保存于四川省档案馆，至于入藏的时间和原因，已不得而知。大约在1987至1988年之间，四川省档案馆将冕宁档案原件移交给冕宁县档案馆保

---

① （明）李贤：《明一统志》卷73，《四川行都指挥史司》，载《景印文渊阁四库全书》第473册，台湾商务印书馆1986年版，第555页。
② 《明太祖实录》卷234，洪武二十七年九月丁未，台北"中研院"历史语言研究所1962年版，第3421页。
③ （明）李贤：《明一统志》卷73，《四川行都指挥使司》，载《景印文渊阁四库全书》第473册，台湾商务印书馆1986年版，第556页。
④ 冕宁县地名领导小组编：《冕宁县地名录》，冕宁县印刷厂1986年版，第5页。

存。目前所见冕宁档案原件分装于406个黄色的档案盒中，每个盒子即为1卷，里面装有档案若干件。分装大致按照档案的时间先后顺序进行，已经打破原有的按房归档的分类系统。据统计，冕宁档案共有406卷，30530件，时间上起康熙三十一年（1692）①，下迄1950年。其中，卷1至卷401为清代档案，剩余的卷402至卷406为民国档案。② 这批档案主要是用汉文书写，用其他类型文字书写的情况极少。档案大部分保存完好，有小部分存在首尾或上下残缺的情况。档案纸张颜色以浅黄色、黄色为主，也有少量为红色。

在类型上，冕宁档案可分为四大类：第一，官府对外发布的信息，如告示。第二，各级官员之间往来文书，包括札、移会、宪牌、禀文、呈文、批文，等等。第三，与民刑案件相关的卷宗材料，包括禀状、传票、口供、判词、恳状、保状、结状，契约、碑文、图纸，等等。第四，有关地方政务的各种册籍，如户口册、粮册、土司册，等等。

在内容上，冕宁档案涉及地方事务的方方面面，比如政治、经济、军事、治安、司法、文教、民族、宗教、风俗等等，内容十分丰富。例如，政治方面涉及地方行政沿革、官署修建、官员奖惩、政令传达、政务总结、户口登记、基层管理等内容。经济方面涉及土地开发、田土清丈、农业生产、商品运输、商品交易、矿产开采、林业开发、民间借贷、庙产运作、钱粮收支、厘金征派等内容。军事方面涉及营汛修建、官兵设置、军需采买、军需运输、军需分配、守哨巡逻、奉调出征等内容。治安方面涉及保甲编设、捐办团练、报告案情、押送人犯、稽查匪类、盘查奸细以及查禁刀、枪、硝、磺等违禁物品。司法方面涉及偷盗牲畜、偷盗钱物、诬良为盗、赌博诈骗、醉酒闹事、聚众斗殴、绑架人口、拐卖人口、杀伤人命、财产纠纷、买卖纠纷、婚姻纠纷等内容。文教方面涉及宣讲圣谕、旌表节妇、举办乡饮酒礼、捐修学校、发展私塾教育、参加科举考

---

① 张晋藩：《但开风气不为先 我的学术自述》，中国民主法制出版社2015年版，第409页。
② 李艳君：《〈冕宁县清代档案〉简介》，《法制与社会》2010年第1期。

试等内容。民族方面涉及土司、土目制度（包括土司、土目的设立、承袭、奖惩和废除等）、民族管理、民族交往（包括汉人、西番、罗罗、摩挲等各族之间的往来互动）等内容。宗教方面涉及官方祭祀、民间祭祀、置办祭品、庙宇修建、庙会活动、民间信仰等内容。风俗方面涉及当地汉族以及其他民族的各种风俗习惯，包括婚姻习俗、丧葬习俗、饮食习俗、服饰民俗、宗族礼仪、人情交往、风水观念等内容。

据统计，巴县档案（清代、民国）共计十一万余卷，龙泉档案（清代、民国）共计一万七千余卷、八十八万件，南部档案（清代）共一万八千卷、八万四千余件，虽然冕宁档案在总数上不及上述地方档案，但它却具有以下几个重要的特点：

第一，冕宁档案开始时间早，时间跨度大。若以清代为限定时段计算，冕宁档案始于康熙三十一年（1692），止于宣统三年（1911），历时219年。南部档案起于顺治十三年（1656），迄于宣统三年（1911），历时256年；宝坻档案始于乾隆六年（1741），止于宣统三年（1911），历时170年；巴县档案若从乾隆十七年（1752）算起①，截止宣统三年（1911），历时159年；龙泉档案上起咸丰元年（1851），下至宣统三年（1911），历时60年。在以上列举的地方档案中，除了南部档案外，冕宁档案在开始时间和时间跨度上均领先于其他地方档案。

第二，冕宁档案对清代当地汉、藏、彝等民族情况有丰富的记载。由于冕宁县是一个多民族杂居的地区，境内分布有汉族、藏族、彝族等民族，所以冕宁档案当中有不少涉及民族政策、民族经济、民族交往、民族习惯、民族文化等情况的记载，为我们从多角度研究当地汉、藏、彝等民族社会历史提供了不可多得的资料。

---

① 关于《巴县档案》开始的时间，主要有康熙九年、乾隆二十二年两种观点。前者根据不足，后者因杨林查阅档案时发现乾隆十七年档案而被推翻（参见杨林《关于巴县档案起始时间》，《历史档案》1990年第3期），故本章认为现存《巴县档案》始于乾隆十七年。另吴佩林认为巴县档案应从此档案现存最早的时间，即康熙九年算起（参见吴佩林：《清代县域民事纠纷与法律秩序考察》，中华书局2013年版，第5页）。

第三，冕宁档案中有关于清代卫所的宝贵材料。冕宁县的前身为始设于洪武二十一年的苏州卫①，洪武二十七年改称宁番卫②，一直延续到清朝雍正六年才改卫为县③。而冕宁档案起于康熙三十一年，其中包括了部分宁番卫时期的档案资料。这部分档案资料数量较少，大约只有10卷，在内容上主要是涉及当时基层社会的田土、婚姻纠纷等问题。由于清前期各地卫所留下来的材料不多，而且涉及卫所基层社会的资料更少，所以冕宁档案中有关宁番卫的资料虽然数量较少，但却十分珍贵。

二　冕宁档案的整理情况

从20世纪80年代起，学界就已注意到冕宁档案并陆续对其进行整理。至今，冕宁档案的整理工作先后经历了三个重要的发展阶段，取得了较为显著的成绩。

（一）《清代冕宁县彝族档案资料选编》的整理、出版

如前所述，冕宁档案在1987年以前保存于四川省档案馆。由于长期缺乏关注和管理，当时冕宁档案原件已呈散乱、残破之状，"由于形成年代久远，内容庞杂，加之管理不善，全部没有案卷标题，杂乱无章，年月错乱，残破不全者为数甚多"④。从这个描述推测，冕宁档案早在保存于四川省档案馆之时，其原有的资料分类系统就已经被打散。为加强冕宁档案的保护和利用，大约从20世纪80年代中叶开始，四川省档案馆与四川省民族研究所合作，对这批档案

---

①　《明太祖实录》卷194，洪武二十一年十月庚午，台北"中研院"历史语言研究所1962年版，第2914页。

②　天顺《明一统志》卷七三，《四川行都指挥史司》，载《景印文渊阁四库全书》第473册，台湾商务印书馆1986年版，第555页。

③　咸丰《冕宁县志》卷二，《舆地志·沿革》，载《中国地方志集成·四川府州县志辑》第70册，巴蜀书社1992年版，第902页。

④　刘君、冉光荣：《清代冕宁彝族档案评介》，《四川档案》1988年第6期。

资料进行了初步整理。具体情况是：先由四川省档案馆张永海从馆藏冕宁档案中初选出部分资料，然后由四川省民族研究所冉光荣和省档案馆刘君共同编辑定稿，形成《清代冕宁县彝族档案资料选编》（以下简称《选编》），收录在四川省社会科学院出版社于1987年出版的《四川彝族历史调查资料、档案资料选编》一书当中。①

《选编》共整理、出版冕宁档案资料423件，共20万字。②该资料虽冠以"彝族档案资料选编"之名，但实际上并非每件档案都涉及彝族，其中也有不少涉及汉族、摩挲、西番等族类的资料。在内容上，《选编》将收录的档案分为行政管理、经济、习俗家庭、西番四类。其中，前三类涉及机构、土司、治安、汉彝关系、人口买卖、农业、开矿、借贷和商业、宗族与家庭、婚姻、习俗等方面，每一方面之下再细分出若干小类。最后一类为西番，专门收录31件有关西番（后被识别为藏族）的档案资料。

《选编》出版的第二年，即1988年，刘君、冉光荣在《四川档案》上发文对整理、出版的这部分冕宁档案资料情况做了介绍，并从土司制度、社会经济、人口买卖三个角度分析了该档案资料对于学界研究清代彝族边缘地区社会历史所具有的特殊价值和意义。③

由于条件的限制，《选编》的整理、出版也存在一定的不足之处，主要体现在以下几个方面。第一，整理内容不完整。《选编》对所收录的冕宁档案进行了文字注录，这免去了读者查阅原件、转录文字的麻烦，为研究提供了方便。但是，正如编者所言，"有些档案采用摘录方式，用〈上略〉、〈中略〉、〈下略〉加以表示"④，因此不少档案经过了编者的主观挑选，省略了部分内容，影响了档案的完整性。此外，虽然有些档案没有采用摘录的形式，但也不是完整

---

① 参见四川省编辑组《四川彝族历史调查资料、档案资料选编》，四川省社会科学院出版社1987年版，第234—410页。
② 参见刘君、冉光荣《清代冕宁彝族档案评介》，《四川档案》1988年第6期。
③ 参见刘君、冉光荣《清代冕宁彝族档案评介》，《四川档案》1988年第6期；刘君、冉光荣《清代冕宁彝族档案评介（续）》，《四川档案》1989年第1期。
④ 参见四川省编辑组《四川彝族历史调查资料、档案资料选编》，四川省社会科学院出版社1987年版，第234页。

的文字注录。例如，诉状的整理，往往强调中间的正文内容，而省去了最右侧的相关人物信息以及最左侧的相关人物信息。最后，部分档案在整理时漏掉了一些内容，比如有些诉状在整理时录入了批词，而另外一些诉状在原件上有批词，但整理时却又没有录入，这显然是疏忽所致。第二，整理数量较少。虽然《选编》整理出了20万字的资料，但它只整理了400余件档案，占冕宁档案总数的1.3%左右。此外，还有大量的冕宁档案未能收入《选编》当中。第三，在整理过程中，《选编》个别地方存在文字上的失误。

在今天看来，虽然《选编》存在的问题不少，但是它的贡献却依旧不能忽视。作为冕宁档案整理的第一部资料成果，《选编》为学界同仁接触、了解、认识冕宁档案以及利用这批资料进行研究开创了条件、奠定了基础，具有重要的研究价值和学术意义。

（二）冕宁档案的修复、编目和复制

1987年出版的《选编》提到"这部分资料是从四川省档案馆所藏清代冕宁县档案资料中选编而成的"①，而1988发表的《清代冕宁彝族档案评价》一文则提到"这批档案曾存四川省档案馆，现藏冕宁县档案馆"②，由此可知，《选编》整理、出版后，即1987至1988年间，冕宁档案从四川省档案馆转移到了冕宁县档案馆保存。

在省档案馆时，冕宁档案已是散乱、残破且没有案卷标题。移交后，由于县档案馆条件有限，冕宁档案的保存和利用情况并没有得到明显的改观，更不用说进一步的整理。直到十余年后，随着条件的不断改善，这批档案资料又才得以重新整理、保存。据冕宁档案馆工作人员介绍，2005年左右，县档案馆曾将冕宁档案送往四川省档案馆进行整理，主要包括修复、编目、复制三项工作。

第一，修复工作。由于时间久远，不少档案原件出现了虫蛀、脆化、破损等问题，为延长保存时间，省档案馆对冕宁档案进行了

---

① 四川省编辑组：《四川彝族历史调查资料、档案资料选编》，四川省社会科学院出版社1987年版，第234页。
② 刘君、冉光荣：《清代冕宁彝族档案评价》，《四川档案》1988年第6期。

修复。方法主要是以白纸为衬，将档案原件加以装裱。如此，日益泛黄、脆化的档案原件得以重获新生。修复后的档案，除已残缺的部位无法补救外，其余地方得到较好保护，因此整体上看起来较新。可以说，这项修复工作为日后冕宁档案的长期、妥善保存做出了极为重要的贡献。

第二，编目工作。不论是在省档案馆保存期间，还是移交县档案馆后，冕宁档案在相当长一段时间内都没有进行编目。所以除了已整理出版的《选编》外，实际上这批资料难以为学界查阅和利用。为推动档案的登记、保存、利用，四川省档案馆在对冕宁档案进行修复的同时，还对其进行了编目。方法是：原则上根据时间先后顺序将档案整理一遍，再分装于406个档案盒中。每个档案盒即为1卷，里面装有档案若干件。然后，用铅笔在档案原件上进行编号。例如，第1个档案盒中的第1件档案，即标记为1-1，意为第1卷第1号，其余类推。需要强调的是，这次档案的整理，原则上是按照时间先后顺序进行，但也有部分档案脱离了其应有的位置，被分到了其他卷。例如，乾隆、嘉庆年间的个别档案，排在了光绪卷当中。诸如此类的情况不少，此不赘述。在对档案原件进行分装、标号的基础上，四川省档案馆按照排序、卷号、名称等要素，编辑了"冕宁档案目录"，以便于查询和调用。

第三，复制工作。出于安全考虑，省档案馆在这次整理冕宁档案的过程中，还对档案原件进行了复制。复制手段主要包括两种，一种是对修复后的档案原件进行拍照，制成缩微胶卷。另一种是将档案原件扫描为电子文件，刻成光盘。

此次整理完成后，四川省档案馆将冕宁档案原件按照整理后的移交给冕宁县档案馆保存。这就是今天我们在冕宁县档案馆中所看到的冕宁档案的状态。除原件外，冕宁档案馆还有相对应的缩微胶卷406卷、光盘1张。这次整理工作，意义巨大。它不仅使冕宁档案原件得到了进一步的保护，而且也为学界查询和利用这批资料创造了条件，更为此后冕宁档案的系统整理、出版奠定了基础。

(三)《清代冕宁司法档案全编·第一辑》的整理、出版

2011年，在中国政法大学的积极推动下，冕宁档案进入系统整理、出版阶段。是年5月，中国政法大学法律史学研究院与冕宁县档案馆达成合作协议，共同整理、出版冕宁档案中的清代部分。此次清代冕宁档案的整理、出版，由著名法学家张晋藩先生任主编，法律史学研究院院长朱勇教授任执行主编，该院副院长张中秋教授、林乾教授以及冕宁档案馆馆长周强、重庆大学张晓蓓教授任副主编。次年7月，整理工作正式展开。经过七年的整理，第一批整理成果《清代冕宁司法档案全编·第一辑》（以下简称《全编□第一辑》）于2019年由法律出版社正式出版。①

本次整理出版的冕宁档案，以此前四川省档案馆整理、拍摄的缩微胶卷为底本，先打印出纸本，再将打印本按类编排。《全编·第一辑》共有3编35卷，每卷独立成册，共计35册。其中，3编分别为：行政编、民事编、刑事编。编下设目，如行政编下有"职制""财政""狱政""军政"等目，每目为一卷或数卷不等。具体情况如下：

编	卷	
行政编 （10卷）	第1—3卷	职制
	第4—5卷	财政
	第6—8卷	狱政
	第9卷	军政
	第10卷	册报等
民事编 （3卷）	第11卷	户役等
	第12卷	钱债等
	第13卷	承继等

---

① 关于此次冕宁档案整理的来龙去脉，参见张晋藩《前言》，张晋藩总主编《清代冕宁司法档案全编·第一辑》第1卷，法律出版社2019年版，前言第1页。

续表

编	卷
刑事编 （22卷）	第14卷　名例、盗贼
	第15—23卷　盗贼
	第24卷　欺诈
	第25—26卷　磕索
	第27卷　绑架
	第28—29卷　刁拐
	第30—35卷　命案

与以往相比，本次冕宁档案的整理出版具有以下几个的特点。

首先，全面整理出版。如前所述，冕宁档案自20世纪80年代中叶开始陆续有过整理、出版，但由于条件限制，整理出版的冕宁档案数量非常有限。本次整理耗时七载，对冕宁档案中的清代部分进行了全面的整理并计划陆续出版，不论从整理的时间还是出版的规模来说，都大大超过以往。

其次，黑白影印出版。1987年出版的《选编》是以提取文字的形式进行整理、出版的，在这一过程中难免发生文字注录失误的情况，同时档案的具体形貌、印章、签押等信息也无法呈现，留下较多的遗憾。相比以往，《全编·第一辑》采用黑白影印的形式出版，生动、直观地呈现出原有的文字、印章、签押等情形。档案下方，加注"档号""文种""责任者""题名""具文时间"信息。如此，读者可更为全面、准确地了解相关档案信息。

最后，出版质量较高。《全编·第一辑》封面采用枣红布包装，外观精美，同时又有助于书籍长时间保存。其内部采用787毫米×1092毫米纸张八开印刷，版幅较大，字迹清晰，整体效果较好。

《全编·第一辑》的出版，是冕宁档案整理史上的一个里程碑，具有重大的意义。可以想见的是，这套档案的陆续出版必将大大推动学界对冕宁档案的利用和研究。

三 冕宁档案的研究情况

随着冕宁档案的陆续整理、出版，学界利用这批资料所取得的研究成果也日益丰富。就笔者浅见[①]，相关讨论主要集中在司法诉讼研究、土司土目研究、基层社会组织研究、民族与社会研究等方面。

（一）司法诉讼研究

在冕宁档案中，司法诉讼案卷占有相当大的比重，反映出基层诉讼的实态。因此，学界利用冕宁档案讨论司法诉讼问题的成果较为丰富，主要涉及司法诉讼制度、司法诉讼活动、司法诉讼思想等。张晓蓓在《从冕宁司法档案看清代四川土司的司法活动》一文中，透过冕宁档案对清代四川土司司法活动的内容、特点及其与国家治理之间的关系做了讨论，指出土司所参与的司法活动主要包括组织土兵维护社会治安、协助缉拿逃犯、调解纠纷、平息矛盾、参与审判，认为清代保留土司参与司法的权力以及土司运用习惯法来进行司法实践，有助于民族地区的社会治理。[②] 张晓蓓的另一篇文章《清代冕宁诉状与西南少数民族地区的纠纷解决机制》在分析冕宁诉状基础上对西南少数民族地区司法诉讼的特点进行了讨论。文章指出，冕宁诉状种类多样、内容丰富、格式规范，整体上已趋于成熟。透过相关案件的处理可以看出当地司法诉讼的三个显著特点：土司调解与县衙正式审理相结合；当地民众的国家法律意识较强；案件审断既能遵循规定的程序，又有适当的灵活变通。通过以上考察，作者指出，清代西南少数民族地区只要是国家设立了衙门的地方，司法审判的规定与内地已无大的区别，但在具体的纠纷解决过程中，

[①] 需要说明的是，尽管本章对冕宁档案整理和研究的主要成果进行了梳理，但由于笔者眼界有限，难免有所遗漏。不周之处，还望读者见谅。

[②] 张晓蓓：《从冕宁司法档案看清代四川土司的司法活动》，《西南大学学报》（社会科学版）2009年第4期。

地方官对解决纠纷依据的选择具有灵活性。① 此外，张晓蓓在冕宁档案研究方面最重要的成果是其专著《冕宁清代司法档案研究》一书。在内容上，除去前言和致谢外，该书由程序篇、实体篇、监督与处罚、冕宁司法档案的民族性四章组成，详细探讨了清代冕宁县的司法诉讼机构、程序、原则以及地域性和民族性等特点，是目前学界利用冕宁档案探讨清代地方司法诉讼问题的代表性成果之一。②

除张晓蓓外，李艳君对冕宁档案亦有较多的利用和研究。其专著《从冕宁县档案看清代民事诉讼制度》一书，主要利用冕宁档案展现和分析清代的民事诉讼制度，并在此基础上探讨了清代民事和刑事诉讼的异同、清代民事诉讼的特点以及清代民事诉讼的民事法源等问题。③ 此外，李艳君还有几篇文章也主要是利用冕宁档案讨论清代司法诉讼问题。其《清人的健讼与缠讼——以〈冕宁县清代档案〉吴华诉谢昌达案为例》一文，根据冕宁档案中记载的吴华控告谢昌达一案为例，探讨了清人健讼与缠讼的现象，认为隐藏在案件背后的强权政治、官府的不作为以及当事人自身因素等等，是导致这一现象的重要原因。④ 其另一篇文章《清代民众诉讼思想探析——以〈冕宁县清代档案〉为例》利用的也是冕宁档案，对清代民众诉讼思想做了分析，认为不论是学界素有的清人"畏讼、忌讼"说法，还是清代官方关于"健讼、好讼"的记载，都难以准确概括出清代民众的诉讼思想，清代民众诉讼思想与个人因素、社会发展有密切的关系。⑤

（二）土司土目研究

冕宁是清代长期存在土司、土目统治的地区，因此冕宁档案中

---

① 张晓蓓：《清代冕宁诉状与西南少数民族地区的纠纷解决机制》，《法学研究》2009年第4期。
② 张晓蓓：《冕宁清代司法档案研究》，中国政法大学出版社2010年版。
③ 李艳君：《从冕宁县档案看清代民事诉讼制度》，云南大学出版社2009年版。
④ 李艳君：《清人的健讼与缠讼——以〈冕宁县清代档案〉吴华诉谢昌达案为例》，《大理学院学报》2012年第1期。
⑤ 李艳君：《清代民众诉讼思想探析——以〈冕宁县清代档案〉为例》，《理论界》2012年第7期。

留下了不少关于土司、土目的记录。学界也有学者利用相关资料，对清代土司、土目情况作了一些探讨。

刘君、冉光荣在评价冕宁档案时，就曾指出有关清代冕宁土司的几个特点：一是县内设置了大量土司、土目，使得当地土司制度得到充实。二是土司承袭的手续详尽具体。三是土司职责得到强化，清王朝对冕宁土司赏罚分明，加强了对土司的管理，等等。通过分析冕宁档案对土司的记载，可以获得一些新的认识。比如，以往学界过分强调土司的独立性，认为除了谋反外，清政府对土司控制不严。作者认为，这在彝族聚居地区确实如此，但在改土归流边缘地区，清政府实际上加强了地方行政统治力，对土司的管控大大增强。[①]

此外，龙圣《清代四川世袭土目考论》一文，利用冕宁档案、地方志等资料，对清代四川世袭土目的数量、来源及号纸等情况进行了讨论。文章指出，世袭土目是清代在土司制度方面推行的一项新举措，以四川最多。清代四川世袭土目达 68 家，其中由土司降为土目者 45 家，直接授予土目者 16 家，另有 7 家情况不详，而可考之土目皆无号纸。世袭土目制度一方面采用土目世袭的方式延续了土司制度下因俗而治的传统，另一方面又限制了地方势力，体现出清代土司制度的发展与创新。[②]

（三）基层社会组织研究

冕宁档案是地方社会实际运行过程中留下的宝贵资料，对地方社会组织及其活动有比较细致的记载。因此，在利用冕宁档案等资料研究基层社会组织方面，也出现了一些新的进展。

龙圣《明清四川军户的发展与宗族建构——以冕宁胡家堡胡氏为个案》一文，结合冕宁档案、族谱、碑刻等资料，探讨了胡氏如何从明代宁番卫一个普通军户发展成为清代冕宁地方大族的过程及

---

① 刘君、冉光荣：《清代冕宁彝族档案评介》，《四川档案》1988 年第 6 期。
② 龙圣：《清代四川世袭土目考论》，《历史档案》2015 年第 3 期。

其原因。通过这个案例，作者重新思考了明清四川社会发展的连续性问题，认为过去学界在论及清代四川历史时多强调明清更替造成的地方发展的断裂，但是从四川边缘地区来看，这种断裂性并不是十分明显，比如清代冕宁胡家堡胡氏便是从明代延续下来的土著。入清后不久，胡氏就开始了宗族建设并培养出一批具有低级功名的家族子弟，其原因也正是得力于他们在明代所奠定的经济和人脉基础。这一个案对于认识清代四川不同区域社会历史发展进程具有重要的意义。①

此外，龙圣《清代冕宁的村庙组织、村治实践与村落内生秩序》一文，通过梳理冕宁档案中有关乡村庙宇的资料，对清代冕宁的村庙组织及其活动和影响作了深入分析。文章指出，清代雍正年间以来，四川冕宁各村修建庙宇之风大兴，围绕修庙、祭祀而形成的村庙组织应运而生。这些民间自发形成的组织在村落管理和秩序维系上扮演了重要角色。一方面，村庙组织每年定期举办庙会，组织村民（会众）轮流祭祀，强化了村落内部关系，形成了稳定的村落共同体。另一方面，村庙组织在日常生活中还承担调解内部纠纷、山林管理等治理职能，对村内行为起到规范作用。村庙组织"非常"与"日常"的村治实践，推动了村落内生秩序的形成与维系。②

（四）民族与社会研究

除上述研究主题外，近些年通过冕宁档案等资料探究民族与社会问题，也成为一种重要的取向，产生了一些成果。

在民族研究方面，主要涉及对民族关系、民族性、民族认同、族称等问题的讨论。龙圣的博士学位论文《多族群视野与历时性观察——元至清大凉山西部的彝族》，在综合利用冕宁档案、地方志、文集笔记、民间文献等资料基础上，对元至清大凉山西部地区民族关系格局的演变进行了细致的梳理，比较清晰地呈现出晚清时期大

---

① 龙圣：《明清四川军户的发展与宗族建构——以冕宁胡家堡胡氏为个案》，《历史人类学学刊》2015年第13卷第2期。

② 龙圣：《清代冕宁的村庙组织、村治实践与村落内生秩序》，《民俗研究》2020年第5期。

凉山西部彝族势力崛起的完整过程，并就其崛起的内外因素作了深入的分析和讨论。① 与宏观的族群关系讨论不同，他的《明清"水田彝"的国家化进程及其族群性的生成——以四川冕宁白鹿营彝族为例》一文，从微观层面出发，分析了冕宁"水田彝"及其聚落的形成与演变。"水田彝"是指生活在安宁河平坝上的彝族，其社会形态、生产生活、文化习俗等方面与大凉山的高山彝族有着很大的不同。冕宁档案中有不少关于清代"水田彝"的资料。作者结合冕宁档案和民间文献的记载，以其中的白鹿营彝族为例，详细分析了"水田彝"形成的历史。文章指出，明万历后期为抵抗叛乱，部分大凉山彝人被宁番卫招募到平坝充当营兵，形成白鹿营等彝族聚落。入清后，白鹿营彝人随土司的招立再次被纳入国家体制。但直到乾隆晚期，其聚落形态、权力格局和风俗文化等仍保持较强的独特性。此后，随着移民的到来、保甲的编设及文教的推广，白鹿营彝族的特性逐渐弱化，国家认同感日益增强，最终形成有别于高山彝族的"水田彝"。② 此外，龙圣的《清代彝族名称考》，主要利用冕宁档案和宫中档案，考察了清代彝族名称用字问题。文章指出，康熙以前的文献绝少用"彝"称呼彝族。康熙年间出现用"彝"笼统称呼西南少数民族的现象；雍正年间，配合着具体的语境，档案中已经常使用"彝"来称呼彝族。产生这一现象的原因在于，最高统治者以汉化论为满族统治的合法性辩护，欲消除人们对"夷"的固有偏见，而改用"彝"字。乾隆及其以后，随着满洲统治者自我意识的强化和多元统治理念的形成，以"彝"代"夷"已无必要，为尊崇多民族文化和实践多元治理理念，反而需要强调"夷"这一不同于汉族的文化特质，故又回归"夷"字的使用。可见，用"彝"来称呼彝

---

① 龙圣：《多族群视野与历时性观察——元至清大凉山西部的彝族》，博士学位论文，北京师范大学，2012年。
② 龙圣：《明清"水田彝"的国家化进程及其族群性的生成——以四川冕宁白鹿营彝族为例》，《社会》2017年第1期。此文后来被翻译成英文，发表于《社会》英文刊第5卷，详见 LONG Sheng, "The nationalization process and formation of Shuitian Yi ethnicity during Ming and Qing: A case study of the Yi ethnic group in Bailu Ying, Mianning County, Sichuan", *Chinese Journal of Sociology*, Volume 5 (Oct. 2019), pp. 509–544。

族，早在清雍正年间即已出现，并非新中国成立后因废除民族歧视才出现的现象。①

在社会研究方面，明清时期冕宁社会变迁问题是相关讨论的焦点。龙圣的博士后研究工作报告《冕宁屯堡社会变迁研究——基于历史人类学的视角》是这方面的代表性成果。报告通过整理涉及冕宁屯堡社会的相关资料（包括冕宁档案、族谱、碑刻、契约等），从聚落形态、节日习俗、民间崇拜、历史记忆四个方面，对明清时期冕宁屯堡社会形成、发展的过程进行了的梳理，对于深刻了解卫所基层社会的运行及其在清代的发展具有参考借鉴意义。② 此外，他的一篇英文文章"where are the Western Aborigines? Ningfan Guard and the transformation of local society in southwestern Sichuan in Ming and Qing"（《西番何在？——宁番卫军户与明清川西南地方社会的转变》），探讨了冕宁河谷地区以西番为主体的社会瓦解、消亡的变化过程，并分析了西番族群认同转变的历史原因。通过对比正史、方志以及冕宁档案的记载，作者发现，受卫所军户制度的影响，明清时期冕宁河谷地区的西番不论在族属上还是文化上都产生了较大的认同转变，逐渐融入汉族当中，以至于出现西番"消失不见"的情况。③

通过上述梳理，不难发现，随着冕宁档案的整理、出版，相关研究成果逐渐增多。其在研究主题、方法和时段方面也有较大的变化。

在研究主题上，由于冕宁档案中诉讼案卷较多，加之早期研究者从事的研究领域主要是法史，因此早期相关成果主要围绕司法诉讼相关问题展开。然而，包括冕宁档案在内的地方档案中也存在一些其他类型的资料，而且诉讼资料除能反映诉讼问题外，也能反映

---

① 龙圣：《清代彝族名称考》，《历史档案》2017年第3期。
② 龙圣：《冕宁屯堡社会变迁研究——基于历史人类学的视角》，山东大学博士后研究工作报告，2014年。
③ LONG Sheng, "where are the Western Aborigines? Ningfan Guard and the transformation of local society in southwestern Sichuan in Ming and Qing", in Michael SZONYI and ZHAO Shiyu (eds.), The Chinese Empire in Local Society: Ming Military Institutions and Their Legacy, Routledge, 2021, pp. 99 – 114.

出其他方面的问题。因此，利用冕宁等地方档案做研究不一定局限于司法诉讼方面，也可以探讨更多的历史问题。关于这点，赵世瑜曾有过简短的总结，他认为以往利用地方档案进行的研究以法史研究为多，专注于司法审判程序，背后关心的实际上是法学的问题，对历时性因素考虑不多，且往往忽视诉讼的具体情境和人群，即史学问题。① 有鉴于此，近来有关冕宁档案研究的成果在主题上有了较大的变化，整体上呈现出从"法史"向"社会史"扩展的趋势。

在研究方法上，由于主题的变化必然要求方法也要有所改变。早期利用冕宁档案进行的"法史"研究，方法主要是梳理诉讼案卷，再结合相关律例，加以比较、分析。与此不同，社会史研究利用地方档案时，更加注意发掘档案记载对象所处的时空环境。在方法上，需要通过田野调查的方式进入档案记载的地方，去了解其历史传统、社会环境和人物关系等，并拓展相关的研究资料，如至今保存在当地的族谱、碑刻、契约、图纸、牌匾等民间文献，以及当地民众的口述资料。正如吴佩林所言，"当在'整体史'视野下细化'地方性'研究的研究路径成为一种趋向时，当研究力求跳出'死'的制度进入'活'的领域时，那些能反映百姓日常生活实态、听到不同阶层的'声音'、获取'活'的文本等内容的地方档案显得尤为重要……但一地的历史又绝非仅仅靠档案就能了解，唯有将档案与当地的方志、家谱、碑刻、正史等文献进行有效的对话和回应，才能更切实的了解一地的社会"②。概言之，社会史与法史在利用地方档案的方法上最大的区别在于，前者将档案梳理和田野调查相结合，而后者更多局限于档案本身。

在研究时段上，因冕宁档案多为清代档案，法史研究在利用这些资料时往往将讨论聚焦于清代，而社会史研究虽也利用冕宁档案，但其讨论却不一定局限于清代。社会史强调将"所见"置于区域历

---

① 赵世瑜：《序》，梁勇著《移民、国家与地方权势——以清代巴县为例》，中华书局2014版，第1页。
② 吴佩林、钟莉：《"地方档案与文献研究学术研讨会"综述》，《中国史研究动态》2014年第1期。

史发展脉络中，探讨文化的"结构－过程"①，这就决定了其研究时段由讨论的具体问题而定，而不是由某一研究资料所处的时段决定。

结　语

近年来学界在利用冕宁档案进行研究方面取得了一些进展，出现了良好的发展趋势。但若与巴县档案、土默特档案等地方档案研究相比，围绕冕宁档案展开的研究工作目前仍处于相对薄弱的状态，主要表现在两方面：一是相关成果数量不多，二是研究主题不够广泛。随着冕宁档案的陆续整理、出版和学界的日益关注、探讨，相信未来冕宁档案在研究方面将取得更大的成绩。

---

① 刘志伟：《地域社会与文化的结构过程——珠江三角洲研究的历史学与人类学对话》，《历史研究》2003 年第 1 期。

第四章　清代台湾淡新档案的保存、整理与研究

台湾淡新档案是清代地方县衙遗存档案之一，可说是现存清代台湾厅县衙档案中规模最大的地方档案，对研究清代台湾地区行政制度、法律诉讼、社会经济等方面具有相当的学术价值。戴炎辉首次整理时，对其内容进行了相关介绍。[①] 台湾大学进行再次整理后，吴密察对其整理过程进行了详细梳理。[②] 本章依据前辈学者的梳理，介绍档案的内容及价值，回顾其整理过程，同时对淡新档案的研究成果进行归纳概括，并提出自己的思考及认识。

一　淡新档案的内容与价值

清代台湾淡新档案，本是保存在清代台湾新竹县衙的公文卷宗，并没有统一的名称。甲午战争后，日本占据台湾，这批文书被保存下来，日本人将其称为"台湾文书"。后来这批文书由台湾大学法律系戴炎辉教授主持整理，其认为此批文书并不包含清朝时期整个台湾地区各级官府衙门之公文，"台湾文书"的名称过于宽泛。戴炎辉

[①] 戴炎辉：《清代淡新档案整理序说》，《台北文物》1953年第2卷第2期。
[②] 吴密察：《清代台湾之"淡新档案"及其整理》，《中国社会经济史研究》2017年第2期。

根据档案所含内容，指出档案虽来自清代台湾新竹县衙，[①] 但亦保存了淡水厅、台北府相当数量的公文，故将这批文书命名为"淡新档案"，即是此批现存档案通行称名的由来。

关于淡新档案的起始时间，戴炎辉认为淡新档案现存最早起始于嘉庆十七年（1812）；[②] 台湾大学图书馆有关淡新档案的介绍指出，淡新档案保存起始于乾隆四十一年（1776）；[③] 项洁认为已完成出版之《淡新档案》套书所见档案之最早年代为乾隆五十四年（1789）。[④] 详细阅查此件档案，此案为"厅蚝叠刑等事：乾隆四十七年四月十八日，奉署抚部院杨牌行：查淡水厅民陈喜呈控厅蚝庄德等诬禀伊兄陈谅等采买，拘禁酷勒差礼一案。"[⑤] 虽日期落款丢失，但此案明确指出时间为乾隆四十七年（1782）。项洁所言乾隆五十四年（1789）档案，为此案件的后续文书，即乾隆五十四年（1789）七月十九日，淡水厅同知因衙署书吏拘禁酷勒民人之事，饬令粮总书张升、陈壁赶办，"毋再违延"。因此乾隆四十七年（1782）应为我们目前可查档案的最早年限。因光绪二十一年（1895）甲午战争爆发，此后台湾割让于日本，清朝对台湾的统治结束，对于目前可查淡新档案来说，最晚时间为光绪二十一年（1895）。

---

① 关于新竹县的行政建置变迁：雍正元年（1723），划大甲溪以北至鸡笼、淡水一带，设立淡水厅，但此时淡水厅署仍在彰化县治，直至乾隆二十一年（1756），淡水同知王锡缙在竹堑（新竹）西门建立淡水厅署，此后淡水厅治始在竹堑（新竹）办公；光绪元年（1875），沈葆桢奏设台北府，设置之初台北府暂驻竹堑（新竹）；光绪四年（1878）淡新分治，新竹县的管辖地区为原淡水厅的桃涧堡以南地区；光绪十三年（1887），新竹县又析出苗栗县，割去中港溪及其支流南港溪以南地区。
② 戴炎辉：《清代淡新档案整理序说》，《台北文物》1953年第2卷第2期。
③ 台湾大学图书馆特色馆藏，"淡新档案简介"，http：//speccoll. lib. ntu. edu. tw/node/56#2，访问时间：2021-10-22。项洁指出，此时间来源于一篇研讨会论文，台湾大学图书馆特藏组：《台湾大学图书馆特藏介绍》，"台湾文献资料合作发展"研讨会，"国立中央图书馆"台湾分馆主办，1991年。项洁、洪一梅：《数字人文取径下的淡新档案重整与分析（上）》，《档案学通讯》2020年第6期，注释2。
④ 项洁、洪一梅：《数字人文取径下的淡新档案重整与分析（上）》，《档案学通讯》2020年第6期。
⑤ 《淡新档案》第1册，11301案，台湾大学出版社1995年，第128—129页。

淡新档案是指清乾隆四十七年（1782）至光绪二十一年（1895）台湾淡水厅、台北府及新竹县之行政与司法档案。其中，属乾隆朝的档案仅有一件，嘉庆十年（1815）留存了案，为13304案、16401案和23301案。其余则以光绪朝留存档案最多，共828案；同治朝次之，为161案；较少的是咸丰朝和道光朝，分别留存80案和33案。① 故档案内容的主要构成部分为嘉庆十七年（1812）至光绪五年（1879）三月的淡水厅档案；光绪初年的台北府档案；光绪五年（1879）三月至光绪廿一年（1895）的新竹县档案。②

不论淡水厅还是新竹县，都是清代地方基层政权，皆是通过与上下级、平级的公文互动实现地方行政治理。因此淡新档案不仅包含各行政单位之间的公文往来，如行文、简文、移文等等，还包括各官衙正堂遣派差役去执行行政命令的票、单，以及基层民众请求官府调处和仲裁的禀文、呈状等。不同的公文形式大致可分为三大类，一为上行公文，即发送给上级单位的公文，如新竹县令发送给台北知府、淡水同知的文书，所用文体较尊敬，文字亦较典雅；一为平行公文，即发文者与受文者的行政等级相同，常是将上级的来文转移给对方照会，或要求对方配合办理某事的公文类型，如新竹县令发文彰化县令协查公文遗失、挑夫逃走等行政事务的公务文书；一为下行公文，一般发送给下级单位，告知或命令对方该做何事，需何时完成，如新竹县令向地方差役发的差票等。地方总理、衙役、行郊以及民众等也会通过状、禀等文书向官府提起诉讼，处理相关问题的过程中亦会产生系列的司法档案。这些档案，不仅呈现了淡水厅、新竹县的政务处理程序，亦可以反映清朝政府政令下达以及下情上达的行政运作方式，真实地展示了清代台湾北部的地方治理图景。

戴炎辉依据法学学科性质将淡新档案的内容分为行政、民事、刑事三编，指出行政编除了总务类之外，其主要内容集中在财政与

---

① 台湾大学图书馆特色馆藏，"淡新档案简介"，http：//speccoll.lib.ntu.edu.tw/node/56#2，访问时间：2021-10-22。
② 戴炎辉：《清代淡新档案整理序说》，《台北文物》1953年第2卷第2期；吴密察：《清代台湾之"淡新档案"及其整理》，《中国社会经济史研究》2017年第2期。

抚垦方面，其次是基层乡保行政；民事编则集中于田房事项方面，其中霸占与争界占大部分，其次为钱债；刑事编则以财产侵夺类为主，其中窃盗案占大多数，其次则为人身自由类。[①] 此种整理虽打乱了档案原貌，但可对其内容有一个直观粗疏的了解。首先，有关基层乡保等行政文书，为考察清代台湾北部的基层行政治理提供了丰富的材料支持；其次，无论抚垦，抑或霸占、争界，都与土地地权相关，此种留存了大量刘铭传进行"清丈田赋"过程的文书，在一定程度上可以展现清代台湾北部地区的土地开发过程；再次，窃盗案的大量存在，亦可反映清代台湾北部地区的治安管理状况。淡新档案内容丰富，清晰呈现了清代台湾新竹县吏、户、礼、兵、刑、工等各房处理日常事务的图景。

淡新档案根据戴炎辉的分类体系，有吏纪、吏务、学务、盐务、社务、隘务、屯务、祀仪、外事、乡保、联庄、保甲、义仓、救恤、田赋、清赋、税契、给照、解库、驿站、船政、铁路、义渡等等小类，包含的具体内容相当广泛，对于清代台湾北部地区的社会状况有着重要的研究价值。相关内容具体分类状况请看下表：

表4-1　　　　　　　　　淡新档案分类表

·第一编　行政								
第1类　总务								
第1款 祀仪	第2款 吏务	第3款 吏纪	第4款 薪津	第5款 外事	第6款 移交	第7款 杂事		
第2类　民政								
第1款 学务	第2款 乡保	第3款 联庄	第4款 保甲	第5款 厚俗	第6款 义仓	第7款 救恤		
第3类　财政								
第1款 田赋	第2款 清赋	第3款 税契	第4款 给照	第5款 厘金	第6款 钱币	第7款 征收	第8款 解库	第9款 杂事

---

① 戴炎辉：《清代淡新档案整理序说》，《台北文物》1953年第2卷第2期。

续表

- 第一编　行政

第4类　建设

| 第1款 民业 | 第2款 盐务 | 第3款 樟脑 | 第4款 矿产 | 第5款 工程 | | | | |

第5类　交通

| 第1款 驿站 | 第2款 船政 | 第3款 铁路 | 第4款 义渡 | | | | | |

第6类　军事

| 第1款 军政 | 第2款 兵饷 | 第3款 城工 | 第4款 息庄 | 第5款 私火 | | | | |

第7类　抚垦

| 第1款 社务 | 第2款 社租 | 第3款 隘务 | 第4款 屯务 | | | | | |

- 第二编　民事

第1类　人事

| 第1款 失踪 | 第2款 结婚 | 第3款 离婚 | 第4款 收养 | 第5款 监护 | | | | |

第2类　田房

| 第1款 租借 | 第2款 抗阻 | 第3款 霸收 | 第4款 霸占 | 第5款 争界 | 第6款 争财 | 第7款 公业 | 第8款 用水 | 第9款 抄押 |

第3类　钱债

| 第1款 买卖 | 第2款 典当 | 第3款 胎借 | 第4款 借贷 | 第5款 委寄 | 第6款 讨物 | 第7款 抗吞 | 第8款 抗算 | 第9款 匿契 |

第4类　商事

| 第1款 郊行 | 第2款 合股 | 第3款 倒闭 | 第4款 侵权 | | | | | |

- 第三编　刑事

第1类　总务

| 第1款 法令 | 第2款 册报 | 第3款 指挥 | 第4款 互助移解 | 第5款 通缉 | 第6款 验尸 | 第7款 定案 | 第8款 执行 | 第9款 其他 |

第2类　人身自由

| 第1款 人命 | 第2款 殴伤 | 第3款 勒赎 | 第4款 诱拐 | 第5款 略卖 | 第6款 掳禁 | 第7款 掳抢 | | |

续表

・第三编	刑事							
第3类	财产侵夺							
第1款 窃盗	第2款 抢夺	第3款 强盗	第4款 强盗杀伤	第5款 海盗	第6款 恐吓	第7款 诈欺	第8款 盗卖	第9款 毁弃
第4类	公共秩序							
第1款 匪徒	第2款 侵害水源	第3款 骚扰	第4款 谣言					
第5类	风化							
第1款 忤逆	第2款 毁坟	第3款 通奸	第4款 拐奸	第5款 赌博				

资料来源：台湾大学图书馆特色馆藏，"淡新档案简介"，http://speccoll.lib.ntu.edu.tw/node/56#2，访问时间：2021-10-22。

除了戴氏所言之主要内容外，经济方面如樟脑、盐业等资料在档案中亦占较高比例，两者作为台湾北部地区的管制商品，在生产及运销方面形成了大量的民事、刑事案件，不仅可反映清代台湾北部地区的产业发展状况，细细读来亦是地区社会网络的再现。同时交通作为社会经济生活的基础，档案中亦存船政、驿站、铁路、义渡等相关内容，亦有助于探讨清代台湾北部地区交通状况，及交通背后关联的经济社会、群体组织、社会网络等内容，可对晚清台湾北部的区域社会有进一步的了解。戴炎辉亦指出"档案虽稍有损失，但还算是整套的档案。又虽不是全台湾的档案，但从上级机关发下的'札饬'或示谕，仍可窥测府政或省政之一端。何况，由此档案可以明了一厅一县的政治，为研究数据很有价值"，因此"本档案不但是台湾法制史研究的好材料，对地方政治、社会及经济史研究，相信也有贡献"。[①]

---

① 戴炎辉：《清代淡新档案整理序说》，《台北文物》1953年第2卷第2期。

二 淡新档案的整理情况

淡新档案作为清代厅县官衙档案，最初保存于清代新竹县衙。1895年日本占据台湾之后，此批档案由日本接收，因其内容多涉司法事务，故交由新竹地方法院管理，后转藏于高等法院。1928年台北帝国大学成立，于1936年开设"台湾史料调查室"，通过前台北地方法院院长大里武八郎居中调节，台湾史料调查室于1937年6月接收了这批文书，时称"清朝时代古文书一千一百四十袋数千件"。当时称为"台湾文书"，可能曾做过简要整理，但似乎未有人进行过专门的学术研究。[①] 1945年台湾光复后，台北帝国大学改称台湾大学，由台湾大学承接。[②] 以上大致是淡新档案的流转保存状况。戴炎辉描述当时的档案保存情况，"淡新档案内之案卷，本来每一案卷各有卷皮，案内各文件糊粘为一宗。日人承接此档案后，将一案卷收存于纸袋之内，袋面上用日文做简单案由，再装纸箱里，极少部分的案卷，日人抄作册子，又些许部分，作过简单的说明……对此淡新档案，（日人）似乎尚未作过学术的检讨，也没有留下档案的目录。档案历时经久，收藏缺佳，致大部分为纸鱼所蚀。又少部分在抗战中，因搬移受炸或潮湿，致破烂、残缺，且很散乱。"[③]

1947年起，戴炎辉及其法学院陈棋炎、曾琼珍等，进行了必要的杀虫工作后，对淡新档案进行了规划整理。其整理过程如下：

1. 暂编号码：全部案卷杀虫后，略加检讨，认为为同一案卷者，收入新纸袋，暂编其号码。

2. 裱褙修补：案卷破大者，加以裱褙；破小者加以修补。同时将同一案卷文件进行粘连。

[①] 吴密察：《清代台湾之"淡新档案"及其整理》，《中国社会经济史研究》2017年第2期，注释4。

[②] 戴炎辉：《清代淡新档案整理序说》，《台北文物》1953年第2卷第2期。

[③] 戴炎辉：《清代淡新档案整理序说》，《台北文物》1953年第2卷第2期。

3. 初步记录：为便于分类，摘记各案卷的案由、年代月日及关系人，同时，各案件的时间、发文及受文者，必要时加以附注。

4. 初步整理：存案由者按其案由，无案由者按其内容，将其大略分为行政、民事、刑事三门，做成整理表，附以整理号码，计有行政案六百八十六，民事案二百六十五，刑事案四百十五案。同时为防止混乱，且便于检索，另作暂编号码与初编号码对照表。

5. 初步分类：经过初步整理，已有眉目，据此将行政、民事、刑事各门，分作若干类，制作初步分类表，以便于分离并合。

6. 分离并合：大多数案卷，固然是完全的，但分散者，为数并不少。其分散程度，有达十余处之多的。又年代月日前后错杂，案卷粘连也难免有错误。因此，对于此前所作的案卷初步记录表，也必须加以修正。

7. 缮抄工作：修正记录表之后，随时加以缮抄。对于此前的工作，随时加以修正。

8. 确定分类：初步分类，是便于分离并合。经初步分类之后，尚须由学术上的观点进行系统的分类。确定的分类仍分为行政、民事、刑事三门，门之下分为类，类之下再分为款。各款之下各案卷，则按照年代月日序列之；每一案卷内之各文件，也按照年代月日编号。三门总共案卷达一千一百六十三案之多。

9. 确定记录表：每一案卷，按照分类表次序，记录其案由、案内每一文件之年代月日、发文者、收文者、内容概要及附注。

10. 简明分类表：为检索方便，另作简明分类表，摘记各案卷要项，尤其年代月日、关系人姓名、附注及简明案由。

11. 事项别卡片：已做的案卷记录表，不过摘记其形式上的属性而已。如果要把此档案供作学术研究的材料，须依实质的内容，制作事项别卡片。因此，须详查各案卷内的每一个文件，制作卡片，然后将卡片加以分类。但这项工作需要很长时间，尚未着手。[①]

戴炎辉经过整理后，这批档案文书的大致面貌得以呈现。1955

---

① 戴炎辉：《清代淡新档案整理序说》，《台北文物》1953年第2卷第2期。

年戴炎辉挑选了32件行政类的官府示禁告示于《台北文物》刊出，并以照片形式披露了两张淡新档案的原件，这是外界首次得见其档案的原貌。① 之后直至1971年，戴炎辉选录了行政编的475件档案，制定了"淡新档案选录体例"，编印为《淡新档案选录行政编初集》，收入"台湾文献丛刊"，这是淡新档案初次较有规模的出版。但这次档案的出版，只是对不同类型的公文挑选了一两件作为内容介绍，研究者只能窥觑不同的案件形式，并不能完整获取案件的整个过程。因此，从某种意义上说，"介绍淡新档案中各种不同的文类，才是这次出版的实际意义。"②

淡新档案内容庞杂，卷帙浩繁，戴炎辉根据其内容分为行政、民事、刑事三大编，编之下再分为类、款、案、件，以"案"为单位的整理方式，奠定了淡新档案之后的整理基础。戴炎辉通过对淡新档案进行分类整理，使得每一个案卷都有相应的编号，如12402案，即表示第1编（行政编）第2类（民政类）第4款（保甲款）第2案，再进一步如12402.1则表示12402案的第一件，每一案中的每一件则由案号之后的小数点表示。这种案件的编码整理方式，对于确认档案的整体性具有实质的方便性，后续整理也就进行相应的遵循。1986年档案转入台湾大学图书馆进行保管之后，台湾大学进行重新装袋清点，实得1139案，19244件。

表4-2　　　　　　　　淡新档案历次整理案、件数

	戴教授初步整理①	戴教授确定分类②	西雅图华盛顿大学微卷	入藏台湾大学之原件
行政	686案	574（+1）案③	561案	564案9207件
民事	265案	224案	218案	218案5150件
刑事	415案	365案	361案	357案4887件

① 戴炎辉、施绮云：《淡新档案资料（一）》，《台北文物》1953年第4卷第3期；吴密察：《清末台湾之"淡新档案"及其整理》，《中国社会经济史研究》2017年第2期。

② 吴密察：《清末台湾之"淡新档案"及其整理》，《中国社会经济史研究》2017年第2期，第83页。

第四章　清代台湾淡新档案的保存、整理与研究　/　143

续表

	戴教授 初步整理①	戴教授 确定分类②	西雅图 华盛顿大学微卷	入藏台湾 大学之原件
总计	1366 案	1163（+1）案③	1140 案	1139 案 19244 件

说明：①戴炎辉：《清代淡新档案整理序说》，《台北文物》第 2 卷第 2 期，1953 年。

②戴炎辉：《清代淡新档案整理序说》，《台北文物》第 2 卷第 2 期，1953 年。

③根据台湾大学图书馆清点得知，戴炎辉教授因编号11104案只存"案由"，当年未计入统计之中。若将此"案由"之编号11104案计入，则行政门应有575案，总计也将成为1164案。

④吴祖善：《清代"淡新档案"——台大图书馆的新特藏》，《中国图书馆学会学报》第40期，1987年。

资料来源：吴密察《清代台湾之"淡新档案"及其整理》，《中国社会经济史研究》2017 年第 2 期，表2。

淡新档案入藏台湾大学图书馆后，1990 年起开始在戴炎辉整理的基础之上，逐件进行目录编制。台湾大学图书馆整理组对于目录的编制，借助图书馆编目的目录卡概念，规划编制"十二字段表"，即是包含 12 个注释字段的描述性词语，分别为编号、名称、文书类别、时间、收发关系、关系人物、关系地区、关系地名、相关项目、典藏编号、附注、内容摘要。①但档案文书本身的特征，加之"研究者的目的（或研究主题），将会决定应该有什么样的诠释数据字段和如何注录这些字段"，使得在整理过程中面临大量难以抉择的困境。这一目录的编制在 1995 年全面展开出版之后，也就束之高阁了。②

台湾大学图书馆于 1995 年开始着手打字出版，并制定了相关的"校注凡例"，③规定校注出版之整理规则依旧遵循戴炎辉已完成之

---

① 吴密察：《清末台湾之"淡新档案"及其整理》，《中国社会经济史研究》2017 年第 2 期，注释17。

② 目前纸本出版的《淡新档案》，尚保留"十二字段表"中著录的每一件档案的"题名"。吴密察：《清末台湾之"淡新档案"及其整理》，《中国社会经济史研究》2017 年第 2 期，第85 页。

③ 吴密察主编：《淡新档案》第 9 册，"校注凡例"。校注凡例，自第 9 册后，档案整理凡例相同。第 1 册至第 8 册，缺上文"校注凡例"3、9、11、20 条。可见淡新档案在文书整理过程中对整理模式的摸索过程。

分类与编目。编号共八码，以"·"区分为前后两段。前段五码为"案"号，第一码为"编"，第二码为"类"，第三码为"款"，第四、第五码为案件流水号。后段三码为"件"号，同一案的所有内容文件以找流水顺序，如一、二……开始编排。每一案通常有一份"案由"，列于所有文件之首，以案由表示，不编流水号。在其校注体例指导之下，于1995年由台湾大学历史系张秀蓉、吴密察等专家主编出版了一至四册；台湾大学图书馆于1997年承接整理出版工作，于2001年出版了五至八册；之后连续每年出版四册，于2004年出版了九至十二册，于2005年出版了十三至十六册，于2006年出版了十七至二十册，于2007年出版了二十一至二十四册，2008年出版了二十五至二十八册，2009年出版了二十九至三十二册，于2010年出版了三十三至三十六册。纸本文献系统的出版，给了研究者使用文字信息的便利，得以窥视淡新档案内容的全貌。

　　吴密察指出，这套36册的淡新档案的整理、出版工作，是在一连串的妥协决策之下产生的结果。[①] 就整理形式来说，全面的采用录入打印的形式，使得档案内容得以呈现。但采用打字整理出版的形式，使得档案本身所存在的物理性特质信息缺失，如案件的状纸格式，字体大小的呈现，印章戳记的形式等等。虽然，编辑者在整理过程中，经常借助诸多记号、字体大小、批注等形式，尽可能标示档案原件的差异，但也无法将其档案进行原样呈现。[②] 就整理内容来说，吴密察亦指出，戴炎辉在整理过程中，归入行政编的一些档案并不是官府行政文书，而是诉讼文书，或者对于案件的归类也存在某些问题。[③] 必须指出的是，目前出版的档案编排已不是清代官府原有的分类原貌，而是戴炎辉分类整理之后的产物。在纸本整理过程中，依旧遵循了戴炎辉的分类整理，并没有进行相应调整。戴炎辉的整理与命名，并未保留档案的本来体系，使研究者容易对档案的整体感官产生偏差。且戴炎辉在对案件的整理过程中，

---

① 吴密察：《清末台湾之"淡新档案"及其整理》，《中国社会经济史研究》2017年第2期。
② 吴密察：《清末台湾之"淡新档案"及其整理》，《中国社会经济史研究》2017年第2期。
③ 吴密察：《清末台湾之"淡新档案"及其整理》，《中国社会经济史研究》2017年第2期。

存在同一档案分为两个案例的现象，出版纸本依旧没有进行修正，这在一定程度上会增加研究者的负担，需要研究者多加甄别。

淡新档案的电子整理情况。1968年美国西雅图华盛顿大学对档案进行了微卷拍摄，以35mm的黑白微卷呈现，共33卷。之后，东京大学法学部、"中央研究院"历史语言研究所从华盛顿大学购入微卷副本加以利用。淡新档案的全貌得以呈现，在某种程度上解决了纸本出版的限制条件。但是，滋贺秀三认为此微卷品质不佳，"大凡史料文献之原件与复本之间均有差异，而此淡新档案之微卷与其原件之落差，则属于较大的部类。原件中墨字与朱笔之交错，在黑白单调的写真中，便只变成些微的浓淡差异而已，而多难以判读。墨字之上按捺朱印之处，若是原件还可判读，但微卷则无法判读。文书上之附笺，时有未翻开拍摄者，亦难以注意者。也偶有误摄而无法阅读者。另外，各影副之拍摄比例尺不尽相同，这也必须留意。有几处缺号，但缺有原件，不知到底是因何漏拍，抑或本无原件。"[①] 可见，此次的微卷拍摄，依旧更多的是方便了研究者对于档案内容的利用，对于其档案本身的呈现仍有些差距。

淡新档案入藏台湾大学图书馆后，于1997年开展了数字化整理工作，一是将档案原件进行图像扫描，二是将档案内容进行文字整理，形成全文数据库。两项数字化工作的展开，可以说使淡新档案进行了全面的"原件呈现"。但对于图片的质量，台湾大学图书馆前期淡新档案的原件扫描多为黑白图像，且前期的大部分扫描为打字版，并不能窥探档案原件状况，2005年之后改为彩色扫描，但是分辨率低，对于研究者来说难以进行对照比对，效果不是很理想。同时为了推广淡新档案的利用，在台湾"数位典藏科技计划"第二期建设过程中，台湾大学图书馆搭建了"淡新档案学习知识网"，[②] 此网站内容分为学习课程和知识库两部分。学习课程部分的设置，主

---

① ［日］滋贺秀三：《清代州县衙门诉讼的若干研究心得——以淡新档案为史料》，姚荣涛译，载刘俊文主编《日本学者研究中国史论著选译》（第八卷），中华书局1992年版，第522—546页。

② 淡新档案学习知识网，http://speccoll.lib.ntu.edu.tw/node/57。

要在于推广淡新档案的线上教学，包括文书类别、版面格式、行政流程、主题故事馆等内容，对于不了解淡新档案内容的学习者来说，是一个很好的了解窗口。知识库方面的设置，包括研究书目、学习案件查询系统、档案柜，但是目前相关内容并未上线。

综上所述，淡新档案的整理"既有档案原件的数字影像，还有每件档案的 metadata①，又有全文文本文件。"可以说一个全方位的借助数字及纸本进行的淡新档案整理工作之基础建设大致完成了。② 美中不足的是，台湾大学图书馆网站的档案原件数字影像模糊不清，难以有效利用。而台湾历史数位图书馆 THDL 系统中所上线的淡新档案则可补其遗憾，两者对比使用，则可对档案的全貌有一个完整的呈现。这种文本与图像的完美呈现，使研究者不再需要舟车劳顿地泡档案馆，随时随地即可使用相关档案资料。

三　淡新档案相关研究现状

近年来，随着"眼光向下"的史学转向，地方档案研究日益成为学术研究显学。就淡新档案而言，1953 年戴炎辉对淡新档案进行了相关介绍，随后又利用其进行了清代台湾隘制、屯制及地方乡庄组织的研究，③ 引起了学术界对淡新档案的关注。1968 年，戴炎辉前往美国华盛顿大学作专题演讲，将淡新档案全部携带拍摄为黑白微卷（共 33 卷），在赴美途中曾在日本东京大学法学部进行演讲，

---

① Metadata，翻译为诠释数据、后设数据或为元数据，是叙述资源属性的数据，又称为"Data about data"（关于数据的数据）或是"Data describes other data"（描述其他数据的数据）、"Additional information that is necessary for data to be useful"（用来使数据成为有用的附加性数据）、"information about the data that helps in optimization and management of that data"（用来帮助使用、管理数据的信息）等定义。吴密察：《清末台湾之"淡新档案"及其整理》，《中国社会经济史研究》2017 年第 2 期，第 84 页。

② 吴密察：《清末台湾之"淡新档案"及其整理》，《中国社会经济史研究》2017 年第 2 期，第 86 页。

③ 戴炎辉：《清代台湾之乡治》，联经出版有限公司 1979 年版。

介绍了淡新档案。1971 年，华盛顿大学的 David C. Buxbaum 以英文文章介绍了此批档案，淡新档案为海外汉学家所知。① 1980 年代起开始有一些研究者利用淡新档案从事专题研究。② 2008 年，台湾大学举行了"淡新档案学术研讨会"。大陆举办的历届地方档案与文献研究学术研讨会时见淡新档案的研究论文。以下就现有研究成果进行分类述之。

（一）有关司法层面之探讨

淡新档案最早受到法律学界关注，研究成果也多是法史相关议题，王泰升等人就淡新档案的法律史研究状况进行过详细的评述，指出有关淡新档案的法律史研究主题主要集中于法律制度及运作方面。③ 以下对相关研究进行简要论述。

美日学者首先对淡新档案的法律史问题进行探讨。滋贺秀三通过对淡新档案诉讼文书的分析，认为清代法律属于"教谕式调解"，认为清代"法律是情理被实定化的部分，法律也是情理发挥作用的一种媒介，不仅法律本身的解释依据情理，而且法律也可因情理而被变通。"④ 寺田浩明以淡新档案、刑案汇览、巴县档案等文书为主，讨论了民间"约"字的性质和涉及人员，⑤ 还探讨了清代中国的审判制度。⑥ 黄宗智以淡新档案、巴县档案、宝坻档案等诉讼档案

---

① David C. Buxbaum, Some Aspects of Civil Procedure and Practice at the Trial Level in Tanshui and Hsinchu from 1789 to 1895, The Journal of Asian Studies, vol. 30, No. 2, 1971. 转引自吴密察《清末台湾之"淡新档案"及其整理》,《中国社会经济史研究》2017 年第 2 期。
② 吴密察:《清末台湾之"淡新档案"及其整理》,《中国社会经济史研究》2017 年第 2 期。
③ 王泰升、尧嘉宁、陈韵如:《"淡新档案"在法律史研究上的运用——以台大法律学院师生为例》,《台湾史料研究》2004 年第 22 期。
④ ［日］滋贺秀三:《清代州县衙门诉讼的若干研究心得——以淡新档案为史料》,姚荣涛译，载刘俊文主编《日本学者研究中国史论著选译》（第八卷），中华书局 1992 年版，第 522—546 页；［日］滋贺秀三:《清代诉讼制度之民事法源的考察——作为法源的习惯》,王亚新译，载王亚新、梁治平编《明清时期的民间审判与民间契约》,法律出版社 1998 年版，第 53—96 页。
⑤ ［日］寺田浩明著:《明清时期法秩序中"约"的性质》,王亚新译,载王亚新、梁治平编《明清时期的民事审判与民间契约》,第 139—190 页。
⑥ ［日］寺田浩明:《中国清代的民事诉讼与"法之构筑"——以"淡新档案"的一个事例作为素材》,李力译,《私法》2004 年第 3 辑第 2 卷。

文书为例，讨论了民事领域中的官方审判与实际操作之间的关系，提出了"表达与实践的区分""第三领域"等概念。① 同时认为淡新地区为结构复杂的商业社会，诉讼当事人或为一般城镇居民，或为多人组成的团体当事人，裁决常常难以执行。②

八十年代之后，随着台湾"在地化"研究意识的增强以及档案资料使用的便利性，台湾大学法律系以王泰升为核心的师生进行了一系列的法律史研究。王泰升对诉讼参与人员行为进行分析，厘清官府处理案件的流程经过，探讨了清代台湾官府与民间的法律运作问题。③ 林峻立基于淡新档案的民事案件，认为"调解人"在民事纷争中具有关键性作用，不仅减轻了官府负担，还展现了自身社会地位。④ 曾文亮挑选淡新档案公业款的五个案件，认为官府对"至亲涉讼"案件态度消极，在案件调处的过程中县官以解决纷争为第一要务，族亲、公亲在此类案件中具有关键角色。⑤ 尧嘉宁以民事门买卖款与典当款案件为核心，认为民间存在着良性的纷争解决机制，人民仅在特殊情况下借助官府力量以求有利结果。⑥ 许文彦探讨了清代台湾北部地区"民事纠纷"中的调解者，即州县官、总理与乡保以及亲族与士绅，认为他们在调解中大多从情理方面考量，达到双方都可接受的目的。⑦ 林文凯依据淡新档案40个控案的文书内容，指出清代官员在面对民人的土地争界案时，常以地方治理稳定为考量基础，刻意操作表达与实

---

① ［美］黄宗智：《清代的法律、社会与文化：民法的表达与实践》，法律出版社2013年版，第5—17页。
② ［美］黄宗智：《清代的法律、社会与文化：民法的表达与实践》，第117—137页。
③ 王泰升：《从淡新档案观察清治台湾官府法律之运作》，"行政院国家科学委员会专题研究计划成果报告"，1998年；王泰升：《台湾法律史概论》，元照出版公司2004年版；王泰升、曾文亮、吴俊莹：《论清朝地方衙门审案机制的运作——以〈淡新档案〉为中心》，《"中央研究院"历史语言研究所集刊》2015年第86本第2分。
④ 林峻立：《调处——十九世纪台湾社会民事纷争解决途径之研究》，硕士学位论文，台湾大学，1997年。
⑤ 曾文亮：《台湾法律史上的祭祀公业》，硕士学位论文，台湾大学，1999年。
⑥ 尧嘉宁：《官府中的纷争纠纷——以淡新档案观察相当于今日新竹市之区域之案件》，硕士学位论文，台湾大学，2005年。
⑦ 许文彦：《清代北台"民事纠纷"中的调解者——以〈淡新档案〉为中心》，硕士学位论文，暨南国际大学，2010年。

践的二元性，常以就地合法化实际占有者业主权的消极裁断模式为主。①其次以命盗案件为例，认为清代台湾的刑事审判主要是强力运用国家暴力压制犯罪者，以免危及国家政权的统治稳定。②萧琪以张和利争产案为例阐释地方旧惯和权力话语对诉讼方式的影响，并指出州县官往往为了提高结案效率，常常平衡各方利益关系，"大事化小"，让族亲相互协调。③张子龙考察淡新档案的诬告案件，借此讨论地方官员对诬告案件的认定和审理标准。④

大陆地区对淡新档案的探讨同样集中于法律史的范畴。付春杨⑤、吴佩林⑥在讨论清代民事诉讼程序时，亦结合淡新档案的相关资料进行分析。王立以淡新档案的人命案件为例，认为清代州县裁断的目的是社会稳定，裁断人命案的手段多端，裁断依据也呈现多样化。⑦郭克明讨论了淡新地区的土地纠纷，认为清代民间土地关系受国家法和习惯法的双重规制，且相对国家法而言，习惯法对土地关系的影响更为深刻。⑧袁小梅以淡新档案刑事案件为研究基础，分析了清代刑事调处制度的特点，认为其在解决轻微刑事纠纷方面起了重要作用。⑨另外，程晓龙将官府对奸拐案的判决类型进行了分类讨论，主要分为依调解结案、依律例结案、依情理结案三个方面。⑩

---

① 林文凯：《"业凭契管"？清代台湾土地业主权诉讼文化的分析》，《台湾史研究》2011年第18卷第2期。
② 林文凯：《清代刑事审判文化：以台湾命盗案件审判为个案之分析》，《法制史研究》2014年第25期。
③ 萧琪：《〈淡新档案〉张和利号争产案所见之诉讼策略》，转引自吴佩林、万海荞：《地方档案与文献研究的新进展："第二届地方档案与文献研究学术讨论会"会议综述》，《西华师范大学学报》（哲学社会科学版）2015年第2期。
④ 张子龙：《无谎不成状？清代中国的诬告罪——以〈淡新档案〉为核心之再检讨》，硕士学位论文，台湾大学，2020年。
⑤ 付春杨：《权利之救济：清代民事诉讼程序探微》，武汉大学出版社2012年版。
⑥ 吴佩林：《清代县域民事纠纷与法律秩序考察》，中华书局2013年版。
⑦ 王立：《晚清州县刑案诉讼研究——立足于〈淡新档案〉的考察》，硕士学位论文，河南大学，2012年。
⑧ 郭克明：《晚清台湾土地纠纷及其解决方式——以国家法和习惯法的关系为视角》，硕士学位论文，河南大学，2012年。
⑨ 袁小梅：《〈淡新档案〉中的刑事调处研究》，硕士学位论文，南昌大学，2016年。
⑩ 程晓龙：《从〈淡新档案〉看晚清台湾对奸拐案的司法处理》，硕士学位论文，河南大学，2013年。

黄晓霞具体讨论了清代司法程序中的具结运用状况，认为具结运用贯穿于案件正常启动、运作直至结案的整个过程。①

（二）地方社会治理之研究

有关地方行政组织的讨论。戴炎辉对淡新档案进行整理后，相继发表了《清代台湾的乡治组织及其实际运用》《清代地方官治组织及其实际运用》等论文，对清代台湾乡庄组织及机能进行探讨。②他继续对台湾的基层组织进行研究，著成《清代台湾之乡治》，此书可说是探究清代台湾基层组织的力作。③他分别从台湾的汉人乡庄组织、番社组织、屯制、隘制以及地方官制组织几方面论述了清代台湾社会，对其基层人员乡保、地保、总理、幕友、胥吏、差役等都有详细探讨。吴俊莹利用淡新档案考察清末台湾北部总理在乡庄组织运作中的角色。④严新宇以台湾的乡保人群为研究视角，讨论了清代台湾地方治理过程中乡保的角色，以及其与官府互动的过程。⑤王晓琳、吴吉远结合淡新档案、巴县档案、顺天府档案等内容讨论了清代的保甲制度，认为其是州县官功能的延伸和具化，是清朝政府加强统治的工具。⑥王雪晟考察了台湾新竹隘垦区总理、乡保、垦户、埤长、圳长等地方势力在社会运作过程的作用，认为清末的清赋撤隘措施，打破了官府—垦户的二元治理体系，形成了官府—乡职—垦户—埤长等经营性团体的势力构成，成为新的政治生态。⑦

有关州县衙门运作的讨论。美国学者 M. A. Allee 以大溪崁庄抗

---

① 黄晓霞：《清代司法中的具结研究》，硕士学位论文，南昌大学，2016年。
② 王泰升、尧嘉宁、陈韵如：《戴炎辉的"乡村台湾"研究与淡新档案》，《法制史研究》2004年第5期。
③ 戴炎辉：《清代台湾之乡治》，联经出版有限公司1979年版。
④ 吴俊莹：《由斥革总理看十九世纪北台湾地方精英与官府的权力互动》，《政大史粹》2005年第8期。
⑤ 严新宇：《清代台湾的地方治理——对乡保制的一个初步考察》，硕士学位论文，复旦大学，2010年。
⑥ 王晓琳、吴吉远：《清代保甲制度探论》，《社会科学辑刊》2000年第3期。
⑦ 王雪晟：《清代台湾新竹隘垦区社会势力初探》，硕士学位论文，浙江师范大学，2019年。

租纠纷等控案为研究对象，将清代台湾社会经济发展与法律文化相关联，阐释清代国家以法律等相关内容整合地方社会之过程。① 之后，林文凯提出"法律的社会史"研究路径，以土地诉讼案件为研究基础，将台湾的土地开发分为汉垦区、熟番地、隘垦区、未垦余埔等不同类型区域，对相关土地开垦状况及诉讼纠纷考察探析，认为听讼是清代官员进行地方治理的一环。② 之后继续对相关内容进行研讨，他以清代竹堑金山面控案为研究基础，重新解释了金山地区的控案原因及解决过程，认为地方官员裁决案件的前提为稳定地方治理。③ 他又分析了淡新档案中的15个汉垦庄抗租案，阐释了以大小租业关系为中心的汉垦庄政治经济状况，进而梳理官府与大小租户在诉讼过程中展现的互动关系。④ 文明基讨论了刘铭传的"就地正法"现象，认为此举虽然在一定程度上提高了邮递效率，但在吸收地方社会的绅士和控制社会方面效果不明显。⑤ 继而审视刘铭传的清赋、抚番政策，讨论其建省过程，认为清末台湾已经实现了"内地化"的过程。⑥ 神尾将司以淡新档案为资料基础，讨论乡绅与官民的互动关系，考察公权力的特征以及其在社会各阶层的作用，深入剖析清代中国的官民秩序。⑦ 林佳慧以淡新档案的掳禁类案例为主，分析了案件涉及人群各方的利益关系，借此反映官方社会与民间公权

---

① ［美］艾马克：《十九世纪的北部台湾：晚清中国的法律与地方社会》，王兴安译，播种者文化2003年版。

② 林文凯：《土地契约秩序与地方治理——十九世纪台湾淡新地区土地开垦与土地诉讼的历史制度分析》，博士学位论文，台湾大学，2006年。

③ 林文凯：《地方治理与土地诉讼——清代竹堑金山面控案之社会史分析》，《新史学》2007年第18卷第4期。

④ 林文凯：《清代地方诉讼空间之内与外：台湾淡新地区汉垦庄抗租控案的分析》，《台湾史研究》2007年第14卷第1期。

⑤ 文明基：《从光绪14年（1888）就地正法看清清末台湾新政的时代像——〈淡新档案〉事例研究》，［韩］《中国近现代史研究》2007年第33期。转引自李承洙《近三十年来韩国明清时期民间文书研究的回顾与前瞻》，《原生态民族文化学刊》2021年第4期。

⑥ ［韩］文明基：《建省、清赋、抚番与族群政治之终焉——清末台湾内地化之政治经济学》，中国社会科学院台湾史研究中心主编：《清代台湾史研究的新进展：计年康熙统一台湾330周年国际学术讨论会论文集》，九州出版社2015年版，第347—359页。

⑦ ［日］神尾将司：《清中国官民之间的秩序形成原理研究——以淡新档案为史料》，硕士学位论文，北京师范大学，2009年。

力的互动关系,认为在官方力量的缺位期间,地方社会依靠地方威望和经济实力较强之地方人群维护。① 洪世昌通过对档案刑事审判案件的分析,讨论了清代台湾的监狱管理问题,认为清代台湾因其地理位置使得监狱管理存在制度上的"特殊性",犯人惩罚多以"枷号""锁礅"代替。②

有关区域开发的相关研究。学者如吴学明③、施添福④,在讨论清代台湾北部社会区域开发时,或多或少的都会用到淡新档案的相关资料。陈运栋利用淡新档案的两个案例,探讨十九世纪苗栗内山的开发过程,进而引申十九世纪苗栗山区的族群关系问题。⑤ 文明基讨论了刘铭传对少数民族地区的开发,指出其目的是得到绅士阶层的支持。⑥ 陈志豪运用淡新档案中的田业、争界等资料,首先对新竹关西地区的区域开发与变迁进行了讨论,⑦ 进而扩大研究范围,讨论了清代台湾北部地区的移垦问题。⑧ 此外,众多硕博士学位论文,如邱慧娟《清末横山地区的地缘社会》、⑨ 陈玉美《汉人、生番、熟番交错下的台湾边区社会与法秩序(1683—1800)》、⑩ 孙强《新竹横山地区的区域发展与产业变迁(1906—1995)》、⑪ 彭彦秦《竹堑树

---

① 林佳慧:《积渐所至——由〈淡新档案·掳禁类〉档案看清代台湾的社会冲突》,硕士学位论文,中兴大学,2013年。
② 洪世昌:《清代台湾的监狱管理——以淡新档案为中心》,博士学位论文,中兴大学,2017年。
③ 吴学明:《金广福垦隘研究》,新竹县立文化中心2000年版。
④ 施添福:《清代台湾的地域社会:竹堑地区的历史地理研究》,新竹县文化局2001年版。
⑤ 陈运栋:《十九世纪苗栗内山的族群关系——以〈淡新档案〉第一七三二二案及第三二六一案为例》,《苗栗文献》2005年第19卷,第22—49页。
⑥ [韩]文明基:《清末台湾之番地开发与族群政治之终焉》,[韩]《中国近现代史研究》,2006年第30期。转引自李承洙《近三十年来韩国明清时期民间文书研究的回顾与前瞻》,《原生态民族文化学刊》2021年第4期。
⑦ 陈志豪:《机会之庄:十九、二十世纪之际新竹关西地区之历史变迁》,新竹县政府文化局2010年版。
⑧ 陈志豪:《清代北台湾的移垦与"边区"社会:1790—1895》,台北南天书局2019年版。
⑨ 邱慧娟:《清末横山地区的地缘社会》,硕士学位论文,台湾师范大学,2004年。
⑩ 陈玉美:《汉人、生番、熟番交错下的台湾边区与法秩序(1683—1800)》,博士学位论文,成功大学,2017年。
⑪ 孙强:《新竹横山地区的区域发展与产业变迁(1906—1995)》,硕士学位论文,彰化师范大学,2017年。

杞林地区彭开耀家族发展史（1768—1945）》①等等，都利用了淡新档案的相关资料，论述了其区域开发的内容。

有关田租赋税的相关研究。吴奇浩以淡新档案为材料依托，探讨了清末台湾番社租谷的具体征收状况。②李文良通过对档案中相关清赋文书的分析，通盘考察十九世纪晚期刘铭传的裁隘事业，认为在政策推行期间边区社会的抵抗行为，大多是针对地方政府的行政措施，而不是政策本身，帝国晚期的地方治理更多的是依赖于地方豪绅的力量。③赖骏楠认为淡新档案表明了基层官府完全承认一田多主的事实，并对田面主、小租主的习惯性利益予以保护。④文明基利用档案的清赋及抚番文书，探究了台湾"一田二主"惯例的形成与发展过程，指出19世纪末台湾的佃农地位提高，佃农与地主的身份关系发生了逆转。⑤

（三）有关工商贸易之研究

有关商人群体、商业秩序的研究。邱纯惠以淡新档案为研究基础，探讨了商业与犯罪之间的关联，认为经济发展在一定程度上遏制了犯罪现象的发生，然而经济制度在一定程度上不利于下层民众生计，反过来又促使了犯罪。⑥林玉茹通过对港口口书、澳甲资料的整理，讨论了口书、澳甲的承充与退办方式，以及其组成的地方社

---

① 彭彦秦：《竹堑树杞林地区彭开耀家族发展史（1768—1945）》，硕士学位论文，台湾政治大学，2021年。
② 吴奇浩：《由〈淡新档案〉看清末台湾番社租谷之"名"与"实"》，《"国史馆"学术集刊》2006年第7辑。
③ 李文良：《十九世纪晚期刘铭传裁隘事业的考察——以北台湾新竹县为中心》，《台湾史研究》2006年第13卷第2期。
④ 赖骏楠：《清代民间地权习惯与基层财税困局——以闽台地区一田多主制为例》，《法学家》2019年第2期。
⑤ ［韩］文明基：《清代台湾一田两主惯行的形成与变迁》，《历史文化研究》2010年第35期。转引自李承洙《近三十年来韩国明清时期民间文书研究的回顾与前瞻》，《原生态民族文化学刊》2021年第4期。
⑥ 邱纯惠：《十九世纪台湾北部的犯罪现象——以淡新档案为例》，硕士学位论文，台湾大学，1989年。

会网络，认为口书、澳甲的充任者与地方商人存在着千丝万缕的关系。① 林玉茹通过对淡新档案商人群体的整理，着力于清代台湾竹堑的商人群体及商业资本探讨，认为清代台湾商人已经形成"在地化"的商人势力，对于地方商业社会有着重要影响。② 林文凯认为商人群体对于台湾北部的土地开发产生了重要影响，通过讨论商业发展在社会经济、地方政治与法律体制三方面之间的关联，进而说明政府与商人的互动关系。③ 唐次妹在讨论官府在城镇管理的作用时，亦利用了淡新档案的相关资料。④

有关产业贸易研究。陈冠妃运用淡新档案的盐务案件，探讨晚清新竹地区的盐务运作状况，通过考察民间商人金联和承包盐务的过程与结果，认为商人获得食盐生产到销售的权力，有利于内山事业的发展，同时官府通过与在地势力的结合，在一定程度上加强了社会控制。⑤ 李晓龙利用私盐相关文书，考察其中人员互动关系，指出私盐政策是淡新地区官民博弈之下地方行政的重要手段。⑥ 林欣宜通过对淡新档案有关樟脑文书的讨论，分析樟脑产业对南庄地区发展的影响，⑦ 继而通过对樟脑贸易的分析，探讨十九世纪竹堑商人对贸易权争夺过程，认为政府樟脑贸易政策主要是为了征收税收，且官方的限制并不能从实际上隔绝地方贸易，地方商人的樟脑私运状况依旧存在。⑧ 林荣盛讨论清代台湾的铁器管制政策时，亦用了部分

---

① 林玉茹：《清末新竹县文口的经营——一个港口管理活动中人际脉络的探讨》，《台湾风物》1995 年第 45 卷第 1 期。
② 林玉茹：《清代竹堑地区的在地商人及其活动网络》，联经出版有限公司 2000 年版。
③ 林文凯：《清代法律文化与经济发展：台湾淡新地区的土地开垦与诉讼的历史分析，1683—1895》，2012 年。
④ 唐次妹：《清代台湾城镇研究》，厦门大学出版社 2008 年版。
⑤ 陈冠妃：《清代台湾盐务行政中的国家与地方社会——以竹堑盐务总馆（1868—1895）为例》，硕士学位论文，台湾大学，2010 年。
⑥ 李晓龙：《地方私盐的治理逻辑：清季台湾新竹地区县官与盐官的行政博弈》，《盐业史研究》2021 年第 1 期。
⑦ 林欣宜：《樟脑产业下的地方社会与国家——以南庄地区为例》，硕士学位论文，台湾大学，1998 年。
⑧ 林欣宜：《十九世纪下半叶竹堑地区商人面临的挑战》，《台湾史研究》2013 年第 20 卷第 1 期。

第四章　清代台湾淡新档案的保存、整理与研究　/　155

文书。①

（四）有关社会文化之讨论

有关妇女、家庭问题的讨论。白凯②、阿凤③、臼井佐知子④在讨论清代妇女问题时，都利用了淡新档案的相关资料。刘广安讨论清代的家法家规时亦利用了淡新档案的相关内容。⑤ 邵雅玲对女性在淡新档案中的角色形象进行分析，认为大多数的案件并不以性别角色区分，主动参与诉讼的女性占大多数，直至晚清时期北台的女性行动颇为自由。⑥ 继而对涉及女性审理案件深究，认为女性告状风险较小，以致女性参与诬告案件的比例较高。⑦ 陈韵如从淡新档案中的奸拐案入手，探讨诉讼过程的参与者，如原告、被告、县正堂、差役等，解说女性处境、律法与帝国的多重关系。⑧ 继而与大清律例、刑科题本等内容相结合，认为奸拐诉讼背后往往存在其他目的，卖妻纠纷往往背后反映了卖妻者事后"找价"的策略。⑨ 黄靖雯通过对竹堑萃丰庄田产争讼案件的考察，讨论了竹堑地区地方望族与官府的互动关系，体现了汉人家族的经营策略。⑩

有关社会福利的讨论。刘晏齐以淡新档案中的义仓内容为主，讨论清代台湾的福利问题，认为州县官对义仓建置的关注程度决定

---

① 林荣盛：《清代台湾的铁器管制初探（1706—1875）》，《洄澜春秋》2011年第8期。
② 白凯：《中国的妇女与财产：960—1949》，上海书店出版社2007年版。
③ 阿凤：《明清时代妇女的地位与权利：以明清契约文书、诉讼档案为中心》，社会科学文献出版社2009年版。
④ ［日］臼井佐知子：《通过诉讼相关文书所见的清代中后期社会女性》，上海中山学社编，廖大伟主编：《近代中国》第30辑，上海社会科学院出版社2019年版，第132—160页。
⑤ 刘广安：《中国法律传统的再认识》，中国政法大学出版社2018年版。
⑥ 邵雅玲：《由淡新档案看晚清北台女性的讼案》，硕士学位论文，台湾大学，2001年。
⑦ 邵雅玲：《清代地方诉讼规范与女性——以淡新档案为例》，《"国史馆"学术集刊》2002年第2期。
⑧ 陈韵如：《帝国的尽头——淡新档案中的奸拐故事与申冤者》，硕士学位论文，台湾大学，2004年。
⑨ 陈韵如：《淡新档案中奸拐案件：法律传统的重新审视》，《台湾史研究》2018年第25卷第4期。
⑩ 黄静雯：《清代台湾地方望族的联合与冲突——以竹堑地区郑、曾、徐三家之萃丰庄田产争讼为中心》，硕士学位论文，台湾师范大学，2011年。

着其功能的发挥，进而指出义仓虽然为备荒设立，实际给穷人并未带去相应的好处。①

有关社会习俗的研究。林玉茹以淡新档案的三件抢船事件为例，从案件本身涉及的抢船者、被抢者与地方衙门和地方头人的互动关系，说明沿海渔村抢船习惯的存续理由。② 李乔以淡新档案资料为主，讨论了晚清台湾北部地区敬惜字纸的习俗，指出地方士绅和官员是维护其习俗的重要力量，但随着经济及印刷的发展，其习俗日渐衰落。③ 林映伊对淡新档案的分家文书进行分析，着重讨论清代台湾的遗嘱与财产继承分配的关系。④ 陈韵如、林映伊将《大清律例》与淡新档案相结合，讨论了清代台湾汉人的分家习俗，认为尊长意志与诸子均分等原则共同构筑了清代台湾汉人分家令法的秩序，并且这种令法原则依旧影响着当今的台湾社会。⑤ 朱耿佑考察了淡新档案中的死后立嗣现象，将此现象与祭祀、身份、财产相互联系，认为其现象之存在体现了汉人家庭重视家族意志的理念。⑥ 赵逸凡以档案的争财文书为例，考察了清代台湾北部的"分家"运作过程。⑦

（五）档案相关的数位化研究

随着数字科技的发展，"数字人文"成为人文社科研究的新高地。淡新档案的数位化整理可说是清代州县档案数字整理的典范。

---

① 刘晏齐：《从救恤到"社会事业"：台湾近代社会福利制度之建立》，硕士学位论文，台湾大学，2005年。
② 林玉茹：《清末北台湾渔村社会的抢船习惯——以〈淡新档案〉为中心的讨论》，《新史学》2009年第20卷第2期。
③ 李乔：《晚清台湾北部地区敬惜字纸习俗的变迁——以〈淡新档案〉为中心的考察》，《闽台文化研究》2016年第2期。
④ 林映伊：《死者之手：台湾的遗嘱法律史（1683—1945）》，硕士学位论文，台湾大学，2018年。
⑤ 陈韵如、林映伊：《父/母命难违？：清治台湾分家中之教令与遗嘱》，《台湾史研究》2020年第27卷第1期。
⑥ 朱耿佑：《生前之事与死后之世：死后立嗣的台湾法律史考察》，硕士学位论文，台湾大学，2021年。
⑦ 赵逸凡：《晚清北部台湾"分家"诉讼之研究——以〈淡新档案〉之"争财"等类型为研究对象》，《史汇》2018年第21期。

对于相关数位整理的方法等，学界也多有探讨。黄邦欣以淡新档案的行政篇为例，将案例所含人名、官名、年代、地名、官府名、关键词六种词汇分类，试图通过名词索引的形式将案例简要呈现，探索数据库建设索引内容的可行性，为研究者提供一种文书直观感受。[1] 张嘉彬从使用者的角度，通过对淡新档案相关研究者的访谈，了解研究人群对于数据库建设的看法及期许。[2] 洪淑芬作为台湾大学图书馆人员，其《典藏数字化的实务与技术》一文，可说是数据库建设的指导方法集成，有相当多关于"淡新档案资料库"数位化作业的经验，提出前置作业规范是数据库建构者必须通盘考虑的前提。[3] 洪淑芬等亦利用数据库之方便检索关联之功能进行历史研究，将台湾古拓本与淡新档案中的相关案例，进行相互参照研究，为我们提供了一个数位人文与学术研究相结合的案例。[4] 李承恩以档案21101案至22443案为例，运用SVG绘图、资源探堪等技术对档案所示诉讼关系及亲属关系进行撷取，以证明利用电脑技术辅助整理资料的可行性。[5]

值得一提的是，"淡新档案数据库"的建设是在台湾"淡水河溯源计划"之下逐步建立起来的，之后随着研究者需求的不断发展日益扩建。2018年，台湾大学数字人文研究中心受台湾客家委员会客家发展中心委托，建构一个以淡新档案为主的客家研究数字系统。他们以数字人文研究为系统导向，融入三个重要的系统概念：学科元素的深化、研究功能的延伸、研究意识的连结；采取多重脉络的关联机构，将档案组织的层级从"案"细化到"件"，再逐一对相关的人名、时间、地点、物品、事件等内容进行标注，建立客家研

---

[1] 黄邦欣：《淡新档案行政篇索引典建构之研究》，硕士学位论文，台湾大学，1999年。
[2] 张嘉彬：《运用深度访谈法评估台大电子图书馆与博物馆系统》，《大学图书馆》2002年第6卷第1期。
[3] 洪淑芬：《典藏数字化的实务与技术》，《"国家图书馆"馆刊》2001年第1期。
[4] 洪淑芬、罗雅茹：《典藏数位化建构的历史研究网络：台湾大学典藏古碑拓本与淡新档案的参照研究》，《大学图书馆》2006年第10卷第2期。
[5] 李承恩：《淡新档案21101案到22443案的诉讼关系与亲属关系资讯撷取及其应用》，硕士学位论文，台湾大学，2008年。

究的主题架构。① 这种为研究者服务的数位分析系统的架构方法,为我们数据库的建设提供了一定意义的方法论指导。

(六) 其他

有关文本形式的讨论。滋贺秀三以诉讼案件为例,对诉讼文书的类型及格式进行了分析,为理解档案的文书格式及文献性质提供了相关的基础性知识。② 黄卓权对文书的类型、格式等进行了全面的解读。③ 伍跃在讨论档案文书用印情形时,指出淡新档案常见胥吏使用戳记情况。④ 唐泽靖彦立足于文化史的角度,认为淡新档案作为一种诉讼文书,不论官府抑或民人都有文本表述上的虚构,其在写作手法上各有其特定表述,研究者使用时应该鉴别其表述与事实之间的区别。⑤ 刘仁超考察清代福建台湾总兵用印现象,淡新档案的用印形式亦是资料来源之一。⑥ 梁继红以淡新档案为中心,考察了清代地方衙门文书立卷的过程。⑦ 黄亚妮以淡新档案所含地图为研究对象,对其地图表达的精确性及误差原因进行分析。⑧

有关地方官员、衙署的研究。林秀珍从建筑学的角度考察了清代台湾的公廨建筑营建程序,了解清代地方政府对于营造工事的政策及执行情况,认为暖暖公所的建造不完全是包商自行建造,但官

---

① 项洁、洪一梅:《数字人文取径下的淡新档案重整与分析 (下)》,《档案学通讯》2021 年第 1 期。
② [日] 滋贺秀三:《诉讼案件所再现的文书类型——以"淡新档案"为中心》,林乾译,《松辽学刊》(人文社会科学版) 2011 年第 1 期。
③ 黄卓权:《淡新档案的认识与运用:清代衙门文书的游戏规则》,《新竹文献》2008 年第 34 期。
④ 伍跃:《官书与文书行政》,周绍泉、赵华富主编:《98 国际徽学学术讨论会论文集》,安徽大学出版社 2000 年版,第 323—358 页。
⑤ [日] 唐泽静彦:《从口供到成文记录:以清代案件为例》,载黄宗智、尤陈俊主编《从诉讼档案出发:中国的法律、社会与文化》,法律出版社 2008 年版,第 80—107 页。
⑥ 刘仁超:《清代福建台湾总兵官印信考:附福建台湾澎湖总兵官印信考》,《台湾史研究》2014 年第 21 卷第 1 期。
⑦ 转引自吴佩林、张咪《第四届地方档案与文献研究学术研讨会综述》,《地域文化研究》2019 年第 1 期。
⑧ 黄亚妮:《古地图平面几何精确性之研究:以淡新档案地图为例》,硕士学位论文,台湾大学,2011 年。

府在实际建造期间并无实际工作，淡水官署只是尽到部分监督的责任。[①] 李乔利用淡新档案对台北知府陈星聚的探讨，认为淡新档案是研究陈星聚的重要材料依托，通过档案与其他资料的互证，考订陈星聚出任淡水同知的时间应为同治十二年（1873）。[②] 任崇岳通过淡新档案中的文书记载，讨论了陈星聚对淡水地区的治理，主要从革除陋习、关注农业、管理市场三方面进行了探讨。[③] 曹梦真讨论了陈星聚在担任淡水厅同知期间为平抑米价采取的种种措施。[④]

结　　语

淡新档案内容包罗万象，作为清代遗存的重要县厅署档案之一，为探知清代台湾北部，乃至清帝国边疆地区的社会时态及发展变迁提供了重要的史料。相对巴县档案、南部县档案的大部头内容，淡新档案的体量相对较小。从1947年戴炎辉开始着手整理起，距今已经七十多年，整理工作基本完成，亦有相当数量的研究论著。吴密察曾专门撰文介绍了淡新档案的整理方法，指出整理过程的前期规划对于整理模式至关重要。纸本整理模式已经完全打破了传统社会"六房"的保存状态，而依现代法学的行政、民事、刑事的标准进行分类，一定程度上给研究者带来了阻碍。其校对出版的形式，虽提供了文字信息的主要内容，但是文本的本来形态难以呈现，亦丢失了档案的形制、用印、画行、判日等大量信息。随着淡新档案数位化系统的整理，可以利用图像与文本信息相互参照，则在一定程度上弥补了纸本出版的不足。这种文献整理公布的形式，亦为地方文献的整理提供了一个范例。随着纸本出版的完成以及数位化系统的

[①] 林秀珍：《从〈淡新档案〉淡属暖暖公所看清代地方官方建筑的营建实务》，硕士学位论文，台北艺术大学，2007年。
[②] 李乔：《〈淡新档案〉与台北知府陈星聚研究》，《中原文物》2015年第2期。
[③] 任崇岳：《从〈淡新档案〉看陈星聚治理淡水的功绩》，《闽台文化研究》2013年第4期。
[④] 曹梦真：《浅评淡水同知陈星聚平抑米价的实践及理念》，《闽台文化研究》2019年第3期。

建立，研究者不再需要到文书收藏地进行查阅，利用方便，研究成果亦随之增多。

就文本内容来说，清代台湾北部的研究或多或少都会涉及淡新档案的使用，作为学术研究的一手资料倍显重要。就司法诉讼层面来看，淡新档案最早受到一批法学研究者的关注和整理，法史研究多更多的是以淡新档案为研究资料之一，以西方法学概念为研究基准，探讨清代中国法的原则。随着台湾大学法学院一批师生的加入，淡新档案的法学研究有了一定程度的改变，他们关注司法文本本身呈现的法律文化，尽量用当时当地的语言，重塑法律文化的历史图像。[1] 然而，他们更多的是讨论清代台湾司法程序状况。随着淡新档案利用的方便，大陆对淡新档案的利用日益增多，如吴佩林、付春杨等都有一定程度的结合研究。我们期待看到更多的与其他档案资料的结合，从宏观视角出发进一步丰富传统中国法的研究成果。

就区域开发研究来说，随着八十年代台湾史学研究的转向，台湾的小区域研究得到了史学研究的青睐。中国台湾地区众多硕博士学位论文从不同的小区域出发，对档案有不同程度的利用。相关研究以林文凯、陈志豪为范例，将土地控案作为研究基点，说明台湾北部淡新不同区域开垦类型的社会经济状况。同时，档案本身作为官衙文书，不可避免地会涉及地方治理问题，相关研究在官民互动方面着力较深，如乡绅、望族、官方代理人、公权力等问题都有所涉及。而其他议题方面的研究，林玉茹在经济史领域方面对清代竹堑地区商人群体的探讨，陈韵如对于清代台湾的分家现象、律法以及社会实践等方面多有探讨。从目前研究成果来看，相关研究主题较为分散，并没有在各学科领域全面开花。个案模式的讨论，多是展现事件的本来图景，较少进行深入的"面向"讨论。

必须指出的是，随着台湾"本土化"运动的兴起，否定"中国意识"、认同"台湾主体性"的"台湾意识"渗透于社会的各个领

---

[1] 王泰升：《台湾法律史概论》，元照出版公司2020年版，第72—82、85—109页。

域，史学研究亦不例外。① 淡新档案研究群体以中国台湾地区学者为主，政治生态的影响使相关研究局限于"就事论事"，更专注于本岛历史的发展状况，较少置于传统中国的历史框架中叙写台湾与大陆的历史渊源。这种研究意识的具体实践，难以全面呈现淡新档案的史料价值。随着"眼光向下"史学思潮的不断兴起，相关地方档案研究意识的增强，以及淡新档案使用的便利优势，我们期待更多"中国脉络"的宏观研究。

---

① 陈忠纯：《"台湾意识"的异化及其对台湾史研究的影响》，《近代史研究》2018年第4期。

第五章　清代山东孔府档案的保存、整理与研究

孔府档案是指今山东曲阜孔子博物馆保存的孔氏家族在明代至民国时期对内、对外活动中形成的文书档案。孔府，又称圣府，其主人是孔子嫡系后裔，历代统治者因尊崇孔子而对其后裔"恩渥备加""代增隆重"，逐渐形成了世袭罔替的"天下第一家"。"夫帝王之姓有时而易，定鼎之区有时而改，独孔子之阙里则与天长存"①，由于政治地位的稳定性，孔府档案得以产生并保存下来。

孔府档案具有历时长②、数量多③、形式独特④、涉及地域广⑤等特征，这对于理解中国两千多年的儒家文化，特别是明清时期、由清至民国的社会大转型时期政治、经济、社会、思想文化等各个方面，都具有重要的意义。其价值，可以用"西有敦煌文书，东有孔

---

①　（清）刘芳躅：《〈阙里广志〉序》，（清）宋际、宋庆长：《阙里广志》，《四库全书存目丛书》史部第80册，齐鲁书社影印本1996年版，第228页。

②　目前公认的孔府档案起止时间为明嘉靖十三年（1534）至民国三十七年（1948），历时414年，包括明、清、民国三个时期。即最早的一件是第16卷《吏部为孔公铉充任孔颜孟三氏子孙教授司学录事》，时间为嘉靖十三年（1534）六月初四日；最晚的一件是第8978卷《一九四八年一至六月收入款项流水账簿》。而事实上，孔府档案第6、7卷保存了成化年间修刊的孔氏宗谱，其刊布时间当早于1534年。

③　据不完全统计，孔府档案现存9021卷，其中明代62卷，清代6538卷，民国2421卷，约25万件。另有散档，约2万件/套。

④　孔府档案不同于徽州文书、石仓契约这类的民间文书，也不同于《巴县档案》《南部档案》《淡新档案》这类纯粹的衙门档案。它作为一个贵族地主的私家文书，因档案中保存了大量衍圣公府与明清以来中央和地方机构之间事务往来的文书，使其又具有官方档案的性质。

⑤　通常情况下，州县衙门档案的主体文书一般局限在本县，而孔府档案涉及的地域包括鲁、冀、豫、苏、皖5省20多个州县。

府档案"来概括。然敦煌文书早已成为国际显学,而孔府档案长期以来受整理与开放程度的制约,还只是一个有待开发的巨大宝库。本章拟就其内容与价值、整理、清代时期的已有研究做一梳理。

一 孔府档案的内容与历史价值

孔府档案公私兼具、官民并蓄,既有别于皇家内库的官方档案而颇具家族性和地方性特色,又不同于一般望族的私家文献而不失宏大广博,这种情况在全国绝无仅有。孔氏嫡裔两千多年世袭罔替的贵族世家历史、备受尊崇的社会地位和特殊的文化影响力,决定了孔府档案涵盖内容异常宏富,历史特色极为鲜明,蕴含价值极其巨大。

(一) 主要分类与内容

现存孔府档案主要包括有关衍圣公袭封、选官、朝觐、祭祀、摄族、修谱等诸项活动的记录,涵盖政治、经济、法律、文学、教育、社会、档案等学科,以及重大事件、重要典制、著名历史人物等诸多方面,蕴藏着广泛而丰富的历史文化信息。

衍圣公需要定时进京朝觐,并与地方各级官员保持密切联系,故而在孔府档案中保存了大量孔府与中央和地方各级衙门彼此来往的官方公文;而衍圣公奉祀孔子、护卫林庙和统摄宗族的主要职责,又使得档案中保存了许多孔府为维持祭祀礼制、管理田产和宗族而留存的仪注、地契、租册、账簿,以及家谱、族规、宗图等民间文献。不但如此,孔府档案文书种类繁杂,无论是制诰敕谕、表笺章奏,还是牌票、示谕、劄付、誊黄,抑或是簿册、执照、亲供、甘结,甚至稀见之排单、羽檄、批廻、揭帖等等,莫不皆备。以目前已经出版的明代档案为例,其内容主要包括袭封、宗族、属员、徭役刑讼、租税、宫廷、灾异、资料、文书等9大类。其中,袭封类主要记载了衍圣公长子、世职知县及先贤左丘明后裔争袭奉祀的相关内容；宗族类主要收录了成化、嘉靖年间刊印的两部族谱及衍圣公对孔氏族人资助的相关内容；属员类主要记载了衍圣公府所属的庙庭官员、府内官员、经理租税人员及学录选任方面的内容；徭役刑讼类包括了衍圣公府处理徭役及孔氏族人、属员、庙户、佃户和船户等几类群体纠纷诉讼类的相关内容；租税类记载了衍圣公府地亩钱粮、房租、集市等经济方面的内容；宫廷类记载了衍圣公入京朝贺进贡相关方面的内容；灾异类记载了崇祯四年（1631）发生的月食现象；资料类抄录了有关阙里碑记及修理京师赐第等方面的内容；文书类收录了衍圣公府处理日常事务的相关文件，且以稿本为多。①

学界对孔府档案的种类、内容等做过详细梳理（详见本章第三部分），此处仅对几类相对较为重要的资料作简要介绍。"袭封类"档案主要记载孔氏子孙袭爵受封、设置孔氏职官、家学庙学职官和圣贤奉祀、各官分级奉祀等，反映对孔氏后裔优渥恩典的内容。由于衍圣公的职责之一在于祭祀孔子与历代儒家先贤，管理、保举儒家先贤后裔，相关内容便形成了孔府档案中的"祀典类"文献，主要记载皇帝驾幸阙里、御祭孔子、给赐供器、遣官祭祀、礼乐典籍、祭器祭品及贤儒从祀等内容。作为"天下第一家"的孔府，是中国传统社会最具代表性典型性的宗法家族，故孔府档案中记录了大量这一部分内容，即"宗族类"档案，主要是记载孔氏族长等职官纂修家谱的情况，以及孔氏家谱、各省支谱、宗法族规、家族事务、优免孔氏差徭等内容，同时记载孔府属官、家学职官等管理机构和人员、林庙保护修缮及洒扫百户等内容。作为宗法贵族的典型代表，其日常生活也具有典型性，相关的档案被归入"庶务类"，主要包括衍圣公的日常起居、饮食、学习等方面的内容。孔府档案中还记载了历代王朝登基、建储、巡幸、临雍、告庙配天、庆典朝贺等皇室大事和典籍制度，组织坛庙祭祀、司法、军务等国家政事，以及奏

---

① 《孔子博物馆藏孔府档案汇编》编纂委员会编：《孔子博物馆藏孔府档案汇编·明代卷》（全3册附1册），国家图书馆出版社2018年版。

档、京报邸抄、公文簿册等有关政治方面的内容，构成"政务类"档案。除了一般性的政务之外，衍圣公府作为一个"文化世家"，负责圣贤后裔的教育及山东学务的督查工作，因之其中也保存了大量"学务类"档案。孔府负责孔子祭祀，而其经济来源、费用开支，则需要由国家钦拨的祀田、学田等土地所得租税而来。因此，孔府档案中数量最为庞大的一宗文献就是关于祀田管理、租税及各种财务账目，构成"祀田类""租税类"和"财务类"档案。

总之，孔府档案内容庞大、资料原始、信息丰富，应当引起学术界和文化界的关注和重视。

（二）历史与文化价值

孔府档案中所反映的内容既有其地方性特点，更有超越地方本身的普遍性的一面，不但对于研究明清以来中国的历史嬗变具有重要学术参考价值，而且对于当前中华优秀传统文化的传承和发展也具有较强的现实借鉴意义。这里仅择其要者，略作胪陈如下。

其一，孔府档案是研究中国传统政治生态的珍贵资料，是观照传统国家与基层社会治理的一面镜子。崇儒尊孔是历代统治者巩固和强化统治秩序的手段，孔子直系后裔也因之被扶植成为拥有部分政治和经济特权的世袭贵族。朝廷与孔氏直系后裔贵族之间有着相互依存的共同利益，也存在着一定的矛盾、冲突和斗争。明清以来的国家统治者在政治上继承了数千年来治国理政的经验，他们是如何处理中央和地方、皇族与贵族、君权和绅权、皇权与族权的关系，这在孔府档案中都有较深刻的反映。明清帝王或亲赴辟雍诣学观礼，或临幸阙里释奠孔子，或遣子派官致祭庙林，历代朝廷对孔子及其后裔或优免差徭，或置官晋爵，或赐土赐民，固然表明国家对孔子学说的尊崇和对孔子后裔的优渥，其实也是出于强化国家政治和思想大一统的需要。反之，明清统治者对孔府势力的限制或打击，既说明朝廷对衍圣公地位的塑造和期许始终是以之为道统表率的象征，也在一定程度上表明国家对绅权、族权坐大的担心和警惕。

其二，孔府档案是研究传统社会经济结构与运行机制的典型资料，是理解区域社会经济变迁的钥匙。与在中国南部地区发现的徽州文书等不同，孔府档案中保存的大量土地文书和商业、家计账簿等财务管理文书，具有跨度时间长、地域特色鲜明和系统性、完整性、配套性等特点，无疑是研究中国区域社会经济史的宝贵材料。孔府档案中的相关文献，详细记载了孔府庄园的土地数量、位置、等级、价格、租额及租户信息，几乎涉及了土地分配、占有、交换和经营的各个环节，为学人研究明清以来的地权分配和移转、土地买卖和经营、租佃制度及其变迁，以及农业耕作制度和亩产量等社会经济史问题提供了翔实而可靠的材料，对探索中国古代基层社会实态，揭示传统中国社会演变的底蕴具有重要价值。此外，孔府司房的日用账簿、收支款项账簿、卖粮往返账簿逐日登记了孔府生活、祭祀消费和庄园产出物品的种类、数量、价格及收售渠道，为探究明清及民国时期基层社会的商业贸易网络、物价和生活水平及其变迁与原因，提供了全面而原始的记录。

其三，孔府档案是中国最完整的世袭贵族家族档案，是了解孔氏宗族历史变迁的窗口。作为中国古代典型的文化世家和世袭贵族，孔氏家族绵延两千多年，不随王朝的更替而中衰和间断。历代最高统治者对孔子直系后裔的尊崇和优渥，决定了其世袭罔替"千年第一家"的特殊地位。居住在孔府的衍圣公凭借大宗主的地位，在家族中建立了严密的宗族组织和管理机构，并通过修宗谱、立行辈、订族规等方式统率全国各地的孔氏族人，其宗族体系之完整、宗法制度之完善、祖训族规之完备，对其他宗族来说都是非常典型的。宗族制度的发展与宗谱的纂修是息息相关的。孔府档案中现存有孔氏宗谱近400部，其中所汇集的宗族史、人口史、社会史、文化史资料，对于探讨明清以来孔氏家族继承制度、宗法制度、宗族统治和宗族形态的演变，以及家族文化教育、日常生活和人口结构变迁等问题，无疑具有标本性的示范意义。这对于从宏观上考察孔氏宗族从五位、十二派到六十户的发展过程，以及各支派人口迁移的类型、原因、过程、路线、分布及其影响具有重大参考价值，而其中有关人口数量、寿命、年龄与职业构成、婚姻与家庭结构诸方面的素材多为官方正史文献所缺载,对深化中国历史人口微观研究的意义也是不言而喻的。

其四,孔府档案为中华优秀传统文化的传承和弘扬,提供了源头活水。在孔氏及其他先圣先贤的宗谱档案中,不仅保留了作为道德规范存在的族规家训,还记载了族人弘扬孝道、敦睦宗族、彰显忠义的言行事迹,其中所蕴涵着的那些可资弘扬家风、传承家训、承继家史的核心资料,无疑是当代道德文化传承的重要思想宝库。从孔子对孔鲤"不学诗,无以言"、"不学礼,无以立"的庭训,到明太祖对孔克坚"多读书"、"不读书是不守你祖宗法度"的劝勉,再到嘉庆帝对孔庆镕"好生读书"、"祭祀要虔诚行礼"的嘱托,充分彰显了孔门家风得以形成和传承的根源。不管是各地族规家训中有关"励读书、崇学校、贵教子"的规定,还是历朝祖训箴规中对于"崇儒重道,好礼尚德"的强调,无不说明诗礼传家的精神理念早已融入孔氏家教中,并内化为孔门世代相传的优秀家风。不宁唯是,历代衍圣公及孔子其他后裔的日常道德生活实践也值得关注。从衍圣公和其他孔氏族人的日记中,人们既可以看到他们乐善好施、尊师重道、好学乐知的懿德嘉行,也可以感知他们积极进取、向上向善的道德风范。同样,衍圣公处理孔氏族人及先贤后裔诉讼案件的判文和批词,也无时无处不在彰显他们崇正义、尚和合的道德追求和重民本、倡人道的道德情怀。

总之,孔府档案对研究中国封建社会,特别是封建社会后期的政治、经济、思想、宗法关系等各个方面,均具有重要意义,为当今汲取中华优秀传统文化精髓、传承与弘扬向上向善的道德情感,提供了重要资源。

二 孔府档案的百年整理

本节以相关发表成果[①]和访谈[②]为基础，系统梳理1922年以来的整理史。[③] 需要说明的是由于历次对孔府档案的整理不限于清代，为全面展示对这一档案进行整理的概况，故在时段上稍稍溢出"清代"范围。

（一）20世纪20年代的清理

据曾任清末孔府典籍官的孔昭培[④]老人回忆，孔府曾于1922年对档案进行过一次集中清理[⑤]。从现存孔府档案第8117—8127卷来看，当时共清理出档案5445宗，时间集中在清顺治三年（1646）到

[①] 主要包括单士元：《曲阜孔府档案初步清理记》，《文物参考资料》1956年第10期；王可风：《关于曲阜衍圣公府档案》，施宣岑、华明编：《王可风档案史料工作文集》，档案出版社1989年版，第212—217页；单士元：《我在故宫七十年》，北京师范大学出版社1997年版，第331—345页；骆承烈：《向老与孔府档案》，编委会编：《庆祝杨向奎先生教研六十年论文集》，河北教育出版社1998年版，第756—759页；杨向奎述，李尚英整理：《杨向奎学述》，浙江人民出版社2000年版，第97—107页；张显清：《难忘的四年——回忆吴晗先生》，中国社会科学院明史研究室编：《明史研究论丛》（第六辑），黄山书社2004年版；沙敏：《探河穷源，剥蕉至心——访中国社会科学院荣誉学部委员、清史专家何龄修》，《北京档案》2007年第4期；刘守华：《孔府档案抢救记》，《档案春秋》2009年第7期；单嘉筠：《单士元、任继愈先生与孔府档案保护》，《中国档案》2010年第7期；骆承烈：《洙泗归元》上册，香港：中国孔子文化出版社2015年版，第89—102页；孔德平、唐丽：《孔府档案的保存、整理与研究》，《西华师范大学学报》（哲学社会科学版）2017年第3期；邱源媛：《专访郭松义教授：在时代的风雨中且行且进》，载于台湾"中研院"《明清研究通讯》，2018年第67期，2018年3月，访问地址：http://mingching.sinica.edu.tw/Academic_Detail/635。

[②] 笔者曾就当年档案的整理情况多次请教郭松义、骆承烈、孔祥林、孔德平四位前辈，以及第二历史档案馆、曲阜市孔子博物馆的工作人员，光明日报社记者杜羽也提供了不少帮助，谨致谢忱。

[③] 本章所论整理系泛指，也包括档案的清理。

[④] 孔昭培，曾用名刘昭培，因孔府规定凡进府服役的孔姓人，不许姓孔，故随姥娘家改用了刘姓。

[⑤] 单士元：《曲阜孔府档案初步清理记》，《文物参考资料》1956年第10期。另作者在《抢救山东曲阜孔府历史档案记》一文中，将此时间记为1919年（见单士元《我在故宫七十年》，北京师范大学出版社1997年版，第337页）。

民国十一年（1922），对明代档案只清理了个别卷宗，具体情况如下表：

表5-1　　　　　　　第一阶段的档案清理情况统计表

号别	类别	数量（宗）	档案卷宗号
天字号	林庙卷	273	8117
地字号	祀田类	364	8118
元字号	承袭暨官俸、崇圣典例类	20	8119
黄字号	属员卷	1970	8120、8121
宇字号	各奉祀官杂案，学堂岗案附	236	8122
宙字号	各庄小甲集纪	267	8123
洪字号	各项杂案	1688	8124—8126
荒字号	修谱免差卷	627	8127

从现存案卷来看，此次整理只是对档案数量做了一个初步的清理工作，并不彻底，像黑木柜橱顶上的档案就没有动过①，每个"号别"内的案卷也并非按时间先后排列。

尽管如此，这次清理的意义不容小觑——它使我们摸清了孔府档案的编排与归档方法——"千文架阁法"，即以千字文开头的"天、地、玄、黄、宇、宙、洪、荒"总分为八大类，②各类再根据孔府自身的特点分别归档。如上表所示，"林庙"档案归"天"字号，"祀田"档案归"地"字号，如此等等。③对于这种归档原则，孔昭培给单士元的信中也提到，称这是"旧时规程"④。这与我们看到的清代州县衙门档案"按房归档"的原则大为不同，如清代四川南部县衙门档案，按吏、户、礼、兵、刑、工、盐、承发等八房归档，巴县档案按吏、户、礼、兵、刑、工、盐、仓、柬、承发等十房归档。

---

① 单士元：《曲阜孔府档案初步清理记》，《文物参考资料》1956年第10期。
② 第三类"玄"字在孔府档案中记为"元"字，当是避讳所致。
③ 从民国十二年起，孔府档案的登记没有按上面八字归档登记，而是采取的"新"字号编排，登记到民国十五年，共254号（《孔府档案》8128卷）。
④ 单士元：《我在故宫七十年》，北京师范大学出版社1997年版，第339—345页。

孔府此次的档案清理一方面是配合当时的祭田清理，另一方面可能与"八千麻袋"事件有关。1921年，北洋政府教育部与历史博物馆因经费困难，将原存于国子监和学部，后搬迁至午门与端门洞口中的共15万斤档案，约"八千麻袋"，以4000元的价格卖给了西单大街同懋增纸店。纸店打算将这些档案送到定兴、唐山两处造纸厂化浆造纸。罗振玉获悉后，于1922年2月，用12000元把它买了回来。这就是档案界著名的"八千麻袋"事件。随后北京大学文科研究所、故宫博物院文献馆、中央研究院历史语言研究所对这批档案陆续展开了整理和研究，开创了明清史研究的新纪元。

（二）20世纪50年代的整理

1948年曲阜解放，曲阜县人民政府接管了孔府全部财产和工作人员，并成立孔府文物保护所，对孔府文物实行原地保护。工作人员在清理库房时发现，孔府档案多集中堆放于册房，但也有大量档案散存在"六厅"、司房、启事厅以及民国时期的承启处、庶务室等处①，不过当时并未对这批档案进行整理，甚至一度曾打算当废纸卖给造纸厂。②

1956年，郑振铎由文化部文物管理局局长荣任文化部副部长，上任不久便从书贩韩世保处得知，近两年在安徽徽州地区"土改"中，抄家抄出了大量的古籍。这些古籍流散和破坏得很厉害，许多被用来烧火、做鞭炮、造纸、包东西，有的村庄将这些古籍烧毁，三天三夜都没有烧完。后经他干预，在安徽省委第一书记曾希圣的支持下，徽州文书得以保存下来③。同在1956年，对孔府档案有过一次成效显著的抢救性整理当受此类事件影响，事实上也与郑振铎有关。

---

① 徐玉英、庞秀芝：《孔府档案的由来、整理及其历史价值》，《济南大学学报》1999年第1期。
② 骆承烈：《洙泗归元》上册，香港：中国孔子文化出版社2015年版，第90页。
③ 王国键：《徽州文书发现的来龙去脉》，《中国档案》2005年第7期。

1. 文化部文物管理局派人清理（1956.6—7）

1956 年春，文化部文物管理局获悉，孔府内的文物档案正遭孔氏宗族中不肖者偷盗，他们将这些文物档案已经运到当时的滋阳渡口，正在私下倒卖，情况十分严重。虽然当地政府采取措施截回了一部分，但这些档案杂乱不堪，需要行家指导整理。于是当地政府向中央政府请求帮助，希望能够派专家前去协助。当时文物管理局领导郑振铎、王冶秋决定派故宫博物院专家单士元、李鸿庆二位前往曲阜①。6 月 18 日，单、李二人从北京出发，次日到达济南后马上与省文物局取得联系。20 日由济南转车南下，当日下午到兖州，过滋阳渡口抵达曲阜县文物保管所。

图 5-1　1956 年协助单士元（左二）整理档案时的合影，左一为孔昭培②

---

① 骆承烈：《洙泗归元》上册，香港：中国孔子文化出版社 2015 年版，第 90 页；刘守华：《孔府档案抢救记》，《档案春秋》2009 年第 7 期。

② 单嘉筠：《单士元、任继愈先生与孔府档案保护》，《中国档案》2010 年第 7 期。

据单士元回忆,衍圣公三堂的前院原为旧日典籍房,档案库就在西配房里。在靠墙的地方,有下丰上锐的明代黑漆大柜。柜里面由于塞满了陈年旧卷,其柜腿已被压陷于地下寸许,柜橱后档案也是堆积成山。其库藏情景,仿佛20年代初次进入清宫内阁大库一般。在内宅后堂楼上堆积了大批的地契存根,楼下还有大席包盛装的档案,这是后来移存在这里的①。

单士元等人到达的第二天,便与当地保管所同志以及孔昭培老人一起,按柜橱的顺序进行清理。首先除尘、折叠、包扎,根据"原包原捆,秤不离砣"的原则,清理集中,一张包皮也不遗弃,更不使一张文件档页挪移失群。有些在几十年前就已霉烂成砖块粘在一起的,暂放另一处,俟有妥善办法时再进行揭开整理。这样的工作做了四天,并随时分类。随后在新选择的后佛堂楼下新档库房排好橱柜,分类庋藏②。

这次初步抢救成效明显,使那些重要的档案不再继续损失和毁灭,更重要的是,通过抢救性整理,提高了保管人员的认识,引起各方人士对这批档案的重视。回京后,单士元等立即撰写了"抢救曲阜孔府档案报告"。此报告对孔府档案的现状非常担忧,特别强调了抢救工作的重要性,"如果不作这次抢救工作,一二年后,它的后果,将是一堆泥块和纸灰,那真是不可补偿的损失了"。同时他还在报告中建议,要有组织有计划地对这批档案进行长期的系统化整理,并尽快培养管理档案的干部。报告上呈王冶秋审阅,王阅后批示:"这个报告写得很好,既生动又具体,我的意见最好在文化部内部刊物登载一下,以引各地保管所有类似情形者可以重视。"之后郑振铎也做了眉批:"可择要在通讯上发表"等语③。

2. 南京档案史料整理处的整理(1956.8—1958.9)

文化部文物局的专家们走后,曲阜县文物保管所又继续对孔府档案进行整理,将档案分存于后五间房,单独列项,专库保管,以

---

① 单士元:《我在故宫七十年》,北京师范大学出版社1997年版,第333页。
② 单士元:《曲阜孔府档案初步清理记》,《文物参考资料》1956年第10期。
③ 刘守华:《孔府档案抢救记》,《档案春秋》2009年第7期。

便以后进一步整理。1956 年 8 月开始，文化部文物局委托国家档案局，派南京档案史料整理处（现中国第二历史档案馆）专家常驻曲阜进行分类整理，由金佳任组长，成员有郭鹏、丁家襄，参加整理的还有南京装裱工程先道。

驻曲期间，专家组与曲阜县文管所工作人员一起，对原先处于杂乱堆放和散存状态的孔府档案进行了除尘、鉴定、分类、立卷、排序、编目、编号、裱糊、装订成卷等整理和保护工作，并将所存档案分为若干大类。此次整理至 1958 年 9 月结束，经整理后的档案按时间顺序分为明代、清代、民国三个时期①。明代档案从明嘉靖十三年（1534）②至崇祯十七年（1644），分为袭封、宗族、属员、徭役刑讼、租税、宫廷、灾异、资料、文书 9 类；清代档案从清顺治元年（1644）至宣统三年（1911），分为袭封、宗族、属员、刑讼、租税、林庙管理、祀典、宫廷、朝廷政治、财务、文书、庶务 12 类；民国档案分北洋军阀时期、国民党时期（1928—1934）、国民党时期（1935—1937）、敌伪统治时期、曲阜解放时期、解放战争时期，每个时期分类多寡不一，分别为 11、10、9、9、3、8 类。此次整理使孔府档案首次得到了系统的案卷级整理，单独列项、专库保管、装箱保护，建立了完整的案卷级目录体系，奠定了有序典藏管理的基础③。1959 年夏季至国庆节，由于孔府要进行复原陈列，故将档案由后五间房迁移至东大楼下保管，并批拨 50 方香樟木，制成档案箱保护④。

---

① 据孔昭培称，这两年期间，档案的整理曾停止过（单士元：《我在故宫七十年》，北京师范大学出版社 1997 年版，第 339 页）。

② 在此次整理过程中，专家们对孔府档案的起始时间形成了比较公认的观点，即本章前言提到的嘉靖十三年（1534），该观点后来被广泛接受。

③ 以上参见山东省地方志编纂委员会编《山东省志·孔子故里志》，中华书局 1994 年版，第 523、559—560 页；孔繁银：《曲阜的历史名人与文物》，齐鲁书社 2002 年版，第 537 页；孔德平、唐丽：《孔府档案的保存、整理与研究》，《西华师范大学学报》（哲学社会科学版）2017 年第 3 期；张开森、孙骊君：《二史馆专家组赴曲阜指导孔府档案整理工作》，http://www.chinaarchives.cn/news/china/2017/1018/117813.shtml，访问日期：2020 年 4 月 5 日。

④ 孔繁银：《曲阜的历史名人与文物》，齐鲁书社 2002 年版，第 537 页。

174　/　清代地方档案的保存、整理与研究

（三）20 世纪 60 年代初期的整理

60 年代初期，对孔府档案的整理，有两支队伍同时进行。

1. 曲阜县文物保管所对孔府档案的整理

1960 年春，国家档案局局长曾三到曲阜检查档案工作，专门对孔府档案的整理工作作出指示："要片纸不丢，只字不损，把档案保护下来。"这以后，曲阜文管所又加强了人力进行裱糊装订，其中长期参与整理的是孔昭培、颜世镛和装裱工崔老先生。至 1965 年，共整理出案卷 8983 卷。1966 年"文革"开始后，整理工作被迫停止①。

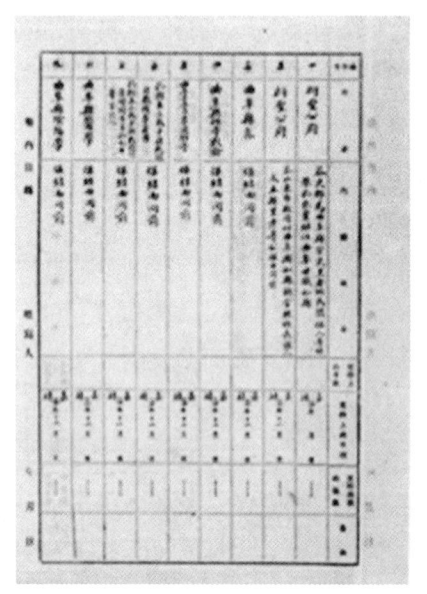

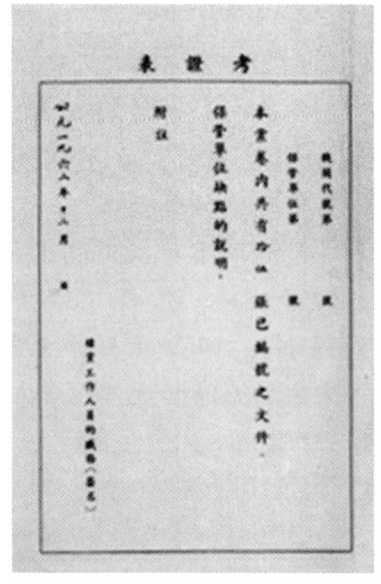

图 5-2　1962 年整理明代孔府档案的"卷内目录表"和"考证表"

这一时期，曲阜文管所还完成了一项重要的工作，即不仅对明代孔府档案（第 60 卷除外）做了案卷级的著录和标引，形成了案卷

---

① 骆承烈：《洙泗归元》上册，香港：中国孔子文化出版社 2015 年版，第 90—91 页；孔繁银：《曲阜的历史名人与文物》，齐鲁书社 2002 年版，第 537 页。

目录，而且还为卷内每份文件撰写了"卷内目录"（见图5-2）。该目录包括作者、内容摘要、文件上的日期等要素。这种做法在今天看来也算是比较规范的整理，而20世纪《巴县档案》《宝坻档案》的整理也不过只做到了案卷级的著录。

2. 中国科学院对孔府档案的整理

20世纪60年代初，由于中国科学院哲学社会科学学部历史所的参与，孔府档案的整理进入了一个崭新的历史阶段。1963年春，中国科学院为开发和利用孔府档案，决定由封建后期史研究组组长杨向奎负责，与曲阜县文物管理委员会（1959年6月，"曲阜县文物保管所"改为此名）、曲阜师范学院历史系合作选编孔府档案。杨向奎先给曲阜师范学院骆承烈写信联系，告诉他暑假期间再去曲阜，请他组织一些学生，以备抄录档案。骆承烈接到信后，经与历史系商议，最后从历史系和中文系高年级中挑选了二十几位水平高、态度认真、字迹规整的学生（先是十人，后随着挑选档案数量的增多，增加了人数）。同年7月，在山东省委宣传部的热情关心和曲阜县文物管理委员会的积极支持下，杨向奎教授带着中国科学院历史研究所的刘重日、胡一雅、钟遵先、张兆麟、何龄修、郭松义、张显清7人，来到曲阜一同与曲阜师院历史系的骆承烈、郭克煜、孔令彬组成十人的业务班子，在曲阜文管会的帮助下，由杨向奎全面领导，开始了较大规模的选录工作。

由于档案数量大，由杨向奎确定了选录原则：明代档案全抄；鸦片战争前的清代档案重点选抄，之后的适当选抄；民国时的档案不要。刚开始时，杨向奎亲自到库房选取，并就不同类型的档案拟了一些题目。之后，在杨向奎的指挥下，两三个人深入档案库房，挑选有代表性的案卷，卷内选出典型的文件，选出后交给学生复写抄录。抄录后，经骆承烈等几位对档案比较了解的老师进行校对、标点和拟题，最后由杨向奎过目定稿。实际上，每份档案原来都有一个题目，但大多比较笼统，因而在拟题方面要求新拟的题目既要确切、精炼，不能打破古时公文程式的文风，还要体现出这份文件的特点。

图 5-3　1963 年 8 月，中国科学院历史所在曲阜查阅孔府档案的诸位同仁①

经过一个多月大规模的抄录和两个多月的整理，最后共抄录档案 4353 件，整理档案计五六百万字。随后，他们在每篇中都用标点符号断句，篇前题名，篇后附有原标题和卷数。明代档案因内容较少，单列一部分。清代档案分为孔氏宗族、圣贤后裔、公府组织和职掌、公府田产、租税、集市、商业高利贷、刑讼、抗租与抗差斗争、农民起义与反抗活动等。同时，此次整理也培养了一批学生，如 1964 年，在历史系毕业的一个班中，就有傅崇兰、朱东安、张道英、张传恭四人考取了中国科学院的研究生，创曲阜师范学院历史

---

① 左起：何龄修、郭松义、杨向奎、千家驹、张显清、张兆麟、刘重日。缺胡一雅、钟遵先二位。

图 5-4　1963 年 10 月，郭松义（右一）在曲阜孔府档案室内查资料

上的最高纪录。①

（四）"文化大革命"期间的整理

1966 年 5 月，随着"文化大革命"的开始，孔孟之道成为打击对象。在当时背景下，红卫兵将孔府档案中的资料称作"变天账"，被当作封建糟粕而大加批判。在这一形势下，中国科学院对孔府档案的后续整理被迫中止。这一时期，孔府档案遭到了极大的破坏，损失严重。1967 年 2 月，处理了孔氏族谱（包括明清底稿抄本）10778.5 斤，共计 209 套，32232 册，整整装了 8 马车，全部卖到造

---

① 以上内容参引杨向奎述，李尚英整理：《杨向奎学述》，浙江人民出版社 2000 年版，第 97—107 页；骆承烈：《向老与孔府档案》，编委会编：《庆祝杨向奎先生教研六十年论文集》，河北教育出版社 1998 年版，第 757—758 页；邱源媛：《专访郭松义教授：在时代的风雨中且行且进》，载于台湾"中研院"《明清研究通讯》，2018 年第 67 期，2018 年 3 月，网络地址：http://mingching.sinica.edu.tw/Academic_ Detail/635。

纸厂毁掉，售款 269.46 元。① 档案丢失 28 卷。②

据孔子研究院原副院长孔祥林回忆，1972 年，有人以"人民"来信反映泰山文物受到严重破坏，周恩来总理批示给杨得志、袁升平，要山东派得力人员到泰山、曲阜调查文物破坏情况。周总理接到调查报告后特批 125000 元，用来维修大成殿，扶立推倒的石碑等。此次孔府档案的整理应该与此有关。这一年，孔府档案整理工作重新恢复，曲阜县文物管理委员会建立了新的登记册，并全部归类编号，上架入箱，存用两便。至 1987 年，共整理出案卷 9021 卷，并完成全宗目录索引编制工作。③

1974 年，"批林批孔"运动在全国开展起来。出于批孔的需要，曲阜文管会对孔府档案每个案卷作了进一步整理，摸清了卷内的文件数量，并填写了考证表（但没有像明代档案那样填写"卷内目录"单）。从这些考证表可知，这项工作一直持续到 1977 年年底。期间，山东大学历史系与曲阜县文管会合作，还选录了一批近现代档案资料。④

（五）改革开放后至 2016 年之间的整理与出版

1.《曲阜孔府档案史料选编》的出版

1978 年，改革开放后，在国家古籍整理等一系列政策引导下，这些卷帙浩繁的档案再一次进入全面科学整理与研究的新时期，重新回归大众视野。据骆承烈、郭松义回忆，十五年前整理的资料共有三份复写本（一份供出版用，另两份分别存于中国科学院历史所与曲阜师范学院，以备作研究用）。"文革"时期，骆承烈将包括手

---

① 刘亚伟、王良：《1966 阙里纪事》，曲阜市政协文史资料委员会编印内部交流本 2015 年版，第 212 页。
② 刘亚伟、王良：《1966 阙里纪事》，曲阜市政协文史资料委员会编印内部交流本 2015 年版，第 250 页。
③ 参见孔德平、唐丽《孔府档案的保存、整理与研究》，《西华师范大学学报》（哲学社会科学版）2017 年第 3 期，该文所说完成了卷内目录 62 卷有误，这个是在 1962 年完成的，而不是 1972 年；孟继新主编：《孔府档案珍藏》上册，"绪言"，中国社会出版社 2010 年版，第 1—2 页。
④ 杨向奎：《前言》，张维华主编：《曲阜孔府档案史料选编》第二编《明代档案史料》，齐鲁书社 1980 年版，第 2 页。

中的一份复写本在内的文物封在十四个大箱子里完好无损。"文革"后，三份资料仅剩曲阜师范学院保存的一份。1979年，骆承烈等人向杨向奎教授建议将这批资料出版，得到同意与支持①。不久，在中共山东省委宣传部的领导下，由山东省社会科学院历史研究所、曲阜县文物管理委员会、中国社会科学院历史研究所、山东大学、曲阜师范学院、山东省文化局、山东省出版局等有关单位联合组成了曲阜孔府档案史料编辑委员会，组织各单位专业人员成立编辑部，对当年选抄的档案资料进行统一校点，进一步加工整理。然而，受"文化大革命"的影响，一部分工作人员对孔府档案心有余悸，敬而远之，许多资料文稿的处理工作由骆承烈等人完成。后经过多次修改，审订成书，取名为《曲阜孔府档案史料选编》。该书共分3编，500余万字。第一编为《全宗类目索引》，计2册；第二编为《明代档案史料》，全1册；第三编为《清代档案史料》，计21册。合计24册，于1980—1985年由齐鲁书社陆续出版②。

《曲阜孔府档案史料选编》是迄今为止出版的孔府档案中规模最大的资料选编。出版后，影响日益扩大，引起了国内外专家学者的关注。80年代以来，日本斯文会代表团、道德研究所，美国哈佛大学"谱系学"代表团、美国档案馆、博物馆代表团，墨西哥国家档案代表团曾先后前来曲阜参观孔府档案③。

2. 任继愈对加强孔府档案保存和利用的呼吁

1982年6月上旬，时任中国社会科学院宗教研究所所长的任继愈到山东曲阜查阅孔府档案时发现这批档案有损毁。7月1日，他便直接写信向中央主管文化文物工作的中共中央书记处书记胡乔木同志反映情况，信中写道："六月上旬，因工作需要，到曲阜孔府

---

① 骆承烈：《洙泗归元》上册，香港：中国孔子文化出版社2015年版，第93页。
② 杨向奎：《前言》，张维华主编：《曲阜孔府档案史料选编》第二编《明代档案史料》，齐鲁书社1980年版，第2页；杨向奎述，李尚英整理：《杨向奎学述》，浙江人民出版社2000年版，第106—107页。骆承烈：《洙泗归元》上册，香港：中国孔子文化出版社2015年版，第93页。1988年，该资料作为孔子文化大全的一部分，以《孔府档案史料选》为名在山东友谊书社再版。
③ 徐玉英、庞秀芝：《孔府档案的由来、整理及其历史价值》，《济南大学学报》1999年第1期。

查阅有关档案，收获不少。根据见闻，提出关于妥善保存和充分利用孔府档案的建议四条（见另纸）。"（见图5-5）任继愈的建议指出：

> 这批档案材料不仅详尽地记录了孔府的历史沿革，同时也反映了明清和民国时期的整个社会状况。由于它是连续几百年记录下来的第一手材料，其史料价值极高，是我国文化的一个宝藏。如果能为学术界充分利用、深入发掘，必定会大大丰富和加深我们对封建社会特别是明清社会的认识，必将引起国内外学术界更广泛的重视。

任继愈先生还进一步指出，孔府作为儒教圣地，其地位相当于基督教的耶路撒冷。因此，应当对孔府档案进行缩微，以保护原稿、预防天灾人祸不测事，也能为研究者后续的查阅利用提供方便。假如我们这一代未能充分保护，就是犯了历史性的大错误，后果是严重的。时至今日，这一前瞻性的眼光仍值得体味。（见图5-6）

很快，胡乔木就将任继愈的建议转发给时任中共中央宣传部部长邓力群同志，同时附上了重要批示（见图5-7）：

> 任继愈同志信一件请阅。他的意见很值得重视，请考虑可否由中宣部去函山东省委宣传部酌办。这些事情一向无人注意，拖久了必致损失。又档案缩微事业关系我国文化遗产的保存意义很大，并希告图书馆局、文物局和档案局一并从速进行为荷。

邓力群接示后也作了"复制发有关单位，分别商定执行办法，请井丹同志和有关局负责"的批示。不久，全国图书馆档案馆等收藏文献档册史籍等单位，都逐步建立了缩微复制的专门部门，以从事对历史档案文献进行有效的再生性保护抢救工作①。据孔祥林回忆，山东省为落实此项工作，当时花了 40 万元买了一套缩微设备，但此设备却没放在曲阜，而是放在了省图书馆。那时没有密封车，交通条件又不好，去济南全是县乡公路，担心路上出安全事故，又考虑到缩微时还得拆卷，此事就此搁置，没能做成。而这一时期，四川的巴县档案、河北的宝坻档案等一批档案都做了缩微胶片。

图 5-5　任继愈致胡乔木的信　　图 5-6　任继愈致胡乔木的信

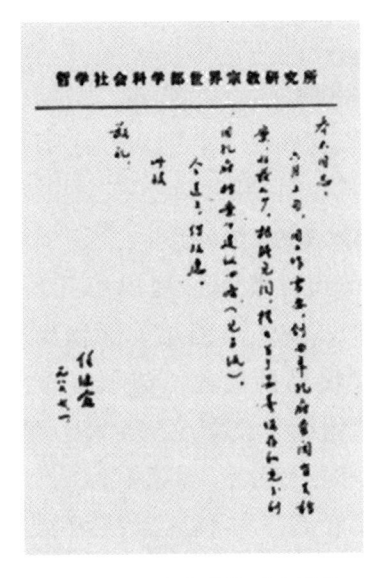

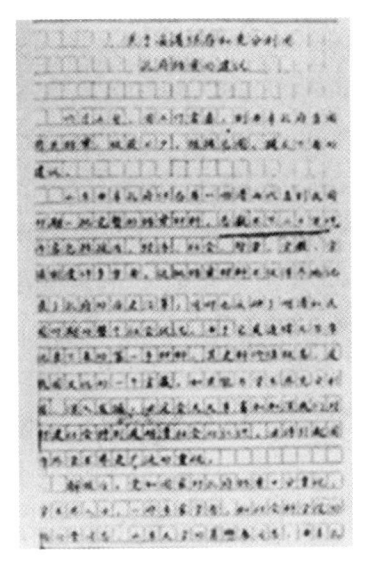

3. 90 年代末至 2012 年齐鲁书社及山东省有关部门对影印出版孔府档案所做的努力

据齐鲁书社原社长宫晓卫先生回忆，1991 年山东省在香港、新

---

① 以上内容参见：冯乐耘《谈谈档案的"寿命"》，中国档案学会编《全国第二次档案学术讨论会论文选辑》，档案出版社 1985 年版，第 236 页；单嘉筠《单士元、任继愈先生与孔府档案保护》，《中国档案》2010 年第 7 期；杜羽《国家兴　典籍幸——记国家典籍博物馆"中华传统文化典籍保护传承大展"》，《光明日报》2019 年 10 月 22 日，第 9 版。原始引文根据 2019 年 9 月国家典籍博物馆"中华传统文化典籍保护传承大展"陈展图片以及中国文献影像技术协会秘书处撰写的《追记任继愈先生为我国珍贵文献的保护和缩微事业的发展做出的贡献》（《数字与缩微影像》2009 年第 3 期）一文所附图片整理而成。

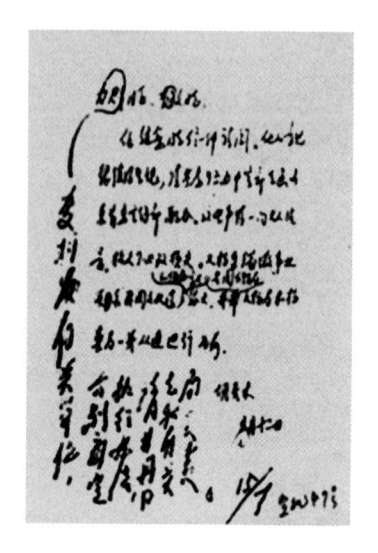

182　/　清代地方档案的保存、整理与研究

图 5-7　胡乔木、邓力群的批复

加坡办"孔子文化展"后,齐鲁书社就曾考虑整理出版孔府档案。90 年代末齐鲁书社开始推动相关工作,2001 年山东省文物局通过其主管单位山东省文化厅正式向国家文物局打报告,请示影印出版孔府档案事。2002 年 3 月 6 日,国家文物局办公室出函批复。批复言:

> 鉴于对孔府档案的影印出版有利于对档案原件的保护,又促进档案的研究和利用,经研究,我局同意采用拍照影印的方式出版孔府档案。在拍照影印过程中,请务必保证文物安全。孔府档案出版后,原档应全部封存,除保护所需外,不再查阅翻检。①

接到国家文物局的批复后,根据省领导批示,山东省政府办公厅出具批办意见,要求山东省出版总社积极落实。② 2004 年 4 月 6 日,在济南召开了由山东省出版总社、省文化厅、省财政厅、济宁

---

① 《关于曲阜市文管会影印出版孔府档案的批复》,国家文物局办公室函件,文件号:办函〔2002〕27 号,二〇〇二年三月六日。
② 文件号:办公厅〔2003〕1133 号。

市政府、孔子研究院、齐鲁书社、专家学者参加的"《孔府档案全编》整理出版座谈会",就整理出版《孔府档案全编》的价值与社会意义、必要性和可行性,相应的政策支持和落实出版资料以及整理出版过程中应注意的问题等进行了积极而富有建设性的协商,形成了一致意见。就价值与社会意义,与会者普遍认为"山东作为齐鲁大邦、文化大省、孔子的诞生地和儒学的发祥地,理应为弘扬中华民族优秀传统文化做这件具有深远意义的大事",《孔府档案全编》的整理与出版"是一项功在当代、惠及千秋的工作,在国内、国际上都将产生很大的影响"。就出版资金来源,会议认为,采用出版社自筹、社会赞助等多种方式筹措,不足部分,由政府通过省出版事业发展专项资金、宣传文化发展专项资金和古籍整理专项资金三个来源予以适当补助。[①] 座谈会纪要亦正式行文报呈省政府。韩寓群省长和蔡秋芳副省长都对这一工作给予高度关注,并指示要尽快安排。

但之后工作因客观情况变化和资金缺口较大等因素,未能如期启动。2011年10月18日,中国共产党第十七届中央委员会第六次全体会议通过《中共中央关于深化文化体制改革推动社会主义文化大发展大繁荣若干重大问题的决定》。在这之后,作为文化大繁荣标志工程的孔府档案的整理出版工作,引起了更多方面的注意。2012年2月28日,齐鲁书社再次向省政府、省委宣传部呈递《关于整理出版〈孔府档案全编〉的报告》,认为此时数码摄影技术已较成熟,拍摄费用可大幅降低,总预算有了较大调整,且工期亦可缩减,全部工程可以在2014年年底前完成。但之后还是不了了之,甚为憾事。

4. 曲阜文物管理委员会对孔府档案的整理

在这一时期,曲阜文物管理委员会在先前整理的基础上又陆续开展了一些工作。1992年开始整理、抢救裱糊部分残破散档,至今

---

① 《关于〈孔府档案全编〉整理出版座谈会情况的报告》,山东省出版总社文件,文件号:鲁出编发〔2004〕14号,二〇〇四年四月二十三日。

共整理出 3.6 万余件。2013 年 9 月开始，通过第一次全国可移动文物普查，曲阜文物部门对馆藏孔府档案进行了全面梳理，完成了 9021 卷、25.8 万余件孔府档案数据信息的采集、登录工作。2015 年 4 月，曲阜市文物局启动孔府散档整理修复工作，分 14 个类别，通过编目整理、托裱修复、信息采集录入、汇编成卷归档，对 "一普" 中发现的散档进行系统整理，到 2016 年已整理修复散档 8700 余件①。

5. 其他出版品

这一时期，除了出版 24 册《曲阜孔府档案史料选编》外，还陆续出版了以下选编资料。

（1）《孔府档案选编》（中华书局，全两册）②

本书由中国社会科学院近代史研究所中华民国史研究室、山东省曲阜文物管理委员会编，包括孔府（"衍圣公府"）的由来及其特权、孔府的土地与户人、孔府的地租剥削、孔府的其他剥削、孔府的腐朽生活、农民起义对孔府的冲击和孔府佃户的抗租抗差斗争、孔府的没落与覆亡，共七章。该书以孔府档案为主，所编档案除已整理的部分外，还选用了部分散档和相关传世文献、碑文资料。

（2）《孔府档案选》（中国文史出版社，全一册）③

鉴于《曲阜孔府档案史料选编》以及《孔府档案选编》所选内容只限于明、清，无民国，2002 年，骆承烈、朱福平、骆明利用 "文革" 期间庞朴、葛懋春、朱玉湘、官美蝶、罗伦、景甦、路遥、李启谦等人所收集的档案，按孔府与历代官府、孔府的政治特权、孔府的经济特权、孔府的意识形态、孔府的生活、各种反抗斗争等六目选编了孔府档案 300 余件，最终以《孔府档案选》为名在中国

---

① 孔德平、唐丽：《孔府档案的保存、整理与研究》，《西华师范大学学报》（哲学社会科学版）2017 年第 3 期。另据 2020 年 4 月 10 日《中国文物报》的记载，目前已整理孔府档案散档 19860 件（套），36429 件。

② 中国社会科学院近代史研究所中华民国史研究室、山东省曲阜文物管理委员会编：《孔府档案选编》（全二册），中华书局 1982 年版；孙健、孔繁银主编：《孙健文集》第五卷《孔府档案选编》，中国人民大学出版社 2016 年版。

③ 骆承烈、朱福平、骆明主编：《孔府档案选》（全一册），中国文史出版社 2002 年版。

文史出版社出版。该书附录了"孔府档案分类简目",它以明代、清代、北洋军阀时期、国民党时期(上)、国民党时期(下)、敌(日)伪统治时期、曲阜解放时期、解放战争时期分八目,每目下又分袭封、宗族、属员若干,之下又细分若干小目并标注各卷起止,如清代"刑讼"目下为:孔氏族人(6721—6724)、府庙员役(6725—6726)、庙佃户人(6727—6730)。此简目有助于读者了解和查找档案的内容。

(3)《孔府档案珍藏》(中国社会出版社,全两册)[①]

2009年,山东济宁市为加强本地文化名市建设,推出了《济宁历史文化丛书》,《孔府档案珍藏》是其中一种。该书分孔府与朝廷及官府的关系、孔府的属官与员役、孔庙孔林的管理、孔府的各项消费和开支、孔府的生活写照、孔氏家族及族规家训、孔子世家谱的续修、给圣裔的特权和优礼、孔继汾案始末、圣贤后裔、孔府的庙户佃户、孔府的田产及其来源、孔庙祭祀及皇帝曲阜朝圣等十三章,共选取了孔府档案、孔府散档273卷(件)。

此外,2020年出版的《孔府档案精品珍藏》还收录了一些散档。[②] 这些资料的选编出版,对于了解孔府档案的内容与价值起到了重要的推动作用。但这些出版资料多有遗憾,如选录数量少,选录某一卷的内容不完整,部分标点、文字识别有误。这些都限制了学界对孔府档案的利用与研究。

(六)2016年至今的整理与出版

2013年11月,由曲阜师范大学与曲阜市文物管理委员会联合申报的国家社科基金重大招标项目"历代孔府档案文献集成与研究及全文数据库建设"获批立项。同年12月,曲阜师范大学与曲阜市文物管理委员会签署了《合作整理孔府档案协议书》,这标志着孔府档案的整理与研究进入了数据库建设的新阶段。不过,两个单位实质

[①] 孟继新主编:《孔府档案珍藏》(全二册),中国社会出版社2010年版。
[②] 孟继新主编:《孔府档案精品珍藏》(全一册),中国文史出版社2020年版。

性的合作直到 2016 年 8 月才正式开始。在这期间，习近平总书记重视对中华优秀传统文化的挖掘，强调"要系统梳理传统文化资源，让收藏在禁宫里的文物、陈列在广阔大地上的遗产、书写在古籍里的文字都活起来"，但由于档案多年未对外开放，一些领导和工作人员对是否合作、怎样合作顾虑较多。经曲阜师范大学校领导和历史文化学院的不断沟通与协调，学校承诺拿出专项资金完成库存 25 万件档案的数字化加工。在此情况下，曲阜市文物局的主要领导力排众议，安排专人负责与曲阜师范大学合作进行档案的数字化加工工作。

之后的一年半里，中国第二历史档案馆、国家图书馆出版社多次派出专家，围绕在整理编纂孔府档案过程中出现的具体问题，对曲阜市孔子文物档案馆、曲阜师范大学历史文化学院等从事孔府档案整理编辑工作的相关人员进行专业培训和实践指导，保证了整理质量。到 2018 年，成效显著：（一）图片采集采取最新技术，完成了 9000 余卷近 30 万件共 94 万画幅的档案彩色扫描工作；（二）完成了所有明代、民国档案以及部分清代档案的著录工作，每案有卷名，卷下各件的责任者、题名、时间、受文者、文种等基本要素齐备；（三）在国家图书馆出版社出版了《孔子博物馆藏孔府档案汇编·明代卷》（全三册附录一册）。

在这期间，孔府档案的整理受到国家和山东省的高度重视。2017 年 7 月 17 日，文化部印发关于加强孔府档案保护整理和出版情况的报告上报中央，得到国家重要领导人的批示和圈阅，要求将孔府档案的保护、整理与利用作为国家战略工程，延揽凝聚优秀团队和学术力量，高水平开展整理研究，使其宝贵价值得到充分发掘和彰显。2019 年 6 月 1 日，山东省委书记刘家义在《求是》刊发署名文章《以高度文化自信守护中华民族文化根脉》，明确指出，为了落实好总书记的重要指示精神，山东省需要实施学术研究工程，推进包括"孔府档案学"研究在内的三大重要基础工程。同年，山东省委宣传部在"山东省中华优秀传统文化和红色基因传承发展工程项目"中专列"孔府档案整理与研究"项目，支持曲阜师范大学推进这一工作。

这一阶段的整理，无论在技术上，还是在整理规范上，在国内都属领跑者。不过，从2018年暑假开始，由于曲阜市文物局文物搬迁、孔子博物馆筹备开馆以及其他原因，孔府档案的整理再一次中断。至此，原拟于2021年前影印出版2000册全套孔府档案的计划也势必延拖了。

三 基于孔府档案的研究现状

随着孔府档案的发现和5种《选编》的出版，以及学者对其介绍①与评价的深入，越来越多的学者开始利用孔府档案进行学术研

---

① 学界对孔府档案的介绍大致可以分为三类。一是对孔府档案发现与整理情况的介绍，第二节已有罗列，此不赘述。第二类是对孔府档案基本内容、分类和价值的介绍。如杨向奎：《〈曲阜孔府档案史料选编〉前言》，中国社会科学院历史研究所编：《曲阜孔府档案史料选编》第一编（上册），齐鲁书社1980年版；骆承烈：《孔府档案的历史价值》，《历史档案》1983年第1期；姜修宪：《孔府档案的历史文化价值》，《光明日报》2016年11月26日，第11版；霍俊国：《明清孔府档案诗文的文学史价值》，《中国社会科学报》2022年4月11日，第4版；魏娜、朱国斌：《〈孔府档案选编〉读后》，《历史档案》1986年第2期；周洪才：《一部简明易读的圣庙实录——读〈孔府档案选〉》，《孔子研究》2004年第3期；杨志云：《清代孔府档案的公文种类及功用》，《天津档案》2004年第5期；孟继新、孟景：《中国著名的私家档案——孔府档案》，《文物鉴定与鉴赏》2010年第8期；孟继新：《〈孔府档案〉类引要略》，《孔子文化》（季刊）2013年第1期；徐艳、王维新、林琳：《〈孔府档案〉："天下第一家"的生活史》，《中国档案报》2017年5月26日，第4版。第三类是对孔府档案原始文献的刊布。如乐群：《孔丘直系后裔秉承祖训"克己复礼"资料摘抄》，《破与立》1974年第2期；梁觉：《有关孔府罪恶的几份档案材料》，《破与立》1974年第1期；青松：《太平天国革命时期一件反孔抗租议帖》，《文物》1974年第7期；北京师范大学清史研究组、《〈红楼梦〉历史背景资料》编辑小组：《〈红楼梦〉历史背景资料（之二）——清代前期农民的反抗斗争（上）》，《北京师范大学学报》（社会科学版）1978年第1期；鞠德源、林永匡：《乾隆勒索盘剥官商民史料》，《故宫博物院院刊》1982年第1期；孔繁银、张秀荣：《孔庆镕两次赴京为嘉庆祝寿记实》，《历史档案》1984年第1期；孔繁银：《衍圣公府见闻》，齐鲁书社1992年版；吕小鲜：《乾隆六年衍圣公与曲阜知县互评案》，《历史档案》1995年第3期；蒲坚编：《中国古代法制丛钞・肆》，光明日报出版社2001年版，第474—493页；袁兆春：《乾隆年间孔府清厘邹县尼山祭学两田地亩争控案选摘》，韩延龙编：《法律史论集》第4卷，法律出版社2002年版，第488—508页；袁兆春：《〈孔府档案〉等有关孔氏家族宗族法资料选摘》，谢晖、陈金钊编：《民间法》第1卷，山东人民出版社2002年版；袁兆春：《孔府档案的法律史料价值研究》，中国人民大学出版社2013年版。因上述文献作者的撰写主旨与孔府档案的专题性研究关系不大，故下文的研究评述一般不包括上述文献。

究。最早和最集中的研究主要来自史学界,其后,包括法学、艺术学、档案学、经济学等在内的不同学术领域的学者们,或直接征引,或间接转述,或集中利用,或撷取精华,将孔府档案研究逐步向前推进。

自孔府档案被发现至"文化大革命",最早利用孔府档案进行学术研究并取得了显著成就的学者是杨向奎。1961年春,杨向奎曾专程前往曲阜查阅、抄录了部分孔府档案,进行了初步研究,其成果后来成为其所著《中国古代社会与古代思想研究》一书的重要组成部分。该书在《甲编·中国古代社会》第一章单辟"中国封建社会后期的大土地所有制——明清时代的贵族地主研究"一节,从9个方面对孔府这个明清时代大贵族地主的典型进行了细致的剖析,主要着眼于传统社会土地经营过程中地主与佃户的封建生产关系,重点讨论了孔府庄田佃户的来源、种类、地位和分化,孔府土地的来源、种类及经营方式与剥削情况,孔府与封建国家政权之间的关系,以及孔府的宗族统治,等等。① 此前,该节的结论部分,已先行在报纸上专文发表。在该文中,作者指出,孔府作为一个典型的、"最保守和落后"的贵族地主,"在政治和经济上的垄断和跋扈,显示了封建地主统治的稳固性和落后性,同时也阻碍了原始积累过程的发展,也就影响了资本主义萌芽的发展。"② 在此前后,杨向奎及其同事们集中利用孔府档案,对孔府这一封建贵族大地主的典型进行全方位的专门性研究。例如,东野鲁即曾撰文讨论了孔府土地的来源、分布与扩充,孔府的土地经营与对佃户的剥削,孔府从事的商业贸易活动,孔府的宗法统治,以及孔府对人民起义的镇压等问题。③

"四清"运动和"文革"期间,为迎合"批林批孔"运动等政治需要,基于孔府档案的学术性研究要么暂时中断,要么大大偏离

---

① 杨向奎:《中国古代社会与古代思想研究》(下),上海人民出版社1964年版,第562—668页。

② 杨向奎:《明清两代曲阜孔家——贵族地主研究小结》,《光明日报》1962年9月5日,第2版。

③ 东野鲁:《"文章道德圣人家"?——从"衍圣公府"的有关资料看清代曲阜的"孔氏庄园"》,《解放日报》1964年3月8日,第3版。

了学术研究的方向。例如，普人论述了孔府与历代封建王朝的尊孔崇儒活动、孔府管理和组织机构、土地兼并情况、对佃户的剥削方式及程度、对农民反抗斗争的镇压、对族众和人民的残酷统治；《罪恶累累的孔府》一书，重在通过对孔府租佃制度的论述，强调孔府对人民的残酷剥削；《万恶"圣人家"——孔府》一书更是从9个方面，详细论述了孔府的来历及覆灭、孔府维护封建统治的倒行逆施，孔府的地租和高利贷剥削，以及孔府利用神权、族权、夫权对族众和人民进行统治的情况，等等。① 类似的论著，还有很多，但所论主要内容和结论，与前文几乎别无二致。②

"文革"后，随着"科学的春天"到来，基于孔府档案的学术研究步入正轨，出现了何龄修等人所著的《封建贵族大地主的典型——孔府研究》和齐武的《孔氏地主庄园》两部专著。③ 作为目前国内外最早利用孔府档案进行专题式学术研究的专著，其内容涵盖了孔府的历史沿革及其与国家和地方有司的关系、以孔府为代表的社会生产关系和贵族大地主经济的各个方面，成为学界后续研究的基础。在这两部著作中，学者们主要从政治、经济和社会等方面对孔府进行了深入细致的剖析。政治方面重在展现孔府与中央朝廷、地方政府之间的复杂关系和活动。经济方面重在剖析孔府大贵族大地主经济体系的性质、特征和表现，就明清至民国时期孔府土地的

---

① 山东大学历史系、曲阜师范学院历史系孔府罪恶调查组编：《罪恶累累的孔府》，人民出版社1974年版；官美蝶、葛懋春：《万恶"圣人家"——孔府》，山东人民出版社1974年版；普人：《昔日尊孔崇儒的"圣地"今日批林批孔的战场》，《考古》1974年第3期。

② 洪群：《铁证如山——从孔府的罪恶看孔孟之道的反动实质》，《破与立》1974年第1期；骆承烈：《戳穿孔丘"仁政"的画皮》，《破与立》1974年第1期；厦门大学历史系七三级工农兵学员调查组：《曲阜、邹县劳动人民的反孔斗争》，《厦门大学学报》（哲学社会科学版）1974年第1期；曲阜师范学院历史系、山东曲阜文物管理委员会：《从曲阜一带的几块碑刻看历史上农民起义中的反孔斗争》，《破与立》1974年第1期；洪流：《从"孔府"档案和碑刻看历代反动派尊孔的罪恶活动》，《文物》1974年第3期；普红：《恶霸地主庄园——曲阜"孔府"》，《考古》1974年第4期；乔睢：《孔德成传（1920—1949年）》，《文史哲》1974年第4期；江地：《捻军起义和打倒"孔家店"》，《文物》1974年第5期；山东大学中文系七二级工农兵学员调查组：《孔孟之道的活标本——孔府罪恶调查报告》，《山东文艺》1974年第Z1期。

③ 何龄修、郭松义、刘重日、胡一雅、张兆麟、钟遵先：《封建贵族大地主的典型——孔府研究》，中国社会科学出版社1981年版；齐武：《孔氏地主庄园》，中国社会科学出版社/重庆出版社1982年版。下文分别简称何著和齐著。

来源、数量、分布、性质、买卖及变动，孔府庄园的经营，孔府的高利贷和商业活动，以地租为主的经济剥削，衍圣公家族的收入、消费，以及孔氏族众的生活等进行了分析。社会方面旨在探讨孔氏宗族的族权统治、神权统治，以及封建宗法思想和制度，就孔氏宗族的形成与发展，孔府对其依附人户和族众的统治与管理，佃户和农民起义及其对孔府和庄园经济的冲击等进行了论述。尽管上述两部著作因著者所处时代和史识所限，仍然多少带有阶级斗争意味和政治批判性色彩，但其作为利用孔府档案进行学术研究的经典之作和标志性成果，大致构建了本领域学术研究的基本思路和格局方向，其影响至今犹存。此后国内大部分学者的研究，或者是在上述著作基础上的补充延伸，甚者仅是低水平的重复研究，能够有所创新的成果并不多见。

进入 21 世纪以来，随着孔府档案整理工作的再度启动，孔府档案的研究又掀起一个高潮，并逐渐形成了以曲阜师范大学为主阵地的孔府档案研究团队。从近十年来取得的相关课题、完成的学位论文情况，可见一斑（见表 5-2、5-3）。

表 5-2　利用孔府档案获得的基金项目一览表（清代部分）

国家级项目			
序号	主持人	项目名称	立项时间	项目来源类别
1	袁兆春	孔府档案的法律史料价值研究	2003 年	国家社科一般项目
2	傅永聚	历代孔府档案文献集成与研究暨全文数据库建设	2013 年	国家社科重大项目
3	范丽敏	孔府档案视域内的乡村职业戏班演替研究	2015 年	国家社科一般项目
4	姜丽静	孔子直系女性后裔德育生活史研究	2016 年	国家社科教育学项目
5	成积春	《孔府档案》所见孔府与清代社会变动研究	2018 年	国家社科一般项目
6	袁兆春	《孔府档案》所见孔氏家法族规研究	2019 年	国家社科一般项目
7	孔勇	清代衍圣公研究	2019 年	国家社科青年项目

续表

省部级项目				
序号	主持人	项目名称	立项时间	项目来源类别
8	姜修宪	孔府庄园土地买卖契约整理与研究	2020 年	国家社科重点项目

省部级项目				
序号	主持人	项目名称	立项时间	项目来源类别
1	姜修宪	孔府档案道德教育资源整理与研究	2016 年	山东省社科规划项目
2	吴佩林	孔府档案整理与研究	2019 年	山东省委宣传部文旅资金专项
3	霍俊国	孔府档案文学书写研究	2019 年	教育部人文社科项目
4	姜修宪	孔府官庄土地买卖契约整理与研究	2019 年	中国博士后科学基金

表5-3 **利用孔府档案完成的硕士学位论文一览表（清代部分）**

序号	作者	导师	论文题目	备注
1	徐莎莎	成积春	清代陪祀恩贡制度研究	曲阜师范大学 2015 年
2	谭越	成积春	清代衍圣公朝觐研究	曲阜师范大学 2016 年
3	侯杉杉	傅永聚	明清时期孔府祭田研究	曲阜师范大学 2016 年
4	陈霞	傅永聚	从孔府档案看衍圣公日常生活及孔府衰落的原因	曲阜师范大学 2016 年
5	孙经超	成积春	清代衍圣公行政职权研究	曲阜师范大学 2018 年
6	冯振亮	成积春	清代祀孔典制变迁的历史考察	曲阜师范大学 2018 年
7	梁彦楠	成积春	清代孔府自置田庄研究	曲阜师范大学 2019 年
8	张莹莹	姜修宪	孔府魏庄地契研究	曲阜师范大学 2019 年
9	王一鸣	韩锋	孔府档案中明清时期的牌票研究	曲阜师范大学 2019 年
10	林家伟	吴佩林	明清衍圣公府集市研究	曲阜师范大学 2020 年
11	谢雨濛	成积春	明清时期孔氏族长研究	曲阜师范大学 2020 年
12	张钰	成积春	清代圣贤后裔奉祀生研究	曲阜师范大学 2020 年
13	常津珲	成积春	清代孔府庙户研究	曲阜师范大学 2020 年
14	袁雨	姜修宪	嘉道以降孔府书院学录群体研究	曲阜师范大学 2020 年
15	白金川	成积春	清代孔氏翰林院五经博士研究	曲阜师范大学 2021 年
16	蒲凤莲	吴佩林	清中后期孔府免差研究	曲阜师范大学 2021 年
17	令狐晓潇	吴佩林	清代孔氏家族合修大谱研究	曲阜师范大学 2022 年

续表

序号	作者	导师	论文题目	备注
18	孟维腾	吴佩林	近代曲阜孔林研究（1840—1932）	曲阜师范大学 2022 年
19	郑双	李先明	晚清民国时期孔庙问题研究（1894—1937）	曲阜师范大学 2022 年

下文即结合前人已有学术研究综述，① 对学界现有基于孔府档案的专题研究分支成果，作一简要回顾和评述。②

（一）恩典、庶务类资料与政治史研究

早期政治史的研究是在赞扬农民战争和强调阶级斗争意识形态的背景下展开的，有关清代中国社会性质、阶级关系和民众反抗斗争的研究，也因之成了当时学术研究的主要内容。何著、齐著都曾以专门章节阐述孔府对佃户的严酷统治和对农民起义的镇压，孔府佃户的抗租抗差斗争，以及农民起义对孔府的打击。③"文革"期间，为配合强调阶级斗争的需要，对孔府档案的研究更是沦为适应政治动员和现实斗争的工具而带有强烈的政治宣传色彩。从前述当时一些论著的题名上，人们明显能够感受到这一点。

20 世纪 80 年代以来，围绕孔府档案开展政治方面研究的重心之一，就是探讨孔府与皇权和地方有司的互动关系。何著单辟一节专门论述孔府与清朝中央政府的关系，指出衍圣公和儒家思想是明清皇朝维护和巩固统治的工具，故而明清帝王对孔府实行优渥政策，

---

① 姜修宪、成积春、孔德平：《60 年来孔府档案研究述评》，《中国社会经济史研究》2015 年第 3 期；孔德平、唐丽：《孔府档案的保存、整理与研究》，《西华师范大学学报（哲学社会科学版）》2017 年第 3 期；吴佩林、林家伟：《近六十年来明清时期孔府土地问题研究述评》，《中国史研究动态》2019 年第 5 期；吴佩林、蒲凤莲：《三十年来的孔氏南宗研究》，《浙江档案》2020 年第 2 期。

② 既然是"基于孔府档案的专题研究"，因此下文的评述不包括零星利用孔府档案作点缀的学术研究成果，主要针对引用（含转引）孔府档案原始资料不少于 5 条且字数不少于 500 字的学术论文和专著。在评述相关文献时，若论文与专著内容相同或相近，一般以先发表时的文献为准；若期刊论文与学位论文内容相同或相近，则以学位论文为准。

③ 何著第 4、8 章，齐著第 2、11、12 部分。

而衍圣公府又因需要皇权保障自身的政治、经济特权利益而主动奉迎封建政权,但一旦孔府的所作所为与皇权和地方有司发生重大冲突,也会受到国家政权的打击。① 段宗国的分析也指出,顺治时期中央政府对衍圣公的政策以拉拢为主,康熙、雍正时期则恩宠与约束并存,到乾隆时期则重在限制和打压衍圣公日渐膨胀的政治权力,表现出鲜明的时代与民族特色。② 因此,学界有关这方面的研究,主要从以下两个方面展开。

一方面,清政府对孔府的优渥政策及具体表现,是学者持续关注的焦点。林永匡分析了清朝皇帝对孔府政治和经济方面的优渥和赏赐事例,以及孔氏贵族地主定期向皇帝和皇室进贡的情况。他认为,与明代相较,清代尊孔崇儒政策所表现出来的政治色彩较经济恩赏的意味更浓,而孔氏贵族地主进贡和迎接皇帝更直接体现了其与最高封建统治者特殊的政治关系。③ 孔祥林考察了孔庙建筑从形成到发展至今的历史过程,指出孔庙的修建是历代封建统治者尊孔思想和活动的反映,孔庙修建史也是中国封建时代尊孔的历史。④ 吴佩林等考察了历代对曲阜孔庙奎文阁的扩修、重建过程及藏书情况,揭示了其所特有的政治功能和文化功能,并认为这是历代统治者尊孔崇儒的缩影。⑤ 蒲凤莲分析了朝廷在差徭方面对孔府的优遇,讨论了孔氏族人、孔府属官、孔府的庙佃户人优免差徭的原因、内容、具体程序,以及孔府与地方政府和中央朝廷在差徭优免中产生的矛盾和冲突。⑥

清帝亲临阙里祭孔和要求衍圣公赴京陪祀,表面上看是清政府优渥孔府的恩荣,实际上暗含丰富的政治意蕴。孔勇认为,清朝以

---

① 何著第 1 章第 2、3 节。
② 段宗国:《清代前期中央政府对衍圣公的政策》,硕士学位论文,南开大学,2010 年,第 17—38 页。
③ 林永匡:《明清两代对孔府的"优渥"事例》,《辽宁师大学报》1984 年第 3 期。
④ 孔祥林:《曲阜孔庙修建述略》,《孔子研究》1986 年第 2 期。
⑤ 吴佩林、吴伟伟:《山东曲阜孔庙奎文阁之建筑、藏书兼及其他》,《中国国家博物馆馆刊》2019 年第 5 期。
⑥ 蒲凤莲:《清中后期孔府免差研究》,硕士学位论文,曲阜师范大学,2021 年,第 40—89 页。

"异族"入主中原，为解决统治合法性的问题，清前期诸帝除贯彻文治策略、切实学习儒家文化外，康熙、乾隆两帝还先后数次亲祭阙里孔庙，在笼络汉人士大夫群体、消弭满汉畛域和华夷界限的同时，还将"道统"与"治统"集于己身，加强了君主集权。① 尽管大多数学者从封建帝王临幸曲阜的朝圣活动来论证皇权对孔府的优遇，②但也有少数学者看到了这种活动的消极作用。郭松义即认为在清帝南巡和临幸阙里时，各级当差官员和大小士绅虽能得到好处，但"对于众多的小民，实在是一件害多益少或有害无益的事。"③ 除在阙里孔庙参与祭孔活动外，康、乾二帝还时常亲至京师太学祭孔，此时孔子嫡裔衍圣公即需前往京师观礼、听讲，扮演了重要的陪祀角色。清廷将衍圣公纳入祭孔仪典，旨在通过其特殊的"圣裔"身份，来宣示礼奉先师、崇儒重道的治国理念，具有深刻的政治和文化意蕴，而衍圣公在观礼、听讲之余，也进一步广布了清廷的文教政策和统治思想。④ 谭越也认为，清政府为将衍圣公纳入其统治秩序，要求衍圣公在袭封谢恩、陪行释奠、皇帝万寿、万国朝贺等场合均需入京朝觐，在新君即位、天子驾崩、太后崩逝、皇帝大婚、皇太后千秋等典礼时，也要驰奔京师侍仪。衍圣公的朝觐实际上显示出清政权塑造圣裔衍圣公为服膺典范进而表率世人归顺服从的政治意图，借以消弭民众尤其是汉族文士的民族情绪，而对衍圣公而言，这既是清政权君恩祖泽赋予圣裔的优渥殊荣，又是其作为臣属服膺政权而应尽的义务。⑤

另一方面，明、清时期封建统治者与孔府及孔氏家族之间的矛盾与冲突也引起了部分学人的兴趣。例如，何著除曾多次论及地方

---

① 孔勇：《论清帝阙里祭孔与清前期统治合法性的确立》，《云南师范大学学报》（哲学社会科学版）2017 年第 5 期。

② 骆承烈：《乾隆时期的衍圣公府》，《社会科学战线》1985 年第 2 期；骆承烈：《也谈"乾隆公主嫁孔府"说》，《齐鲁学刊》1986 年第 2 期；曹亦男、朱福平、赵强：《乾隆皇帝"八临曲阜"》，《中国档案报》2003 年 7 月 25 日，第 T00 版。

③ 郭松义：《曲阜"孔府档案"中记载的乾隆南巡和东巡》，辽宁大学历史文化学院编：《明清史论丛——孙文良教授诞辰七十周年纪念论文集》，辽宁大学出版社 2004 年版，第 624—633 页。

④ 孔勇：《清代皇帝祭孔与衍圣公陪祀之制初探》，《历史档案》2017 年第 1 期。

⑤ 谭越：《清代衍圣公朝觐研究》，硕士学位论文，曲阜师范大学，2016 年，第 37—38 页。

有司与孔府在争夺人口、赋役等方面的冲突外,还在第一章第二节分析了清代曲阜世职知县制度的改革问题。其后,李风清结合吕小鲜整理公布的清宫档案对该问题进行了补充论述,① 而鲁凤则分析了清代曲阜世职知县选任的程序及其选任过程中衍圣公、孔氏族人、地方官员之间的矛盾冲突,并重点从清政府的管理弊端、衍圣公干预县政和孔氏大宗与小宗的矛盾等方面,具体分析了其职最终被废除的原因②。张勇将孔继汾因《孔氏家仪》案遭受最高统治者政治打击的情形一一予以勾稽,并指出孔继汾的遭遇使得孔广森对皇家权威的体认非常人可比,并且深刻影响了其学术思想。③ 孔勇认为,《孔氏家仪》案对于深入理解清前中期的统治理路具有重要意义。清廷为化解因异族身份而带来的统治合法性危机,亟待解决重建礼仪秩序和禁抑地方势力这两大问题,因此,"古礼"与"今俗"之间的礼仪冲突、清廷与孔府之间的官绅矛盾,才是《孔氏家仪》及孔继汾不为当政者所容的根源所在。④

对衍圣公及其属官的讨论,也是政治史研究的重要内容之一。李景明等对清代衍圣公的爵位承袭作过粗浅梳理,⑤ 但缺少对基本史实的考辨和爵位承袭特征的阐发。徐艳认为,衍圣公拥有承奉祀事、统摄宗族、管理林庙、举荐官员、管理圣贤后裔及特定的司法权等多方面的职权。⑥ 孔勇对七十二代衍圣公孔宪培原名是"允宪"还是"宪允"的问题,从清廷文书运行、孔氏宗族行辈及乾隆优礼圣裔等方面进行考订,认为乾隆帝赐名孔宪培并非清廷主动加恩于圣裔,而是由于清廷在与孔府之间的行文往来中误将"孔宪允"写作"孔允宪",故乾隆帝此举事实上起到了纠正此前宫廷诏书误载的作

---

① 李风清:《明清曲阜知县考论》,硕士学位论文,曲阜师范大学,2011年,第9—13页。
② 鲁凤:《〈孔府档案〉所见清代曲阜世职知县的选任与废立》,《文物天地》2021年第5期。
③ 张勇:《孔广森与〈公羊〉家法》,《中国史研究》2007年第4期。
④ 孔勇:《乾隆朝〈孔氏家仪〉禁毁案新探——基于礼仪冲突与官绅矛盾双重视角的研究》,《文史》2017年第4期。
⑤ 李景明、宫云维:《历代孔子嫡裔衍圣公传》,齐鲁书社1993年版,第76—122页。
⑥ 徐艳:《从〈孔子世家文书档案〉看衍圣公职权》,《文物鉴定与鉴赏》2021年第8期。

用。① 冯振亮等对清代衍圣公爵位的性质作了考证，认为衍圣公虽名列《清会典》民世爵制度体系中，但与其他民世爵公爵的爵号、印信、品秩、俸饷和承袭之法相差甚大，其实为冠以"公爵"之名的"世官公爵"，而《清会典》如此"误"载之由，在于明清以来孔子嫡裔所受优渥和儒家思想深入人心遮蔽了衍圣公并非公爵的事实。② 孔勇还考察了清代历代衍圣公的婚姻圈，认为衍圣公家族与其他世家之间建立姻亲关系带有深刻的政治和文化意蕴，包含着对彼此门第、宦绩、政声、家学等因素的多重考量，而这种联姻也使得衍圣公家族的礼教精义得以传播于外，并从其他家族汲取文化滋养，但世家联姻造成的权力倚庇，也深为统治者忌防打压。③

衍圣公具有管辖圣贤奉祀生、孔氏翰林院五经博士、孔府书院学录之责。张钰探讨了清代圣贤奉祀生的选补标准和程序，指出清政府将奉祀生纳入到官方祭祀体系是中央对地方管理增强的表现，而奉祀生制度也使得士人阶层的权力进一步扩张，这对于地方秩序的稳定起到了积极作用。④ 白金川论述了孔氏翰林院五经博士的职责和承袭、告退及选任程序，以及与衍圣公的关系。⑤ 姜修宪等则对孔府书院的学录学官进行了讨论，认为清代孔府书院学录的任免和告退已经形成了一套由孔府、地方州县、朝廷共同参与的相对固化的程序，但这套制度性规定与实际运作过程之间存在较大反差，且其在选授资格、任免流程、任职时间和更迭频率诸方面与其他学官群体差异较大。⑥

（二）租册、账簿类资料与经济史研究

孔府档案中保存的大量长时段、成序列的田庄租粮账册和收支

---

① 孔勇：《乾隆帝赐名衍圣公孔宪培相关史实辨析》，《清史研究》2019 年第 4 期。
② 冯振亮、成积春：《此公非彼公：清代衍圣公爵位辨析》，《孔子研究》2022 年第 2 期。
③ 孔勇：《清代衍圣公世家联姻研究》，《历史档案》2020 年第 2 期。
④ 张钰：《清代圣贤奉祀生选补研究》，《泰山学院学报》2019 年第 5 期。
⑤ 白金川：《清代孔氏翰林院五经博士研究》，硕士学位论文，曲阜师范大学，2021 年，第 14—50 页。
⑥ 姜修宪、袁雨：《有制无规：嘉道以降孔府书院学录选授探研》，《安徽史学》2021 年第 2 期。

账簿，为学人研究土地买卖、地租率、地租形式、亩产量、农业耕作制度及物价等清代经济史问题提供了丰富而翔实可靠材料，学界在这方面取得的研究成果也最为丰硕。

早期利用孔府档案进行经济史研究的大陆学者，最为关注的是孔府的土地制度和租佃关系。大陆学者多倾向于通过谴责孔府的土地兼并和地租剥削，去解释中国传统社会经济结构的变化和揭露地主阶级的反动性。庞朴根据孔府收租账册中的资料，讨论了孔府的土地来源、地租和高利贷剥削方式，并认为孔府曲阜官庄的平均地租率高达收获量的 70%。① 官美蝶进而指出，对地租率的探讨首先应该区分孔府土地的不同种类和性质。比如，孔府与五屯佃户之间的关系，就不是佃户向地主租赁土地并按契约交纳地租的一般主佃关系，而是类似国家政权与编户齐民的关系。② 针对孔府庄园地租率过高的观点，台湾学者赖惠敏提出了新的看法。她认为，孔府庄园中屯、厂的定额租租额略等于政府所征田赋，分成租租额与华北其他地区一样保持在 50% 以上，但因孔府供给佃户一定数量和种类的生产工具，且华北其他地区地租以外的额外劳役和副租负担也不见于孔府。因此，即使孔府存在着高额的地租率，也实在不应以"剥削"称之。③ 最近，张钰撰文指出，孔府佃户需要交纳较高的地租和附加租，以致佃户欠租的事件早在顺治年间即时有发生，到清朝中后期时孔府的租税征收开始显现危机，大量地租无法按时足额上缴，其原因除了佃户负担沉重外，孔府对土地管理不善，也造成了租额缺失。④

对于孔府档案中反映的孔府与庄园佃户之间的租佃关系，郭松义等多数学者认为，孔府租佃制度的变化更多的是受明清以来商品经济发展的影响，由于商品经济的不断冲击，包括孔府在内的贵族

---

① 庞朴：《孔府地租剥削内幕》，《文史哲》1974 年第 1 期。
② 官美蝶：《清代孔府屯地所有权试探》，中国人民大学清史研究所编：《清史研究集》第 5 集，《光明日报》出版社 1986 年版，第 173—193 页。
③ 赖惠敏：《清代山东孔府庄田的研究》，"中央研究院"近代史研究所编：《近代中国农村经济史论文集》，台北："中央研究院"近代史研究所 1989 年版，第 119—160 页。
④ 张钰：《清代孔府地租征收问题研究》，《商丘职业技术学院学报》2019 年第 3 期。

地主庄园内部的农奴制生产方式逐渐为租佃制所替代。① 赖惠敏更是认为，明清时期孔府庄田的租佃关系已经形成了一田二主制，且大规模地征收定额租，这与北方租佃趋势的发展大异其趣。② 最近，杨荷撰文进一步指出，孔府庄园中一田二主制的持续，是"缘于税收制度的不平等，它的存在给承担沉重田赋的农民提供了一种合理的避税手段"。③

此外，谢肇华和何傅滢、李三谋、刘文衡、黄冕堂和官美蝶、袁兆春等学者，也曾就孔府庄田土地的来源、种类、分布、性质、租佃经营，以及孔府的经济剥削情况进行了论述，④ 但无论是研究主旨，还是所得结论，均与何著和齐著的相关内容相差无几。⑤

20世纪90年代后，对经济史的研究开始发生从偏重生产关系到关注生产力的变化，其中又以有关土地亩产量的研究成果较为丰富。黄冕堂利用孔府档案中的租粮册推算了清代孔府庄田的亩产量，并以之估计鲁西南和山东地区的单位面积产量。作者指出，按周年两收的惯例、通上中下三等土地和粗细粮平均计算，每标准亩年产量最好的不足220斤左右，中等收获为170多斤，下等产量为120斤。⑥ 郭松义则认为在鲁西南一带，小麦最高亩产可达到300斤以上，一般100斤上下；谷子和高粱的亩产要高于小麦，前者最高有400多斤，平均130—140斤或140—150斤，而高粱平均应在110—120斤或130—140斤；豆类的产量比不上小麦，平均在五六十斤或六七十斤之间。因此，在山东实行二年三熟制的田地里，大有之年时，上等好地亩产可达3石以上（420—450斤），一般为1.5—2石（210—280斤），中等

---

① 郭松义：《曲阜孔府与明清贵族地主》，中国第一历史档案馆编：《明清档案与历史研究——中国第一历史档案馆六十周年纪念论文集》，中华书局1988年版，第283—297页。
② 赖惠敏：《清代山东孔府庄田的研究》，第119—160页。
③ 杨荷：《作为避税手段的一田二主制》，《经济资料译丛》2013年第4期。
④ 谢肇华、何傅滢：《清代的佃农》，《社会科学辑刊》1991年第1期；李三谋：《清代孔府土地经济形态研究》，《山东师大学报》（社会科学版）1997年第3期；刘文衡：《清代孔府租佃初探》，《农业考古》2012年第1期；袁兆春：《孔氏家族宗族法及其法定特权研究》，博士学位论文，华东政法学院法律系，2005年，第64—92页。
⑤ 见何著第2、3章，齐著第1、3、4、5、6部分。
⑥ 黄冕堂：《清代农田的单位面积产量考辨》，《文史哲》1990年第3期。

田地为1.5石上下（200来斤）；单作制田地多的可达到2石以上，一般1石左右。① 随后便有学者对此质疑，认为上述亩产量数字过高。先是李令福对黄文的估算方法和标准进行纠正，并认为清代前中期孔府田地所在的鲁西南平原粮食单产较高，"一般每市亩生产粮食为上等地200斤，中等地150斤，下等地100斤"，比鲁西北平原一般亩产高一二十斤不等。② 进而，高元杰又对黄、李二文提出异议，认为由于孔府的土地大都集中在河谷的肥沃土地上，因此，他们二人基于孔府档案的研究结果对估计鲁西南乃至山东地区的亩产量仍有稍高之嫌。③ 与大陆学者试图确定一个具体的亩产量数字或范围不同，美国学者赵冈则重在探讨清代土地亩产量的变化趋势。他认为，在顺治以后的二百年间，孔府庄田中无论是分租制还是定额制的征租量，都曾有相当幅度的下降，这说明农田生产力的衰退是一种普遍现象，且不因作物的不同而有异。④ 这与前引郭松义一文所注意到的清后期亩产量下降的现象，也是较为吻合的。

亩产量的研究不能不涉及农业耕作制度和作物种植结构的讨论。大多数学者认为，明清时期山东传统粮食作物种植结构发生了重大变化，表现在小麦、高粱播种面积的增加，粟地位的下降，以及夏播大豆的推广，这种情形进而导致华北地区的复种指数、粮食单产和总产量均有提高。⑤ 只是在作物种植结构变迁的时点判定上，学者之间的看法有些分歧。一些学者认为，在清代孔府的田庄中，已有相当部分土地实行了麦与豆或谷、黍（及高粱）轮作的二年三熟制。⑥ 李令福则进一步将其形成的时间推定在明末清初，并对相应的

---

① 郭松义：《清代山东粮食产量的估算》，蔡美彪主编：《庆祝王钟翰先生八十寿辰学术论文集》，辽宁大学出版社1993年版，第171—182页。
② 李令福：《清代山东省粮食亩产研究》，《中国历史地理论丛》1993年第2期。
③ 高元杰：《明清山东运河区域水环境变迁及其对农业影响研究》，硕士学位论文，聊城大学，2013年，第179—180页。
④ 赵冈：《清中叶以来粮食亩产量之变动》《从曲阜孔府的田产档案看清季山东地区土地生产力之变化》，赵冈编著：《农业经济史论集——产权、人口与农业生产》，中国农业出版社2001年版，第138—148、174—206页；赵冈：《生态变迁的统计分析》，《中国农史》1994年第4期。
⑤ 李令福：《明清山东粮食作物结构的时空特征》，《中国历史地理论丛》1994年第1期。
⑥ 郭松义：《清代山东粮食产量的估算》，第179页。

麦—豆—秋杂（高粱、谷等）轮作形式进行了论述，① 他的这一观点也为许檀所认可。② 至于程方、曲伟强等对山东农业作物种植结构、复种制度变化问题的探讨，与郭、李二人观点大致相同，只是程方在文中强调指出，二年三熟制的发展成熟固然需要小麦种植面积的扩大，但同时又要将其限制在一个合理的范围内（50%—60%左右），否则会影响到复种指数的提高。③

　　发生在孔府庄园佃户之间的土地交易，也颇受学界重视。何著第二章在论述孔府田产的性质、来源和变化时，将佃户之间的土地买卖视为孔府田产失迷的重要原因。与之不同，杨国桢主要着眼于明清孔府庄田的契约关系，最早从孔府土地的买卖和租佃契约入手，来了解明清时期社会经济的变迁，开集中利用孔府档案契约资料进行学术研究之先河。作者专门就孔府祭田和私田买卖和租佃两类契约的形制、内容及其反映的社会经济关系作了较为深入的研究，并指出孔府采用契约价买的形式添置部分祭田和自置田产的契约化，反映了封建社会晚期地主阶级结构的变化和私人地主对贵族地主经济的冲击与影响，而孔府佃户因认退与顶推而引起的佃户阶层分化，则反映了当时一般地主阶级的变化和地权的分化已经渗透到孔府庄田的租佃关系中。④ 最近，姜修宪又先后撰文讨论孔府庄园土地交易中孔府"官中"的选任制度、任职时限和具体职能，土地交易中买卖双方的交易行为特征、第三方群体与交易双方之间的人际关系，以及孔府庄园佃户土地交易的时机选择等问题。⑤ 他特别指出，与徽

---

① 李令福：《论华北平原二年三熟轮作制的形成时间及其作物组合》，《陕西师大学报》（哲学社会科学版）1995 年第 4 期；李令福：《再论华北平原二年三熟轮作复种制形成的时间》，《中国经济史研究》2005 年第 3 期。

② 许檀：《明清时期山东经济的发展》，《中国经济史研究》1995 年第 3 期。

③ 程方：《清代山东农业改制述论》，《齐鲁学刊》2010 年第 3 期；曲伟强：《清前期山东农业经济的若干问题研究》，硕士学位论文，安徽大学，2007 年，第 11—12 页。

④ 杨国桢：《明清孔府佃户的认退与顶推》，《厦门大学学报》（社会科学版）1986 年第 3 期。

⑤ 姜修宪：《〈孔府档案〉所见官中探研》，《中国社会经济史研究》2019 年第 2 期；姜修宪：《近代华北乡村土地交易的参与者及其人际关系——基于孔府魏庄地契的实证分析》，《近代史研究》2020 年第 5 期；姜修宪：《何为"吉日"：晚清民初孔府庄园小农土地买卖的时机选择》，《湖北大学学报》（哲学社会科学版）2022 年第 4 期。

州等地的土地买卖以亲族间交易为主不同，孔府庄园的小农更倾向于在异姓之间进行交易，买卖双方对第三方群体是否存在亲属关系或拥有社会威望等身份性标志，均没有强烈的社会偏好，南方经验抽象出来的"同族为中""亲族代笔""权威见证"等认知，在华北地区的土地交易中缺乏解释力。并且，孔府庄园土地交易年际变化的突变性，深受当地自然灾害的影响，而乡村定期集的开市，则在一定程度上抑制了小农的土地买卖活动。这说明，与江南、闽粤等地的强宗大族控制地方经济不同，孔府庄园所在鲁西南地区乡村土地交易市场的边界，当是人际关系网络和市场交易网络重合交迭的区域。

有关孔府开设集市和钱铺、经营商业和高利贷等活动，在何、齐的著作中已经讨论得相当细致深入了。① 其后，许檀研究了孔府的商业管理制度，指出经过清政府对牙行的整顿后，孔府田庄对牙行经纪的设置与管理也基本上规范化、制度化了，进而利用孔府所设集市中的棉花税资料探讨了明清时期山东地区的商品流通情况。② 此外，侯鹏娟对前人没有注意的有关孔府钱庄放款支持非消费性（即生产性）资金通融的史实进行了深入挖掘。③ 至于其他学者对孔府集市和商业、借贷活动的研究，④ 若与何、齐、许氏论著相比，显然有掠美之感。

与国内的研究不同，日本学者对孔府集市的研究是在乡绅统治论和地域社会论的视角下展开的。山根幸夫讨论了清代曲阜息陬孔

---

① 何著第 5 章、齐著第 7 部分。
② 许檀：《明清时期农村集市的发展》，《中国经济史研究》1997 年第 2 期；许檀：《明清时期山东生产资料市场初探》，《中国经济史研究》1988 年第 4 期。
③ 侯鹏娟：《清代前期北方地区资金市场研究》，硕士学位论文，河北大学，2011 年，第 57—58 页。
④ 朱福平：《孔府老字号"顺兴"钱店》，《中国档案报》2001 年 1 月 5 日，第 008 版；袁兆春：《孔氏家族宗族法及其法定特权研究》，第 92—105 页；袁兆春：《从孔府集市看明清时期鲁西南商品经济》，汪汉卿、王源扩、王继忠主编：《继承与创新——中国法律史学的世纪回顾与展望》（《法律史论丛》第八辑），法律出版社 2001 年版，第 499—514 页；胡广洲：《明清山东商贾精神研究》，博士学位论文，山东大学，2007 年，第 52—69 页；王政莉、朱秀梅：《从孔府档案看清代孔府的屯义集》，《文物天地》2020 年第 5 期；于艳龙：《孔府"顺兴号"钱票历史初探》，《中国钱币》2021 年第 2 期。

府义集设立的纷争过程,并围绕义集的经纪或行头的选用,展示了地方士绅与孔府之间争夺集市控制权的矛盾和斗争。① 最近,前野清太朗在对清代山东郓城地区孔府屯集设立纷争的研究中指出,地方社会中具有"一方之望"的豪民或者自行设立和迁移集市,或者使用暴力取得集市支配权,但只有当他们为作为消费者的地域居民集体谋求利益时,他们对集市支配的权威才被地方社会所认可。因此,集市能否成立和存在,固然是由经济规律所决定,但也深受上述地方乡村社会政治规则的影响。②

此外,还有学者通过孔府档案资料研究清代的粮价和货币问题。黄冕堂的研究发现,山东地区顺治时期粮价不稳定,且偏高,康熙元年以后普遍大幅度下降。③ 张佩国认为,度量衡与币制的紊乱,使孔府对佃户的地租剥削和佃户之间的租佃纠纷造成了很大影响。④

(三) 家训族规、家谱类资料与宗族史研究

学界的研究主要集中在孔氏家族的族权及宗法统治、孔氏族规家训、孔氏继承制度等。在孔氏家族族权及宗法统治研究方面,何著第 7 章专门论述孔氏宗族的组织和衍圣公利用包括谒庙、收族、修谱、制定族规与家法等方式对族众进行族权统治与剥削的情况,可见作者对这一问题的重视。⑤ 此后,学者们又就孔氏宗族的形成与发展过程,孔府族权的等级结构与经济基础,孔府利用族权与政权、夫权和神权的紧密结合以加强对族众和人民的统治与经济剥削等问题,作了论述。学者们普遍认为,孔氏宗族既

---

① 山根幸夫:《清代山東の市集と紳士層 - 曲阜息陬義集を中心として》,《明清華北定期市の研究》,汲古书院 1995 年,第 103—124 页。
② 前野清太朗:《19世紀山東西部の定期市運営をめぐる郷村政治:孔府檔案からの検討》,《中国研究月報》2014 年第 68 卷第 2 期。
③ 黄冕堂:《清代粮食价格问题探轨》,《清史论丛》编委会编:《清史论丛(1994)》,辽宁古籍出版社 1994 年版,第 14—65 页。
④ 张佩国:《近代山东农村土地分配中的度量衡及币制问题》,《中国农史》1998 年第 2 期。
⑤ 何龄修等:《封建贵族大地主的典型——孔府研究》,第 475—541 页。

是封建宗法社会的典型，同时与一般民间宗族相比又具有很大的特殊性。①

在家规族训和孔氏族谱研究方面，张显清等考察了孔氏祖训族规的主要内容、特点和功能，并认为孔氏族规虽有其特殊性，但在约束族人遵守封建国法、维护三纲五常、保证封建政府的赋税剥削等社会功能方面却具有普遍性意义，②吕钢文则认识到孔氏族规在制度层面上创造和维系优秀家风的正面价值和积极意义。③郭松义结合孔府所藏孔氏宗谱论述了孔氏宗族发展及皇帝恩典情况，宗族管理制度，族规家训的内容、性质与作用等问题。④周祚绍探讨了清代孔氏数次修谱的步骤、过程和存在的弊端，指出作为维系血缘关系和加强宗法统治的手段，孔府续修族谱的活动在事实上能够反衬出来孔氏家族内部的阶级关系和贫富之别，其目的在于维护孔氏后裔尊贵的社会地位和壮大封建宗法势力以为封建统治服务。⑤孔勇则认为，清代以前孔氏族谱的编纂重在"考世系，叙尊卑"，以此来表先德而合全族，至清代则变为"锄非种，辨窜冒"，强化内外孔之别和真伪孔之分，但孔氏宗族编纂谱牒的目的不仅仅是为了"昭世统"，还包含了对传续道统的考量和诉求，而衍圣公等孔氏子弟也一直为跻身传道序列而孜孜努力，并通过纂修族谱的方式将此使命逐代延续。⑥吴佩林认为明清时期，朝廷赐孔氏行辈的说法并不可信，他还考察了清代中后期孔氏家族未能修成大谱的原因，认为既是多种合

---

① 鲍雨立：《孔府的族权统治》，《破与立》1974年第4期；骆承烈：《孔府档案在研究族权问题上的价值》，中国档案学会编：《全国第二次档案学术讨论会论文选辑》，档案出版社1985年版，第290—296页；周祚绍：《孔氏族权论略》，《九江师专学报》（哲学社会科学版）1995年第2期。

② 张显清：《封建家法是封建国法的补充——读〈孔氏族规〉》，中国谱牒学研究会编：《谱牒学研究》第1辑，书目文献出版社1989年版，第137—148页；周祚绍：《清代孔氏祖训族规论析》，《民俗研究》1996年第1期。

③ 吕钢文：《从孔府档案看孔氏族规家训的内容与特点》，《孔子研究》1998年第3期。

④ 郭松义：《孔姓家谱和孔氏家族组织——介绍曲阜孔府所藏家谱资料》，中国谱牒学研究会编：《谱牒学研究》第1辑，书目文献出版社1989年版，第195—208页。

⑤ 周祚绍：《修谱：收族的法门——清代孔氏修谱档案论析》，《民俗研究》1994年第3期。

⑥ 孔勇：《"谱身"兼"谱道"：清代衍圣公宗族意识的表达和实践》，《齐鲁学刊》2020年第1期。

力所致，也是孔府内外交困的结果。①

在孔氏继承制度研究方面，邢铁对明清时期孔府的宗祧和家产继承制度进行了深入研究，认为孔府所特有的继承制度是一种金字塔式结构，而这又是专为"维护衍圣公的宗法、政治和经济地位而制订和实行的"。② 袁兆春则仅就孔氏大宗主爵位继承制度作了论述，认为孔氏家族爵位的继承完全以封建宗法继承原则为依据，并以之说明周代形成的宗法对我国社会发展的长期影响。③ 李小标具体研究了孔氏宗族内有关宗祧承继方面的纠纷④，但因所引案例多采自邢铁的著作，故而所得结论也大致相同；孔令秋梳理了明清时期孔府财产收益结构、财产管理制度、支销和继承制度，⑤ 研究资料和所得结论均与何著相差不大。

在孔氏家族群体的学术活动方面，骆承烈、梁方建就由孔府管辖的24所书院的位置、沿革过程及官办性质作了论述，并指出其在书院制度史研究中的重大价值⑥。陈冬冬考察了清代孔氏家族学人的学术活动，并认为孔氏宗族制度、户田制度、职官世爵制度在其中产生了积极的影响。⑦ 赵兴胜则探讨了晚清以来孔氏家族的文化活动，并指出虽然受西方文化传播的影响，孔氏家族的教育和生活方式发生了一些变化，但他们仍更倾向于继承其先辈效忠政府、结交当道的传统方式来维护家族利益、积极宣扬孔子学说和恪守族训遵行礼法。⑧

---

① 吴佩林：《北洋时期孔府奏颁行辈考》，《中国社会经济史研究》2021年第1期；吴佩林、令狐晓潇：《内外交困：清代中后期孔氏家族何以未能修成大谱》，《近代史学刊》第28辑，2022年。
② 邢铁：《明清时期孔府的继承制度》，《历史研究》1995年第6期。
③ 袁兆春：《宗法继承对孔氏家族爵位继承的影响》，《济南大学学报》（综合版）1998年第1期。
④ 李小标：《身份与财产——谱系继替下的清代承继法律文化》，博士学位论文，中国政法大学，2005年，第159页。
⑤ 孔令秋：《明清时期孔府财产制度研究》，硕士学位论文，西南政法大学，2018年，第8—38页。
⑥ 骆承烈、梁方建：《孔府书院及其特点》，《江西教育学院学刊》1987年第1期。
⑦ 陈冬冬：《清代曲阜孔氏家族学术研究》，博士学位论文，华中师范大学，2013年，第24—32页。
⑧ 赵兴胜：《社会变迁与文化选择——近代山东的孔氏家族》，《山东大学学报》（哲学社会科学版）2001年第5期。

（四）日常生活类资料与社会生活史和思想文化史研究

孔府档案中所反映的日常社会生活方面的资料也得到了学者们的关注。在孔府生活消费研究方面，何著、齐著均专门探讨了孔府的衣、食、住、用、娱、丧葬及精神生活，并指出孔府生活消费的寄生性、奢侈性和自给性特征[①]。林永匡详细考察了孔府具体的消费结构，认为其主要包括祭孔和维修三孔的消费、进贡和贿赂各级官僚的消费以及孔府自身生活性消费，并指出正是孔氏贵族地主对佃户残暴的租税剥削和沉重的差役榨取，才使得孔府庞大的政治寄生性消费得以维持[②]。就具体的消费形式来讲，当前的研究主要集中在孔府的饮食生活消费。张廉明较早利用孔府档案中有关烹饪和饮食情形的资料，考察了孔府饮食生活消费品的种类、来源和数量，孔府名菜的原料及制作方法，以及孔府的饮食、厨役制度等[③]。赵荣光等则对衍圣公和孔府的祭祀、宴乐与日常饮食等筵事活动，宴制特点、宴享和肴馔种类，厨作管理制度与宴事管理，以及孔府档案中食事记录的利用价值与中国食文化传承等问题进行了剖析，归纳总结了孔府饮食文化的形成特点、表现及其历史价值[④]。对于孔府和衍圣公的日常娱乐和精神活动，鲁青和赵璧详细考察了衍圣公孔令贻的戏曲娱乐生活，孔府戏班的活动、开支及其盛衰始末等问题[⑤]。徐振贵则进一步指出，孔府豢养的私家戏班，以及衍圣公对戏曲的爱

[①] 何著第6章，齐著第10部分。
[②] 林永匡：《曲阜孔氏贵族地主的反动寄生性消费》，《文史哲》1978年第1期。
[③] 张廉明：《孔府名馔》，山东科学技术出版社1985年版，第2—34页；张廉明：《日食万钱圣公府，稼穑千庄为一家——孔府的饮食消费》，《中国食品》1985年第1期。
[④] 赵荣光：《天下第一家衍圣公府饮食生活》，黑龙江科技出版社1989年版；赵荣光：《天下第一家衍圣公府食单》，黑龙江科技出版社1992年版；赵荣光：《满汉全席源流考述》，昆仑出版社2003年版；赵荣光：《〈衍圣公府档案〉食事研究》，山东画报出版社2007年版；赵荣光：《关于中国食文化研究的几个问题》，《学术界》1994年第5期；赵荣光：《衍圣公府礼食制度研究——基于梳理〈衍圣公府档案〉的认识》，《地域文化研究》2018年第2期；杨宪武：《孔府饮食文化研究》，硕士学位论文，华中师范大学，2012年，第5—27页。
[⑤] 鲁青、赵璧：《孔府的戏曲活动》，中国艺术研究院戏曲研究所《戏曲研究》编辑部编：《戏曲研究》第20辑，文化艺术出版社1986年版，第262—279页。

好和重视，对孔尚任用戏剧形式写作桃花扇有较大影响。① 陈霞详细梳理了清代衍圣公祭祀孔子、管理族人、保举属官、接待宾客、吟诗对唱、酬神赏戏等日常政治、娱乐和精神生活，并认为孔府在面对社会变动中的被动性和封闭性导致其逐渐衰落。② 祭孔乐舞是孔庙释奠礼的重要组成部分和祭孔活动中不可或缺的重要内容。江帆、艾春华不但借助孔府档案中的相关资料，成功复排和指导表演清代祭孔乐舞，而且对祭孔乐舞的内容、渊源、形式及历代发展，历代孔庙雅乐的歌词、曲谱、乐器及舞蹈编排，以及孔庙乐舞生问题进行了缜密考证，其中对孔庙乐舞生来源、选拔、教育的探讨，较前引何著更加细化。③ 最近，孔勇专门考察了家祭的历史内涵、清代衍圣公家祭奉祀的对象和举行家祭活动的空间，指出衍圣公主持的祭祀活动虽然以"家祭"的形式出现，但却带有"朝廷命祀"和"子孙私享"的双重属性，既具有振奋士林、兴起教化之效，又能够起到约戒子弟、敬宗收族的作用。④ 马永等则结合孔府戏班名目和戏箱衣物，梳理了清代衍圣公们的赏戏、演戏活动，以期揭示衍圣公及其家人们在礼法规范之外的文化娱乐生活。⑤

无论是孔府的饮食活动，还是宴乐或祭祀活动，都由专门的依附人户承担。何、齐二著中均对孔府各类依附户的来源、选拔、权利、义务及阶级关系问题进行了论述，还有学人从社会生活史的角度展开分析。张咏春考察了明清两代孔府乐舞生的境遇后指出，乐舞生的待遇水平在明代中后期和清代中后期有下降的趋势。王芹则结合田野调查的成果，对孔府喇叭户的分布与职责、社会和经济地位、家庭教育与技艺传承进行了专题研究，丰富了人们对喇叭户这

---

① 徐振贵：《孔尚任何以要用戏剧形式写作〈桃花扇〉》，《东南大学学报》（哲学社会科学版）2000 年第 4 期。
② 陈霞：《从孔府档案看衍圣公的日常生活及孔府衰落的原因》，硕士学位论文，曲阜师范大学，2016 年，第 16—40 页。
③ 江帆、艾春华：《中国历代孔庙雅乐》，中国国际广播出版社 2001 年版，第 67—226 页。
④ 孔勇：《清代衍圣公家祭研究》，中国社会科学院古代史研究所清史研究室编：《清史论丛》（总第 41 辑），社会科学文献出版社 2021 年版，第 58—80 页。
⑤ 马永、朱长久：《孔府的戏曲活动研究》，《孔子研究》2018 年第 3 期。

一阶层的认识。①

(五) 日常纠纷、诉讼类资料与法律史研究

学者从法制史的角度解析孔府档案的成果出现较晚,且集中在梳理孔府司法制度的内容、特点及其变迁,偏重于对孔氏家法族规及其所反映的继承制度和司法管辖权研究。袁兆春利用孔府档案对孔氏宗族法进行了专门研究。他首先考察了孔氏家族宗族法对封建国家政权的作用问题,认为宗族法既是封建国家法律的补充,又在一定程度上破坏了地方司法的独立发展。②进而,作者又对孔府的宗族管理机构,宗族法的组成、种类、实施情况,以及孔氏宗族法对当时国家政权的影响等问题作了进一步阐述。③此后,法学者们借助孔府档案史料中的刑讼档案史料,对宗族法作为国家正式法律的补充作用进行了多方面的阐述。有的学者考察了宗族法在民间司法调解(处)中的作用。例如,曾宪义等人的研究指出,从孔府档案中记载的民间调解资料来看,当时广泛存在着民间司法调解(处)行为,其范围主要涵盖在分家、立嗣争继、族产纠纷等领域,而甲长、孔氏族人、邻居等则是民间调解(处)的主体。④

孔府司法管辖权问题,也得到了部分学者的关注。徐忠明通过分析孔府档案中有关乾隆三十一年山东邹县一起民事调解案件的法庭笔录,从诉讼策略层面探讨传统中国法律文化中的诉讼艺术。作者从尼山祭田纠纷案中原、被告的陈述和法官重构的事实着手,将日常生活中细民百姓"小事闹大"的诉讼策略和地方有司"大事化小"的司法技艺,放在传统中国的社会经济、政治结构和司法体制

---

① 张咏春:《孔府的乐户和礼乐户》,硕士学位论文,山东师范大学,2005年,第43—50页;王芹:《孔府喇叭户调查研究》,硕士学位论文,山东大学,2006年,第13—24页。
② 袁兆春:《析孔氏家族宗族法对中国封建国家政权的影响》,《政法论丛》1997年第4期。
③ 袁兆春:《孔氏家族宗族法研究》,韩延龙编:《法律史论集》第2卷,法律出版社1999年版,第734—762页。
④ 曾宪义:《关于中国传统调解制度的若干问题研究》,《中国法学》2009年第4期;田平安、王阁:《论清代官批民调及其对现行委托调解的启示》,《现代法学》2012年第4期。

与实践的背景中进行考察，深化了学人对中国传统诉讼制度、诉讼观念与诉讼实践的法律文化研究。① 时光慧通过分析在祭田纠纷审理过程中地方有司与孔府之间的博弈，试图展示清代民事审判的在地化特征。作者认为，在涉及孔府祭田的区域社会中，存在孔府和官府两种不同的司法审判系统，由于孔府祭田和佃户身份的复杂性，不同祭田纠纷的审判过程大相径庭，并在各自的审理过程中体现出清代民事审判的在地化特征。② 与以上的微观研究不同，袁兆春从宏观上考察了孔府档案中体现的中国传统法律文化，③ 肖淑辉则详细分析了衍圣公司法权的管辖对象、运作过程，以及对地方司法活动的干预，并从衍圣公司法审判的流程、依据、原则、效果以及在清代司法体系中的地位等方面，归纳梳理其历史演变特点。④

孔府档案中的经济类资料，同样也引起了法史学者的兴趣。刘高勇分析了孔府庄园土地买卖契约的形制和功能，认为它们与全国各地其他土地买卖契约一样，存在内容上重视卖方、忽视买方和重要内容缺省的特点，而契约中对买主姓名、订立日期及交易金额等重要内容的缺省，实际上起着规避契税和风险的实际功用。⑤ 庞蕾等梳理了孔府集市的设立、种类、管理机制、规模与分布，围绕孔府屯集和义集的集市纠纷分为霸集夺税、私立集市和恶霸闹集三种类型，将清代纠纷的解决区分为诉讼和调解两种不同路径，进而探析孔府与清朝中央和地方官府在其中扮演的角色及发挥的作用，并认为孔府对所属集市的日后发展和整个家族司法的运作，发挥了重要

---

① 徐忠明：《小事闹大与大事化小：解读一份清代民事调解的法庭记录》，《法制与社会发展》2004年第6期。
② 时光慧：《从孔府祭田纠纷看清代民事审判的在地化特征》，硕士学位论文，中国政法大学，2008年，第16—27页。
③ 袁兆春：《曲阜孔府档案中的传统法律文化（论纲）》，载林明、马建红编《中国历史上的法律制度变迁与社会进步》（《法律史论丛》第十辑），山东大学出版社2004年版，第96—114页。
④ 肖淑辉：《清代衍圣公司法权研究》，硕士学位论文，山东大学，2017年。
⑤ 刘高勇：《功能决定形式——对清代买卖契约内容特点的解读》，《韩山师范学院学报》2008年第4期。

作用。① 李倩利用现代的物权概念分析了孔府祀田（祭田）、学田和例地这三种类型土地物权的取得、处分，以及基于土地物权的权利义务关系，认为孔府对祀田（祭田）和学田仅拥有有限制的土地所有权，主要享有的是部分收益权，而孔府对例地享有较为完整的所有权。②

（六）档案文书及其他方面的研究

除上所论外，学界还从其他角度出发，充分利用孔府档案中的相关资料开展学术研究工作，还有一些需要依赖孔府档案进行究元、决疑的研究，也体现了孔府档案研究的成果。孔府档案不但数量庞大，而且档案形式也是多种多样，如公文类中的奏折、题本、咨文、手本、火票、拘票、揭帖，等等。③因此，几乎在史学家利用孔府档案进行学术研究的同时，档案学者也注意到了这批珍贵文献。史正就平常少见而又大量存于孔府档案中的勘合、批廻、劄付、诏书、鸡毛报、排单6类档案文书的含义、形制、使用场合等一一作了论述。④ 赵践对《孔府档案选编》及其他档案文献出版物中对旧式公文的标点、转达中所存在的不当之处进行了剖析和说明。⑤ 张我德以《曲阜孔府档案史料选编》中所收的稿本为例，对行文中的一些特殊符号和惯例进行了讲解，便于后人在整理和利用这类文件时参考。⑥ 赵延芳就孔府档案中存在的"牌"和"票"进行考察，认为它们都是清代的法定正式下行性公文，虽然性质略异，但因使用范围十分

---

① 庞蕾：《孔府档案所见清代集市案研究——以雍正至光绪时期为例》，硕士学位论文，华东政法大学，2021年，第25—43页；庞蕾、袁兆春：《由〈孔府档案〉看孔府内部的集市管理机制》，《荆楚学术》2020年2月号；庞蕾：《清代孔府集市纠纷解决路径探析》，《法律文化周刊》2022年4月22日，第5版。
② 李倩：《〈孔府档案〉中所载清代土地物权考论》，《泸州职业技术学院学报》2016年第2期。
③ 杨志云、郑长新、段德兴：《清代孔府档案的公文种类及功用》，《天津档案》2004年第5期。
④ 史正：《介绍"衍圣公府"档案文件的部分名称》，《档案工作》1961年第3期。
⑤ 赵践：《旧式公文标点转达问题札记》，《山西档案》1986年第2期。
⑥ 张我德：《清代的稿本文件》，《档案学通讯》1989年第6期。

210 / 清代地方档案的保存、整理与研究

广泛,实际生活中人们往往"牌""票"不分,或者把二者并提,通称为"牌票"。① 王金玉还通过对孔府档案最初分类情况的介绍,推断"千文架阁法"应该自宋代起到近代一直被应用于档案管理工作。② 霍俊国考察了明清孔府档案的文学书写,认为孔府档案中的部分记言叙事具有较强的主观意向,因之带有较强的文学色彩,并深受当时小说、戏剧的影响。③ 徐复岭从文字学的角度解读了孔府典地契约中的"查"字,认为出典人在议定期限内以钱赎回原物,或其他人从当铺里买回这类过期未能取赎的处理物品,都可称为"查"。④ 此外,郭道扬从会计学的角度,对清至民国时期孔府账房和司房的记账清册进行了研究,⑤ 杨春友则从审计学的视角,论述了孔府审计的机构、类型、内容、目的和审计结果的处置等相关问题。⑥

结　　语

回顾百年来的孔府档案整理,既有可喜成果,又充满了艰辛与曲折。若以史为镜,其中损益,至少有四点值得我们注意:

1. 六个阶段中,实质性的档案整理不多。严格意义上讲,档案整理是指按照一定原则对档案实体进行系统分类、组合、排列、编号和基本编目,使之有序化的过程。而细观六个阶段的整理,第一阶段只能算是数量上的清理;第二阶段国家文物局派单士元等人到曲阜对孔府档案展开的为期一周的除尘、折叠、包扎、分类工作,也算不上实质性的整理;第三阶段中,中国科学院对孔府档案的整理所做的工作是档案摘抄,不涉及档案的编号、编目等整理环节。

---

① 赵延芳:《从〈红楼梦〉的"牌票"考析清代文书》,《上海档案》2000年第1期。
② 王金玉:《"千文架阁法"在近代的应用》,《档案管理》1995年第5期。
③ 霍俊国:《明清孔府档案的文学书写》,《光明日报》2020年5月16日,第11版。
④ 徐复岭:《查字别义》,《古汉语研究》1999年第3期。
⑤ 郭道扬:《中国会计史稿》(下册),中国财政经济出版社1988年版,第586—601页。
⑥ 杨春友:《衍圣公府的审计》,《中国审计》2000年第12期。

真正算得上档案整理的主要有第二阶段南京档案整理处的整理、曲阜文管所在此之后历次按整理规范进行的档案整理、第六阶段曲阜市文物局与曲阜师范大学合作开展的整理。客观而言，每个阶段皆有其贡献，但每个阶段皆有其缺陷与问题。

2. 百年来，孔府档案的整理受到党和国家领导人以及文化部、山东省委宣传部等重要部门的重视，显示出它与一般地方文献所不一样的特征。不仅如此，档案的整理还得到南京档案史料整理处、国家图书馆出版社等部门，以及单士元、杨向奎、任继愈、郭松义等一批专家学者的指导，积累了一些重要的经验，如"原包原捆，秤不离砣"，"片纸不丢，只字不损"，"以案卷为单位，按'件'整理"，"文件题名撰写基本要素须完备"，"原色影印出版"，这对于其他档案的保存、整理和出版都有重要的指导意义。

3. 整理充满了艰辛与曲折。一方面，几乎每一次整理都与历史上一些重要事件相关，比如第二阶段的整理与土地改革有关，第四阶段的整理与"文化大革命"时期批林批孔有关，第五阶段的整理与改革开放有关，第六阶段的整理与弘扬中华优秀传统文化有关；另一方面，整理不尽如人意。孔府档案的数量，加上散档，不过30万件，但整理却花了近百年的时间，期间基于经费、人力、技术、人祸（"文化大革命"）等不同的原因，走走停停，特别是在2018年之后，在技术、人力、经费等各方面都成熟的情况下，特别是在国家大力倡导弘扬中华优秀传统文化的大趋势下，孔子博物馆[①]与曲阜师范大学的合作时断时续，不得不说是一件非常遗憾的事。

4. 加强孔府档案的整理、出版势在必行，相关部门当解放思想，顺势而为。近些年来，党中央、国务院高度重视文物保护和中华优秀传统文化的传承，习近平总书记多次作出重要指示。时至今

---

① 曲阜市孔子博物馆的前身是孔子博物院，孔子博物院即是曲阜市文物管理委员会，所以历史渊源比较久。现在的孔子博物馆，2016年9月设立（隶属于曲阜市文物局，2018年1月后隶属于山东省文物局和山东省文化和旅游厅）。2018年11月26日建成试运行，2019年9月6日正式开馆。先前，孔府档案一直属于曲阜市文物管理委员会（孔子博物院）管理，孔子博物馆设立后，孔府文物档案馆整体划入孔子博物馆，孔府档案自然也一同归入孔子博物馆管理。

日，清代南部档案、巴县档案、冕宁档案等一大批衙门档案已全部或陆续出版，大量的民间文献，如徽州文书、清水江文书也呈井喷式的刊布，并由此推出了一批具有中国特色、中国风格、中国气派的精品力作。而孔府档案的研究之所以一直处于低迷状态，它的不出版、不开放是一个重要原因。对此，中国社会科学院荣誉学部委员郭松义教授曾不止一次地感叹，"孔府档案的内容实在丰富，冷落它真是可惜"！

而就其研究而言，本章第三节，我们就国内外有关孔府档案整理与研究的大致脉络、主要内容和基本观点进行了简要回顾和扼要说明。文中所论当然不可能囊括现有的全部学术研究成果，挂一漏万处在所难免。不过，就目前主要的整理和研究成果来看，虽然学界在这一领域整理了一批史料，开展了若干研究，取得了可喜的成绩，但有待进一步探索的问题还很多。

孔府档案整理与研究的起步虽早，但后续发展呈现明显的阶段性、不连贯的特点，并且无论是研究成果的数量和质量，还是研究问题的方法和手段，抑或是研究视角和问题意识，都有待改进。多数论著仍以历史学的研究方法进行定性分析和描述性论述，计量分析、田野调查和跨学科分析近于空白，且资料运用主要集中在宗族、刑讼、租税、祀典类档案，而对袭封、朝廷政治、庶务、文书类中的礼俗、科举、官制资料关注不够，对有关政治、文化、民俗、制度和地方性知识的研究相对苍白，至于利用家谱、气候资料进行人口、婚姻、生态、环境的研究，更是付之阙如。同时，严谨治学态度的缺失，导致重复研究过多，高质量、具有前瞻性的成果并不多见。

温故而知新，鉴往而知来。今后需要坚持全局的、整体的、综合的观念，加强孔府档案的整理和研究力度。迄今整理公布的孔府档案数量还很少，清代时期的大量档案资料仍被深藏馆阁，秘不示人，以致学人难窥真貌，这十分不利于促进中国学术的发展。因此，孔府档案的保护与研究作为一个系统工程，要本着求真、求全、求新、求用的原则，抢救性保护与合理性利用兼顾。同时，要秉持开放、多元化、国际化的理念，加强跨学科的合作研究和多区域的比较研究。

孔府档案既是官方档案又是民间文书的独特性质，以及数量庞大、内容丰富、涵盖时间长的整体特点，决定了这种研究模式的可能性和可行性。因此，一方面，加强与其他学科的交流和对话，借鉴其他学科的研究方法和成熟经验，重视其他学科的问题意识和研究动态，在当下显得尤为迫切和紧要。当下的孔府档案研究，除与法学的合作研究有待真正展开并进一步深入外，还应积极主动地吸纳、消化和扬弃来自社会学、文化人类学、语料库语言学、传播学、经济学、民俗学等相关学科的分析工具。如孔府档案所存契约文书之于法学、经济学、社会学，告示公文之于法学、传播学、语言文字学，都是开展交叉合作研究的宝库。另一方面，加强孔府档案与明清时期全国其他地区的官方档案或民间文书的比较研究，是将来开阔学术视野、扩充研究内容、扩展研究方向、拓宽研究视角的不二法门。无论是已经开展多年，且业已形成研究范式的有关徽州文书、福建契约、巴县档案、宝坻档案和淡新档案等的研究成果，还是当前进行得如火如荼的关于南部档案、清水江文书和石仓文书等的研究课题，我们都应持续关注并及时跟进。比如，以上档案文书研究中所显现出来的"在地化"研究、语料学研究、俗字研究、告示研究等等，都是当前孔府档案研究中的空白和值得借鉴之处。总之，随着全球化时代的到来，以及我国综合国力和国际地位的不断提升，鉴于孔府档案研究国际化进程明显滞后，在加强与国外学界交流的同时，要始终坚持走学术研究的本土化道路，将孔府档案的整理与研究持续推进。

第六章　清代直隶获鹿县档案的保存、整理与研究

近几十年来清代地方档案如台湾淡新档案，顺天府宝坻档案，直隶正定府获鹿县档案，四川巴县档案、南部县档案、冕宁县档案、浙江龙泉档案、黄岩档案等陆续被发掘并用于历史研究，取得了一系列成果，利用民国、中华人民共和国时期地方档案也渐成风气。一些地方档案被反复利用，不再以新材料示人，以此为基础探讨的问题越来越多，相关结论逐渐达成共识，利用地方档案进行学术研究的创新难度在增加，某种程度上形成了瓶颈。另外，"档案的虚构"成为利用地方档案进行学术研究不得不面对的问题。为了发掘新的地方档案，推进利用地方档案的学术研究更加深入、更有新意，当反思地方档案的保存、整理与研究。尚无专门论文围绕获鹿县清代档案讨论地方档案与学术研究的推进，本章即清理基于清代获鹿县档案的文献，勾勒获鹿县档案为基础的研究之系谱，反思地方档案如何嵌入学术脉络。

一　获鹿县档案的保存与整理

获鹿县在禹贡时为冀州之城。周时属并州。战国始名石邑，属中山国。秦属巨鹿郡。西汉名石邑县，属常山郡。隋开皇六年，隶恒山郡，开皇十六年，曾析置鹿泉县，隶并州，大业初复撤，义宁间复置。唐天宝十五年改名获鹿县。金兴定三年，升镇宁州。元初

改称西宁州，不久复称获鹿县，隶正定路。明、清隶正定府。1949年中华人民共和国成立后，获鹿县属石家庄专区。1994年，撤销获鹿县，设立鹿泉市，2014年，撤市设区，设立石家庄市鹿泉区。

学术界广泛利用的获鹿县清代档案几经辗转，现藏于在河北省档案馆。截至2013年，河北省档案馆藏清代档案6132卷，有少部分是1960年4月从中国科学院图书馆接收进馆的，大部分是1984年由北京市档案馆移交的。河北省档案馆所藏清代获鹿县档案多由北京市档案馆移交。1980年代初期学者利用的清代获鹿县档案主要为北京市档案馆所藏，一些学者曾协助北京市档案馆对清代获鹿县档案进行过整理。

1996年河北省档案馆对馆藏清代零散档案进行了整理。当时，河北省档案馆所藏清代零散档案有清朝朝廷直接下发的，有直隶省级的、府级的、县级的，还有外省的。这些档案最突出的问题是档案的来源不清楚，不同机关、团体形成的档案混淆在一起。档案馆整理时首先将不同作者形成的文件区分开来。接着确定重点，制发文件多的作者初步选定为立档单位。这些零散档案以县级档案数量较多，于是将档案数量较多的县初步作为一个立档单位，其制发的文件作为全宗档案的雏形。再以文件办理过程的走向为线索，酌情确定文件的归属，将联系紧密的文件最大限度地集中起来。如临榆县和获鹿县的档案较多，就以该县的档案作为基础，凡上级、同级、下级发至该县的文件都归该县立卷，而不归其上级、同级或下级发文单位立卷。经过归并，获鹿县立档单位的档案达到1853卷，临榆县立档单位的档案达到1254卷。最后确立全宗或档案汇集，对于一个单位形成档案数量较多的，原则上立为一个全宗。但是如果原归档全宗已有此类档案的，则将其与原归档全宗统一组成一个全宗，仍用原来的全宗号。如对获鹿县档案1853卷，临榆县档案1254卷，栾城县档案7卷，分别与原归档的《获鹿县清代档案汇集》（655号全宗）、《临榆县清代档案汇集》（657号全宗）、《栾城县清代档案汇集》（659 号全宗）合并统一管理，不再立新全宗。①

经过这次整理，获鹿县档案更为集中。整理后的《获鹿县清代档案汇集》更能反映获鹿县职权与活动较完整的情况，最大限度地体现历史文件的有机联系。档案的相对集中使支离破碎的档案信息集中起来，趋于完善，便于历史问题的研究。这样既符合档案按全宗管理的原则，又便于档案信息的开发利用。②

清代、民国时期的获鹿县档案上起 1706 年，下至 1941 年，分为《获鹿县清代档案汇集》和《获鹿县民国档案汇集》，共计 5664 卷。《获鹿县清代档案汇集》共 1909 卷，档案起止时间为康熙四十五年至宣统三年（1706—1911 年）。

《获鹿县清代档案汇集》档案主要内容包括征收租银和工食粮发放，③ 条例与章程，④ 生产与经济状况，⑤ 政治、司法、礼仪等等。⑥ 其中的《清代获鹿县永壁村保甲册》2002 年入选第一批《中国档案

---

① 王永煜：《清代零散档案全宗的划分》，《中国档案》1999 年第 8 期。
② 王永煜：《清代零散档案全宗的划分》，《中国档案》1999 年第 8 期。
③ 如获鹿县郑家庄社、任村社、太平庄社等甲社丁粮审册、编审册、征粮册、安租流水簿、安租花名号簿、壮丁征租簿、征收牙帖税银簿；获鹿县代征安肃县租银征解数目开造册；安肃县日报簿；正定县移催滹沱桥工银两；临榆县征收解支正杂各款四柱册稿，征银流水簿，交钱粮正耗银登记册；正定府申停征钱粮册；《清苑原差比簿》，田房税银册，《官库收银簿》、《本府（正定府）转申各宪代征安肃县租银奏销册札》（康熙五十九年二月）；山海关都统、协领等人俸银册，贫民支发钱米奏销册，临榆县支出官员俸银及工食银等费用登记册，《各役工食粮》，《文武官员纳粮银数额标准》。
④ 《直隶清赋例章》（光绪十五年），《藩宪颁发税契告示张贴处所卷》，《约章成案汇览乙篇（章程：铁路门）》（卷三十七），《直省劝捐积谷章程》，《府宪转蒙藩道宪蒙督宪批据临城矿务局委员禀请在临内明定章程卷》，《藩宪颁发旗租税契告示章程》，《藩宪札发田房税契章程》，《农商部奏定工会简明章程》（宣统三年正月颁行），《督院运司札饬自本年秋关起直岸引盐每斤加价四文告示卷》（获鹿县户南科光绪二十八年八月二十日），《直隶全省印花税务告示》（宣统元年），《奏定研究印花税办法酌拟税则章程折》，《钦命署理直隶提学使司提学使卢扎饬高等小学堂考试毕业给奖励办法卷》（光绪三十四年七月二十三日），《藩宪札发田房税契章程卷》（宣统元年），获鹿县正堂教育事项谕文。
⑤ 如禁止私售矿地矿山，《石家庄绅董于德元等禀请承充正太铁路脚行卷》（光绪三十三年二月初一日），《获鹿县城乡积谷总册》，《获鹿县四路各村呈报骡子与车辆册》，《社甲花各册》，《辛字柜串票》，《柜银流水簿》，《烟户册》，《户口册》，《保甲册》等。
⑥ 如民事案件档案，《刑房稿簿》，《官媒名册》，童生考试，《从九品姓名、年貌、籍贯册》（道光七年六月），移查廪生有无空缺，《历年致祭孤魂卷》，大兴县有关人的典房契约，民间置买地亩过割等。

文献遗产名录》。

河北省档案馆所藏清代档案中数量较多，时间跨度较大，涉及面较广、内容连续性较强的是获鹿县档案。迄今为止，已发现一些清代县级档案，亦有不少民国时期县级档案被用于学术研究，所利用的民国时期县级档案大多数是1930年代和1940年代的，常缺北洋时期的。同一个县的档案涵盖清代和民国的并不多。获鹿县档案与四川南部县档案、冕宁县档案，浙江龙泉档案一样，清代和民国时期的档案都有保存，为研究清代民国历史的延续与变迁提供了绝好的材料。因此，本章主要分析基于获鹿县清代档案的研究成果，涉及获鹿县民国档案的研究也纳入探讨范围。

二 20世纪80年代以来的研究

（一）1980年代至90年代初的研究

20世纪80年代初，学界就开始关注清代获鹿县档案，并有学者利用获鹿县档案展开学术研究。当时，清代获鹿县档案大部分还藏于北京市档案馆。

韦庆远是较早呼吁利用清代获鹿县档案的学者。1979年11月，中国人民大学档案系副教授韦庆远在广东省档案工作会议上作了发言，后以文章《做好历史档案工作为四化作出积极的贡献》发表在《档案学通讯》1980年第2期。① 该文提及一些档案，但其中尚无获鹿县档案。1981年，韦庆远在《历史档案》上发表《明清史研究与明清档案》一文，他注意到，"清代直隶正定府获鹿县的《编审文册》，是一套比较具体地记载该县土地占有、变动和田赋丁银负担情况的系统资料"。② 基本可以确定，1980年代初清代获鹿县档案才开

---

① 韦庆远：《做好历史档案工作为四化作出积极的贡献》，《档案学通讯》1980年第2期。"此文原是中国人民大学档案系副教授韦庆远同志在一九七九年十一月广东省档案工作会议上的发言记录稿，是广东省档案局根据录音整理的。本刊发表时略有删节，并请作者作了订正。"

② 韦庆远：《明清史研究与明清档案》，《历史档案》1981年第2期。

始进入学者文章。1983年，韦庆远在浙江省档案学会举办的报告会上谈到利用地方档案时再次提及获鹿县档案，"还发现了直隶正定府获鹿县的户口赋税册，有一千多本，对研究赋税、户口制度非常重要"。①

江太新是较早在北京市档案馆收集"清代获鹿县档案"的学者，曾带领几位年轻学者查阅该档一年之久。1982年，江太新在《历史研究》上所发表的论文《清初垦荒政策及地权分配情况的考察》讨论有关地权分配的问题时利用了《获鹿县编审册》等材料。该文是较早利用清代获鹿县档案进行学术研究的成果。江太新通过分析《获鹿县编审册》得出结论：从康熙四十五年（1706）至乾隆元年（1736）经过几十年的发展，部分农民卖地破产，下降为少地户或无地户；一部分农民则在兼并过程中上升为富裕户，甚至有的上升到地主行列。土地集中的趋势很显著。②

《清初垦荒政策及地权分配情况的考察》仅有部分内容涉及清代获鹿县档案。1984年一些研究成果开始出现了完全以清代获鹿县档案为主体材料，而且在论文题目中出现了"获鹿县编审册"、"以获鹿县为例"等字样。1984年，潘喆、唐世儒所撰《获鹿县编审册初步研究》与史志宏所撰《从获鹿县审册看清代前期的土地集中和摊丁入地改革》就是这样的文章。③获鹿县编审册是残存的该县户房档中的一种，当时藏于北京市档案局。唐世儒等在协同该局清理之后，据编审册所载土地及丁银，陆续作了若干抄录和统计，取得了一批数据，于是撰写《获鹿县编审册初步研究》分析了编审册以及这些数据所反映的有关该县土地的分配、丁银的负担和实际耕地面积等问题。史志宏的研究也以获鹿县审册为中心。该审册约有数百册，但能够辨识年代及所属社、甲的二百余册，记录获鹿县一百三十多

---

① 韦庆远：《谈谈怎样在历史研究中利用历史档案的问题》，《浙江档案》1983年第1期。
② 江太新：《清初垦荒政策及地权分配情况的考察》，《历史研究》1982年第5期。
③ 潘喆、唐世儒：《获鹿县编审册初步研究》，《清史研究集》第3辑，四川人民出版社1984年版；史志宏：《从获鹿县审册看清代前期的土地集中和摊丁入地改革》，《河北大学学报》1984年第1期。

第六章　清代直隶获鹿县档案的保存、整理与研究　/　219

个甲从康熙四十五年（1706）到乾隆三十六年（1771）历次编审人丁、丁银、土地、粮地等情况。史志宏利用这些资料研究了清前期的土地集中状况和摊丁入地改革。1985年江太新开始发表专门研究清代直隶的文章——《清代前期直隶获鹿县土地关系的变化及其对社会经济发展的影响》。①江太新利用获鹿县的编审册，对康雍乾时期的地权分配状况、土地占有关系变化和摊丁入地对社会经济发展的影响三个方面进行分析。他得出结论，清代前期获鹿县是一个小农所有制占据统治地位的县份；雍正、乾隆期间，占地一百亩以上富裕农民及庶民地主逐渐增长，并突破绅衿地主垄断地位，成为农业经济上一支新军。这种发展变化，对迅速恢复由于明末清初战争及灾荒所造成的创伤，有很大影响。同时对农业资本主义萌芽发生、发展也创造良好条件。②

这些以清代获鹿县档案为资料的文章很快引起了学界的关注。1983年，方行在《论清代前期地主制经济的发展》一文中用江太新根据清代直隶获鹿县档案资料计算的数据来证明清代前期庶民地主和中小地主的大量发展。③1986年，黄希源在《中国近现代农业经济史》一书中，引用方行上述看法来论证部分佃农在法律上的地位有所提高，封建依附关系的继续减弱。④可见，江太新根据清代直隶获鹿县档案所做研究直接影响了方行的《论清代前期地主制经济的发展》，间接影响了黄希源的《中国近现代农业经济史》。1986年，李文治通过明清时代封建土地关系的松解来讨论中国封建社会后期的划分标志。文中关于北方地权分配问题，李文治认为，康熙四十

---

① 江太新：《清代前期直隶获鹿县土地关系的变化及其对社会经济发展的影响》，《平准学刊》第1辑，中国商业出版社1985年版。
② 江太新：《清代前期直隶获鹿县土地关系的变化及其对社会经济发展的影响》，《平准学刊》第1辑，中国商业出版社1985年版。
③ 方行：《论清代前期地主制经济的发展》，《中国史研究》1983年第2期。方行所用数据在江太新的《清代前期直隶获鹿县土地关系的变化及其对社会经济发展的影响》一文中。值得注意的是，《论清代前期地主制经济的发展》发表时，江太新的《清代前期直隶获鹿县土地关系的变化及其对社会经济发展的影响》还没有发表，方行与江太新都在经济研究所工作，很可能方行知道江太新的研究进展。
④ 黄希源：《中国近现代农业经济史》，河南人民出版社1986年版，第89页。

五年编制的直隶《获鹿县编审册》提供了比较可靠的数据。根据这个编审册，地主占地最高不超过30%，自耕农和半自耕农所占耕地约占70%。获鹿县的户口、耕地统计，户数较多，关于地权分配状况，在当时直隶中部某些州县具有代表性。这里土地兼并与地权集中是在乾隆以后出现的。① 该文所用获鹿县资料由江太新、肖平搜集加工整理的。可见，李文治的论述很关注江太新等人基于获鹿县档案的研究成果。②

1985年，叶显恩在《〈明清广东社会经济研究〉序》中引用了《获鹿县编审册初步研究》来评论片山刚的论文。③ 片山刚认为，"在图甲制中总户、子户是指一个宗族或一个支派的课税单位，总户已成为制度化的赋税催征者，总户名称可历数百年而不变；个体的小土地所有者是作为子户之下的丁而存在的，总户向子户、丁催征钱粮，并负责向官府交纳；没有设总户的宗族便作为下户附属于那有总户的同族之下；土地的转移只向宗族报告取得确认即可，不必向官府缴纳税契银，办理过割手续。"叶显恩引用《获鹿县编审册初步研究》对片山刚的观点进行评论，"片山刚文中提出的问题，未必是珠江三角洲地区所仅有。河北获鹿县在清代就存在编审册上的户系指一宗族或一支派的情况。"④ 1986年，片山刚发表《明清时代的王朝统治与民间社会——关于两者接点的户之问题》对叶显恩的上述评论进行回应。⑤

之后30多年里，江太新、潘喆、唐世儒等基于获鹿县档案的研究成果频频被经济史学界的论著所引用，产生了广泛的影响。

---

① 李文治：《论中国封建社会后期的划分标志——明清时代封建土地关系的松解》，《中国经济史研究》1986年第4期。
② 李文治是江太新在经济研究所的指导老师。
③ 叶显恩：《〈明清广东社会经济研究〉序》，《中国社会经济史研究》1985年第3期。
④ 潘喆、唐世儒：《获鹿县编审册初步研究》，《清史研究集》第3辑，四川人民出版社1984年版。
⑤ ［日］片山刚：《明清时代的王朝统治与民间社会——关于两者接点的户之问题》，《广州研究》1986年第6期。

20世纪90年代初，江太新再次利用清代获鹿县档案研究庶民地主和获鹿县人口。《从清代获鹿县档案看庶民地主的发展》以获鹿县档案为中心，探讨了庶民地主在清代的发展，并指出了庶民地主发展的原因、途径及对社会经济发展的影响。① 获鹿县的人口资料散布在嘉庆、道光、咸丰、同治四朝户口册、挨门册、门户册、烟户册、人丁册、丁册、环册、循册、保甲册、循环册、户口簿、烟户丁口、行粮册等102本册籍上。江太新利用这些获鹿县档案撰写了《清代获鹿县人口试探》。江太新通过清代获鹿县人口问题的研究指出，由于清代生产力水平仍低，科学技术又不很发达，人民所依赖的生活资料再生产条件还是取决于耕地数量多少。但，经过祖祖辈辈的开垦，所剩的可以开垦的土地已不多，这就限制了人口增长的速度。在估算清代人口自然增长率时，就不能作过高估计，应留有余地。此外，在估计清代人口时，不要只看到人口增长率高的一些地区，从而忽视人口增长率低的或超低水平增长的县份，唯有占据各类数据时，才能比较恰如其分地估算出清代人口数字。②

除了上述基于获鹿县档案所进行的经济史方面研究，20世纪80年代后期开启了利用获鹿县档案研究法制史。郑秦曾师从韦庆远学习中国政治制度史，对"获鹿县档案"有一定了解。1987年，倪正茂、郑秦等学者出版了《中华法苑四千年》一书，其中的"诉讼制度篇"由郑秦主编。在"诉讼制度篇"里，郑秦指出，清代档案上看到，绝大多数案件的"判词"都只有十几个字，甚至几个字，除《顺天府档案》外，《获鹿县档案》、《巴县档案》、《泰州档案》中的判词形式也都类似。③ 郑秦在这本书里已经提及用获鹿县档案研究判词。次年，郑秦出版的《清代司法审判制度研究》一书中使用了

---

① 江太新：《从清代获鹿县档案看庶民地主的发展》，《中国社会经济史研究》1991年第1期。
② 江太新：《清代获鹿县人口试探》，《中国经济史研究》1991年第2期。
③ 倪正茂等：《中华法苑四千年》，群众出版社1987年版，第340页。

"获鹿县档案"。他用"获鹿县档案"分析了衙役、① 判词、② 官代书等。③

(二) 1990 年代后期至今的研究

20 世纪 80 年及 90 年代初,利用"清代获鹿县档案"研究清代的经济与法律取得不少成果,不过之后数年相关研究一度沉寂。直到 20 世纪 90 年代后期,利用"清代民国获鹿县档案"研究华北乡村社会与国家再掀高潮。特别是进入 21 世纪后,基于"清代民国获鹿县档案"完成了数篇博士和硕士学位论文,一些作者围绕博士和硕士学位论文发表了若干论著。之前江太新等学者利用的清代获鹿县档案还存放在北京市档案馆,20 世纪 90 年代之后李怀印等学者利用的获鹿县档案已经由北京市档案馆等处移交到河北省档案馆了。江太新等学者主要利用清代获鹿县档案的编审册等。李怀印等学者或用获鹿县档案的清代民国部分,或用民国部分。李怀印等学者比较关注档案中基层行政管理的各方面,包括各村田赋、差徭、兵差及契税的征收、黑地调查、村级行政人员选任以及兴办新式学堂的具体活动。李怀印及之后介入利用获鹿县档案的学者研究近代政治、法律、社会变迁的居多。

李怀印 1994 年到 1996 年利用暑假,连续走访了中国北部、东南、西南部许多县的档案馆,大约就是这个时期他查阅了河北省档案馆所藏获鹿县档案。李怀印利用"清代民国获鹿县档案"进行学术研究的成果主要有三篇论文和一本书。三篇论文是 1999 年在《二十一世纪》上发表的《二十世纪早期华北乡村的话语与权力》④、

---

① 郑秦:《清代司法审判制度研究》,湖南教育出版社 1988 年版,第 138 页。乾隆四十年正月二十五日直隶省获鹿县马快头董大贵一次就呈准保举 11 人当马快。
② 郑秦:《清代司法审判制度研究》,湖南教育出版社 1988 年版,第 214 页。
③ 郑秦:《清代司法审判制度研究》,湖南教育出版社 1988 年版,第 240 页。现存《顺天府档案》、《获鹿县档案》中的呈词、诉状及保状、甘结基本上均出自官代书之手。
④ 李怀印:《二十世纪早期华北乡村的话语与权力》,《二十一世纪》1999 年第 10 月号。

2001年在《历史研究》上刊载的《晚清及民国时期华北村庄中的乡地制——以河北获鹿县为例》,① 2003年在《中国乡村研究》上发表的《中国乡村治理之传统形式:河北省获鹿县之实例》。② 另外,李怀印还在2002年举办的"国家、地方、民众的互动与社会变迁"国际学术研讨会暨第九届中国社会史年会上报告了论文《乡村中国的权力、冲突与合法性——二十世纪一二十年代获鹿县的村长选举纠纷》。③ 2008年出版了《华北村治:晚清和民国时期的国家与乡村》的中文版,该书是作者博士学位论文历时数年修改而成。④

李怀印主要研究传统的乡村治理实践和20世纪早期的新式村政建设。基于获鹿县档案的研究,李怀印提出了以下新看法。其一,通过对获鹿乡村基层日常税收和其他治理活动的深入研究,认为国家政权与乡村社会之间,除了对抗的一面外,还有在日常治理活动中为了讲求实效而相互依赖、合作的一面。以税收为例,获鹿县各村流行的做法,是村内各户按田亩或粮银多少,轮流做乡地,替各户代垫税款,然后在规定日期从各户收回垫款。尽管这一做法不符合官方"自封投柜"的规定,县衙门普遍认可了这一做法。每当村民因为轮做乡地或归还垫款而出现纠纷时,县衙门总是尊重村规,按照当地村规审理诉讼案件,而不是一味要求村民按照官方规定行事。村民在发生这类纠纷,无法在村内调解处理时,也是把官司闹到衙门,靠官方加以解决。

李怀印强调清代的中国国家与近代早期的欧洲列国,有着完全不同的地缘政治关系和官方意识形态。欧洲列国竞争的局势,迫使各国为了提高军力,竭力扩张税收机器,对民间竭泽而渔,乃至放

---

① 李怀印:《晚清及民国时期华北村庄中的乡地制——以河北获鹿县为例》,《历史研究》2001年第6期。
② 李怀印:《中国乡村治理之传统形式:河北省获鹿县之实例》,《中国乡村研究》2003年第1期。
③ 李怀印:《乡村中国的权力、冲突与合法性——二十世纪一二十年代获鹿县的村长选举纠纷》,《"国家、地方、民众的互动与社会变迁"国际学术研讨会暨第九届中国社会史年会论文集》2002年。
④ [美]李怀印:《华北村治:晚清和民国时期的国家与乡村》,岁有生、王士皓译,中华书局2008年版。

任包税人横征暴敛，致民怨沸腾，抗税事件频仍，国家与社会的对立十分突出。中国的大一统帝国和巨大的纳税人口，使统治者有可能采取"轻徭薄赋"的政策，并禁止包税活动；同时儒家意识形态中"听民自便"、反对官府"多事"、"扰民"的行政理念，也从另一方面促使官方限制自己的触角。李怀印把中国古代乃至 20 世纪初依然在地方上流行的种种官民两便的非正式治理方式，统称做"实体治理"，以区别于流行于近代西方各国的侧重正式官僚制的"形式主义治理"。

其二，李怀印分析乡地选任、税收纠纷、村长选举和开办学堂等指出，农民的思想行为，受两方面因素的影响，即个人的社会经济地位及其对个人利益得失的算计，同时还有外界的制度环境、惯例、话语等等。正是这两方面的因素的相互作用，使村民们形成一系列不言自明的"行为倾向"，或隐或显地制约每个村民的行动抉择。过去在西方只有两种相互对立的基本解释。一种看法认为传统小农是理性、自私的，其社会、政治行为皆受个人经济利益驱使，跟现代市场经济中的理性人并无实质区别；另一种看法认为农民讲村社集体的生存伦理，并由此形成种种制度安排，确保村社成员的生存权利。无论是普通村民还是村社中的精英人物，在卷入村社集体活动、履行个人义务的过程中，都既受到个人利益的驱使，又受到社会惯例、公众舆论的约束。其脱轨或滥权行为，都有一定的限度。

其三，李怀印强调 20 世纪早期村庄政治的延续性。过去学术界只注重对于村庄内部社会政治结构或制度框架的分析。其中占主导的观点认为，清末民初在地方上实施"新政"之后，百姓的税费负担剧增，传统的"保护型"村社精英纷纷辞职，退出政治舞台，地痞无赖趁机上台，滥用权力，导致民怨沸腾。李怀印认为，这种现象主要存在于华北地区土地贫瘠、村社涣散的"边缘"地带。在以获鹿为代表的冀中南"核心"地带，百姓的税费负担有过之无不及，但由于乡地制（村民在交税过程中以宗族纽带为基础的自愿合作制度）的继续存在，村庄精英并未退出舞台，相反纷纷被选为村长或县议事会和参事会成员，并以此为舞台，跟官府讨价还价，屡次成功挫败了县衙门增加税款、税种的企图。因此，当地村社精英的领导角色，在20世纪早期有明显的连续性，而非过去西方学术界所强调的中断现象。

在制度框架的分析之外，李怀印更加注重对过去一直被忽视的村庄话语的研究。清末民初的乡村"地方自治"，不仅导致新式村政权和新式学堂的普遍设立，而且带来村民尤其是村社精英"公共言谈"上的新变化。总的趋势，是全国性的、官方的话语和价值标准，在逐步取代地方性的话语和价值观，并成为维系权力合法性和辩护行为正当性的新武器。以村社领袖的产生为例，在20世纪以前，村社精英的声望、辈分、人品，是成为村社内部公认的领袖人物的必要条件；作为非正式的村社领袖，他们可以对村内所有事务施加影响，具有"弥散型"权力。推行地方自治之后，新式的"村正"须经由村民合法选举产生，有一定的学历，且受年龄限制；其行使职权，亦须是在规定的范围之内。村民们的公共话语，因此也产生相应的变化。年纪过老、不识字、未经选举上台，往往成为遭受政敌攻击的把柄。办学方面，过去村民相信私塾，相信以"四书五经"为内容的旧学。推行地方自治后，新式课程和教室授课成为时尚。发生私塾和学堂之间的冲突时，倡办学堂的，总是在话语上占上风。私塾和学堂的区别，在公共话语中，成了愚昧与科学、守旧与创新的对立。这些话语上的变化，对当事人的行为抉择，产生直接的影响和制约作用。

1990年，孙海泉写作论文《清朝前期的里甲与保甲》时曾引用潘喆、唐世儒所撰《获鹿县编审册初步研究》，对获鹿县档案有所了解。① 2002年完成的博士学位论文《清代地方基层组织研究》在宝坻县和获鹿县档案中着重挖掘了基层组织材料，利用获鹿县的保甲烟户册展示了清代中后期保甲编户情况。② 2003年，孙海泉在《中

---

① 孙海泉：《清朝前期的里甲与保甲》，《中国社会科学院研究生院学报》1990年第5期。
② 孙海泉：《清代地方基层组织研究》，博士学位论文，中国社会科学院，2002年。

国社会科学》上发表《清代中叶直隶地区乡村管理体制——兼论清代国家与基层社会的关系》，主要基于清代中叶直隶的宝坻县和获鹿县档案，说明清代地方乡村管理体制，包括县以下基层组织的结构、职能、内部关系及运作方式等，并由此探讨清代国家与基层社会的关系，文中对宝坻县和获鹿县的乡村管理体制有所比较。清代中期赋役制度改革以后，保甲组织逐步取代里甲组织。国家不仅对农民的编户方式发生了改变——从注重管理为国家提供赋役的"在籍"人户（即编审册上的人户）变为注重管理乡村中实际居住的人户。孙海泉指出，清代中期以后，在保甲体制下，村庄负责人——乡保、牌甲长从普通的中等农民中产生，保证了州县政府能够顺畅地对乡村行使职权，并通过对乡村负责人严格控制与压榨，实现对乡村的统治。乡——村结构构成了地方基层的主要组织形式，村庄成为国家管理农村基层社会的基本单位，国家政权透过乡和村庄的职役，掌控村庄和农户，乡村职役出现行政化发展趋势。国家政权与基层乡村社会结合比以前更加紧密。①

2005 年，任吉东发表了第一篇以获鹿县档案为主要资料的论文《近代获鹿县乡村治理模式浅析》，② 2007 年，任吉东出版了以清代民国获鹿县档案为主体资料的专著《多元性与一体化：近代华北乡村社会治理》，该书由其博士学位论文修改而成。③ 之后围绕该书发表了一系列论文。如 2008 年的《锲入与磨合：新式学堂与乡村治理——以近代直隶省获鹿县为例》，④《沿袭与嫁接：近代乡村社仓组织与管理——以直隶省获鹿县为例》，⑤《现代化进程中的原生态

---

① 孙海泉：《清代中叶直隶地区乡村管理体制——兼论清代国家与基层社会的关系》，《中国社会科学》2003 年第 3 期。
② 任吉东：《近代获鹿县乡村治理模式浅析》，《天津社会科学》2005 年第 6 期。
③ 任吉东：《多元性与一体化：近代华北乡村社会治理》，天津社会科学院出版社 2007 年版。
④ 任吉东：《锲入与磨合：新式学堂与乡村治理——以近代直隶省获鹿县为例》，《中国农史》2008 年第 1 期。
⑤ 任吉东：《沿袭与嫁接：近代乡村社仓组织与管理——以直隶省获鹿县为例》，《南方论丛》2008 年第 3 期。

话语——以近代获鹿县村规为例》;① 2009 年的《近代华北乡村社会治理的双重话语——以获鹿县为例》;② 2012 年的《近代地方精英群体的养成机制初探——以直隶省获鹿县为例》;③ 2015 年的《近代华北乡村市场中的包税制——以直隶省获鹿县为例》,④《近代华北乡村社会治理比较研究——以获鹿县、宝坻县为例》等。⑤

  任吉东基于清代民国的获鹿县档案研究了华北的乡村治理。任吉东指出,近代获鹿县乡村没有出现高压的官僚机构的严密控制,也没有形成地方士绅与官府的消极对抗,而是一种官府放权,多种组织并存且村民广泛参与的多元化状态下的制衡局面。正是依靠这些因素,获鹿县乡村才没有像其他地区的乡村在动荡的社会变化中走向破落与解体。⑥ 传统的获鹿县乡村治理是通过一种经过长期演变产生的内生制度而实现的,它充分体现了乡村自我管理的机能和运作模式以及地方话语权。进入近代后,随着国家政权建设的渗入,乡村社会治理出现了原生态组织与嵌入性机构并存的局面,出现了地方话语权与行政话语权的双重存在与动态平衡。任吉东还围绕获鹿县档案讨论教育、包税制等与华北社会变迁的关系。科考废止,学堂制度植入乡村社会,引发了乡村社会内部权力格局的变动。一方面,它扩充了乡村管理的传统内容和社会职能,使得村庄的地位随着自我功能的膨胀而逐渐上升,成为地方社会治理的主体。另一方面,随着学务权在地方行政系统中重要性的日益突显,造成了新的权力资源在国家—社会以及乡村精英内部各派势力之间的重新分

---

  ① 任吉东:《现代化进程中的原生态话语——以近代获鹿县村规为例》,《理论与现代化》2008 年第 5 期。
  ② 任吉东:《近代华北乡村社会治理的双重话语——以获鹿县为例》,《中国农史》2009 年第 2 期。
  ③ 任吉东:《近代地方精英群体的养成机制初探——以直隶省获鹿县为例》,《史学集刊》2012 年第 2 期。
  ④ 任吉东:《近代华北乡村市场中的包税制——以直隶省获鹿县为例》,《安徽史学》2015 年第 3 期。
  ⑤ 任吉东:《近代华北乡村社会治理比较研究——以获鹿县、宝坻县为例》,《河北广播电视大学学报》2015 年第 3 期。
  ⑥ 任吉东:《近代获鹿县乡村治理模式浅析》,《天津社会科学》2005 年第 6 期。

配，因此引发了对权力的争夺和种种弊端。① 民初华北乡村市场中包税制度与旧有体系的冲突，对社会造成严重危害，甚至影响到乡村各项事务的正常开展和运作，阻碍了乡村的近代化。②

2014年，张鑫敏完成博士学位论文《清代人口数字的形成与流转——以人丁和民数为中心的考察》。③ 在论文第二章第一节"底籍：数字的最初统计"中，对清代获鹿县档案中的人口数字进行分析。他认为，就获鹿县现存编审册籍而言，既不存在某一年份的编审册涵盖全县所有微观地域，也不存在某个微观地域保存着所有编审年份的编审册。获鹿县编审册无法同时满足微观地域和编审年份的完整性，难以同其他文本中以县为记载口径的数据或文字描述加以比较，于分析编审册所载人口数字本身的来龙去脉乏善可陈，仅能作为辅助材料或者用于了解当时的户的结构、土地关系，或者用以验证其它史料的可靠性。他利用获鹿县编审册的残存数据，通过对数据的重新组合，尝试对该县赋役全书的相关记载进行检验，结合官修政书、地方官文集对典章制度的文字描述，确定赋役全书这类文本的可能数据来源。

以清代民国获鹿县档案为主要史料的研究，除了上述围绕博士学位论文而开启的研究，还有出现了一些硕士学位论文。

2008年，彭攀飞完成硕士学位论文《清末民初的士绅与地方社会——以获鹿为例》。④ 获鹿的士绅对获鹿地方事务的参与是广泛的：从捐建管理义学到管理义仓，从捐修义冢到编纂县志，从宣讲圣谕到赈济灾民。进入世纪之交的大变动时期，获鹿的士绅更是以开放、积极的姿态主动迎接社会的挑战。此时获鹿地方社会上出现了绅董、

---

① 任吉东：《锲入与磨合：新式学堂与乡村治理——以近代直隶省获鹿县为例》，《中国农史》2008年第1期。

② 任吉东：《近代华北乡村市场中的包税制——以直隶省获鹿县为例》，《安徽史学》2015年第3期。

③ 张鑫敏：《清代人口数字的形成与流转——以人丁和民数为中心的考察》，博士学位论文，复旦大学历史地理研究中心，2014年。

④ 彭攀飞：清末民初的士绅与地方社会——以获鹿为例，硕士学位论文，河北大学历史学院，2008年。

警董、学董的称谓,这表明获鹿的士绅在内外压力之下出现了分化,传统称谓的士绅在分化后而形成的这些学董、绅董、警董仍然是获鹿社会活动中的积极分子,在社会中发挥着不可替代的作用。

2010年,顾雪静完成硕士学位论文《晚清民国时期获鹿县农民土地产权转移研究——以获鹿县档案为中心》。该文以获鹿县清代和民国时期的档案为中心,研究了晚清民国时期获鹿县农民土地产权的转移,认为大多数土地纠纷案件依然是依靠乡长、村正等人的民间调解才能得到圆满解决。① 2011年,戴建兵、顾雪静发表《近代土地产权转移的新方式——以获鹿铁路购地为中心》一文指出,铁路购买民地在签订土地契约时,由铁路局统一刊印契纸,只需交付地价时由卖主签字即可,铁路购买民地之后是免纳契税的。②

近20年来有一些学者零散利用清代获鹿县档案研究地权分配、州县制度以及京畿义和团运动等问题。

1982年,赵冈在他的著作《中国土地制度史》中,对浙江遂安县两册鱼鳞图册中的地籍资料进行分析,计算出该地区土地占有的基尼系数分别为0.632和0.712,得出该地区地权分配高度集中、租佃率较高的结论。2002年3月,赵冈应邀前往南京农业大学中华农业文明研究院,做了一场关于"中国传统农村的土地分配"的学术报告。时隔二十年后,赵冈在重新翻阅大量方志、档案和鱼鳞图册后,发现"太湖模式"的说法并不成立。支撑赵冈修正自己旧观点,其中一个重要的证据是获鹿县档案。赵冈考察了河北省获鹿县在康熙四十五年(公元1706年)到乾隆三十六年(公元1771年)的六十六年时间内的地权变动情况。他通过对河北省获鹿县档案中的《编审册》进行统计,发现在此期间,大地主每户平均占有土地的数量虽然经常变动,但总体趋势是逐渐减少。③ 后来,赵冈发表《清代

---

① 顾雪静:《晚清民国时期获鹿县农民土地产权转移研究——以获鹿县档案为中心》,硕士学位论文,河北师范大学,2010年。
② 戴建兵、顾雪静:《近代土地产权转移的新方式——以获鹿铁路购地为中心》,《河北广播电视大学学报》2011年第3期。
③ 姚兆余、周广西:《关于赵冈对中国传统农村土地分配研究的简述》,《古今农业》2003年第1期。

前期地权分配的南北比较》一文，计算清代前期休宁及遂安两县地权分配之基尼系数，两者均远低于河北之获鹿数字，证明以往认为南方地权高度集中之看法不正确。①

魏光奇多次用到清代民国时期的获鹿县档案。在其2010年出版的专著《有法与无法：清代的州县制度及其运作》中讨论清代的州县制度及其运作时，清代获鹿县档案常常作为例证之一而出现。探讨以下问题时都利用了获鹿县档案：州县房科设置与人员，州县房科的人事管理，州县差役的职能与分工，州县官差传诉讼人证的信票，杂税的征收，清代州县诉讼中的代书制度，防盗、捕盗职能的运作，牙户、牙行的管理，馈赠上司的陋规和应酬款项，法外支出的总体估算，陋规，财政"家产制"与州县官的责任，簿记与库储，运解与支放，交代与亏空等。②

2016年吴宝晓出版了专著《京畿义和团运动研究》，该书在论证地区差异性及其成因，社会结构的松散等问题时利用了清代获鹿县档案。③

另有一些学者利用民国获鹿县档案研究华北旗地、华北牙商、1918年的华北流感疫情、华北乡村土地买卖等课题。

王立群利用民国获鹿县档案研究旗地。2009年王立群完成的博士学位论文《民国时期河北旗地变革研究（1912—1934）》使用了河北有关旗地县分的档案，以获鹿县和宝坻县为主。④ 2012年，王立群发表《北洋时期京直地区旗地庄头考述》一文指出，辛亥革命后，随着满人的失势，旗地的庄头一改之前对于满洲贵族完全依附的特性，大多利用自己多年经租的经验霸租甚至侵占旗地。对于北洋政府逐渐开展的旗地清理，庄头最初极力反对，但当其最终不得不屈从时，又依然能利用自己对于旗地地亩册的掌控达到夺取佃户

---

① 赵冈：《清代前期地权分配的南北比较》，《中国农史》2004年第3期。
② 魏光奇：《有法与无法清代的州县制度及其运作》，商务印书馆2010年版。
③ 吴宝晓：《京畿义和团运动研究》，学习出版社2016年版。
④ 王立群：《民国时期河北旗地变革研究（1912—1934）》，博士学位论文，首都师范大学，2009年。

留置资格而自己留买的目的。① 2016 年，王立群在《民国时期清理河北旗地过程中拨补租地初探》一文中展示了清逊民建后，民国政府在清理河北旗地的过程中，将拨补租地列入清理范围，并试图采取类似于旗地的留置方法，由此引发了政府、拨补租地的租主以及耕种佃户的多次交锋。②

2013 年，张彦台出版了专著《蜕变与重生：民国华北牙商的历史演进》，用获鹿县档案分析了北京政府牙商法规的转型与变革，牙商自制牙伙执照，牙帖的传承与继替制度等。③

2015 年，郝红暖在《1918 年流感的中国疫情初探——以直隶获鹿县为中心》一文中，以民国报纸和获鹿县档案为主要资料，分析了直隶获鹿县的 1918 年流感疫情，给出了具体的感染率、死亡率以及在不同年龄、性别和区域之间的差异。④

2018 年，邵琪出版了专著《民间习俗与国家法律：1912—1949 年华北乡村土地买卖研究》。该书第二章第三节"亲邻先买权"，第四章第五节"民间逃避契税的方式"等处利用了民国获鹿县档案。⑤

三 地方档案与历史研究的反思

（一）档案特征与问题意识

在整理、阅读档案中，我们可以产生问题意识。档案属性、档案特征往往对问题意识的产生具有决定性的影响。学者发现并利用清代获鹿县档案的机缘各异，他们对档案的珍贵之处认识也不同。

---

① 王立群：《北洋时期京直地区旗地庄头考述》，《北京社会科学》2012 年第 2 期。
② 王立群：《民国时期清理河北旗地过程中拨补租地初探》，《吉林师范大学学报》（人文社会科学版）2016 年第 3 期。
③ 张彦台：《蜕变与重生：民国华北牙商的历史演进》，山西人民出版社 2013 年版。
④ 郝红暖：《1918 年流感的中国疫情初探——以直隶获鹿县为中心》，《安徽史学》2015 年第 5 期。
⑤ 邵琪：《民间习俗与国家法律：1912—1949 年华北乡村土地买卖研究》，四川大学出版社 2018 年版。

一部分学者发掘了获鹿县档案的社会经济史方面信息。韦庆远认为，清代直隶正定府获鹿县的《编审文册》，是一套比较具体地记载该县土地占有、变动和田赋丁银负担情况的系统资料，对研究赋税、户口制度非常重要。① 潘喆、唐世儒协同北京市档案局清理获鹿县编审册的过程中发现，"这批编审册因弃置年久，严重损毁……在编审册上，逐户登载丁银和土地状况，是研究清代前期有关农村经济问题的宝贵资料。这类册籍目前就全国来说，还是十分罕见的，因此值得珍视。"② 史志宏注意到，获鹿县审册记录了该县郑家庄、任村、太平、龙贵、同治、甘子、在城、永壁、镇头、留营、新安、永清、方台、德政坊、各邱等社的一百三十多个甲上起康熙四十五年（1706年）下至乾隆三十六年（1771年）历次编审人丁、丁银、土地、粮地的情况，对于研究清代前期的阶级关系、土地分配、垦田数领、丁税征收及其在摊丁入地以后所发生的变化等等问题，都提供了极为宝贵的第一手资料。③ 明以前，庶民地主即已存在，元末农民大起义以后，缙绅地主受到沉重的打击，明初庶民地主有较大发展。但十分可惜的是，先辈们没有给我们留下可供查阅的足够的资料。江太新指出，"清代情形不同了，尤其值得庆幸的是，获鹿《编审册》的发现，为我们打开这扇门户提供了一把锁匙。"④ 江太新列举了获鹿县《编审册》内容：户主姓名，户主身份、丁银、上年编审核实地亩数、每五年间土地买进卖出记录、本次编审核实地亩数以及经折算的税亩数等。他认为："这种编审册为我们提供了户主的身份地位、家庭中成年男子人数、土地买卖情况、诸子分家情况，各户占有耕地变化情况，项目齐全，给我们研究提供了许多方便。"⑤ 这些学者提取了获鹿县档案，主要是《编审册》中的土地关

---

① 韦庆远：《谈谈怎样在历史研究中利用历史档案的问题》，《浙江档案》1983年第1期。
② 潘喆、唐世儒：《获鹿县编审册初步研究》，《清史研究集》第3辑，四川人民出版社1984年版。
③ 史志宏：《从获鹿县审册看清代前期的土地集中和摊丁入地改革》，《河北大学学报》1984年第1期。
④ 江太新：《从清代获鹿县档案看庶民地主的发展》，《中国社会经济史研究》1991年第1期。
⑤ 江太新：《从清代获鹿县档案看庶民地主的发展》，《中国社会经济史研究》1991年第1期。

系、赋税、人口等信息。

一部分学者提取获鹿县国家治理与社会治理方面的信息进行研究。社会治理包括村庄内部的组织与个人、村庄与外部世界的各种关系，包括村庄与官府的关系等。国家治理主要观察县的各项制度及运作，当然也包括官府与乡村的关系等。

李怀印认为，获鹿县档案完整地保留了土地征税和乡村治理方面的珍贵资料，研究价值非同一般。他尤感兴趣的是为数甚多的诉讼案卷，它们记录了晚清和民国时期当地乡民之间在地方事务上的纠纷，诸如社区服务、完粮纳税、乡村治理、教育事务诸端。这些记载能够细致地描述村民们在治理村社以及与国家打交道时的日常实践。从中呈现出来的，自然不是民众动员、抗争或集体暴力等为人熟知的场景，而是另外一幅不太为人们所悉知的画面：村民们一方面为了村社共同利益互相合作，另一方面又为了各自的权利和义务，彼此纷争不已。因为村民之间在纳税、村政权、办学等等具体的日常行政治理活动方面而产生的纠纷、官司记录，包括状词、辩状、堂供、役警调查报告等档案，把村庄日常治理的一幅幅画面，活生生地再现出来，有关当事人的动机、策略以及当地的各种习惯做法和社会政治关系尽显其中，克服了以往西方学者研究华北乡村所倚重的满铁调查资料的弱处；满铁调查虽然做得翔实，但集中在经济方面；社会、政治方面，只有制度、惯行方面的描述，少有反映村民个体活动及其思想行为的材料。①

任吉东注意到，获鹿县档案多涉及村庄一级组织的结构与运作，其时间跨度从民初一直到抗日战争时期，内容涵盖了政治制度、教育文化、经济税收、军事斗争等方方面面，国内尚属罕见。② 另有一些学者提取了获鹿县档案中的旗地、牙商、乡村土地买卖等信息。

国家治理方面，郑秦捕捉到获鹿县档案中诉讼方面的信息，魏

---

① ［美］李怀印：《华北村治：晚清和民国时期的国家与乡村》，岁有生、王士皓译，中华书局2008年版。
② 任吉东：《多元性与一体化：近代华北乡村社会治理》，天津社会科学院出版社2007年版，第18页。

光奇利用了获鹿县档案中州县制度及其运作方面的信息。

获鹿县档案有着丰富的面相，针对一个或者几个面相提问，总能找到一些问题的线索或者答案。

（二）地方档案与学术脉络

之所以会发现某些档案或者档案的某些面相，与研究者的学术脉络密切相关。基于清代、民国时期获鹿县档案进行的研究可以看到，学者往往带着问题去寻找资料，找到资料后，在阅读资料过程中不断完善问题意识，用资料去论证问题，解决问题，最后完成论著。为了合理利用档案，需要考虑如何将档案安放在自己的学术脉络中。

江太新于1964年被分配到中国社会科学院经济研究所经济史组工作，此后在李文治指导下从事研究工作。李文治对土地问题十分重视。他把地主制经济的发展变化，作为论证中国封建社会历史时期一些重大问题——诸如商品经济比较发展的社会经济，高度中央集权的政治体制，以及以儒家思想为核心的精神文明发展变化的中心线索。李文治曾对江太新说："中国是个农业大国，农业经济一直是封建经济的基础。农业问题实质是土地问题。土地问题主要包括两个方面，一是土地所有制问题，一是生产关系问题。我和章有义先生把近代农业史资料已编成书出版了，但明清时期土地问题资料尚属空缺，你是否把这工作做起来。"[1] 江太新研究土地问题和地主经济深受李文治的影响。江太新利用清代获鹿县档案研究了清代前期直隶获鹿县土地关系的变化及其对社会经济发展的影响。

李文治在1963年写成《论清代前期的土地占有关系》，率先提出关于庶民地主发展的历史意义。[2] 江太新指出，李文治先生等对乾隆年间庶民地主发展给清代社会经济发展带来影响的问题有过很好的论述，他自己的《从清代获鹿县档案看庶民地主的发展》一文试

---

[1] 江太新：《卓越的贡献——沉痛悼念恩师李文治先生》，《中国经济史研究》2001年第1期。

[2] 江太新：《卓越的贡献——沉痛悼念恩师李文治先生》，《中国经济史研究》2001年第1期。

图仅就近几年来新发掘的直隶省获鹿县档案材料为依据,对清代庶民地主的发展作一补充说明,并对这种变化的社会意义寻求一个比较切合实际的回答。[1] 获鹿县档案被纳入江太新的土地问题和地主经济问题脉络,进而对李文治以地主制经济的发展变化论证中国封建社会历史时期一些重大问题作出回应。史志宏的研究也接受了李文治的教诲,受到其影响。[2]

学界对古代中国国家与社会的关系有两大主流看法。一种看法认为,中国古代乡村具高度自主性,受村社内部的族权、族规、乡规主导,国家影响力十分有限。这种看法从20世纪初开始一直在国内外学者中盛行。另一种看法正好相反,认为中国古代国家是高度专制的,其行政影响力通过保甲组织渗及千家万户。这种看法流行于冷战时期,直接受到当时西方学术界"东方专制主义"主流话语的影响。尽管两者观点相反,但它们有一个共同之处:双方都认定,前近代中国的国家政权与乡村社会处于一种对立的关系,要么是国家力图控制地方,要么是地方对抗国家。获鹿县档案反映的国家与社会关系被李怀印、任吉东等学者用来比较各地的乡村治理模式,反思旧有看法。获鹿县档案被安放在了解传统中国乡治及社会性质,探索近代化对于中国乡村社会的影响的学术脉络之中,获鹿县这样的个案研究具有了理论色彩。

过去的相关著述,或者把田赋征收的官方制度或地方上的非正规做法的沿革兴衰,作宏观的勾勒,或者就某个历史时期的农民田赋负担,作计量研究。李怀印侧重分析田赋征收在村庄一级究竟是如何发生的,其日常操作情形究竟如何,作为个体的村民是如何卷入各个步骤的。李怀印利用获鹿县档案等资料进行微观的实证分析。比如有关当地村正、乡长的研究,依靠来自各村的诉讼材料,揭示了村民争做村长或规避此职的种种动机,掩盖真实意图的话语表达,台面下的权力关系运作,并区别了北洋和南京政府时期,国家和村

---

[1] 江太新:《从清代获鹿县档案看庶民地主的发展》,《中国社会经济史研究》1991年第1期。
[2] 江太新:《卓越的贡献——沉痛悼念恩师李文治先生》,《中国经济史研究》2001年第1期。

庄关系上变化的一面和连续的一面。对当地各村办学情况的研究，也围绕筹措经费、校址、校舍、教师任聘、学费征收等方面所展现的村庄政治、权力和利益关系以及话语层面的变化，进行了细致的刻画，因而不再囿于以往地方自治研究和近代教育史研究的旧套路。

依仗学术脉络与问题意识有利于发现档案，发掘档案的特有价值。获鹿县这类县级档案安放得当，可以成为一个支点，能够解决学术脉络中的重大问题。

（三）地方档案与学术思潮

获鹿县档案的发掘与利用具有时代特征，深受学术思潮的影响。1980年代到1990年代初的研究侧重解析获鹿县档案中的社会经济史方面信息，1990年后期开启的研究主要围绕获鹿县档案中国家和社会治理方面的信息展开分析。

20世纪二三十年代，出现了中国社会性质论战。五六十年代学术界对资本主义萌芽，土地所有制，封建社会分期等问题展开了热烈的争论。这些问题与革命史视角密切相连，学者们上述探索某种程度上是试图解答中国革命的性质、道路等问题。1970年代末至1980年代初，学术界重新恢复正常研究，中国史学界基本上还处于革命史研究视角的笼罩之下。参与五六十年代论争的学者以及他们影响下成长起来的年轻学者难免会重拾老问题，接续探讨上述争论的问题。学者们很容易便注意到获鹿县档案中的土地变动、赋税等信息与探讨土地所有制，封建社会分期等问题的关联。

1980年代后期，在中国学术界兴起了研究现代化理论的热潮。史学界一些学者开始受到现代化视角的影响。1990年后期基于获鹿县档案进行的研究不仅瞩目于传统乡村社会，而且越来越多地利用清末民国时期的获鹿县档案，研究乡村社会的转型。

1990年代中后期，"公共领域"与"市民社会"理论以及运用该理论进行研究的海外中国学传入中国，国家与社会视角逐渐成为近二三十年中国近代史研究领域非常重要的视角。从获鹿县档案中发掘出了国家、乡村组织、群体与农民之间的关系方面信息。孙海泉以获鹿县为例讨论了清代国家与基层社会的关系。李怀印和任吉东都是从国家与社会几种关系的论述切入自己的议题，他们都是以获鹿县档案来反思旧有国家与社会关系。

（四）地方档案与研究结论的地域性

以获鹿县一县档案为基础的研究，需要考量地域性问题。基于获鹿等县档案进行的研究得出结论涉及的地域范围小到县，大则为华北乃至全国。

只有少数学者用获鹿县档案专门研究获鹿县的问题，如江太新研究获鹿县的人口与土地关系，潘喆、唐世儒分析获鹿县土地的分配、丁银的负担和实际耕地面积等。

大量的研究是将获鹿县与其他地方的情况进行比较。获鹿县及邻近各县，位于冀中南山麓平原地带，这里人烟稠密、商品化程度高，土地出产丰富，田赋负担也远远高出冀东北各县，属于华北地区的"核心"地带。满铁调查的村庄，大多集中在冀东北及邻近地区，这里属于自然条件恶劣、人口密度不高、多灾低产的"边缘"地带。李怀印认为，把获鹿及冀中南作为研究对象，正好可以跟过去依靠满铁资料、以冀东北村庄为重心的研究形成互补，从而为整个华北乡村社会提供更为完备的图像。

孙海泉认为，宝坻县和获鹿县是两种不同的但都很典型的基层组织类型，即一种为县——乡（数村或数十村组成）——村模式，另一种为县——村（乡）模式。从宝坻县和获鹿县的地方基层档案中，反映出清代基层社会落实中央法令的实际情况，即由清代州县政府基本按照中央政权规定的制度，结合当地实际情况灵活组织实施。但无论怎样实施，县政权都要保证对于乡村社会具有较强的管理和干预能力。①

任吉东比较了清代顺天府宝坻县与直隶省获鹿县两地的乡村社

---

① 孙海泉：《清代中叶直隶地区乡村管理体制——兼论清代国家与基层社会的关系》，《中国社会科学》2003 年第 3 期。

会治理形式。在宝坻县，从官方看来，乡保是来自民间的"自然人"，是通过官府"认证"的"以民治民"的工具；从地方社会看来，乡保则带有部分官方身份的"胥吏"角色，是具有官方身份的"上差"。而在获鹿县，从官府来看，乡地是源于民间的"地方人"，是办理公事的民间代表，是与官府无涉，不需要官府出具证明的"自由人"，是地方社会向上的承接部分；从地方社会的角度，乡地则是代表自我群体利益的"法人"，是自我组织向外联络的"触角"。从乡地和乡保的任充程序上，宝坻县无论从官府还是从民间都对乡保的任充表现出一定的控制欲望。获鹿县的政府官员几乎不参与乡地的任充，既不需要保举、保状、认状、点验等严格的手续，而且也没有否定和奖罚的"义务"，完全任凭民间自主操作，只在出现纷争时表示一下意见即可，而且也多把这类案件打回民间，依照民间规则办事。宝坻县是士绅保举、官府任命乡保治理地方，而获鹿县则是村庄自行产生乡地管理地方。宝坻县所反映出来的是乡保制下的官绅博弈，而获鹿县所呈现出来的是乡地制下的庶民政治，体现出两地不同的国家与地方社会的关系以及近代乡村社会治理的多元性与复杂性。①

赵冈计算了安徽休宁和浙江遂安两县地权分配之基尼系数，然后与河北获鹿县进行比较，说明南北地权集中程度的差异。文章中获鹿县的情况代表了北方。

有的学者将获鹿县档案作为讨论华北，或者全国性问题的材料之一。获鹿县作为例证说明制度的运作。魏光奇与郑秦研究地方行政制度与法律制度常常用获鹿县档案作为例证。江太新分析了清初垦荒政策后，讨论了有关地权分配的一些事例，获鹿县的地权状况就是事例之一。他分析了直隶获鹿县、安徽省休宁县、陕西、湖南、江苏等地的地权状况后指出，清前期有些地区地权是集中的，有些地区地权是分散的。清初垦荒政策的推行，促成农民小土地所有制

---

① 任吉东：《近代华北乡村社会治理比较研究——以获鹿县、宝坻县为例》，《河北广播电视大学学报》2015 年第 3 期。

的发展，对社会经济的恢复和发展起到良好的作用，对巩固清王朝的统治也有一定意义。清朝前期，在自耕农阶层增长的条件下，促成了富裕农民和庶民地主的发展，从而促成了农业资本主义萌芽的进一步发展。①

用获鹿县档案分析获鹿县的各项问题，或者将获鹿县与宝坻等县进行比较，以及从获鹿县档案中探讨制度在基层社会的运作都有一定解释力。不过，中国地域广阔，如果将获鹿县的状况推及华北乃至全国，应慎重考量。

结　语

现有获鹿县档案是经历了1960年代、1980年代、1990年代几次接收、移交、整理的一个汇集。虽然仍有《获鹿县清代档案汇集》和《获鹿县民国档案汇集》之别，这并不影响集中查阅档案的清代和民国部分，除非人为设限不让查阅某部分档案。随着档案数字化的推进，档案的汇集在技术上并非难事。新发现的档案不断汇集，历史脉络将越发丰富，致力于揭示历史研究对象的横向与纵向联系，将为个案研究、地域性研究提供广阔前景。

仔细阅读档案总会有收获，总会推动学术创新。不过，获鹿县档案等史料本身通常不会开口说话，它不会告诉学者自己深藏何处，亦不会展示所有面相。学者反思自己的学术脉络与学术思潮，形成一些问题意识，然后去寻找档案等史料，在浩如烟海的史料中聚焦某些主题的史料，大约是信息大爆炸时代学术研究的一个路径。学者向档案等史料提出问题，档案史料才有可能展示自己的某些面相，并提供解决问题的线索和证据。档案利用者参与了档案形象的建构，成为档案的制作者之一。档案利用者卷入档案制作后也应当反省本身的问题意识是否放大或者缩小了地方档案的某些面相，档案被遮

① 江太新：《清初垦荒政策及地权分配情况的考察》，《历史研究》1982年第5期。

蔽的面相是否会伤害了档案的解读，在何种程度上造成了对档案的误解，基于地方档案所得出结论在地域性方面的张力与限度在哪里。

　　当然，可以从档案原初制作者的意图，档案的制作过程，探讨档案产生的时代环境、社会文化思潮，也可以从档案利用者那里探究到他的学术脉络和学术思潮的时代烙印。这正是当前一些新文化史、学术史的研究路径之一。

第七章 清代甘肃循化厅档案的保存、整理与研究

乾隆二十七（1762）年清政府始设循化厅①，隶属于兰州府②。乾隆五十七年（1792）将循化厅与贵德厅各藏族部落等交于西宁办事大臣衙门管辖③，乾隆五十九年（1794）为使西宁办事大臣遇事免受掣肘，循化厅文武官员亦归该大臣管辖。④ 至此，循化厅由西宁办事大臣与陕甘总督共同管辖与复核。循化厅是一个机构两个牌子，除循化厅官衙外，还作为抚番府存在，其是西宁府所属循化厅管理少数民族事务的机构。循化厅地处青藏高原与黄土高原交会处，大致包括今天甘肃省甘南藏族自治州合作市、夏河县及临夏回族自治州之积石山保安族东乡族撒拉族自治县与临夏县的西部地区、青海省海东专区的循化撒拉族自治县与民和回族土族自治县西南部地区、黄南藏族自治州的同仁县、泽库县以及尖扎县部分地区。⑤ 在长期的历史过程中循化厅形成了以藏族为主，汉、回、撒拉、东乡、保安、土族等多个民族大杂居、小聚居的民族格局，以及藏传佛教、伊斯兰教、道教、苯教、山神信仰与其他民间信仰并存的文化形态。清

---

① （清）龚景瀚编，李本源校：《循化厅志》卷一《建置沿革》，崔永红校注，载王昱主编：《青海地方史志文献丛书》，青海人民出版社2016年版，第24页。
② 道光三年，改属西宁府。参见（清）邓承伟修，张价卿、来维礼等纂，（民国）基生兰续纂《西宁府续志》，王昱校注，青海人民出版社2016年版，第4页。
③ 参见（清）文孚：《青海事宜节略》，魏明章标注，青海人民出版社1993年版，第14页。
④ 参见（清）文孚：《青海事宜节略》，魏明章标注，青海人民出版社1993年版，第14页。
⑤ 杨红伟：《清代循化厅藏族聚居区之权力机制》，高等教育出版社2015年版，第7页。

政府在循化厅贯彻"务在羁縻，不深治"①的治理传统，因俗而治，积极发挥部落头人、千百户、乡老、宗教首领等的作用，共同维护了社会的和平与稳定。现保存于青海省档案馆的清代循化厅档案，是循化厅衙门在处理各类事务的过程中保存下来的档案，约9102卷，70000余件，具有典型的民族性、宗教性和边疆治理特色，是研究清代多民族聚居区基层社会的重要史料。

一　循化厅档案保存与整理

新中国成立后，青海省政府档案科（现青海省档案馆的前身）接收了循化厅档案。虽机构改革及隶属关系历经变化，但该档案一直由其保存。该档案始于乾隆年间，终于宣统三年（1911），绝大多数为同治以后的内容。该档案长期存于库房未能引起重视，直到1997年青海省档案馆为了应对综合档案馆达标晋级测评，用了两年时间做了初步的整理，之后才逐渐走进学界的视线。整理后，相关档案分布在全宗号005—009的档案中，为我们了解循化厅档案的内容提供了方便。但因工作量大，加之时间仓促，这次档案整理仍存在一些问题，主要包括：（1）整理打乱了原来"原包原捆"的状态，主要按照时间顺序重新编排，致使该档案原来的编排顺序被打破，又因"原包原捆"档案没有编制目录，以致很难了解档案最初的编排状况。②案件分散在不同的卷宗中，给研究也带来了困难；（2）将循化厅档案与少量贵德厅等清代档案混编在一起，没有细致区分；（3）档案分类有些随意，如全宗号006同治年间循化厅档案的时间跨度到了宣统元年（1909）；（4）档案题名多有不准确之处，有些题名与卷宗内实际收藏的内容也不完全吻合。

2019年，青海省档案馆以国家重点目录采集项目为依托，在保

---

① （元）脱脱：《宋史》卷四九五《蛮夷三》，中华书局1985年版，第14209页。
② 以上内容根据青海省档案馆孔忠勇研究员（已退休）、邢健副研究员的讲述整理而成。

持上次整理原貌的情况下，启动重新编目及数字化采集工作，该任务计划大约在 2021 年完成。此外，国家清史纂修工程项目编纂委员会与青海省档案馆合作，计划影印出版十卷本的《清代青海循化厅档案史料选编》。项目组从青海省档案馆保存的 81000 余件清代档案中精选出 21025 条，并从中挑选出 3233 件，准备在商务印书馆出版。该书计划分为政治法律、军事外交、经济社会、文化宗教四大类，每一大类下载设若干小类，每一小类以时间顺序排列。其中，"政治法律"类为 892 件，下设"职官"419 件、"政法"342 件、"民族事务"131 件；"军事外交"类为 1225 件，下设"军事"265 件、"外交"960 件；"经济社会"类为 760 件，下设"财政金融"284 件、"农林牧"132 件、"工商业"196 件、"建筑交通邮电"148 件；"文化宗教"类 356 件，下设"文化教育卫生"204 件、"宗教事务"152 件。

兰州大学历史文化学院杨红伟博士因撰写《循化藏区权力运作机制的文化考察》博士学位论文[①]的需要，摘抄了部落间、族际间的纠纷等内容 800 余件，整理了近 37 万字。该部分内容主要集中在全宗号 006 与 007 全宗档案中，选取的内容有典型的民族、宗教与地域特色，涉及拉卜楞寺、隆务寺宗教集团间的交往与冲突，藏族沙沟、卡家等部落间的冲突，藏族与蒙古族等族际间的冲突。2019 年，杨红伟申请的教育部哲学社会科学研究重大课题攻关课题"清朝循化厅民族司法档案的整理与研究"获准立项，计划整理 90 万字出版。未来选编时计划以案件为中心，以时间为纵轴，将散布在不同卷宗的同一个案件集中起来，按照时间顺序，并选取典型性案例，根据类型加以编排。在此基础上，对循化厅档案的选择，要坚持反映地方历史的多样性和丰富性，强调选取体现循化厅地方特色，并注重内容的典型性与完整性。

---

① 杨红伟：《循化藏区权力运作机制的文化考察》，博士学位论文，兰州大学，2008 年。

二　循化厅档案的内容与价值

（一）循化厅档案的内容

循化厅档案分布在全宗号005—009档案中，内容涉及政务、教育、司法、实业及抚番府民族事务等多个方面。

全宗号005为顺治至咸丰年间（1649—1860）的档案，共89卷，其中部分内容涉及循化厅。该档案主要包括以下内容：陕西三边总督关于镇压回民起义给西宁土司的谕文、塘报、宪票等；关于查缉脱逃官犯的咨、呈，委任官吏的牌、票及履历清折；关于民事纠纷案件，出典房院土地合同、契约、册及征收田房契税的清册、移文。①

全宗号006为同治年间的循化厅档案，共411卷，该档案标为同治年间的档案，但部分内容跨至宣统元年（1909）。主要包括以下内容：官府清查田产的示、札；关于修缮庙宇、衙署工程，设立义学、书院的关文；关于汉回纠纷、回藏纠纷案件的调处及办理善后事宜；有关征收钱粮等事宜，关于外国人来宁游历的通行告示，有关严禁私贩制钱、奸商入境等行文；关于捐粮卖地文契、衙署移交册、官吏清册等内容；关于征收土地税、薪水津贴批文等内容。②

全宗号007为光绪年间的循化厅档案，共4908卷，主要包括以下内容：关于征免赋税，清查户口、人口户籍、地理沿革图、土地的移文；关于开办工厂、矿山、兴修铁路、道路、桥梁、渡河、城垣、水渠，架设电线，植桑种棉，开荒赈农，兴办公益事业，采买药材、木材、土特产的示、札；有关通商贸易的规定、银粮管理章程；有关抗官、抗政、抗粮、抗差、民族纠纷、民事纠纷案件的处置情况；田赋税、地丁养廉驿站、祭祀经费清册和兵饷册、水灾赈

---

① 青海省档案馆编：《青海省档案馆指南》，青海人民出版社2002年版，第28页。
② 青海省档案馆编：《青海省档案馆指南》，青海人民出版社2002年版，第28—29页。

济章程等。①

全宗号 008 为光绪年间抚番府的档案，共 2328 卷，绝大多数为司法档案，主要内容有：房产、土地、债务纠纷、水渠、粮租、树木、工价纠纷，抗亲、抢亲、婚姻、杂人、拐妻婚骗纠纷等案件；办理偷盗仓粮、抢劫牛羊、骡马、劫夺财物、钱银、盗伐树木等刑事、民事案件材料；文种有禀文、诉状、批复、关文、移文、甘结等。②

全宗号 009 为宣统年间循化厅档案，共 1366 卷，主要内容有：筹备宪政、地方自等治政务类内容；兴建铁路、林业、矿产开采、盐务专卖等实业类内容；开办陆军贵胄学堂，造报军营兵丁、驿站兵营、军械数目清册等军事类内容；兴办学校、委任教员，设立初等、高等小学等教育类内容；司法与诉讼的有关规定、民刑事诉讼等司法诉讼类内容；农牧林圃地亩、果品米麦价格统计报表、贸易物品等农业类内容。③

（二）循化厅档案的特点

1. 语言多样化风格明显

循化厅档案以汉文为主，兼有藏文和汉藏文对照件。循化厅藏文档案主要内容有：隆务寺、卡家寺、拉卜楞寺、边都沟、夕厂沟、崖漫工、街子工、双朋、狼家、尕塄、黑错、保安、江洛、卑塘、买吾等寺院、村庄的新旧昂拉、喇嘛、红布、老人、千百户等关于接收官府谕帖、分配地域、收抚番民的详文；请示奖赏、更换僧人的验文；处理寺院纠纷、宗教纠纷的关文；关于缴纳赋税，催收粮草、土地、财产的谕文；关于处理房屋、债务、婚姻纠纷的案件，缉拿逃犯、偷盗、抢劫、伤害案件的呈文及查勘山林地界、夏秋禾收成事的牒、关、奏、年岁统计、报告清册。④ 汉藏文对照件主要体

---

① 青海省档案馆编：《青海省档案馆指南》，青海人民出版社 2002 年版，第 29—30 页。
② 青海省档案馆编：《青海省档案馆指南》，青海人民出版社 2002 年版，第 30 页。
③ 青海省档案馆编：《青海省档案馆指南》，青海人民出版社 2002 年版，第 31 页。
④ 青海省档案馆编：《青海省档案馆指南》，青海人民出版社 2002 年版，第 30 页。

现在司法判决执照的制定上。比如光绪年间，在卡家与沙沟纠纷案中，官府发放给双方汉番合璧执照，有效地消弭了两造的纷争。① 循化厅司法档案中所记载的语言，因官府、差役和少数民族两造间身份的不同而体现出多样化的风格。譬如两造诉状多以河湟地区土话为载体，与"若准照番例番规者办，是杀了红布的血产靠头，着他们给的要哩，黑错亦要给我们分子哩"② 相似的表述较普遍。

2. 民族与宗教性突出，边疆区位特色显著

循化厅地处青藏高原与黄土高原交会处，在长期的历史进程中形成了以藏族为主，汉、回、撒拉、东乡、保安、土族等多个民族大杂居、小聚居的民族格局，以及藏传佛教、伊斯兰教、道教、苯教、山神信仰与其他民间信仰并存的文化形态。在实际的历史进程中，清朝对循化厅的统治，既有内地化的努力，如在部分地区推广了乡约、保甲制度；也存在浓厚的羁縻色彩，在土流参治的行政管理体制下，分封了为数众多的土司、土官、土把总为千百户，册封了为数不少的宗教领袖，尤其是藏传佛教的活佛。不同的生计模式、文化模式与社会组织形式，使该地区的经济、文化、司法等方面的内容与沿海和内地大不相同，而这些不同之处在司法档案中体现得更加明显。如司法档案所体现的纠纷，多为藏、回、撒拉、东乡、保安、土族等部落间或族际间的纠纷，汉民及与其他民族间的纠纷只占极少量的内容，寺院和宗教领袖对纠纷裁断影响较大。目前整理、出版的地方档案，如龙泉档案、巴县档案、南部县档案等档案，主要来自沿海与内地省份。这些档案所记载的纠纷，基本上是以汉族为主体，内容上有同质化的特征。冕宁县档案虽有关于汉、藏、彝族的纠纷等记载，但相关纠纷解决的依据多为内地通行的《大清律例》等律典，这与循化厅两造纠纷的法律适用规则有较大差别。如循化厅抢劫案件的法律适用，在部落间和族际间的差别很大。藏

---

① 《循化厅为卡加、沙沟争斗牒报事》，青海省档案馆藏，档案号：7—永久—2696。
② 《上买吾红布、老人等为却郡扎希被杀上的禀》，青海省档案馆藏，档案号：7—永久—2931。

族间、藏族与其他民族间经常发生的抢劫纠纷主要依据番例番规追赔罚服；在蒙藏抢劫纠纷中，除依番例番规罚服外，对挑起事端的首要分子等常依《西宁青海番夷成例》《蒙古律例》惩处，若发生重大抢劫案件，官府常依照以《大清律例》为代表的律例惩处重要的滋事之人。而藏族与回族、撒拉族、汉族抢劫案件适用的法律规则与蒙古族适用的法律规则又有所不同，主要以番例番规和以《大清律例》为代表的律例作为裁断的依据。

3. 司法档案特色最为鲜明与独特

清代循化厅档案内容多，类型复杂，而司法档案的数量最大且最具代表性。循化厅司法档案反映了汉藏交界的边疆地区，在多元民族交错杂居、多样文化与多重信仰并存的格局下，社会纠纷产生的根源、司法诉讼程序与裁决规则的独特性。

（1）从参与人群上分析，既有个体纠纷、部落纠纷、族际纠纷，也有宗教团体与世俗社会的纠纷

个体纠纷体现在不同民间个体的民事与刑事纠纷上。循化厅所辖之地，多为游牧及半农半牧地区，族际间往来频繁，因而部落内与族际间的个体纠纷也频繁发生。在这些冲突中，有四类司法诉讼最为典型：其一，劫夺汉回等行商财物的纠纷。行商之人往往深入藏区进行贸易，其所携带的财物便成了被觊觎的对象。如光绪二十七年的《为高泰成称赴古浪贸易被贼匪持械抢去银两请务获缉拿事致循化厅程》[①] 档案就反映了这种情况。其二，族内、族际间的婚姻纠纷。循化厅部族间通婚是常态，抗亲、抢亲、拐妻婚骗也时有发生。如同治十二年（1873）发生的李伏英悔婚案，内容涉及《为马双喜具控李伏英反婚一案》《为恳销马麦褥你告李伏英反婚另嫁案》等 15 件档案，分布在档案号 6—永久—206 和 6—永久—219 档案中。其三，部落间与族际间因界址而发生的抢劫牛羊、劫夺财物等

---

① 《为高泰成称赴古浪贸易被贼匪持械抢去银两请务获缉拿事致循化厅程》，青海省档案馆藏，档案号：7—永久—3893。

纠纷。如光绪二十七年的《为硪彦报在山牧羊被贼数人抢去牛羊财产请派兵役严密事致循化厅程》① 档案就反映了此种情形。其四，因借贷而发生的纠纷。如光绪二十五年李顺借刘名扬银二十五两的纠纷在《为不还借银反行控事》② 档案中有所体现。

循化厅纳入王朝国家政治秩序后，受羁縻政策的影响，原有的基层社会组织形式未从根本上改变，所谓"族、工、屯、寨"的保留就是鲜明的体现。受部落制度、宗教制度与宗教信仰等因素的影响，循化厅地方社会的集体责任色彩浓郁，因而部落间、族际间与宗教团体间的成员冲突，往往会演化成为旷日持久的群体纠纷。群体纠纷主要体现在四个方面：因争夺部落与人口而发生的冲突；因争夺草山、草场而发生的冲突；因抢夺牛羊等发生的冲突；因互伤人命而发生的冲突。③ 循化厅作为国家权力在地方社会的化身，就不得不在平衡部落权力、宗教权力与国家权力的基础上裁断，体现出多重文化模式与权力之间的多重博弈。

在群体性事件中，部落间与族际间冲突的案件，在循化厅司法档案中占有较大比例。如卡加与隆哇的冲突，除涉及争佃、抢劫、伤害、争夺草山和牛羊等方面，还涉及部落头人、寺院领袖等的调处、不同层级官府的裁判与意见，内容复杂。仅卡加与隆哇的争佃冲突，就涉及《南番卡加寺千户江洛昂为隆哇霸占属庄上循化厅的禀》（同治十二年五月十一日）、《循化厅为麻隆三庄仍归卡加千户管辖给麻隆等三庄头目的谕》（同治十二年五月廿六日）、《循化厅禀覆巡查南番情形并隆哇番案不服查究由》（同治十二年十月初十日）、《陕甘总督杨、青海大臣萨为查明寺院构衅械斗情形弹压解散按照番例断结折》（光绪十六年正月）、《甘肃布政使张、提刑按察使裕扎循化厅》（光绪十六年七月十七日）等档案，主要分布在档

---

① 《为硪彦报在山牧羊被贼数人抢去牛羊财产请派兵役严密事致循化厅程》，青海省档案馆藏，档案号：07—永久—3893。
② 《为不还借银反行控事》，青海省档案馆藏，档案号：07—永久—212。
③ 杨红伟：《近代甘青川边藏区的部落冲突与社会控制》，《北方民族大学学报》（哲学社会科学版）2018年第4期。

第七章　清代甘肃循化厅档案的保存、整理与研究 / 249

案号 6—永久—271、6—永久—350、7—永久—2944、7—永久—2965 等不同的卷宗中。

宗教集团的冲突往往规模较大，严重影响了地区的稳定。如拉卜楞寺与隆务寺间接与直接冲突的档案包含在《循化厅为不许擅自与拉卜楞寺械斗给隆务寺昂锁等的谕》（同治十三年十月初三日）、《隆务寺沙力仓格贵、昂锁为阿木掇乎抢劫牲畜上循化厅的禀》（同治十三年正月十九日）、《循化厅为弹压不准械斗事给隆务寺的谕》（同治十三年九月廿六日）、《黑错、德尔隆与买吾纠纷得调解方案》（光绪二十五年十二月廿六日）、《隆务沙力昂锁、三寺喇嘛、勒工众僧禀拉卜楞攻打黑错》（光绪十七年八月十六日）等不同卷宗的数百件档案中。内容涉及因争夺部落、人口、草山、草场而发生的冲突，也涉及抢夺牛羊、互伤人命等发生的冲突，还涉及争夺地区主导权等而发生的冲突。再如，隆务寺集团与河南蒙古的冲突的纠纷，涉及《青海大臣为隆务昂锁被蒙古所杀给循化厅的札》（光绪九年六月廿一日）、《循化厅营谕拉加寺活佛调节隆务、蒙古冲突》（光绪九年十月廿二日）、《那加寺香洒加哇仓管家为调解蒙古与隆务冲突的见证》（光绪十年八月初十日）、《隆务寺沙力仓新旧昂锁为蒙古郡王被抢上的禀》（光绪七年四月十四日）等百余件档案。其内容涉及抢夺人口与牛羊、争夺草山与草场、烧杀、械斗等方面。

（2）从纠纷裁断的参与主体上分析，民间调处和官方裁断特色鲜明

乡老、土官、宗教领袖等民间性机构或力量，主要通过调解或参与官府的审判解决两造纠纷。循化厅司法档案中所反映的两造纠纷，尤其是群体纠纷基本上由民间调解、官府认可的方式处断。如光绪二十五年，黑错、德尔隆与买吾的纠纷，是由古的仓工拭卜支格温包、军功马福祯、马有成、马锡麟、仁青、隆务新昂锁且朗周、旧昂锁多的、沙力工拭卜卧尕拉、十八昂欠工拭卜官巴、拉布塄皇仓捏力哇主乎捏、麻素乎干巴等民间力量参与调解，并达成和解方

案的。① 不过，民间力量参与的调解，与其他地区相比，实际情况更为复杂，往往是部落联盟、寺院集团间的一种或明或暗的斗争。如光绪七年，拉卜楞寺嘉木样愿意调解多哇与河南蒙古郡王的纷争是为了达到控制多哇的目的。② 官府对纠纷的审判，往往不得不依靠乡老、土官、宗教领袖等民间性机构或力量。这些民间性机构或力量因此得以成为官府审判的实际参与者，发挥着官方所不能具备的作用。官府根据法律的规定和时局状况，对清代循化厅两造纠纷的裁断，主要是一种强制性决定，但在一定程度上也是两造的合意表示，从而达到消弭两造纷争，维持国家政治秩序与地方社会稳定的目标。

（3）法律适用及程序有其独特性

循化厅纠纷的裁断面临国家的基本律典、民族特别法和"番例番规"等的选择。清政府曾想在该地区推行《大清律例》，但考虑到实际情况，只是有限度的推行。③ 为了加强统治，清政府专门为包括循化厅在内的青海等地区制定了《西宁青海番夷成例》，但该成例只有68条，规定粗疏，适用性不强。且清政府在族群隔离及"因俗而治"的治理政策下，各族群的"番例番规"得到了认可。如光绪年间藏族等部落纠纷致人死亡常纳命价。黑错、德尔隆与买吾纠纷的命价为"每命作价银一百五十两"，④ 尕济墩与银占木纠纷的命价

---

① 《黑错、德尔隆与买吾纠纷得调解方案》，青海省档案馆藏，档案号：7—永久—2925。
② 《嘉木样为多哇投顺给循化厅的禀》，青海省档案馆藏，档案号：7—永久—2714。
③ 《番民寻常命盗仍照番例办理原案》记载："雍正十一年间，经大学士鄂等会议，仅西宁办事大臣达鼎于蒙古例内摘选关系番民易犯条款，纂成番例，颁发遵行。声明俟五年后，再照内地律例办理。乾隆元年、五年、八年、十三年，节经奏请展现。嗣准刑部议覆：'番民僻处荒远，各因其俗，于一切律例素不通晓，未便全以内地之法绳之。不若以番治番，竟于夷情妥协。嗣后，自相戕杀命盗等案，仍照番例罚服完结，毋庸再请展现。'等因具奏。奉旨：'依议'。"（参见张锐智、徐立志主编：《盛京满文档案中的律令及少数民族法律》，载刘海年、杨一凡总主编：《中国珍稀法律典籍集成》（丙编第二册），科学出版社1994年版，第379—380页。）档案的记载反映了该状况。乾隆十三年，甘肃按察使顾济美条奏："夷汉互相犯命盗案件，仍照律例办理"。（参见《番民命盗，照番例完结，毋庸复请展现原案》，《中国珍稀法律典籍集成》（丙编第二册），第382页。）虽得到皇帝批准，但从档案中反映的汉族与藏、回、撒拉等少数民族的命盗案件，没有反映该特点，大多依照番例番规完结。
④ 《黑错、德尔隆与买吾纠纷得调解方案》，青海省档案馆藏，档案号：7—永久—2925。

为"大钱四百串文",① 而夕厂与木红三庄纠纷的命价为"命价小钱五百串,所议太轻,今议每命大钱五百串"。② 由于该地区民族众多,信仰多元,习俗差异也较大,所以在选择"番例番规"时面临困难,导致其纠纷又呈现出在国家权力与部落权力、宗教权力相互博弈的动态过程中加以调适的特点。

总之,循化厅民众纠纷的呈控与裁断随循化厅行政体制的变化而变化,相关裁断的程序有鲜明的地域性与民族性特征。这些都是清代统治民族地区"因俗制宜"、"因时制宜"时的灵活选择,也是循化厅既为清代地方一般行政机构,兼具抚番府管理民族事务机构的灵活选择。

(三) 循化厅档案的价值

循化厅档案数量大、特色鲜明,极具研究价值。该档案的性质主要属于民族档案,边疆性与宗教性特色突出,它不仅是法律史研究,也是政治史、经济史、民族史、宗教史、社会史、区域史研究的上佳文献资料,具有极高的史料价值。

该档案中比重最大、最具特色的为司法档案。其反映了汉藏交界的边疆地区,在多元民族交错杂居、多样文化类型与多重信仰并存的格局下,社会纠纷产生的根源、司法诉讼程序与裁决规则的独特性。对循化厅档案的整理与研究,不仅可以为学术界的研究打开一个陌生世界的窗口,提供一个独特的标本,还有助于研究清朝边疆民族地区司法纠纷的诉讼程序、解决机制,民族法观念,以及国家法与习惯规范在司法领域中的适用等问题。该档案展现了边疆民族交错杂居地区社会纠纷与个体纠纷的复杂性和独特性,揭示了蕴含在纠纷解决机制背后的运行规则及多重文化模式。通过相关研究,从中总结纠纷及纠纷处断的规律与特点,总结经验和教训,为新时

---

① 《循化营参府刘为尕济墩、银占木冲突致循化厅得移》,青海省档案馆藏,档案号:7—永久—2940。
② 《撒拉头目为夕厂、木红争夺草山案承保具状》,青海省档案馆藏,档案号:7—永久—2718。

代条件下，党和国家构建和谐的民族地区社会秩序提供有益的历史借鉴。

三　循化厅档案的研究

循化厅档案最近十余年才引起学界的关注。杨红伟最早利用其撰写了《循化藏区权力运作机制的文化考察》博士学位论文，[①] 在此基础上撰成专著《清朝循化厅藏族聚居区之权力机制》。[②] 该书从文化认同的视角论述了循化藏区部落权力、宗教权力与国家权力在纠纷裁断中的互动与博弈。

在杨红伟的影响下，相关研究逐步推进，主要以胡小鹏、马成俊、阮兴、张科、高晓波、李守良及杨红伟的硕博士生等人从事相关研究。研究成果主要表现在：

（一）项目

2019年，杨红伟任首席专家的教育部哲学社会科学研究重大课题攻关项目"清代循化厅民族司法档案整理与研究"（批准号：19JZD041）获准立项。杨红伟的"知识与秩序：甘肃循化厅藏区权力机制研究（1709—1911）"（批准号：10JHQ031）获得2010年度教育部哲学社会科学研究后期资助项目。杨红伟的"清朝循化厅国家政权建设与多元民族社会治理"（批准号：18LZUJBWZD005）获得2018年度兰州大学重点资助项目。2019年，李守良的"清代循化厅民族地方的纠纷裁断与秩序研究"（批准号：19XMZ014）获得国家社会科学基金西部项目。这些项目利用循化厅档案从权力机制、社会治理、纠纷裁断和档案整理等方面展开，取得了可喜的成果。

[①] 杨红伟：《循化藏区权力运作机制的文化考察》，博士学位论文，兰州大学，2008年。
[②] 杨红伟：《清朝循化厅藏族聚居区之权力机制》，高等教育出版社2015年版。

（二）研究成果

以循化厅档案为基本材料的研究成果主要体现在：

1. 行政管理体制方面

宁宇在《清代循化厅管理体制研究》一文中认为，清政府对于循化地区的治理，一方面将其纳入国家正式行政体系，设同知、主簿等地方官员；另一方面又采用因俗而治的策略，任命当地的部族头目为土司、千百户等土官，赋予其一定政府统治下的自治权力。此外，清政府默许了宗教权威力量在循化厅的社会管理体制中占据一席之地。三种力量在对循化厅的管理过程中不断博弈，既相互依存又相互制约。土官虽大多由政府任命，实现了政府对各部落的有效管辖，但也从而分散了政府的权力。宗教本来只是政府借以教化安定蒙藏人民的，却也因此而削弱了政府自身的权威。权力分散的加剧使得政府只得依靠军事恫吓与镇压的强制力维持其统治。[①] 杨红伟在《沙沟总管设置与清代循化厅所辖藏区族群政策》一文中认为，清朝在"中外无别"、"华夷一家"民族观指导下，继承与扬弃前代少数族群羁縻制度，实施流官监领下的土官有限自治。这对维护多族群国家的统一与缓和族群冲突起到了积极作用。然而，由于清朝在羁縻制度框架内大力推行少数族群分立与制衡政策，不仅阻碍了区域社会内族群认同的整合，还加剧了区域社会内部的紧张关系，为持续不断的族群内部冲突埋下了祸根。光绪元年（1875）沙沟总管的设置，既为观察清代少数族群治理的分立与制衡政策提供了一个动态的过程，也提供了一个便于观察的动态场景。[②] 冯国昌的《光绪朝循化厅祭祀体系研究》，以"循化厅档案"为史料核心，以晚清为时间断限，试图展现国家对于边疆祭祀体系的框架建构，并挖掘祭祀体系之下所体现的王朝国家权威不断对新纳土之民的渗透过程及其边疆区域国家意识的形成过程。[③] 高莉在《隆务昂锁所辖份考

[①] 宁宇：《清代循化厅管理体制研究》，硕士学位论文，辽宁大学，2009年。
[②] 杨红伟：《沙沟总管设置与清代循化厅所辖藏区族群政策》，《史学月刊》2012年第12期。
[③] 冯国昌：《光绪朝循化厅祭祀体系研究》，硕士学位论文，兰州大学，2018年。

述》一文中认为,"热贡十二族"作为隆务昂锁管辖部落的主体,在历史演变过程中,族份不断增多,但由于历史传统与地望的原因,仍称谓"热贡十二族",但其构成却已发生了显著的变化。在这一历史现象背后所揭示出来的血缘关系、世俗权力、宗教信仰、安全威胁乃至国家权力,虽然在不同时期各自呈现出核心作用,但总的来说,各种因素的交相为用,则是造成隆务政教集团,抑或隆务昂锁所辖族份变化的综合因素。①

2. 教育

王恩波在《清代循化厅义学探析》一文中认为,清朝通过建立义学等一系列措施,推动了当地文化的发展,并促进了民族交流与融合,在一定程度上实现了对于该地区的有效管辖。但通过义学在循化厅内培养各族居民之间共同的思想感情以维系社会稳定的行动在藏传佛教、伊斯兰教文化张力的影响下举步维艰,并未能有效地辅助国家文化权力在区域社会中发挥应有的作用。②王恩波在《进身之始——光绪年间循化厅县试》一文中认为,循化厅县试的推行旨在移风易俗并借此强化对循化厅少数民族的统治。但由于经济、语言、地理环境和风俗等的影响,县试参加人数较少,没有达到预期的效果。③王恩波的《清代循化厅官学人员生计状况考察》一文,以儒学训导为首的官学人员是清朝在循化厅推行教化的重要推动力量,但是其本身地位的低下加之循化厅地处偏远,战乱频生,造成了循化厅官学人员生计艰难,也直接影响到了他们的职业威望以及教学质量。循化厅档案为考察该地区官学人员的生计问题提供了数量化景象,与此同时,艰难的生计使得他们不得不另谋出路,削弱了其在基层社会榜样示范作用的同时,也对清朝在循化厅地区推行文化专断产生了负面作用。④

---

① 高莉:《隆务昂锁所辖族份考述》,《青海民族研究》2015年第3期。
② 王恩波:《清代循化厅义学探析》,《内江师范学院学报》2018年第7期。
③ 王恩波:《进身之始——光绪年间循化厅县试》,《文山学院学报》2018年第4期。
④ 王恩波:《清代循化厅官学人员生计状况考察》,《甘肃广播电视大学学报》2018年第4期。

第七章　清代甘肃循化厅档案的保存、整理与研究 / 255

3. 经济

余开亮的《清代晚期地方粮价报告研究——以循化厅档案为中心》一文，主要利用循化厅档案研究清代晚期粮价报告制度在地方的实际执行情况。通过循化厅斗行所报告的粮价清单，梳理了循化厅粮价报告形式和内容的规范化过程；通过循化厅与上级官员关于粮价报告的往来公文，揭示了布政使作为地方和中央粮价信息传导枢纽的关键作用。布政使负责汇总通省厅县的粮价再由督抚上奏皇帝，同时编制粮价细册上报户部，布政使对府县粮价报告的督促和查核对粮价报告制度的执行至关重要。① 杨红伟、苗虹瑞在《清代循化厅土地契约文书与土地交易》一文中认为，清代循化厅土地交易主要源于土地使用不便和家庭缺少用度，因而导致以绝卖为主的土地交易类型，呈现出土地交易不够频繁，小规模分散交易的特点。受山多地少等自然环境的影响，清代循化厅土地交易主要是在村级土地市场进行，且宗法色彩更为浓厚。与其他地区相比，循化厅土地交易价格的剧烈涨落，则反映了清朝多元边疆民族社会的频繁失序。② 彭南生、苗虹瑞在《光绪朝循化厅田赋征收与民众负担》一文中认为，尽管清朝对循化厅向来实施"轻徭薄赋"之策，但受人口流散、土地荒芜等因素影响，田赋积欠严重，只能寄希望于国家蠲免。田赋蠲免则有效地减轻了田赋负担，促进了生产恢复与发展，反映出清政府在循化厅田赋征收中的务实性与灵活性，具有一定的积极意义。③

4. 乡约、乡老、歇家等研究

李稳稳在《清代甘肃循化厅乡约研究》一文中认为，循化厅乡约自雍正设立后行政化的趋势日渐显著，乡约制度具有与内地社会迥异的特色。除了设置之初即被赋予浓厚的行政职能外，循化厅乡

---

① 余开亮：《清代晚期地方粮价报告研究——以循化厅档案为中心》，《中国经济史研究》2014 年第 4 期。
② 杨红伟、苗虹瑞的《清代循化厅土地契约文书与土地交易》，《青海民族研究》2018 年第 4 期。
③ 彭南生、苗虹瑞：《光绪朝循化厅田赋征收与民众负担》，《青海民族研究》2020 年第 2 期。

约的司法职能和宗教职能也较为突出。乡约制度的推行是清政府管理西北少数族群地区的一次成功尝试，强化了清朝对西北边疆地区的管控和治理，促进了国家政权的下沉和延伸。① 在其硕士学位论文的基础上，《清代乡约制度在甘肃循化厅的推行》② 和《清代甘肃循化厅乡约职能探析》③ 两篇文章分别就乡约制度的推行与职能等问题进一步深化。米龙在《清代循化厅藏区乡老角色研究》一文认为，乡老角色的人员构成复杂，活佛高僧、寺院教职、部落头人、军功人员、军职人员等多个群体都可成为乡老角色的扮演者。其在地方社会内部或依靠宗教势力，或依靠国家强力，或依靠部落制度的遗留，成为权威型人物。乡老角色通过当乡调解部落间的冲突与斗争，以讲和、评估损失、和解作保、收兑赔偿等多种形式作为调解和阻止冲突的手段。各群体扮演乡老角色时，发挥的效能有很大不同，将其放入循化厅特殊的权力运作机制和文化背景下就能清晰地理解这一现象的原因。④

储竞争在《羁縻抚奴之道：清代循化厅基层社会治理中的乡约与歇家》一文中认为，由于受传统族群观影响及统治成本的制约，清政府对循化厅地区的统治政策仍以"羁縻"为主。针对循化厅内不同区域的文化社会特征，清政府采取灵活的羁縻政策分设乡约、歇家，并赋予其多样的政府职能以实现国家权力对基层社会的渗透与控制。乡约与歇家的设置虽然有利于国家权力的下移与展现，但同时也阻断了国家与民众的直接联系，分割了国家认同的资源，导致国家政治权威合法性的缺失。⑤

杨红伟在《藏边歇家研究》一文中认为，藏边歇家兴起于明代日益扩大的族群贸易，兴盛于清代，余绪延及 20 世纪五十年代。以地域而言，藏边歇家可分为边内歇家与边外歇家。边内歇家因其赢

---

① 李稳稳：《清代甘肃循化厅乡约研究》，硕士学位论文，兰州大学，2015 年。
② 李稳稳：《清代乡约制度在甘肃循化厅的推行》，《青海民族研究》2016 年第 1 期。
③ 李稳稳：《清代甘肃循化厅乡约职能探析》，《历史档案》2017 年第 3 期。
④ 米龙：《清代循化厅藏区乡老角色研究》，硕士学位论文，兰州大学，2014 年。
⑤ 储竞争：《羁縻抚奴之道：清代循化厅基层社会治理中的乡约与歇家》，《青海民族研究》2019 年第 1 期。

利手段与营业内容可分为官方的粮歇家与官、私商歇家两种类型。藏边歇家因起始营业范围及受政府管制、地域文化影响等不同,具有迥然不同的发展方向与历史命运。尽管如此,各藏边歇家借助于特殊的语言媒介机制,在藏边贸易、社会治理等方面均发挥着积极的推动作用,促进了藏边族际的互动与交流。① 高晓波在《从档案史料看"歇家"的司法功能》一文中认为,"歇家"通过各种方式介入司法领域,并拥有相应的司法职能。"歇家"与"歇役"职能有所不同,"歇家"通过赋税征收间接地介入司法领域,"歇役"则直接参与司法活动。"歇家"并不是通过"职役"的身份介入司法领域的,除了利用其赋役征收和提供食宿服务功能延伸到司法领域之外,还通过"夹禀"的方式间接地介入司法领域。政府在司法实践中依靠"歇家"通过"夹禀"的方式传递信息,一方面,"歇家"可以得到官方颁给的通行民族各地区的执照;另一方面也能间接地介入司法领域,趁机干涉纠纷解决的司法权,从中获取利益。②

5. 司法

清代循化厅藏区的权力机制与社会秩序问题的研究,主要涉及循化厅藏区的权力类型、权力机制运作及其与社会秩序的关系。代表性成果有杨红伟的《清朝循化厅藏族聚居区之权力机制》一书。该书主要从循化厅藏族聚居区的社会与历史、循化厅藏族聚居区的权力类型、权力与资源交换、权力机制与循化厅藏族聚居区的知识与秩序及演进、建构与社会秩序等几方面,分析了循化厅辖境内的部落冲突、寺院集团冲突及其调处过程中国家权力、宗教权力、部落权力的博弈,揭示蕴涵在其背后的政治文化知识与地方性知识的差异所造成的社会秩序失范问题。③

循化厅部落纠纷及其解决的研究,主要涉及部落纠纷的类型、部落纠纷解决机制等问题。杨红伟在《晚清循化厅所辖藏区的部落冲突与演进》一文中认为,基于恶劣的自然环境条件对生存的威胁,

---

① 杨红伟:《藏边歇家研究》,《江汉论坛》2015年第3期。
② 高晓波:《从档案史料看"歇家"的司法功能》,《山西档案》2015年第3期。
③ 杨红伟:《清朝循化厅藏族聚居区之权力机制》,高等教育出版社2015年版。

部落冲突是部落关系的基调。持续冲突造成的安全危机，导致部落间超越血缘关系的地域联盟与寺院核心大联盟出现。①杨红伟在《近代甘青川边藏区的部落冲突与社会控制》一文中也认为，近代甘青川边藏区由于资源匮乏，导致部落冲突成为部落间关系的常态，常通过各种形式的财物补偿得以解决，社会由无序走向有序。这些以直接行动为主的私力救济与部落的集体责任成为其社会控制的显著特色。②阮兴的《清末甘南藏区部落纠纷解决形态研究——以光绪十六年卡家与沙沟的争佃冲突为中心》一文，通过个案研究，认为当地的这种部落纠纷解决形态，既非严格意义的调解，也非严格意义的官府审判，其实质可视为具有"首唱——唱和"结构的"约"的规范秩序形成。③高晓波的《官方参与下清代藏族部落纠纷解决机制——基于光绪朝甘青藏区卡家与沙沟争佃纠纷案例的分析》一文，以个案为视角分析了官方参与下清代藏族部落纠纷解决机制。官方以"谕饬"或"以兵弹压"的方式制止部落间的械斗，并对于一些涉及多个行政区域的纠纷案件，官方联合审理，且主要以调解方式解决；官方在裁判藏族内部纠纷时会援引以前的判定标准，且会借助民间权威协助具结案件；藏族内部纠纷解决后，官方有催缴纠纷各方的赔偿款和应对其案件复发的义务。④马成俊在《晚清循化厅藏族部落纠纷的解决形态》一文中认为，在官府判决过程中，乡老讲息两造纷争，形成评议，官府以此为基础断结纠纷。这一纠纷解决形态从根本上来讲是由当地社会结构与文化传统决定的。⑤阮兴的《治狱与治边：晚清循化厅的藏族部落纠纷审判》一文认为，晚清循化厅对藏族部落纠纷的审判，以理讼和抚治边疆为目的，通常以法

---

① 杨红伟：《晚清循化厅所辖藏区的部落冲突与演进》，《中国藏学》2010年第4期。

② 杨红伟：《近代甘青川边藏区的部落冲突与社会控制》，《北方民族大学学报》（哲学社会科学版）2018年第4期。

③ 阮兴：《清末甘南藏区部落纠纷解决形态研究——以光绪十六年卡家与沙沟的争佃冲突为中心》，《中国边疆史地研究》2017年第2期。

④ 高晓波：《官方参与下清代藏族部落纠纷解决机制——基于光绪朝甘青藏区卡家与沙沟争佃纠纷案例的分析》，《西北师大学报》（社会科学版）2015年第4期。

⑤ 马成俊：《晚清循化厅藏族部落纠纷的解决形态》，《中国边疆史地研究》2020年第4期。

律规范为基准,有时也依法酌情判决,有时还依据具体情况变通。这在一定程度反映了传统藏族聚居区部落纠纷解决方式发展的状况、趋向及其社会秩序的形态、法律秩序中地方与国家的复杂关系。①

循化厅民族纠纷及其解决的研究,主要涉及循化厅民族纠纷解决的原则、类型、机制、民间诉讼及官方处理诉讼的策略等问题。张蓉的《晚清循化厅社会纠纷解决机制》博士学位论文,在论述"细故"案件、藏、撒拉、回、汉等族重案的基础上,论述了蒙藏部落纠纷与解决机制等问题。②

李守良的《清末甘肃循化厅少数民族诉讼策略探析》一文认为,清末循化厅少数民族两造采用的诉冤、谎状与缠讼是比较典型的诉讼策略,依靠寺院等靠山是其常规做法,逃避、抗不赴讯是其逃避责任的惯常手段。③ 马成俊的《清末甘肃循化厅应对少数民族诉讼策略探析》一文分析了循化厅针对少数民族两造诉冤、谎状与缠讼及抗不赴讯的诉讼策略而采取的相应听讼措施。④ 胡小鹏、高晓波的《"角色理论"视野下藏边民族纠纷解决新探》一文,以循化厅藏区为例,在角色理论视野下研究了藏边民族纠纷解决按互补、递归、阶梯的原则进行分配,归结为谕饬型、治疗型、判断型、辅助型、具结型五种类型。⑤ 高晓波的《晚清藏边民族纠纷解决中的角色职能析论——以光绪年间循化厅所辖藏区为例》一文,以光绪年间循化厅所辖藏区为例,得出在民族纠纷解决中,直接参与的角色分配对象有循化厅之下属抚番府、营、县、营汛、司、所,还有寺院领袖及乡老等民间力量。按其角色职能进行归类,可以分为谕饬、讲说、弹压;勘查、缉捕、调兵;研讯、保释、鉴结。这些角色职能同时

---

① 阮兴:《治狱与治边:晚清循化厅的藏族部落纠纷审判》,《中国边疆史地研究》2021年第2期。
② 张蓉:《晚清循化厅社会纠纷解决机制》,博士学位论文,兰州大学,2021年。
③ 李守良:《清末甘肃循化厅少数民族诉讼策略探析》,《中国边疆史地研究》2017年第2期。
④ 马成俊:《清末甘肃循化厅应对少数民族诉讼策略探析》,《中国边疆史地研究》2017年第2期。
⑤ 胡小鹏、高晓波:《"角色理论"视野下藏边民族纠纷解决新探》,《西北师大学报》2010年第6期。

也可以反映出民族纠纷解决的基本程序。① 高晓波、张科的《论清代青海民族纠纷解决与社会控制》一文,以循化厅档案为基本史料,论述了青海民族纠纷解决中的社会控制,并将其分为罚服控制、调解控制、救助控制、弹压控制四种类型和以习惯法为主、民间诉诸官方、官方依赖于民间的三种方式。② 高晓波的《论晚清时期官方参与下蒙藏民族纠纷解决机制》一文,从个案出发,对官方参与下的晚清循化厅蒙藏民族纠纷解决机制从三个方面探讨:第一,官方处理蒙藏民族互抢的纠纷时,一般依据番例番规罚服;第二,纠纷中,官方在"抑藏扶蒙"的思想指导下,以"质对"的方式解决纠纷;第三,蒙藏民族纠纷解决中,蒙古族可以越级上控,官方多采取两造堂讯的制度解决。③ 高晓波的《论晚清时期官方参与下蒙藏民族纠纷解决机制——以河南蒙古郡王与隆务寺、多哇族的纠纷为例》④ 和《晚清官方参与下甘青藏区群体纠纷解决机制——基于查汉大寺撒拉回与尕楞寺藏民纠纷案例的分析》⑤ 两篇文章,从个案的视角出发,也得出相似的观点。

涉及循化厅的中外纠纷案件,主要是保安教案的处断。董孟琦的《晚清甘肃地方政府对保安教案的处置》一文,运用循化厅档案,翔实地论述了地处边疆民族地区独特的区域社会结构之中,因文化与宗教信仰的冲突所导致的教案,在拖延9个月后,方以追还赃物等名目结案。透过甘肃各级地方政府所代表的国家权力与传教士、区域社会传统政教势力的多重博弈,可以看到,面对传教士,甘肃各级地方政府,不得不接受弱国无外交的现实;面对"南番"传统

---

① 高晓波:《晚清藏边民族纠纷解决中的角色职能析论——以光绪年间循化厅所辖藏区为例》,《西藏大学学报》(社会科学版) 2011 年第 1 期。
② 高晓波、张科:《论清代青海民族纠纷解决与社会控制》,《青海民族研究》2013 年第 2 期。
③ 高晓波:《论晚清时期官方参与下蒙藏民族纠纷解决机制》,《青海民族大学学报》(社会科学版) 2014 年第 3 期。
④ 高晓波:《论晚清时期官方参与下蒙藏民族纠纷解决机制——以河南蒙古郡王与隆务寺、多哇族的纠纷为例》,《藏学研究》2014 年第 3 期。
⑤ 高晓波:《晚清官方参与下甘青藏区群体纠纷解决机制——基于查汉大寺撒拉回与尕楞寺藏民纠纷案例的分析》,《云南民族大学学报》(哲学社会科学版) 2013 年第 5 期。

第七章　清代甘肃循化厅档案的保存、整理与研究　/　261

政教势力，同样需要考虑国家政权建设不足、国家权力影响不足、权威性不强导致的国家效能低下。而参与案件处理的各级官员，尚不具备探索管理传教士有效方式的能力，与因势利导地探索藏边社会宗教世俗化可能性途径的主动性。[①]

循化厅寺院纠纷及其解决的研究，主要涉及寺院纠纷的起因及其与当地社会秩序的关系等问题。杨红伟在《近代循化厅藏区寺院竞争的文化策略及影响》一文中认为，近代循化厅藏区的拉卜楞寺与隆务寺两大宗主寺，在宗教竞争中，采取积极的寺院教民身份认同、知识制造与宗教仪式强化的文化策略，强化了信众对寺院的归属感与认同感。随着寺院教民身份认同超越世俗的身份认同，区域社会的权力结构便发生了根本性的改变，宗教权力超越部落权力，由此宗教对纠纷解决起到至关重要的作用。[②] 阮兴的《晚清安多藏区的寺院与社会纠纷——以同治、光绪年间卡加与隆哇的冲突为例》一文，通过个案研究，对纠纷起因、过程的考察，揭示各种社会力量之间的复杂纠葛关系，并探讨了寺院对当地纠纷及其解决所产生的作用与影响。[③]

循化厅的法律适用及司法实际的研究，主要涉及纠纷解决依据的规范、当地司法实际运作状况等问题。李守良在《清末循化厅抢劫案件法律适用问题探析》一文中认为，抢劫案件主要依据"番例番规"追赔罚服，对挑起事端的首要分子等常依《蒙古律例》惩处。若发生重大抢劫案件，官府常依照以《大清律例》为代表的律例惩处重要滋事之人。这是基于官府在"因俗而治"理念下，针对多族群杂居状况下各守各界及维持势力均衡的考虑。[④]

阮兴在《清末甘南藏族聚居区的法与社会秩序——基于光绪年间黑错与买吾的冲突为个案》一文中认为，清末甘南藏族聚居区，

[①] 董孟琦：《晚清甘肃地方政府对保安教案的处置》，硕士学位论文，兰州大学，2018年。
[②] 杨红伟：《近代循化厅藏区寺院竞争的文化策略及影响》，《青海民族研究》2015年第2期。
[③] 阮兴：《晚清安多藏区的寺院与社会纠纷——以同治、光绪年间卡加与隆哇的冲突为例》，《江汉论坛》2017年第3期。
[④] 李守良：《清末循化厅抢劫案件法律适用问题探析》，《中国边疆史地研究》2021年第2期。

番例、寺规、官谕与评议等适用于当地的、广义上的"法",都不足以获得一种稳定的社会秩序。当地的社会秩序实际上是通过部落、寺院、官府及乡老等不同的组织或主体围绕"约"的行动,而呈现出一种对抗与整合的动态。① 李守良在《因俗而治下的司法判决执照论析——以清末循化厅少数民族诉讼为视角》一文中认为,清末循化厅处断少数民族两造纠纷时所颁发的执照是确定两造产权纠纷及赔付标准的最重要依据,明确了两造的权利与责任,肯定了执照在消弭两造纠纷、稳定社会秩序方面的积极作用。② 高晓波在《近代藏边民间司法职能探析——以甘青藏族聚居区为考察中心》一文中认为,民间司法职能分配主要在寺院、部落头人、民间个人或团体之间进行分配。这种局面的形成,除与经济利益密切相关外,也是国家与其积极互动的结果。一方面,国家希望在其行政权力无法完全控制地方,通过民间组织代行其权力加以完成;另一方面,民间的组织也希望通过这种寄生于国家权力的方式而牢牢地抓住司法职能,从而在根本上获得其司法职能所带来的利益。③ 杨红伟在《法律、习俗与司法实践:晚清循化厅藏区部落纠纷的解决》一文中认为,晚清循化厅藏区部落纠纷解决中法律、习俗与司法实践的状况,反映了藏族部落传统纠纷解决方式的多样性以及区域社会法律秩序的复杂形态。④ 张科在《晚清少数民族赔命价管见——以清代循化厅司法档案为线索》一文中认为,晚清循化厅藏区部落、民族间因争山等致人死亡,往往在考虑身份的情况下采取一命抵一命原则确定双方人命的短长后按照番例番规赔付命价,这有利于消弭两造间的纷争,

---

① 阮兴:《清末甘南藏族聚居区的法与社会秩序——基于光绪年间黑错与买吾的冲突为个案》,《青海民族研究》2016 年第 1 期。

② 李守良:《因俗而治下的司法判决执照论析——以清末循化厅少数民族诉讼为视角》,《青海民族研究》2017 年第 3 期。

③ 高晓波:《近代藏边民间司法职能探析——以甘青藏族聚居区为考察中心》,《青海民族研究》2017 年第 2 期。

④ 杨红伟:《法律、习俗与司法实践:晚清循化厅藏区部落纠纷的解决》,《中国藏学》2019 年第 4 期。

稳定社会秩序。①

　　循化厅两造纠纷适用的法律程序，有一般的法律程序，也有基于多民族杂居特点的边疆区域的创新。高晓波的《试论近代藏边社会纠纷解决中的司法实践——以甘青藏族聚居区为考察中心》一文，主要依据循化厅档案资料论述了纠纷解决的呈控、传讯、堂讯、拘押、具结的一般司法程序及发放执照制度等创新司法制度，并论及通过三方面维护司法审判结果：一是通过销案制度进一步巩固司法审判结果，二是推行赔偿兑现制度防止案件复发，三是运用赎买制度促使案件的具结。②

　　官府与民间力量在循化厅民族地方纠纷解决与秩序形成中的作用，主要关注的研究对象为乡老、承保人、歇家等。米龙的《清代循化藏区乡老的角色研究》、李稳稳地《清代甘肃循化厅乡约研究》、杨红伟、欧麦高的《清代甘肃省循化厅歇家研究》③、孟小良等的《青海歇家介入司法领域的方式探究——以清代青海循化厅档案为中心进行考察》④论述了乡老、歇家调查案件、调解社会纠纷的职能。专文论述官方与民间力量司法职能的论文，主要有：阮兴的《晚清边疆少数民族聚居区刑案中的承保人——以清代循化厅为研究区域的考察》一文，对晚清循化厅刑案中保人大量存在的原因、承保人的来源与产生方式、承保人的取保类型及其职责、承保人对案件的调解及其作用与目的等问题进行了深入的论析。⑤李守良在《乡老与晚清循化厅藏区部落纠纷的诉讼审判》一文中认为，在晚清循化厅藏区部落纠纷的诉讼审判中，官府对部落纠纷的审判，往往不得不借助与依靠乡老的力量。乡老成为官府审判的实际参与者，并

---

　　① 张科：《晚清少数民族赔命价管见——以清代循化厅司法档案为线索》，《中国藏学》2020年第2期。
　　② 高晓波：《试论近代藏边社会纠纷解决中的司法实践——以甘青藏族聚居区为考察中心》，《青海民族研究》2015年第3期。
　　③ 杨红伟、欧麦高：《清代甘肃省循化厅歇家研究》，《青海民族研究》2013年第4期。
　　④ 孟小良、韩学俊：《青海歇家介入司法领域的方式探究——以清代青海循化厅档案为中心进行考察》，《青海民族大学学报》（社会科学版）2020年第4期。
　　⑤ 阮兴：《晚清边疆少数民族聚居区刑案中的承保人——以清代循化厅为研究区域的考察》，《青海社会科学》2018年第5期。

在其中发挥了重要作用。① 高晓波在《晚清官方参与下甘青藏区群体纠纷解决机制——基于查汉大寺撒拉回与尕楞寺藏民纠纷案例的分析》一文中认为,晚清时期甘青藏区社会激烈变动,官方、寺院、部落权力彼此消长、交错并行,使得民族之间的交往更加频繁,同时也伴随着民族之间的群体冲突。以循化厅所辖藏区内查汉大寺工撒拉回民与尕楞寺藏民的纠纷及其解决过程分析可以看到,官方参与下的甘青藏区的群体纠纷解决机制主要为:官方处理民族群体纠纷时,尤其是在回藏民族杂居区又是回族的聚居区内,在选择民间调解人时,以当乡调处,但很少选择乡约进行调解;官方解决藏区内民族纠纷时,以"番目"当乡,按照"番例、番规"办理,同时也会采取历史与现实相结合的灵活变通手段;官方常常以"官民互动"的方式促进纠纷的有效解决。②

结　　语

学术界利用循化厅档案资料进行的研究,已经初步取得一些成果。这些成果为传统中国的经济、文化、司法纠纷解决与秩序形成等方面的研究,提供了一个信息量极为丰富、有别于内地、沿海的地方样本,可以为学术界探讨清代多民族聚居区"因俗而治"下的土流参治的管理体制,以畜牧业为主,以农耕为辅的经济形势下的行政管理、经济、宗教、文化及传统中国基层纠纷与秩序形成等问题提供新的视野,贡献新的认识。

虽相关整理与研究取得了一些初步成果,但在以下方面还有进一步研究的必要:

第一,对相关档案的汇集、重新编目与编排,以代表性、完整性、特殊性等为原则,整理出"清朝循化厅档案选编",重点关注经

---

① 李守良:《乡老与晚清循化厅藏区部落纠纷的诉讼审判》,《青海社会科学》2018 年第 2 期。
② 高晓波:《晚清官方参与下甘青藏区群体纠纷解决机制——基于查汉大寺撒拉回与尕楞寺藏民纠纷案例的分析》,《云南民族大学学报》(哲学社会科学版) 2013 年第 5 期。

济、文化、司法等方面的内容。在编纂时要以事件为中心，以时间为纵轴，将散布在不同卷宗的同一个事件集中起来，并选取典型性事件根据类型加以编排。

第二，相关研究要对史料进一步的挖掘，突破个案的研究，对档案所展现的经济、文化、司法等内容与专题进行整体性的考察。

第三，有关纠纷的法律适用问题的研究。循化厅纠纷的法律适用，面临多种番例番规与番俗、《西宁青海番夷成例》《蒙古律例》《大清律例》的适用问题。针对不同的民族及不同的案件相关适用规则多有变化，这需要细致考察，力图正确理解与认识当地解决纠纷依据规则的规律与特点，并进一步探究相关的原因。

第四，纠纷解决与秩序维持的主体的研究。分析乡老、土官、宗教领袖等民间性机构或力量，参与循化厅藏区纠纷解决与秩序建构的主要方式、方法、依据及其运行机制与实际效果，以及与全国其他地区纠纷解决与秩序形成的民间性主体相比，有何异同，进而探讨隐含在其间的制度性、文化性与宗教性因素，及其裁断过程中所依据的规范。官府审判的性质、官府判决内容的依据、官府审判的实效及其原因分析，与全国其他地区相比，有何异同，特别是在与部落权力、宗教权力等地方势力的博弈中，边疆民族社会治理方面的政治考量如何在实践中影响其审判。实际上，在纠纷处理与秩序形成的过程中，官方审判往往不得不借助与依靠民间主体或机构，民间主体或机构成为官府审判的实际参与者，并在其中发挥重要作用。民间主体或机构在调处纠纷时，也往往有官方的影响、干预与意志体现，官方往往利用民间调处来建构与维持地方秩序。从这个意义上讲，官方审判在性质上往往并非纯粹的强制性决定，民间调处在性质上也往往并非纯粹的自愿合意表示。因此，有必要依靠具体的诉讼材料对官方审判、民间调处，以及官方审判与民间调处的结合部进行重新考察，力图全面了解、把握传统中国乡村社会纠纷解决与秩序形成实际存在的结构形态。

第五，在西北和全国视域内进行比较研究，从而更好地彰显循化厅行政管理与体制、经济、文化的特色，尤其是司法中的纠纷内容、适用规律、纠纷裁断与秩序形成的民族性、宗教性与边疆性等特点与规律。

总之，对循化厅档案的整理与研究，不仅可以为学术界的研究打开一个陌生世界的窗口，提供一个独特的标本，还为研究清朝边疆民族地区经济、文化、司法等方面提供了翔实的依据，从而总结特点与规律，探究经验与教训，以期为现今的民族发展提供可适用的历史借鉴。

第八章 清代内蒙古土默特档案的保存、整理与研究

　　档案是人们在各种社会活动中直接形成的原始记录，依形成主体不同而具有不同性质。地方官府档案是以各级官府为主体形成的历史资料。[①] 20 世纪上半叶以来，地方官府档案的整理和研究，受到越来越多学者的注意。其中淡新档案、巴县档案、宝坻县档案、南部县档案、冕宁县档案、龙泉司法档案的挖掘、整理和研究，都取得了令人瞩目的学术成就，在很大程度上推动了人们对中国地方社会运作状况的认识与理解。

　　清代以来，清廷设置盟旗、道厅等行政机构管理内蒙古地区蒙汉民众。因应地方事务管理需要，在内蒙古各地蒙旗衙门形成了大量档案文书，目前大多保存于内蒙古自治区档案馆以及各个旗县档案馆。近些年来，这些蒙旗衙门档案逐渐引起学界重视。目前得到较多整理和利用的主要是准格尔旗衙门档案、喀喇沁旗衙门档案、土默特旗衙门档案、阿拉善旗档案。蒙旗衙门档案从不同角度反映了蒙旗社会的运行实态和普通民众的日常生活，对于丰富清代以来大一统中国的国家治理方式具有重要意义。本章着重介绍清代土默特档案的保存、整理与研究情况。[②]

[①] 申斌、吴佩林：《地方档案与文献研究·导言》（第三辑），国家图书馆出版社 2017 年版，第 3 页。

[②] 吴元丰：《归化城副都统衙门满文档案》，《历史档案》1990 年第 1 期；赵雪波、刘利利：《〈土默特档案〉的史料价值》，《中国史研究动态》2017 年第 4 期；刘晓堂、赵雪波：《清代归化城副都统衙门档案概述》，《浙江档案》2018 年第 12 期；乌仁其其格：《浅析归化城土默特土地类档案的史料价值》，《中央民族大学学报》（哲学社会科学版）2019 年第 2 期。

一　土默特档案的保存与整理

土默特档案目前收藏于内蒙古自治区呼和浩特市土默特左旗档案馆。档案内容主要涉及归化城土默特地区的地方事务，在时段上包括清朝和民国两个部分。本章着重介绍清代土默特档案情况。归化城土默特地区，大致相当于今天呼和浩特、包头二市及其管辖的清水河、托克托、和林格尔、武川、固阳、土默特左旗、土默特右旗七个旗县的范围。15世纪以来，土默特部开始在这里驻牧。天聪六年，土默特归附清朝。崇德元年，清廷仿照八旗制度，将归化城土默特部编为左右两旗，每旗设都统一名，副都统两名，下辖参领、佐领、骁骑校等官员。其中佐领是蒙旗最基本行政单元，每佐领兵丁150名。都统、副都统设立后屡经裁撤，到乾隆二十八年只余副都统一员，此后成为定制。副都统衙下设旗务衙署，分户、兵二司分理旗务。入清以后，随着内地民人源源不绝地迁居口外，清廷于雍正乾隆时期，设立道厅机构管理民人。道厅设立之后迭经变更，后稳定为归化城、和林格尔、清水河、托克托、萨拉齐五厅，又称西五厅，以区别后来增设的丰镇、宁远东二厅。七厅隶属于山西省归绥兵备道，是山西省的派出机构。乾隆二年，清廷在距归化城五里之处，修建"绥远城"。乾隆四年，原驻山西右玉的右玉将军连同4000名八旗官兵迁往绥远城。右玉将军改为绥远将军，最初只负责军事事务，后来兼理行政事务，逐渐成为本地区最高军政长官。

土默特档案主要就是在上述地方官府运作过程中产生的档案。据1948年土默特旗总管致联合国的《文物损失索还书》记载，这批档案原本包括"自明朝隆庆、万历年间土默特旗开创时代，经过清朝顺治、康熙、雍正、乾隆各代，以迄清朝末年及民国纪元初年之重要文献"。但历经时代更迭、社会演替，档案多有遗失，遗失情况有案可查的大约三次。一是清末绥远将军贻谷为编写《土默特旗志》，从归化城副都统衙门借走明末清初档案，后去向不明。二是日伪期间，日本人劫走档案三十一箱。后来日人择取重要者，编成《巴彦塔拉盟史料集成·土默特特别旗之部第一辑》，现存于内蒙古图书馆。三是"文化大革命"期间，土默特档案无人管理，部门霉变、散佚。①

清代土默特档案原存放于旗务衙署，由户司管理。民国时期，土默特档案也在该档案库存放，由旗公署总务科管理。1950年初，土默特旗人民政府成立后，档案库改做他用。此后历史档案几经搬移，并先后合并了归绥县、萨拉齐县档案。1968年，土默特旗成立了清档办公室，组织专人清查土默特旗、归绥县、萨拉齐县的民国档案，共计装订了5500余册，并编写了人名索引。清代档案未加整理。1980年土默特旗政府着手编写《土默特志》，开始整理清代档案，到1981年冬基本整理完毕，共整理汉文档案4000余件，满蒙文档案8000余件。此后又陆续在中国第一历史档案馆满文部和新疆档案部门的协助下，对清代满文档案进行整理、选译和编目。②

土默特档案目前共建有5个全宗，共计66147件。清代部分为一个全宗，起于康熙二十四年，迄于宣统三年，共有满蒙汉文档案18206件，其中汉文档案6122件，蒙文档案1085件，满文档案10999件。民国部分建有4个全宗，起于1912年，迄于1949年，共计47941万余件，其中土默特旗档案29029件（内有部分蒙文及日伪档案2537件），归绥县档案10822件，萨拉齐县档案8090件。清代档案经整理，原来的分类系统已被打乱，目前按现代分类观念进行分类。清代汉文档案共分为行政、军事、人事、政法、土地、财经、生产、涉外、气象、旅蒙商、文化教育、宗教、房地契约十五类。满文档案共分为内政、军务、财政、法律、宗教、文化教育、册簿等七类三十余项。清代蒙文档案除报送理藩院的公文外，多为

---

① 转引自土默特左旗《土默特志》编纂委员会编《土默特志》（上卷）政治志，附二、文物损失索还书，内蒙古人民出版社1997年版，第405页；《土默特左旗档案馆馆藏历史档案简介》，载陈志明主编《土默特历史档案集粹》，内蒙古人民出版社2007年版，第212—213页。
② 《土默特左旗档案馆馆藏历史档案简介》，载陈志明主编《土默特历史档案集粹》，内蒙古人民出版社2007年版，第212—213页。

与相关盟旗来往的公文。民国档案保留原貌，按照年代存放。主要内容涵盖行政、军事、职官与人事、财政、土地、司法、差徭、人口与户籍、教育、文化与卫生、宗教、赈济与抚恤、祭祀、界址、谱牒、城建、矿务、金融、地方自治、兵燹与匪患、省（区）县旗关系、绥蒙政事、伪蒙疆通知等二十余项。① 总之，土默特档案文种和内容都十分复杂丰富，从不同角度呈现了蒙旗社会的实际运作情况。

清代土默特档案的文种十分多样。② 其包括由皇帝或以皇帝名义颁行的敕、诏、诰、谕、旨等，由归化城副都统向皇帝奏报的奏折、题本、奏本等。归化城副都统衙门与各个衙门之间的往来文书所占比重最大。其所涉官府衙门有理藩院、乌里雅苏台将军、库伦办事大臣、科布多定边左副将军、乌拉特旗等各札萨克衙门、察哈尔都统、山西巡抚、绥远城将军、归绥兵备道、归化城厅等各厅、户司、兵司等。所涉官府公文形式有呈、禀、状、咨、移、札、牌、示等多种类型的上行、平行、下行文书。此外，还包括各种户口册、比丁册、香火地亩册等册籍，以及永租约、短租约、典约、退约、分产文约等各类契约文书。

清代土默特档案的内容包罗万象，反映了土默特旗务的整体运行状况。为便于介绍，暂以军政、司法、财政、社会救济、农业、矿务、商旅、文化教育、宗教信仰、社会礼俗、涉外、气象归类。军政类涉及地方武职官员的奖惩、军器采买、军备整饬、薪饷发放、军队操演、巡查边界、驻守台站、奉调出征、参与剿"匪"等事宜。司法类包括盗窃牛马、偷盗衣物、盗掘坟墓、抢夺煤炭、争水斗殴、土地纠纷、通奸等诸多记录。财经类内有土默特旗各类收支清册、

---

① 《土默特左旗档案馆馆藏历史档案简介》，载陈志明主编《土默特历史档案集粹》，内蒙古人民出版社2007年版，第212—213页。云广：《土默特历史档案选集·前言》，载塞北文化研究会、土默特左旗档案局《土默特历史档案选集（民国时期）》（上下），内蒙古教育出版社2009年版。

② 本文参考张我德等人所著《清代文书》一书，按照"诏令文书、奏疏、官府往来文书"三大类对土默特档案的文种进行介绍。张我德、杨若荷、裴燕生编著：《清代文书》，中国人民大学出版社1996年版。

物价与银钱比价等记录。社会救济类提及勘查水旱灾情、蠲免钱粮、赈济灾民、救济孤寡等内容。农业类关涉土地制度、摊差、雨雪情况、苗情收获、钱粮收支、粮仓管理等。矿务类涵盖煤矿开采、稽查私矿、催征矿税、封闭煤矿、矿务纠纷等。商旅类记录商人前往恰克图、科布多、乌里雅苏台、新疆等地贸易申领照票的内容。文化教育类反映翻译考试的兴衰、新式学堂的兴办等内容。此外还保留了满蒙汉文各类图书等。宗教信仰类涵括召庙的修建、召庙人员的管理、寺产的经营、审理喇嘛与旗人民人纠纷事务，以及赴五台山朝拜等事宜。社会礼俗类包含青海等处蒙古王公进京觐见；祭祀鄂博、文庙、先农坛、关帝庙、文昌庙；加赏百岁老人；旌表节妇等情况。涉外类提到传教士、商人、学生的传教、游历活动，以及义和团活动和民教冲突的记录。气象类记载本地日食、月食、雨雪、黄河结冰、开河等内容。

清代土默特档案具有独特的史料价值。其一，土默特档案从"蒙地"的视角反映了中国大一统的社会结构是如何在多重时空维度中渐进地形成。以地权、水权为例，入清以来，伴随着移民的迁入、土地的开垦、水利的开发，游牧社会公共占有的水和地逐渐私有化，并形成交易市场与内地情况日益趋近。在汉人社会早已存在的书契传统随之在土默特地区落地生根、广为流布。这一历史过程的铺展延伸诠释了中国大一统社会结构的铸成机理。

其二，土默特档案反映了游牧与农耕两种社会文化的互动关系。游牧人群与农耕人群的交往交流交融是理解中国历史的重要线索之一。活跃于北方草原的蒙古诸部曾长期与中原地区处于对抗关系，进入清代以后，这一对抗关系走向终结。内地与草原两个地区之间的联系不断深入、游牧与农耕两种文化之间的互动日渐频繁、蒙汉满回各个人群之间的往来日益密切。土默特档案从不同角度记录了这些内容，对认识清代以来蒙古地区的历史变化过程具有重要的史料价值。

其三，土默特档案在内容和时段上具有较强的系统性和延续性，包括清代、民国、伪蒙疆等各个时期不同领域的历史文献，较为全面地反映了土默特地区各个时段政治、经济、社会、文化的变动情况。学者们已经以教育、财政等专题为切入点研究土默特地区，均揭示了土默特地区阶段性的社会面貌和连续性的历史变化。土默特档案的系统性和延续性记载为深入研究清代以来蒙古地区的社会变迁奠定了坚实的资料基础。

其四，土默特档案中包含汉文、蒙古文、满文、波斯文、日文等多种语言文字。由于历史条件的差异，不同时期产生的语言文字资料记录的形式和内容侧重点存在差异。但社会生活是一个整体，因此，这些不同语言记录下来的历史资料，实际上存在着千丝万缕的联系。讨论不同语言文字史料形成的原因、流传的过程，并对这些材料的内容进行比较分析，能够进一步增进我们对蒙古地区社会发展历程的认识。

近十余年来，土默特档案陆续以选编和全集的形式出版。2007年，由陈志明主编出版了《土默特历史档案集粹》一册，主要包括土默特两翼（旗）旗务衙门、归化城副都统衙门和旗公署（政府）公文，还选录了少量册簿、谱牒、地图和地照、契约等，共收录清代和民国档案159件。[①] 2009年，土默特左旗档案局出版了《土默特历史档案选编》（民国时期）上下两册，分行政、财政、土地、教育、宗教五个专题，收录档案217件。[②] 2013年，内蒙古自治区人民政府法律顾问委员会办公室内蒙古法制研究中心、土默特左旗档案馆联合出版了《土默特左旗档案馆藏清代蒙古文档案选编》上下两册，主要包括归化城都统、副都统衙门、绥远城将军衙门及土默特两翼旗务衙门的公文档案，共出版档案375余件。[③] 以上出版物均为选编形式，所收录档案的数量和内容较为有限。2011年以来，内蒙古科技大学赵雪波等学者对土默特档案进行了数字化处理。

---

① 陈志明主编：《土默特历史档案集粹》，内蒙古人民出版社2007年版。
② 塞北文化研究会、土默特左旗档案局：《土默特历史档案选集（民国时期）》（上下），内蒙古教育出版社2009年版。
③ 内蒙古法制研究中心、土默特左旗档案馆编：《土默特左旗档案馆藏清代蒙古文档案选编》，内蒙古人民出版社2013年版。

2018年，由土默特左旗档案馆与内蒙古科技大学联合整理出版《土默特左旗档案馆藏土默特历史档案汇编》（第一辑）共计十五册，包括康熙五十七年（1718）二月至乾隆十八年（1753）三月间的档案。今后预计共出版二十辑。① 2020年，土默特左旗档案馆与重庆文理学院共同主编的《土默特历史档案汇编》（民国部分）影印出版，共二十册。这批档案主要是土默特旗公署（政府）从民国元年（1912）至1949年的施政档案，主要内容包括旗汉分治、全国范围内高级官员的任免等情况。②

表8-1　　　　　　　　土默特档案选编汇编一览表③

序号	主编	名称	册数	出版社	时间
1	［日］江实	《蒙古联合自治政府巴彦塔拉盟史资料集成·土默特特别旗之部》（第一辑）	1	大阪单式印刷株式会社	1942
2	陈志明	《土默特历史档案集粹》	1	内蒙古人民出版社	2007
3	土默特左旗档案局	《土默特历史档案选编》（民国时期）	2	内蒙古教育出版社	2009
4	内蒙古法制研究中心、土默特左旗档案馆	《土默特左旗档案馆藏清代蒙古文档案选编》	2	内蒙古人民出版社	2013
5	土默特左旗档案馆、内蒙古科技大学	《土默特左旗档案馆藏土默特历史档案汇编》（第一辑）	15	广西师范大学出版社	2018
6	土默特左旗档案馆、重庆文理学院	《土默特历史档案汇编》（民国部分）	20	广西师范大学出版社	2020

---

① 土默特左旗档案馆、内蒙古科技大学联合整理：《土默特左旗档案馆藏土默特历史档案汇编》（第一辑），广西师范大学出版社2018年版。

② 土默特左旗档案馆、重庆文理学院：《土默特历史档案汇编》（民国部分），广西师范大学出版社2020年版。

③ 本章列表形式参照了赵彦昌、刘俊恒《2015—2018年清代地方档案整理与研究述评》，《山西档案》2020年第2期。由于民国档案出版不多，笔者在制表时，与清代档案一并列入。以下统计表格也将民国时期相关成果列入。

二 土默特档案的研究状况

随着土默特档案的整理与出版,一些学者利用这些材料开展了学术研究。学者们以土默特档案为核心史料,围绕某一论题,申报了一些科研项目。以国家哲学社会科学基金项目为例,目前一般项目、青年项目、西部项目共有 8 项。这些项目的选题涉及了土默特地区的土地、村落、文化、教育等多方面内容。目前这些项目的结项成果已经以专著形式出版两部,分别为乌仁其其格的《清代至民国时期土默特地区社会变迁研究》和吴超、霍红霞的《清代归化城土默特农牧业研究》。①

表 8-2　　　　　　土默特档案国家社科基金项目一览表

序号	主持人	项目名称	项目类别	项目号
1	乌仁其其格	清代以来土默川地区的社会变迁	一般项目	08BZS029
2	刘利利	清代归化城副都统衙门文化管理制度研究	青年项目	12CZS067
3	吴超	清代归化城土默特蒙古的人地关系研究	西部项目	13XMZ014
4	田宓	蒙汉关系视域下的归化城土默特村落社会研究	青年项目	13CZS053
5	乌云	归化城土默特地区藏传佛教变迁及文化遗存研究	一般项目	14BMZ049
6	乌仁其其格	清代至民国时期归绥地区土地占有与土地关系研究	西部项目	16XZS028
7	赵雪波	清代归化城土默特地区多元文化仪典体系研究	西部项目	19XMZ012
8	梅花	民国时期土默特教育档案收集整理研究	一般项目	19BMZ024

---

① 乌仁其其格:《清代至民国时期土默特地区社会变迁研究》,辽宁民族出版社 2017 年版;吴超、霍红霞:《清代归化城土默特农牧业研究》,学苑出版社出版 2019 年版。

第八章　清代内蒙古土默特档案的保存、整理与研究　/　275

　　学者们以土默特档案为主要依托，从不同角度研究土默特地区，① 至今已经出版四部通论式专著。一是土默特左旗《土默特志》编纂委员会编写的《土默特志》，此书属于地方史志，分上下两卷，上卷记述 1949 年前的历史，下卷叙述 1949 年后的历史。其中上卷大量采用了土默特档案的相关内容，对土默特地区的政治、经济、文化等各个方面均有较为细致的描述，是研究土默特历史不能忽略的必读之作。② 二是晓克、于永发、王奎元撰写的《土默特史》，该书从部族史的角度出发，探讨土默特部的形成与演变。在清代、民国部分，主要利用土默特档案，分析了土默特旗制的确立和变化、土默特旗的土地赋役制度、文化教育、革命运动等内容。③ 三是乌仁其其格撰写的《清代至民国时期土默特地区社会变迁研究》，该书重点运用土默特档案，考察了土默特旗制旗权的变化、农牧业的消长、工矿与商业金融、民族人口构成与民族关系、社会阶层与流动、灾害与社会救济、语言风俗习惯、教育发展、财政变迁等多方面问题。④ 四是吴超、霍红霞的《清代归化城土默特农牧业研究》该书主要采用了土默特档案，综合论述了土默特地区的基层社会组织、人口状况、土地制度、农业发展、自然灾害、工商业、教育、司法、环境等多方面问题。⑤ 除了上述通论式著作以外，更多学者围绕某一特定问题进行研究。目前讨论大多集中在土地赋役制度、基层社会组织、水利建设、地方财政、商贸活动、教育法制宗教等方面，下面分述之。

（一）土地赋役制度研究

　　田宓的硕士学位论文《清代蒙古土默特部户口地研究—以"归

---

① 本文收录期刊论文、学位论文和专著原则如下，同一作者的学位论文和以学位论文为基础修改发表的期刊论文，在涉及某一主题时，如期刊论文的发表先于学位论文的完成，优先收录期刊论文，如在学位论文完成后发表，优先收录学位论文；同一作者的学位论文和以学位论文基础修改出版的专著，优先收录专著。
② 土默特左旗《土默特志》编纂委员会：《土默特志》，内蒙古人民出版社 1987 年版。
③ 晓克、于永发、王奎元：《土默特史》，内蒙古教育出版社 2008 年版。
④ 乌仁其其格：《清代至民国时期土默特地区社会变迁研究》，辽宁民族出版社 2017 年版。
⑤ 吴超、霍红霞：《清代归化城土默特农牧业研究》，学苑出版社 2019 年版。

化城副都统衙门档案"为中心》讨论了土默特蒙古户口地的分配、管理、摊差等情况。① 关长喜的硕士学位论文《乾隆初期归化城土默特蒙丁地研究》利用土默特档案中的地亩清册，探讨了乾隆初期土默特地区的蒙丁地的整理，蒙丁地中自耕地、租种地、典当地、合种地四种经营形式，并分析了蒙古人贫困化的原因及其影响。② 田宓的《清代内蒙古土地契约秩序的建立——以归化城土默特为例》一文指出在王朝行政力量、旅蒙贸易、蒙古、民人的共同作用下，一套源于汉人社会的土地契约书写传统，得以在归化城土默特地区扎根、演化，并广为流传；③ 梁潇文的《清代归化城土默特蒙古户口地探析——以档案为中心》一文探讨了户口地的产权问题，作者认为尽管土默特蒙古户口地的所有权归清朝统治者所有，但土默特蒙古具有实际支配权，这导致相关禁垦、禁典政策成为具文。与此同时，随着内地民人的土地租佃，带动了土默特蒙古人土地私有观念的产生和发展。④ 牛敬忠的《清代归化城土默特地区的土地纠纷与地权问题》利用土默特档案中的土地纠纷资料，从罗马法中的土地所有权（物权）概念出发，对蒙地权益问题进行探讨。文章指出，相对于罗马法中物权的确定性，蒙旗的土地所有权相对于蒙旗官员个体是虚置的。这是造成土默特地区土地滥垦和土地纠纷的重要原因。⑤ 此外，宋瑞晨利用土默特档案中的契约文书并结合田野调查，阐述了清代土默特地区土地流转的大体情况，分别以户口地、召庙地、教堂地为中心，探讨了土地租佃与村落形成之间的密切关系。⑥

---

① 田宓：《清代蒙古土默特部户口地研究——以"归化城副都统衙门档案"为中心》，硕士学位论文，中山大学，2005年。
② 关长喜：《乾隆初年归化城土默特蒙丁地研究》，硕士学位论文，内蒙古大学，2015年。
③ 田宓：《清代内蒙古土地契约秩序的建立——以归化城土默特为例》，《清史研究》2015年第3期。
④ 梁潇文：《清代归化城土默特蒙古户口地探析——以档案为中心》，《中国经济史研究》2018年第3期。
⑤ 牛敬忠：《清代归化城土默特地区的土地纠纷与地权问题》，《内蒙古大学学报（哲学社会科学版）》2018年第5期。
⑥ 宋瑞晨：《清代归化城土默特的土地关系与乡村聚落——以契约文书为中心的考察》，硕士学位论文，内蒙古大学，2020年。

乌云《乾隆初年土默特地区寺院香火地亩册探析》一文利用土默特档案中的满蒙文香火地亩册，探讨了乾隆初年土默特地区藏传佛教寺院的土地规模、经营方式、喇嘛黑徒人数等问题。文章指出召庙香火地散布于各个村落；土地多通过租种、伴种、典种等方式租与陕西、山西民人。喇嘛、黑徒总数远超额定度牒数，这一状况主要是由土默特蒙古人为逃避差役和摆脱贫困选择出家有关。[1] 张涛的硕士学位论文《民国时期土默特地区壮丁营地亩纠纷案研究》利用37件档案并结合田野调查，分析了壮丁营地户与乡绅丁培基之间的代买米地地亩纠纷案的背景、过程以及解决，揭示了土默特旗署、萨拉齐县、绥远垦务局、绥远省政府之间复杂的权力关系，并认为当政者对土默特地区一地二治的治理方式是这一事件出现的根源所在，尽管土地为多方争夺，其实际控制权却一直掌握在地方权势人物吴姓手中。[2]

包银山的《试析清代至民国时期土默特田赋收入》一文将土默特旗田地分为官田与民田，其中官田是指不征赋而令纳租的土地，即归朝廷所有的土地。根据租税动支项，具体又分为历年开垦的大粮地、绥远八旗马厂地、庄头地、台站地等，其所收米粮或租银均上缴国库；而耤田、十五沟等官田收入则归土默特财政所有。土默特民田主要包括蒙丁地、土默特蒙古户口地、小粮地、鳏寡孤独地以及历年移民或私人开垦的农田。[3] 唐仕春的《绥远土默特摊差交涉：五族共和下的蒙汉族群互动（1911—1928）》一文探讨了北洋时期土默特摊派军需草料引发的蒙汉族群互动过程，考察了辛亥革命以来，"五族共和民族平等"观念下，基层社会的族群关系经历了

---

[1] 乌云：《乾隆初年土默特地区寺院香火地亩册探析》，《内蒙古社会科学（汉文版）》2010年第3期。
[2] 张涛：《民国时期土默特地区壮丁营地亩纠纷案研究》，硕士学位论文，内蒙古科技大学，2018年。
[3] 包银山：《试析清代至民国时期土默特田赋收入》，《内蒙古社会科学》2017年第1期。

怎样的变化,借此观察民族边疆地区如何应对外来的冲击与挑战。①萨蠡荣贵、阿茹罕在《民国时期绥远土默特地区蒙汉摊派制度研究》一文以民国土默特档案为中心展开研究。作者指出,由于清代蒙古地区形成了"旗厅(县)并存,蒙汉分治"的局面,蒙汉分隶两套系统,各支各差。但民国时期,由于各项临时性摊派加重,各县当局及乡、村当事者令蒙社加入汉社,同样承担草料和差役摊派,由此引发纷争。②

(二) 基层社会组织研究

乔鹏的硕士学位论文《一个边村社会的形成——以土默特地区为个案的研究》探讨了土默特地方社会由牧转农的历史过程中,国家推行的保甲制与地方社会自发形成的会社制之间的关系,同时分析甲头、领催与喇嘛的具体活动,并以此揭示清代边疆区域社会的形成过程。③田宓的硕士学位论文《清代蒙古土默特部户口地研究——以"归化城副都统衙门档案"为中心》讨论了佐领制、乡屯制、牌甲制等官方组织与民社、蒙社等民间组织之间的关系,作者指出朝廷在归化城土默特地区推行佐领制、乡屯制管理蒙古人,施行牌甲制管理内地移民。但在人口流动性较大的归化城土默特地区,牌甲难以实行,因此民人在逐渐建立"民社"自我管理,蒙古人也受其影响,建立了"蒙社"。社逐渐成了土默特地区最重要的基层社会组织。④

---

① 唐仕春:《绥远土默特摊差交涉:五族共和下的蒙汉族群互动(1911—1928)》,《近代中国的城市·乡村·民间文化——首届中国近代社会史国际学术研讨会》,2005 年 8 月,中国山东青岛。
② 萨蠡荣贵、阿茹罕:《民国时期绥远土默特地区蒙汉摊派制度研究》,《内蒙古民族大学学报》(社会科学版) 2018 年第 6 期。
③ 乔鹏:《一个边村社会的形成——以土默特地区为个案的研究》,硕士学位论文,北京师范大学,2005 年。
④ 田宓:《清代归绥地区的基层组织与乡村社会》,《中国社会历史评论》第 9 卷,天津古籍出版社 2008 年版。

（三）水利水灾研究

穆俊的博士学位论文《清至民国土默特地区水事纠纷与社会研究（1644—1937）》在以"土地"为核心的水事纠纷与以"水"为核心的水事纠纷研究框架下，探讨了清至民国土默特地区的地权、水权状况；水事纠纷的管辖程序、处理依据、解决制约；水事纠纷的预防机制及其管理的法制化等问题。作者认为这项研究可以反映清代至民国土默特地区生产方式由牧转农过程中，民族关系、民族政策等社会图景，并折射出鸦片战争后中国内外交困的政治环境对内蒙古地区的社会影响。① 吴超、霍红霞讨论了清代土默特地区水权的归属、转移、水利管理与水利纠纷等问题。② 该文在讨论水利纠纷时，利用了土默特档案。作者指出，随着垦地规模的扩大，当地水利纠纷增多，而官府主要根据水利章程裁断案件。田宓的论文《"水权"的生成——以归化城土默特大青山沟水为例》探讨了土默特地区在游牧社会向农业社会、从传统社会向现代社会的转型过程中，沟水的产权从无到有，从"水分"到"水权"的转变过程。③

李宝平的硕士学位论文《清代归化城土默特的水灾及其社会应对研究》利用土默特档案中的水灾档案，探讨了土默特地区水灾的状况与成因，清朝中央和地方政府在灾前、灾中和灾后的各项防灾救灾举措。民间的绅商救助、修理坡度、打坝与植树等自救措施。作者认为在面对灾情时，国家与地方、绅商与普通民众往往打破彼此之间的界限，共同努力，最大限度地减轻了水灾对社会发展的不利影响。④

---

① 穆俊：《清至民国土默特地区水事纠纷与社会研究（1644—1937）》，博士学位论文，复旦大学，2015年。

② 吴超、霍红霞：《清代归化城土默特地区的水利问题初探》，《地方文化研究》2017年第4期。

③ 田宓：《"水权"的生成——以归化城土默特大青山沟水为例》，《中国经济史研究》2019年第2期。

④ 李宝平：《清代归化城土默特的水灾及其社会应对研究》，硕士学位论文，内蒙古科技大学，2017年。

（四）地方财政研究

乌仁其其格的《18—20世纪初归化城土默特财政研究》一书以土默特档案中的财政类档案为基础，研究了清代土默特旗的财政状况。作者首先阐述了土默特财政管理机构、管理制度、收支结构、财政征收方式等内容。其次讨论了鸦片战争前后土默特财政收支规模、财政窘迫的表现及其原因，当局采取的补救措施等问题。最后讨论清末光绪、宣统时期的财政规模扩张、财政结构的变动。通过以上分析，作者指出有清一代土默特旗的财政规模呈扩张趋势，收入结构由以牲畜记档税、煤税为主的局面逐渐被打破，土地租课、生息银两方面的收入比重不断上升。[1] 包银山的《民国时期土默特旗财政研究》主要利用民国时期的土默特档案，解读了民国时期土默特旗财政管理体制，并以财政收支体系为核心，分析其财政收支规模、结构的变化，进而剖析了民国时期土默特旗财政危机及其社会历史根源。[2] 包银山、乌云其其格两位学者在上述研究基础上，又共同撰写了《土默特财政史略》一书，该书打通了清代和民国两个历史时段，论述了这一时期土默特的财政发展状况。[3]

（五）商业贸易研究

田宓的《清代的旅蒙商与归绥社会变迁》，利用土默特档案中的旅蒙商类资料，探讨了旅蒙商部票的颁发，商人持"部票"赴外蒙古、新疆等地经商的流程与实态，并分析商人申领照票档案的基本内容。[4] 李艳洁的《清代及民国初年呼和浩特房地产研究》一书，以土默特档案中的契约类资料，分析了清代至民国初年呼和浩特市房地产的变动情况。作者指出清初归化城地产具有双重权属。土地

---

[1] 乌仁其其格：《18—20世纪初归化城土默特财政研究》，民族出版社2008年版；《18至20世纪初归化城土默特财政研究》，博士学位论文，内蒙古大学，2007年。
[2] 包银山：《民国时期土默特旗财政研究》，中国财政经济出版社2009年版；《民国时期土默特旗财政研究——以档案史料为中心》，博士学位论文，内蒙古大学，2009年。
[3] 包银山、乌仁其其格：《土默特财政史略》，中国财政经济出版社2017年版。
[4] 田宓：《清代的旅蒙商与归绥社会变迁》，博士学位论文，中山大学，2008年。

属于国有，归化城土默特蒙古部享有占有权。房地产掌握在以归化城土默特上层蒙古人或召庙手中。随着移民的租赁，其在契约关系中掌控了很大权力。同时地方政府在房地产租赁中扮演调控角色。清末民初，政府对房地产交易干预加深，在法律上认可了归化城、绥远城房地产的移民化和私有化。① 陈文慧、燕红忠撰写了《清代的发商生息及其影响—基于土默特清代历史档案的区域分析》一文，该文主要利用土默特档案中的财政类档案，探讨了地方政府的发商生息对当地商贸的影响及其相关问题。文章指出地方政府的发商生息以地方商贸经济的繁荣为前提。地方政府发商生息的相关规定，对商人具有不利影响。但生息利银的开支，对地方商业贸易的治安环境、商路维护、市场秩序等方面具有积极作用。②

（六）教育法制研究

梅花的博士学位论文《清至民国土默特旗教育研究》利用土默特档案中的教育类史料展开研究。③ 据梅花统计，清代至民国土默特旗档案中涉及文化教育的档案共计3500余件。作者主要利用了其中的1500余件，梳理了清代至民国时期土默特旗教育从蒙汉官学到新式学校的历史脉络，揭示其教育发展具有旗署独立办学和资助旗籍学生旅外深造的特点，并认为财政支绌、省县侵夺和社会动荡是土默特教育发展的主要影响因素。阎辉的硕士学位论文《清代土默特地区翻译科考试研究》利用土默特档案中的相关资料，研究了绥远驻防八旗、土默特蒙古人参加翻译科考试的阶段性变化，指出驻防八旗和土默特蒙古人较少报考翻译科考试的实际情况，并认为旗人和蒙古人的汉化、旗人还有其他的晋升途径"国语骑射"政策的衰微，是造成这一状况的原因。④ 宋云的硕士学位论文《晚清绥远城军事学堂教育研究》以晚清绥远城军事学堂教育为研究对象，分析学

---

① 李艳洁：《清代及民国初年呼和浩特房地产研究》，社会科学文献出版社2016年版。
② 陈文慧、燕红忠：《清代的发商生息及其影响——基于土默特清代历史档案的区域分析》，《中国社会经济史研究》2018年第2期。
③ 梅花：《清至民国时期土默特旗教育研究》，博士学位论文，内蒙古大学，2015年。
④ 阎辉：《清代土默特地区翻译科考试研究》，硕士学位论文，内蒙古科技大学，2016年。

堂的招生教学、人员管理、经费支出、毕业生去向等情况。作者指出绥远城军事学堂体现了晚清军事教育体系近代化历程，同时也培养了一批优秀的军事人才，对绥远城新军建设产生重要影响。[1]

张万军的博士学位论文《清代乾隆归化城土默特刑案研究》以乾隆朝土默特刑事司法案件史料为中心，分析了土默特地区基层刑事司法实践过程。论文分析了乾隆朝归化城土默特贼盗刑案类型及量刑依据；土地纠纷命案和斗殴命案成因、表现、法律规制和审理过程；拐卖妇女、通奸等婚姻刑案成因和法律规制；假命案的成因、类型；地方司法审判机构对刑案的管辖权、裁量权和命案审理机制的弊端等问题。作者指出清政府对边疆蒙古采取"治理"而非压制的边疆治理思维，从而有效地实现了基层刑事治理。同时认为，民族区域地区刑事立法，应注重本土法律治理资源的吸收。[2] 此外，平平以土默特档案中的台吉偷窃大畜案为例，分析了《蒙古律例》在归化城土默特地区的实施情况，以及国家法与习惯法之间的博弈过程。[3] 梁潇文的《清代归化城土默特地区二元司法审理模式的形成与变迁》一文通过梳理归化城土默特地区司法审理中蒙古官员与同知、通判以及都统、山西巡抚、绥远城将军之间司法审理权的变化，揭示这一地区二元司法审理模式的形成与变迁。[4]

（七）宗教礼俗研究

乌云的博士学位论文《清至民国时期土默特地区藏传佛教若干问题研究》利用土默特档案中的宗教资料，阐述了清代至民国年间土默特地区藏传佛教寺院从兴盛走向衰败的历史变迁过程，分析了藏传佛教僧侣阶层的数量及其变化、寺院经济、伪蒙疆政权的宗教

---

[1] 宋云：《晚清绥远城军事学堂教育研究》，硕士学位论文，内蒙古科技大学，2017年。
[2] 张万军：《清代乾隆归化城土默特刑案研究》，博士学位论文，西南政法大学，2017年。《论清代蒙古土默特地区刑事法律伦理化趋势》，《社会科学论坛》2016年第10期；《清代乾隆朝国家法在归化城土默特的适用研究》，《广西社会科学》2018年第9期。
[3] 平平：《清代蒙古地区司法审判若干问题研究——以〈土默特左旗档案馆藏清代蒙古文档案〉所载案例为说》，《内蒙古民族大学学报》（社会科学版）2016年第3期。
[4] 梁潇文：《清代归化城土默特地区二元司法审理模式的形成与变迁》，《中国边疆史地研究》2020年第3期。

改革等问题,最后分析了土默特地区藏传佛教衰落的原因,指出土默特蒙古人的汉化以及新式教育的推广是导致其衰落的重要因素。[1] 牛倩的硕士学位论文《六世班禅朝觐途径归化城土默特时之事宜研究》利用土默特档案中的 28 件与班禅朝觐活动有关的档案,讨论了六世班禅朝觐途径归化城时各项衣食住行安排事项、佛事活动、班禅入京后随从僧俗的安顿情况以及班禅舍利护送回藏事宜。作者认为六世班禅在土默特地区的活动强化了藏传佛教在百姓心目中地位,同时也对土默特的人力、物力、财力造成消耗。[2]

孙亭的硕士学位论文《清代土默特历史档案中的交食救护研究》利用土默特档案中的 35 件交食救护仪式和交食详细食分档案展开研究。作者将土默特档案中的记载与《清朝文献通考》等文献相互印证,分析土默特档案交食记录的可靠性,进而提出清代在承袭前代交食救护制度的基础上,建设了高度程式化的交食救护仪式。[3] 王欢的硕士学位论文《清代归化城蒙古文庙献祭研究》利用土默特档案中 59 份有关蒙古文庙和祭祀孔子的档案进行研究。论文考察了蒙古文庙的献祭时间、献祭仪式、献祭者、献祭品、祭祀费用来源等问题。作者指出土默特蒙古文庙献祭品中有狍子这一具有北方民族特征的物品,同时其祭祀仪轨严格遵循汉地的礼仪规制,这些内容体现了蒙汉两种文化的融合以及国家力量在蒙古地方的深入。[4] 程玉娟的硕士学位论文《清代归化城土默特先农坛研究》运用土默特档案中的 35 件祭祀先农坛档案,对先农坛创建的时间、位置、规模、修缮、管理进行考证,其次还探讨了先农坛祭祀时间、礼仪规制、祭祀银来源等问题。作者认为,土默特对先农坛祭祀比较重视,且基本遵照朝廷规定,这说明清廷对土默特地区具有较强的政治渗透力。[5]

---

[1] 乌云:《清至民国时期土默特地区藏传佛教若干问题研究》,博士学位论文,内蒙古大学,2010 年。
[2] 牛倩:《六世班禅朝觐途径归化城土默特时之事宜研究》,硕士学位论文,内蒙古科技大学,2017 年。
[3] 孙亭:《清代土默特历史档案中的交食救护研究》,硕士学位论文,内蒙古科技大学,2016 年。
[4] 王欢:《清代归化城蒙古文庙献祭研究》,硕士学位论文,内蒙古科技大学,2016 年。
[5] 程玉娟:《清代归化城土默特先农坛研究》,硕士学位论文,内蒙古科技大学,2017 年。

（八）女性问题研究

刘欢的硕士学位论文《清代归化城土默特地区蒙古女性问题探究—以归化城土默特副都统衙门司法档案为核心》利用土默特档案中的27件，在夫妻妾、翁婆媳、族人关系和婚礼聘定、媒证聘礼问题中讨论土默特蒙古女性的生活状况。从土默特司法档案中可知，蒙古女性的涉讼案件与土地争夺和聘礼索取有关，同时还可以看到其行为观念受到汉人移民的影响，具有内地中原文化和蒙古传统文化的双重特点，体现蒙汉文化的交融。①

表8-3　　　　　　土默特档案博硕士学位论文一览表

序号	作者	指导老师	论文题目	学位	院校	时间
1	乌仁其其格	齐木德道尔吉	18至20世纪初归化城土默特财政研究	博士	内蒙古大学蒙古学研究中心	2007
2	田宓	刘志伟	清代的旅蒙商与归绥社会变迁	博士	中山大学历史系	2008
3	包银山	金海	民国时期土默特旗财政研究—以档案史料为中心	博士	内蒙古大学蒙古学研究中心	2009
4	乌云	金海	清至民国时期土默特地区藏传佛教若干问题研究	博士	内蒙古大学蒙古学研究中心	2010
5	李艳杰	常建华	呼和浩特市户地研究（1632—1937）	博士	南开大学历史学院	2012
6	穆俊	安介生	清至民国土默特地区水事纠纷与社会研究（1644—1937）	博士	复旦大学历史地理研究中心	2015
7	梅花	白拉都格其	清至民国时期土默特旗教育研究	博士	内蒙古大学蒙古学研究中心	2015

---

① 刘欢：《清代归化城土默特地区蒙古女性问题探究——以归化城土默特副都统衙门司法档案为核心》，硕士学位论文，内蒙古师范大学，2014年。

第八章 清代内蒙古土默特档案的保存、整理与研究 / 285

续表

序号	作者	指导老师	论文题目	学位	院校	时间
8	张万军	胡仁智	清代乾隆归化城土默特刑案研究	博士	西南政法大学行政法学院	2017
9	田宓	陈春声	清代蒙古土默特部户口地研究—以"归化城副都统衙门档案"为中心	硕士	中山大学历史人类学研究中心	2005
10	乔鹏	赵世瑜	一个边村社会的形成——以土默特地区为个案的研究	硕士	北京师范大学历史系	2005
11	刘欢	李艳洁	清代归化城土默特地区蒙古女性问题探究—以归化城土默特副都统衙门司法档案为核心	硕士	内蒙古师范大学历史文化学院	2014
12	关长喜	乌仁其其格	乾隆初年归化城土默特蒙丁地研究	硕士	内蒙古大学蒙古学研究中心	2015
13	阎辉	朱海珅	清代土默特地区翻译科考试研究	硕士	内蒙古科技大学文法学院	2016
14	孙亭	朱海珅	清代土默特历史档案中的交食救护研究	硕士	内蒙古科技大学文法学院	2016
15	王欢	张晓丽	清代归化城蒙古文庙献祭研究	硕士	内蒙古科技大学文法学院	2016
16	李宝平	王力平	清代归化城土默特的水灾及其社会应对研究	硕士	内蒙古科技大学文法学院	2017
17	宋云	包海青	晚清绥远城军事学堂教育研究	硕士	内蒙古科技大学文法学院	2017
18	牛倩	刘利利	六世班禅朝觐途径归化城土默特时之事宜研究	硕士	内蒙古科技大学文法学院	2017
19	程玉娟	包海青	清代归化城土默特先农坛研究	硕士	内蒙古科技大学文法学院	2017
20	布仁	乌仁其其格	清代归化城茶叶贸易	硕士	内蒙古大学蒙古学研究中心	2017
21	张涛	赵雪波	民国时期土默特地区壮丁营地亩纠纷案研究	硕士	内蒙古科技大学文法学院	2018
22	吴亚楠	包海青	1920—1933年绥远平市官钱局平市票研究	硕士	内蒙古科技大学文法学院	2018
23	宋瑞晨	周太平	清代归化城土默特的土地关系与乡村聚落——以契约文书为中心的考察	硕士	内蒙古大学蒙古历史学系	2020

三 土默特档案整理研究的省思与展望

清代土默特档案原来在户兵二司存放，土默特左旗档案馆在对档案进行初次整理时，打乱了原有分类，按照现在的分类观念划分为行政、军事、财政、土地、政法等类别，在现有分类系统的同一类档案中，又将不同档案按照时间顺序排序编号。这样的分类方法破坏了档案原有的脉络，给利用者带来很大不便。在地方档案的整理出版中，龙泉司法档案以"案件"为单位、南部县档案以"六房"为单位的整理原则，都提供了宝贵经验，可以为土默特档案的进一步整理提供启示。[1] 在土默特政法类和土地类档案中，就涉及了相当多的诉讼案件。同一案件档案原本在一个卷宗，但在后续整理时被打乱。在今后的整理过程中，如能按照"案件"，重新将档案归类，则能够很大程度上便利研究者利用。

清代土默特档案目前以档案选编和集萃的形式出版了若干册。受到编者知识背景和出版目的的影响，已出版选编或集萃档案在内容上各有侧重，无法反映土默特档案全貌。2018年土默特左旗档案馆和内蒙古科技大学联合出版了《土默特左旗档案馆藏土默特历史档案汇编》（第一辑），但汇编其余部分仍未出版。档案的各个部分是一个有机的整体，选编或集萃档案择取部分"代表性"史料，但也很有可能割裂了这些史料与未刊布史料之间的联系，从而限制利用者的研究。因此，加快推动档案汇编出版，才能更好地促进土默特社会的研究。

土默特档案中除汉文档案以外，还有12000余件满蒙文档案。这些满蒙文档案占全部档案大半，内容十分丰富。目前这些档案只翻译了一小部分，大部分至今仍未得到翻译。这些蒙旗档案中不同文字材料所占比重，随着时间的推移而发生变化，在土默特地区，

---

[1] 吴佩林：《地方档案整理的"龙泉经验"》，《光明日报》2019年11月14日。

汉文档案占比逐渐增加。这一方面反映了土默特社会不断受到汉文化影响，另一方面也表明如果要了解土默特早期的社会情况，必须要深入解读满蒙文档案资料。换言之，满蒙文档案的挖掘和利用，能够使我们更加深入地认识和理解蒙古社会从游牧到农耕的转变，以及清政府因应这些变化对蒙古社会治理方式的改变。今后土默特档案馆联合高校或科研机构，组织人力翻译满蒙档案，可以进一步扩大档案的影响，推动学界对土默特档案的研究。

清代土默特档案研究在问题意识上有待进一步发掘。现有研究不少都是对档案内容进行描述，缺乏明确的问题意识，且有不少重复性研究。在新史料层出不穷的今天，如何提出有意义的问题，开展有对话性的讨论，对地方档案研究是相当大的挑战。申斌、吴佩林指出地方档案文献整理和研究可以深化的进路，目前逐渐明朗的至少有三：即郑振满先生提倡的民间历史文献学、黄正建先生提倡的古文书学以及项洁先生提出的数字人文。[①] 这些思路都可以为土默特档案研究所吸收借鉴，从而开辟新的研究领域。此外，在土默特档案研究中，还可以在如下两个方面进行更多的尝试。

其一，以研究对象为中心，引入多学科分析方法。蒙旗衙门档案涉及政治、经济、文化等社会生活各个方面。研究者往往从自己的知识背景和研究兴趣出发，选取其中某些内容展开研究。但人们的实际社会生活是一个活生生的整体，并不以政治、经济和文化等标签分门别类。与其说历史学、法学、社会学、人类学、经济学等人文社会学科呈现的是社会生活的不同面向，不如说其只是人们认识和理解社会生活的分析工具。同时，不同学科在研究相关问题时，都形成了自己的学术传统和理论方法，研究者从不同进路开展工作时难免带有特定路径依赖。而以研究对象为中心，打破学科的界限，引入多学科知识分析历史档案，则能够使我们更多地认识到社会生活的丰富性和多样性。杜正贞教授综合运用历史学、法学、人类学

[①] 申斌、吴佩林：《地方档案与文献研究·导言》第三辑，国家图书馆出版社2017年版，第9页。

等分析方法研究龙泉司法档案中的山林契约、继嗣等问题，在这方面做出了很好的示范，可以为学者提供有益的启示。①

其二，以蒙旗档案为线索，建立多元化资料体系。由于史料制作者的自身条件、所处环境、制作目的不同，这使任何一种史料都存在某种偏向性。蒙旗档案也不例外，其记载内容反映的只是历史现象的某些侧面。土默特档案中的诉讼类档案就涉及了大量民众田土户婚纠纷，但在常态的日常生活中，土地和婚姻状况是怎样的，则需要依赖档案以外的资料才能了解。因此，在研究过程中，应以档案内容为线索，进一步扩展史料边际。以争水案件为例，要揭示诉讼案件的审判依据，就不能不在档案之外，进一步阅读《理藩院则例》、《大清会典事例》等典章制度。要理解诉讼案与地方社会之间关系，又不能不从档案走向田野，回到水案发生的历史现场，进一步搜集碑刻、契约、家谱、口史资料等。总之，以蒙旗档案为线索，建立多元化的资料体系，才能避免得出单向度的结论，进而形成更有整体性的认识。

其三，以土默特为场域，探讨普遍原理与地方路径。在区域史研究中，由于不同区域文化传统、社会结构和人群关系的差异，研究者比较容易注意到各个区域发展的独特路径或地方特色。但在关注区域特殊性的同时，不能忽略普遍性的议题，否则研究难免陷入只见森林，不见树木的境况。研究者应在揭示中国社会普遍原理的学术关照下开展具体研究。比如，"户籍制度"就是理解中国社会结构的关键性问题。刘志伟先生曾指出"所谓户籍制度，是历代王朝控制编户齐民的具体形式，而对编户齐民控制，是每一个王朝建立正常的社会秩序，确立其统治的基础。因此，历代王朝都十分重视户籍的编制与使用"。② 如果我们从清代户籍制度出发，比较土默特与其他边疆地区或内地州县的异同，则可以建立对清代国家治理方

---

① 杜正贞：《近代山区社会的习惯、契约和权利：龙泉司法档案的社会史研究》，中华书局2018年版。

② 刘志伟：《在国家与社会之间——明清广东地区里甲赋役制度与乡村社会》，中国人民大学出版社2010年版，第2页。

式更为全面的认识。换言之，在对区域史研究中，普遍性与特殊性二者并重，才能够增进我们对中国社会的整体认识。

结　　语

　　清代内蒙古土默特档案自1980年开始整理和研究，迄今已经40余年。土默特档案的挖掘和研究是1980年以来中国史学发展变化的缩影。一方面，史学研究范式和问题意识指引着人们对地方地方档案的关注和利用。40余年来，区域社会史和普通民众的历史受到越来越多重视。但依赖正史、实录、政书和地方志等资料，无法提供地方社会和寻常百姓的更多历史细节和生活场景。地方衙门档案内容丰富、包罗万象，其走入研究者的视线，也就成为题中应有之义。土默特档案的挖掘和利用，正是在这一学术脉络展开的。近些年来围绕土默特档案展开的研究，也不断丰富着我们对蒙旗社会的认识。另一方面，地方档案的整理和利用，也促进了史学研究的改变。这不仅仅是揭示了一些从不为人所知的历史事实，更在于随着越来越多历史事实的呈现，研究者得以在史料之间发现更多更广的联系，从而不断催生出新的问题意识。在"数字人文"等分析手段的助推下，透过地方档案研究中国历史将获得更广阔的学术空间。对于土默特档案来说，如何借助新的技术方法展开研究并探索更宏大的理论议题，仍然需要研究者更多的尝试和努力。

附录一 《黑龙江将军衙门档案》对于清代索伦、达呼尔历史研究的意义

作为统治民族的语言文字，满文在清代的官方文书系统中占有重要地位，全国各地因之留存下了大量以满文书写的档案材料，为后人深入地研究清代政治、经济、文化、社会生活等各方面的历史发展状况，提供了以往各朝代所无法比拟的丰富史料。清代北部边疆地区，或为理藩院监管下的藩部蒙旗，或为驻防将军统辖下的内属部落，其历史在内地汉文官书史志中的记载大多语焉不详，但在当地各级衙署的旧存满、蒙文原始档案中，却往往有极为全面翔实的记载。正因如此，档案文献的有效整理及运用，遂就成了清代北疆地区、民族历史研究能否走向深入的关键。这一点在清代索伦（即今鄂温克）、达呼尔（即今达斡尔）两族历史研究领域，表现得尤为突出。笔者长期从事索伦、达呼尔历史的研究工作，期间对《黑龙江将军衙门档案》中相关的满文公牍材料做过较为细致的梳理，积累下了一些读译、整理、运用的经验。今不揣鄙陋，仅以在该全宗档案中的所见、所闻、所感为例，就满文档案史料在解析清代索伦、达呼尔人在政治、经济、文化、社会生活等领域的发展变迁历程，所具有的重要史料价值做一番剖析，不足之处，还请方家指教。

一 黑龙江将军衙门与《黑龙江将军衙门档案》

康熙二十二年（1683），清廷任命宁古塔副都统萨布素为"镇守黑龙江等处将军"（sahaliyan ulai jergi babe tuwakiyara jiyanggiyūn），在瑷珲地方建城设署，编练八旗驻军，驱除侵略黑龙江流域的沙俄殖民者。两次雅克萨之战后，康熙二十八年（1689）中俄《尼布楚条约》签订，划定两国东段边界，清廷遂将"东、南至吉林，西至蒙古喀尔喀，北至俄罗斯，广轮数千里"[①]的地域交与黑龙江将军管辖，从而形成了一个军府制的省级地方行政区划。雍正朝以降，黑龙江将军辖地即与吉林将军、盛京将军辖地并称为"东三省"（dergi ilan golo），不仅是守护东北边疆的前沿重镇，更是清廷储育八旗劲旅，赖以平叛御侮、巩固统治的重要支柱。

清代黑龙江将军麾下，先后设有瑷珲、墨尔根、齐齐哈尔、博尔德、呼伦贝尔、布特哈、呼兰、兴安、通肯诸城驻防八旗。其官兵既有自吉林、关内迁来的满洲、汉军、水师营，也有自黑龙江本地征集的索伦、达呼尔、鄂伦春、毕喇尔诸部，还有部分系以蒙古地方迁来的巴尔虎、厄鲁特人编设，乾嘉盛时兵额"共设一万三百余名"[②]。黑龙江将军衙门初设于瑷珲城，康熙二十九年（1690）改驻墨尔根城，康熙三十八年（1699）最终移往齐齐哈尔城。清代前期，该衙门下设印房、银库、兵司、户司、刑司、工司等机构，除直接管理将军驻城官兵外，仍监管境内其他各城八旗军政事务。将军驻地以外其他各城，按兵力多寡、地位轻重，分设副都统、总管、城守尉统辖，其衙署一般有堂司、左司、右司等机构，专管本城驻防八旗。各城之下，以协领、副总管为旗一级主官，另有防御为其

---

① 西清：《黑龙江外记》卷1，《续修四库全书》第731册，上海古籍出版社2002年版，第714页。

② 张伯英：《黑龙江志稿》卷26《武备志·兵制·旗兵上》，黑龙江人民出版社1992年版，第1124页。

辅助；旗以下诸牛录，则设佐领、骁骑校统带基层官兵。将军衙门及各城衙门内印房、银库、诸司，除司员、笔帖式等专职文吏之外，正堂、副堂主官均以协领、佐领等武职兼充。晚清，随着练军、防军武装的编设，以及内地移垦汉民的迁入，黑龙江地方军政事务日趋繁杂，将军衙门因之陆续增设有文案处、营务处、粮饷处、厘税局、矿务局、军械局、电报局、铁路局、交涉处、蒙荒行局等诸多机构。光绪三十三年（1907），黑龙江改行省制，将军衙门为巡抚衙门取代，辖下各城八旗驻防亦渐为道、府、厅、州、县等民治行政单位取代。

清代黑龙江将军衙门每年均将所累积下来的公文函件，按经办机构、联络对象、收发方向加以归类，以时间先后为序，挨次誊抄成册，以供日后处理疑难政务时查证、援引之用。光绪时人徐宗亮曾对该衙门的档案管理状况有如下描述："档案日久多毁，间有录入成册者，清文为主，汉文附后，往往厚至二寸，不过十事、八事。"① 据此看来，黑龙江将军衙门对往来公函的备份是选择性的，真正能抄入档册保存下来的也只是一小部分。即便如此，在该衙门二百多年的发展历程中，此类档册长期累积，仍然形成了一部体量极为庞大，内容既包罗万象，又细致入微的珍贵文献资料。1900年沙俄入侵我国东北，《黑龙江将军衙门档案》被其尽数掠走，直至1956年方经苏联政府交还我国，由中国第一历史档案馆保存、整理。这部分档案共有档簿12800余件册，起于康熙二十三年（1684），止于光绪二十六年（1900），唯缺康熙二十二年（1683）、二十六年（1687）、二十八年（1689）的档案。其内文件在清代前期者基本上全以满文写成，而中后期则是满汉文参半。1987年下半年，中国第一历史档案馆技术部将康熙、雍正、乾隆三朝的档案文件约2800件册，拍照成缩微胶片留存，而将该项档案的所有原件全部移交给黑龙江省档案馆保存。黑龙江省档案馆将这部分档案，与

---

① 徐宗亮：《黑龙江述略》卷3《职官·齐齐哈尔城黑龙江省治》，《续修四库全书》第731册，上海古籍出版社2002年版，第790页。

1970年自辽宁省档案馆移交来的"庚子俄乱"之后黑龙江将军衙门形成的档案相合并，立为《黑龙江将军衙门档案》全宗，共计有43723卷，半数为汉文，满文占21764卷，另有少量蒙文、俄文档案。这些档案记载了黑龙江将军衙门与内阁六部、理藩院，以及周邻的盛京将军、吉林将军、扎赉特、杜尔伯特等蒙旗王公，还有下属的各城旗衙署之间的往来文书，内容涉及东北边疆地区的农业开发、城池营建、商业贸易、地理沿革、八旗官庄、驿站交通、矿藏开采、中俄关系、民族宗教等各方面，"对考察清代早期黑龙江地区历史，研究清代中晚期黑龙江社会发展状况，有着极其重要的价值与作用。"[①]

由于存量极其丰富，加之满文函件众多，《黑龙江将军衙门档案》的整理编目工作难度较大。目前，无论是中国第一历史档案藏的康、雍、乾三朝档案缩微胶片，还是黑龙江省档案馆保存的档案原件，均是仅将档册封皮所标识的"某年某某机构来文/行文档"字样编成目录，至于每件档册内所录诸多公牍的细目，则尚未能予以深入整理。即便如此，20世纪80年代以来，仍然有多位精通满文的中外学者，以《黑龙江将军衙门档案》为主要依据，在清前期黑龙江驻防八旗军政制度、民族关系、舆地沿革、历史事件等领域取得了开拓性的研究进展。如吴元丰对锡伯族入编满洲八旗、索伦营西迁新疆、柯尔克孜族东迁黑龙江的研究，吴雪娟对将军萨布素革职案、康熙年间黑龙江驻防八旗初创规制、黑龙江将军驻地迁移原委、康熙朝中俄东段边界巡察制度的研究，以及日本学者柳泽明对八旗制度在黑龙江诸原居民族间推行的进程及特点的研究等，都是在充分搜集《黑龙江将军衙门档案》相关史料的基础上完成的。为满足学界迫切的研究需求，中国第一历史档案馆、黑龙江省档案馆，也陆续根据不同主题，自《黑龙江将军衙门档案》挑选部分珍贵文献，予以刊布、译介。如《清代黑龙江历史档案选编（光绪元年至二十六年）》（黑龙江人民出版社1986—1987年版）、《锡伯族档案史料》

---

① 吴雪娟：《馆藏〈黑龙江将军衙门〉档案的价值分析》，《黑龙江档案》1995年第1期。

（辽宁民族出版社1989年版）、《清代鄂伦春族满汉文档案汇编》（民族出版社2001年版）、《达斡尔资料集第九集（档案专辑）》（民族出版社2009年版）等。上述档案史料汇编的出版，曾给黑龙江地方史、民族史研究的发展以有力的推动，催生出了如周喜峰的《清朝前期黑龙江民族研究》（中国社会科学出版社2007年版）、陈鹏的《清代东北地区"新满洲"研究（1644—1911）》（东北师范大学2008年博士学位论文）、韩狄的《清代八旗索伦部研究——以东北地区为中心》（中国社会科学出版社2011年版）、张守生的《清代黑龙江驻防研究》（黑龙江人民出版社2013年版）等一批富有创见的系统性研究论著。

目前，《黑龙江将军衙门档案》仍然具有广阔的应用前景。相较于极其丰富的档案存量而言，上述史料汇编中所能刊布的还只是凤毛麟角，绝大多数档案仍旧处于尘封状态之下。近年来，随着我国清史学界满文应用能力的显著提升，研究者摆脱对档案史料汇编的单纯依赖，以自身需求为导向，直接从原档中搜集史料，已逐渐成为《黑龙江将军衙门档案》发掘与运用的主导模式。如张建对和通泊之战、黑龙江驻防八旗火器的研究，孙浩洵对黑龙江将军贪腐案件的研究，李德新对清代东北流人问题的研究，綦岩对清代黑龙江地区城镇体系的研究等，均是以《黑龙江将军衙门档案》史料的运用为其突破口。随着《黑龙江将军衙门档案》学术价值愈益为学界关注，其必将在清代政治史、军事史、民族史、中俄关系史中发挥出越来越重要的作用。

二 索伦、达呼尔历史研究现状及其在档案史料运用上的缺憾

索伦、达呼尔是清代黑龙江地方重要的原居民族。明末其分布于黑龙江中上游地区，崇德年间始为清廷征服，至顺治年间陆续迁赴嫩江流域。康熙初，清廷以两族南迁人众为主干组建布特哈打牲

部落，将他们编设为扎兰、阿巴、牛录等社会组织，为清廷缴纳貂皮贡赋。康熙中叶，黑龙江驻防八旗组建，大量索伦、达呼尔贡貂男丁入旗披甲，分驻齐齐哈尔、瑷珲、墨尔根诸城。雍正末，索伦、达呼尔贡貂人丁，除一部分编入呼伦贝尔驻防八旗，其余亦被改组为布特哈八旗。此外，因承应镇戍边疆、内廷扈从等差务，在京城、新疆等地八旗内，也曾吸纳有少数索伦、达呼尔人。由于长于骑射、骁勇善战，从康熙末直至咸同之际，两族官兵一直是满洲统治者颇为倚任的劲旅，频繁应调出征，在有清一代政治发展史、军事斗争史方面，曾有过浓墨重彩的突出表现。而身处旗佐组织之下，长期在黑龙江各驻防城镇居住生活、频繁往来于京城及内地各省，又彻底打破了两族社会旧有的封闭状态。通过与满、汉等族同胞长期而密切的交往，受内地经济、文化因素的长期浸染，其在社会形态、生产生活状况、习俗文化面貌等方面，也都在清代经历了一番剧烈的变革，典范式地呈现了统一多民族国家的发展对于边疆民族社会进步的推动作用。总之，就整个清代历史研究而言，索伦、达呼尔史同样具有其不容忽视的学术价值、现实意义。

学界关于清代索伦、达呼尔历史的系统性研究主要体现在一些专著之上。如前述韩狄、周喜峰、陈鹏、张守生等人的论著，均对清代索伦、达呼尔人编旗设佐的经过、军政管理体制的沿革做过较深入的考述。《鄂温克族简史》（内蒙古人民出版社1984年版）、《达斡尔族简史》（内蒙古人民出版社1986年版）、满都尔图的《达斡尔族百科辞典》（内蒙古文化出版社2007年版）、吴守贵的《鄂温克族社会历史》（民族出版社2008年版）、滕绍箴的《达斡尔族文化研究》（辽宁民族出版社2014年版），也在扼要梳理索伦、达呼尔两族各自在八旗制度下的历史发展脉络的同时，对其在清代重大战事中的活动、作用，满汉文化对索伦、达呼尔社会的改造等问题做了初步探讨。包梅花的《雍正乾隆时期呼伦贝尔八旗历史研究》（内蒙古大学2012年博士学位论文）、兰延超的《清代布特哈八旗研究》（东北师范大学2015年博士学位论文），对驻防八旗之下索伦、达呼尔旗佐的编设模式、建制变迁、制度沿革、军役负担等问题，也做了较为详细的考释。对史事、制度、人物等细节性问题的探讨，体现在数量可观的学术论文之中。乌云达赉的《论明末清军对索伦部战争的起因及其后果》（《内蒙古社会科学》1987年第4期）、蒙林的《清太祖时期后金与索伦部的关系》（《满族研究》1990年第1期）、阎崇年的《清太宗经略索伦辨》（《历史档案》2004年第2期）、吉田金一的《清初开发黑龙江流域考略》（原载《近代俄清关系史》第一章，刘学军译文载《黑河学刊》1995年第1期）、阿南惟敬的《关于清太宗对黑龙江的征讨》（原载《俄清对立的源流》1979年，古清尧译文载《民族译丛》1994年第4期）等文，对清廷征服索伦、达呼尔人的史事做了详尽梳理。乌力斯·韦戎的《达斡尔族迁徙嫩江流域及早期村屯的建立》（《黑龙江民族丛刊》1985年第2期）、孔秀仁的《达斡尔族内迁与齐齐哈尔、卜魁源流考》（《黑龙江民族丛刊》1987年第2期）、郭军连的《清代招抚索伦部族入旗考论》（《满族研究》2013年第4期）等文，则较系统地考述了顺治年间两族内迁嫩水流域的经过及布特哈打牲部落组织的形成过程。吕光天的《清代布特哈打牲鄂温克人的八旗结构》（《民族研究》1983年第3期）、莫日根迪的《原索伦部部分兵丁驻防呼伦贝尔史迹》（《内蒙古社会科学》1988年第4期）、满都尔图的《达斡尔族与兴建齐齐哈尔城考述》（《民族研究》2001年第4期）、吴雪娟的《康熙年间黑龙江驻防八旗的创建》（《满语研究》2004年第2期）、柳泽明的《清代黑龙江地区八旗制的施行和民族的再编》（原载日本《历史学研究》698号1997年，陶玉坤译文载《蒙古学信息》1999年第1、2期）等文，对各地索伦、达呼尔旗佐组织最初的组建过程，及其在特定历史阶段内建制的调整情况，做了较深入的梳理。于学斌的《楚勒罕述略》（《北方文物》1989年第3期）、王学勤的《试述布特哈八旗贡貂制度及其特征》（《满族研究》2012年第4期）、孙浩洵的《再论奇三告状案》（《中国边疆史地研究》2018年第2期）、苏德的《清代达斡尔族满文官学与私塾教育》（《前沿》1995年第5期）、麻秀荣的《清代八旗索伦的骑射教育》（《中国边疆史地研究》2003年第2期）、苏钦的《清朝时期达斡尔族地区法制的变迁》(《法学杂志》2003年第3期)等文，部分地揭示了清廷对索伦、达呼尔人在赋役、文教、司法方面的统治政策。古清尧的《关于"清实录"记载的索伦总管洪吉》(《北方文物》1994年第4期)、《谈博穆博果尔其人与清军对索伦部的征讨》(《民族研究》1994年第6期)，夏家骏、孟宪振的《"卜魁"考释》(《历史档案》1983年第4期)，王希隆的《清代索伦部名将海兰察》(《西北民族研究》2000年第2期)等文，则关注到了清代索伦、达呼尔的重要历史人物，对其族属、身份、生平事迹、历史贡献做了较细致的考述。

以往学界对清代索伦、达呼尔历史的研究，从结构上来看是颇成系统的，在政治军事制度、社会经济生活、风俗文化传统等各方面都曾有学者进行过相当广泛的探研，但却仍存在着许多未如人意之处。从宏观上来看，既往的研究主要集中在政治史，对于经济史、文化史的研究则是颇显薄弱，已有的一些研究成果，也多局限于晚清、民国时期，对于清前期的情况则往往是付之阙如。至于学界关注较多的政治史，其研究的深度、广度也仍有待进一步提升。清朝统治索伦、达呼尔的军政管理制度虽多曾有人予以探讨，但对于该制度下两族人众的活动，及其所经历重大历史事件的研究则少有建树。即使是旗佐、贡赋、法律、教育、巡边、坐卡等基本制度的研究，也同样多有不足。不仅内容尚未全面，仍有不少尚未涉及的空白领域，或亟待深入探研的疏漏之处，对一些关键问题的认识，也常有众说纷纭、莫衷一是的情况。另外，许多研究结论缺少长时段的通盘考虑，往往有举一时以概一世的缺失，未能展现出制度的动态沿革历程。

上述种种缺憾主要应归咎于史料发掘与运用上的局限性。以往学者研究清代索伦、达呼尔历史，多以汉文的官书、史志、笔记为主要依据，至于内容最为宏富的档案材料，特别是满文档案的运用，则往往局限于档案管理部门已经整理公布的数量有限且又零碎分散的材料。这一史料运用范围，极大地局限了研究所能关注的领域和问题。史志文献所记载的，一般只是史事过程、军政制度，较少有对社会状况的描写，业经翻译刊布的档案文献也不同程度地存在着这一缺憾。索伦、达呼尔历史研究在经济、文化领域上的薄弱状态，就是由这一原因造成的。再者，传世史志文献绝少专以索伦、达呼尔为题者，通常只是在叙述东北史地时略有言及而已。目前可资利用的几种档案史料汇编，其内有关索伦、达呼尔的史料数量颇为有限，所承载的相关历史信息更是东鳞西爪、挂一漏百，以之为据所能探讨的问题也必然是非常有限，很难形成一个"贯通"的视界，充分认识到各项军政制度制定施行的长时段变迁。至于具体研究内容上的种种不足，也同样多是由史料运用方法上的缺陷所造成。史事的梳理所以会出现舛错，一些重要问题的探讨所以不够细致深入，就在于缺少内容丰富、细节详尽的史料。而制度的梳理，其结论所以会众说纷纭，原因就在于缺少第一手史料的佐证，无法对传世文献中大量彼此歧互、大相径庭的记载，做出明确的取舍判断。显然，想要在清代索伦、达呼尔历史研究领域取得突破性进展，有志于此的任何学者，都必须要改变既往在史料运用层面，偏重传世汉文史志，对丰富的历史档案材料，特别是更少为世人关注的满文材料，或视而不见，或浅尝辄止的旧貌，真正将对档案所蕴含的丰富历史信息的解读披露，与对索伦、达呼尔人历史活动的研究结合起来。

与史志文献零星稀疏、支离破碎的记载相反，清代与索伦、达呼尔相关的档案文献却是极为丰富的，不论是清朝中央形成的《满文老档》、《内国史院满文档案》、《军机处录副奏折》、《宫中档朱批奏折》，还是两族所属地方官府形成的《黑龙江将军衙门档案》、《呼伦贝尔副都统衙门档案》、《布特哈西路总管衙门档案》中，均可找到大量与其历史相关的记载，其中又尤以《黑龙江将军衙门档案》的内容最为全面、细致。日本学者柳泽明曾说："对了解黑龙江地区民族状况最有益的史料，是浩瀚的《黑龙江将军衙门档案》。"[①] 我国已故清史巨匠王钟翰先生更明确指出："达斡尔族的历史研究离

---

① ［日］柳泽明：《清代黑龙江地区八旗制的施行和民族的再编》，陶玉坤译，《蒙古学信息》1999 年第 2 期。

不开满文文献资料。"①

三 笔者对《黑龙江将军衙门档案》的整理、利用情况

清代索伦、达呼尔人的主干部分，始终隶属于黑龙江将军管辖，故而《黑龙江将军衙门档案》内有关两族政治军事、经济文化、社会生活等各方面情况的记载，是最为直接、最为翔实的，在该研究领域具有无可替代的重大史料价值。

《黑龙江将军衙门档案》所存该衙门与下属各城旗之间的来文与行文，对清代索伦、达呼尔人的历史活动有最为翔实细密的反映。依据其中所存各类法律案件的审理文书，不仅可以解读清代律法在索伦、达呼尔居地的施行状况，以及各级官府在民政管理上的权责划分，更可以通过大量案例内所反映的时人生活，来透视两族的神秘社会。经济生活与社会关系方面的诸多问题，如生产活动的门类、生产力发展水平、生产关系状况、贸易交换形式、私有制及贫富分化程度、阶级阶层关系、血缘组织与个体家庭的具体形态、族群之间的交往途径等，以及各种习俗传统，如婚姻制度、宗教信仰、丧葬祭祀仪式等，都能借此得到细致的解读，这使得全景式地展现清代索伦、达呼尔人的生活面貌，进而探讨清朝中央政府的统治、满汉兄弟民族先进经济文化因素对两族社会多层面的深刻影响，成为可能。依据八旗组织编设过程中的公文，还可以对索伦、达呼尔八旗兵丁的来源、旗佐组织的编成办法、其与血缘组织之间的适应磨合过程等问题，展开详尽的探讨。而依据日常军政事务处理的各类公文，也可对官兵的建制员额、选任顶补的方法、坐卡巡边的规定、俸饷待遇、武器装备等军政制度上的问题，做更为明晰的解答。反映战争情况的各类公文，也可以用来研究索伦、达呼尔官兵的军旅

---

① 王钟翰：《清史补考》，辽宁大学出版社2004年版，第254页。

生活，及其在清代政治舞台中的地位。将军、副都统等官给皇帝的奏折及与中央部院间的往来文书，则详实地记录了索伦、达呼尔旗佐组织的由来始末，据此也可以去阐释清代两族八旗社会建构过程中的制度沿革，以及清廷对两族旗人身份地位认定的变迁。在此类公文中，也往往会转述黑龙江将军衙门成立以前，理藩院处理索伦、达呼尔事务的一些文件，据此更可对布特哈打牲部落的形成过程、制度安排、社会状况，展开深入研究。两族早年为清廷征服的具体经过，及其在黑龙江流域故地的社会状况，同样也可从索伦、达呼尔官员自述根源，请求休致或袭职的文书中窥知大概。

笔者对《黑龙江将军衙门档案》内与索伦、达呼尔历史相关史料的搜集，主要是通过中国第一历史档案馆所藏康熙、雍正、乾隆三朝档案的缩微胶片来进行的。为便于读者掌握这些档案的检索、利用方法，特对其内部结构、排序方式、检索途径、标注方法做如下介绍。

康雍乾时期的《黑龙江将军衙门档案》全部为誊抄件，以档册为其基本构成单位。从档册封皮上标识的内容可知，单个的公文函件应是按年份、收发方向、经办机构、联络对象四项标准来归类，集中抄录入相应档册的。黑龙江将军衙门成立之初，因机构设置不全、军政事务较少，其每年累积下来的各类公文，原则上仅按收发方向，分"来文"（isinjiha bithe）、"行文"（yabubuha bithe）两册抄录，排序方式是来文在前、行文在后。如康熙二十七年（1688）档案，就是将所有中央部院、周邻平行机构、下属城旗致将军衙门的咨文、呈文，以及通过部院传达的谕旨，全部归为一册"来文档"（isinjiha bithe be araha dangse），而把将军衙门致中央部院、周邻平行机构、下属城旗的咨文、札文，以及给皇帝的题奏，全部归为一册"行文档"（yabubuha bithe be araha dangse）。如当年收发档案较多，或遇有出征、移眷等特殊情况，则会将来文、行文各分两册誊抄，在档册封皮标明起止月份。如康熙二十四年（1685）的行文档就被分成了"正月起"、"七月起"两册。康熙二十九年（1690）黑龙江将军衙门移驻墨尔根城以后，因军政事务日趋繁杂，往来公文数量增多，档册开始按经办机构、联络对象编订。具体地，将与京师、盛京各部院间的往来文书分成两组，分别由兵司、户司抄录；吏部、兵部文书专由兵司负责，户部、礼部文书专由户司负责，刑部、工部、理藩院文书根据事务性质，分别归入兵司、户司档册；周邻平行机构、下属城旗文书仍集中备份；三组档案仍按来文、行文分册，排序是兵司所抄部院来文、行文在前，周邻平行机构、下属城旗来文、行文在中，户司所抄部院来文、行文在后。因公文数量进一步增加，康熙三十一年（1692）起，与周邻平行机构、下属城旗之间的往来文书始被区别开来，而且要根据经办机构归属，由兵司、户司各自分来文、行文誊录造册。其排列顺序，兵司诸档册在前，户司诸档册在后；两司档册之内，部院来文、行文在前，下属城旗来文、行文居中，周邻平行机构来文、行文在后。至康熙三十七年（1698），刑司经办往来公文开始从兵司、户司档案中分离出去，单独誊抄成册。刑司档案最初仅分来文、行文二册，不再按联络对象分册，但至康熙四十年（1701），复将与部院、周邻平行机构间的往来文书结为一组，与所经办的下属城旗档案分别造册。刑司档案的排列顺序，位于兵司、户司档案之间。此后历年的《黑龙江将军衙门档案》，大体上即是按这一模式分别造册。特别地，遇有将军出征、随围、朝觐，其在途次间收发的文书，也要单独抄录成册，列于诸司档案之后。下面仅以康熙四十年为例，直观地展现《黑龙江将军衙门档案》档册的构成体例。如下表所示：

序号	誊录机构	联络对象	收发方向
1	兵司	吏部、兵部、工部、理藩院、盛京兵部、工部	来文
2		吏部、兵部、理藩院、盛京兵部、工部	行文
3		黑龙江副都统、墨尔根城协领、博尔德城守尉、索伦总管、驿站官	来文
4		黑龙江副都统、墨尔根协领、博尔德城守尉、索伦总管、驿站官	行文
5		奉天、宁古塔将军、伯都讷副都统、杜尔伯特、扎赉特贝子	来文
6		奉天、宁古塔将军、伯都讷副都统、杜尔伯特、扎赉特贝子	行文

续表

序号	誊录机构	联络对象	收发方向
7	刑司	刑部、理藩院、盛京刑部、奉天、宁古塔将军、伯都讷副都统	来文
8		刑部、理藩院、盛京刑部、奉天、宁古塔将军、伯都讷副都统	行文
9		黑龙江副都统、墨尔根城协领、博尔德城守尉、索伦总管、扎赉特、杜尔伯特贝子、驿站官	来文
10		黑龙江副都统、墨尔根协领、博尔德城守尉、索伦总管、扎赉特、杜尔伯特贝子、驿站官	行文
11	户司	户部、礼部、理藩院、盛京户部	来文
12		户部、礼部、理藩院、盛京户部	行文
13		黑龙江副都统、墨尔根城协领、博尔德城守尉、索伦总管、驿站官	来文
14		黑龙江副都统、墨尔根城副都统、索伦总管、驿站官	行文
15		奉天、宁古塔将军、伯都讷副都统、杜尔伯特、扎赉特贝子	来文
16		奉天、宁古塔将军、伯都讷副都统、杜尔伯特、扎赉特贝子	行文

每件档册内所收档案，均按时间的先后顺序排列。来文档内，每件公文前、后各标有一个时间，在前者指公文送抵将军衙门的日期，在后者指该公文的形成日期。行文档内，每件档案仅在前面标有一个发出日期，如当日有多件公文发出，则仅在第一件标注确切月日，其余诸件仅标注"同日"（ineku inenggi）字样。每件档册的内容，均按满文的书写习惯，从上至下竖写，从左至右换行、翻页。所有收录入册的公文，均为全文抄录。相邻两件公文间不需隔页，一件公文抄录完毕，另起一行即为下一件公文内容。除件首所标收、发时间字体加粗外，另于档案正文开始之处，于行首标注"○"符号，以示区分。因年代、经办机构、联络对象不同，每件档册收录公文的数量也无统一标准。大体上，康熙、雍正、乾隆三朝的档册内容呈明显的递增趋势。从厚度来看，康熙朝档册一般均在二三百页之间，至多不过五百页左右，雍正朝已往往达七八百页之多，至乾隆朝则普遍增至一千页以上。每页行数多寡、字体大小均无一定标准，所含满文字数一般在 60 至 100 之间不等。

中国第一历史档案馆拍摄《黑龙江将军衙门档案》时，系按档案的年份先后、分册顺序挨次拍摄。所形成的缩微胶片，按年号归为康熙、雍正、乾隆三个部分，其下所分胶片盘号均单独排列。每盘胶片所含档册数量不定，少则十余册，多则二十余册。一般情况下，每件档册按先后顺序各有一个拍摄序号，每盘胶片下诸册的拍摄序号均单独排列。特殊地，当上一盘胶片用尽，而其末尾序号的档册尚未拍摄完毕，需在下一盘继续拍摄，则其后半册仍要在下一盘胶片占用一个拍摄序号。如"康熙二十九年致奉天将军、宁古塔将军、黑龙江副都统、索伦总管、驿站官行文档"一册，其上半部分的拍摄序号是康熙朝第 1 盘第 15 号，下半部分的拍摄序号就是第 2 盘第 1 号。每件档册拍摄时，工作人员还用铅笔在档册的右上角或左上角标有阿拉伯数字页码。这样，通过年号、盘号、拍摄序号、起止页码，研究者便可以准确地标识《黑龙江将军衙门档案》缩微胶片内所收录的每件档案的具体位置，既可供史料整理时的定位之用，也可供研究时的征引注释之用。例如，康熙五十一年（1712）六月二十八日黑龙江将军杨福上报当年巡察额尔古纳、格尔毕齐河中俄边界情形的题本，就可以用"康熙朝—18（盘号）—12（拍摄序号）—103（起页码）—116（止页码）"这组档号来准确标明其出处。

目前，中国第一历史档案馆尚未对《黑龙江将军衙门档案》内所含具体内容做全面整理，只是在 20 世纪 80 年代缩微胶片制作时，曾以钢笔在 8 开稿纸本上逐一译写了 2800 本档册的封皮内容，并标注出其所在的盘号、拍摄序号。至于各档册内具体收录有哪些文件，则并未编写有细目，没有起止页码、内容题由等检索信息。因此，学者们想从《黑龙江将军衙门档案》中搜集所需要的史料，目前只能是以档册封皮的内容为线索，逐页浏览、排查方可。

2008 年 9 月，笔者在北京师范大学历史学院攻读博士学位期间，因学位论文《八旗制度与清代前期索伦、达呼尔社会》的写作需要，曾对中国第一历史档案馆藏《黑龙江将军衙门档案》缩微胶片的康熙朝部分做过逐册、逐页的细致浏览。2011 年 7 月入内蒙古大学历史与旅游文化学院工作以来，因课题研究需要，复曾十余次赴中国第一历史档案馆短期查阅该全宗档案，对其雍正、乾隆两朝内容，做了以若干重要年份、重大事件为中心的集中查阅。截至目前，累计调阅该全宗档案胶片43盘，浏览档册268册，共搜集到有关索伦、达呼尔历史的各类公牍史料1985件，均以拉丁转写字抄录满文全文，总字数达65.4万字。其中，属康熙朝的计有胶片25盘、档册236册、档案1800件、59.3万字，雍正朝为5盘、13册、98件、3.6万字，乾隆朝有13盘、19册、87件、2.5万字。以上述档案文献为基本依据，辅之以《军机处满文录副奏折》《布特哈西路总管衙门档案》中的相关史料，笔者就清前期索伦、达呼尔人由藩部被吸纳入八旗军事组织的全过程，相关军政制度的建立情况，两族军户的义务与权利做了细致的梳理；对清代管理索伦、达呼尔等族贡貂人丁的专门机构——布特哈衙门，在旗佐建制、机构设置、政务管理、赋役制度、军事作用等方面变迁沿革情况做了通时段研究；就整个清代索伦、达呼尔人受中原内地影响，在社会生产、商业贸易、生活方式、文化面貌等方面所经历的诸多变革，以及城镇驿路兴建、贡貂征解、俸饷发放、国家律法颁行等政治性因素对内地经济文化因素北传的促进意义等问题亦做了较为深入的探讨。2009年以来，陆续在《民族研究》《中国边疆史地研究》《历史档案》《史林》《民族史研究》等刊物发表学术论文二十余篇，出版专著《建官立制与移风易俗——清代内地经济文化因素影响下的达斡尔、鄂温克两族社会变迁研究》（内蒙古大学出版社2017年版）、《布特哈衙门军政制度沿革研究》（内蒙古大学出版社2018年版）。这些成果揭示了清朝对索伦、达呼尔人的统治模式，由羁縻式的藩属先变为间接统治的半自治藩部，再变为中央直接控制下的内属部落，最后变为拱卫皇权的"八旗世仆"的复杂过程，以及与之相配套的军政管理体制在二百余年间，从无到有，由简入繁的变迁之路，阐明了八旗军政制度促进索伦、达呼尔人与满、汉等兄弟民族间交往，进而在生产方式、经济结构、风俗伦理、饮食起居、语言文艺等各个层面，给两族带来深刻影响的联动机理，相当程度地提升了索伦、达呼尔历史研究的广度和深度。

四 《黑龙江将军衙门档案》对索伦、达呼尔历史研究的推动作用

《黑龙江将军衙门档案》内相关满文档案史料的充分发掘运用，对于索伦、达呼尔历史研究的推动作用可以归纳为以下几点：

首先，能极大地拓宽清代索伦、达呼尔历史研究的视野和关注点，从而填补空白，开拓新的研究方向，发现新的学术问题。如法律适用问题，先前尽管有学者曾对氏族习惯法与清廷国法间的关系进行过探讨，但对当时索伦、达呼尔人所适用的究竟是何种法典这一基本问题，却尚不能给出明确的答案。而搜集运用《黑龙江将军衙门档案》中的相关公牍材料，则可明确地梳理出两族由康熙初年布特哈打牲部落时期奉行《蒙古律书》，到康熙中叶黑龙江驻防八旗组建期间渐次转奉内地《大清律》的演变脉络，并进而揭示出其与清廷间的关系由"外藩"而转归"内属"的史实。[①] 再如社会经济方面，因史料缺乏，以往学界对清代索伦、达呼尔人商品经济状况的探究，多以中华人民共和国成立初的社会历史调查材料，以及史志中的零星记载为据，因而在时间范围上仅限于清代中晚期。而以《黑龙江将军衙门档案》中所能见到的相关奏议、将军衙门致驿站官员的训令、颁给出入境人员的通关文牒、各城四畜交易税收支记录等文件，以及一些法律案件的讯供记录所能提供的时人实例为据，则可以对康熙、雍正、乾隆诸朝索伦、达呼尔人与汉族商民间频繁交往，大量购用中原手工业产品，与鄂伦春、扎萨克蒙古、俄罗斯间贸易联系密切，商品货币观念日渐成熟，租赁、雇佣、借贷诸经济关系活跃等史实做充分的梳理。[②]

其次，可以对前人的已有成果进行补充，使研究的内容更加充

---

① 金鑫：《清代达斡尔、鄂温克两族所适用的法律》，《满语研究》2013年第2期。
② 金鑫：《论清代前期达斡尔、鄂温克族的商品经济》，《满语研究》2012年第1期。

实深入。如康熙初年的布特哈打牲部落，以往学界普遍认为其在牛录之上的社会组织单位，达呼尔人为扎兰、索伦人为阿巴，而且始终是以三扎兰、五阿巴为其定额。然而《黑龙江将军衙门档案》所存康熙中叶将军衙门与布特哈总管衙门间的往来公文却可说明，阿巴实际为行政区划概念，索伦人牛录以上的社会组织单位亦是扎兰，两族的扎兰最初并无定额，随牛录数额的增加而变化，所谓三扎兰、五阿巴的格局，应是在康熙三十八年（1699）才最终出现的。① 再如康熙中叶黑龙江驻防八旗组建期间出现的 39 个索伦、达呼尔官兵牛录的来历问题，汉文史志中全未言及，前人依据《清代锡伯族档案史料选编》《清代鄂伦春族满汉文档案汇编》中刊布的少量档案史料，仅就康熙三十年（1691）齐齐哈尔城 16 个达呼尔牛录的编设原委做过详密考述。而通过逐册逐页地梳理原档，即可揭示其余 23 个牛录，分康熙二十三年（1684）8 个达呼尔牛录、康熙二十七年（1688）8 个"穷索伦"牛录、康熙二十九年（1690）夏 4 个"穷索伦"牛录、同年冬 3 个站丁牛录，四个批次陆续编设的史实。②

再次，可以对史志文献、民间传说材料的真伪正误进行辨析补证，以利于更准确地认识其史料价值。如《黑龙江外记》载："有金川苗，奉将军傅玉命，运内兴安岭乱石，在齐齐哈尔北境建造碉楼二座，今尚在。"③ 然以《黑龙江将军衙门档案》为据，则可知两座碉楼实应建于乾隆十五年将军傅尔丹在任之时，建碉地点在布特哈八旗所属凯阔屯附近的努呼德依峰，并非在齐齐哈尔城境内，建碉者亦非苗族，而是清军在第一次征讨金川之役俘获的嘉绒藏人。④ 再如达斡尔族民间流传的齐帕告状故事，有精奇哩氏头人巴尔达齐霸占鄂嫩氏头人齐帕爱妻，并将其断足囚禁，后齐帕逃至盛京告状，巴尔达齐为清太宗满门抄斩的内容。因与巴尔达齐于顺治六年

---

① 金鑫：《扎兰、阿巴额数考》，《中国边疆史地研究》2012 年第 3 期。
② 金鑫：《雅克萨之战前后的达斡尔五百官兵考述》，《中国边疆史地研究》2011 年第 1 期；金鑫：《康熙朝黑龙江驻防八旗"穷索伦"、站丁牛录考》，《民族研究》2014 年第 5 期。
③ 西清：《黑龙江外记》卷 6，《续修四库全书》第 731 册，上海古籍出版社 2002 年版，第 746 页。
④ 金鑫：《乾隆年间黑龙江境内金川藏式碉楼考识》，《满语研究》2011 年第 1 期。

（1649）入满洲正白旗，后在京城病故，并得清廷立碑厚葬的史实不符，以往学者均认为其纯系虚构。但借助于《黑龙江将军衙门档案》所存鄂嫩氏人杜喇都向将军萨布素自述家族投清原委的呈文，却可清楚地知道，崇德年间确曾有一名为巴勒达楚的讷迪姓达斡尔人囚禁齐帕，后被清廷断以发遣之罪，巴尔达齐遭清廷惩处说就是由这一真实的历史事件附会而来的，并非完全的虚无缥缈。①

最后，可以纠正以往旧说中存在的某些谬误，给莫衷一是、纷如聚讼的各种疑问以合理的解答，更可以打破史志文献及各种档案汇编记载不连续性的局限，从而使研究能够跳出静态描述的窠臼，阐明史事的原委本末，以及制度的沿革变迁。如布特哈总管一职的始设时间，因《清朝续文献通考》《黑龙江述略》《布特哈志略》《大清会典则例》诸书记载各不相同，学界以往曾有康熙八年（1669）、二十三年（1684）、二十八年（1689）、三十年（1691）四种说法，至于始设时的员额，则一概认为有满洲总管一员为首，另设索伦、达呼尔总管各一员分管本部事务。但深入发掘《黑龙江将军衙门档案》中的相关史料可以发现，此总管一职实应出现于康熙二年（1663），布特哈打牲部落成立以后，总管员额一度长期为四员；满洲人出任布特哈总管最早见于康熙二十四年（1685），但迟至康熙四十六年（1707）才正式设为定缺；布特哈总管额设三缺，以满洲总管为首、索伦、达呼尔总管分管本部的格局，实际上是雍正十年（1732）以后才出现的。② 同样因史志文献记载的不一致，或对已刊布少数档案史料的误读，关于布特哈打牲部落改编为八旗的时间，学界先后出现过康熙八年（1669）、十年（1671）、二十二年（1683）、二十三年（1684）、三十年（1691）、雍正九年（1731）、十年（1732）等7种不同的说法；初设时布特哈八旗牛录数额的说法，亦有113、108、101、97、92等多种。在《黑龙江将军衙门档案》中可以找到围绕布特哈八旗编设事宜，朝廷的所有奏

---

① 金鑫：《巴尔达齐遭清廷惩处说之由来补释——以"齐帕告状"故事的史实原型为切入点》，《民族研究》2010年第4期。

② 金鑫：《清代前期布特哈总管沿革探析》，《民族研究》2013年第4期。

议，以及将军衙门与理藩院、布特哈总管衙门之间接洽办理的往来公函。据此可知，布特哈八旗编设最初动议于雍正八年（1730），后持续酝酿近两年方得以付诸实施，期间先曾提出过两套旗佐编设方案，第一套方案有 115 个牛录、第二套方案有 108 个牛录，但均未获实施。及至雍正十年（1732）布特哈八旗最终编设时，因大量人丁先已被抽调至呼伦贝尔八旗，其所拥有的牛录数额实际上仅有 61 个，后因人丁增多陆续添设，至乾隆十五年（1750）始以 97 牛录为定制。以往学界围绕该问题的持续争论，其症结就在于因史料占有的不充分，而无法充分认识到布特哈八旗组建过程的动态性。[①]

结束语

要充分运用《黑龙江将军衙门档案》中所保存的海量历史文献，需要广大研究者改变以往对档案整理部门翻译刊布工作的过度依赖，努力学习掌握满语文的读译能力，并勇于将时间、精力大量倾注于对档案文献的研读利用。俗语云"磨刀不费砍柴工"，只有通过对原档逐册逐页的深度检索，才能去粗取精，披沙拣金，从中充分爬梳到所需要的一切历史讯息，使自己的研究做到全面细致，严丝合缝，了无缺憾。也只有通过长期阅读原档，不断累积经验，才能真正体悟当时的名物制度、语言风格、习俗文化、社会状态，使对档案文字的解析真正与时人的思维相符，避免因误读而致成研究结论的偏差。诚如陈寅恪先生所云："一代之学术，必有其新材料与新问题。取用此材料以研求问题，则为此时代学术之新潮流。"[②] 随着其研究价值的日渐凸显，对相关满文档案史料广泛的搜集整理、深度的解析运用，在今后数十年间必定是索伦、达呼尔两族历史，乃至于整个黑龙江地区清代政治、经济、文化、社会生活状况研究的主要潮流。

---

① 金鑫：《清代布特哈八旗建立时间及牛录数额新考》，《民族研究》2012 年第 6 期。
② 陈垣：《敦煌劫余录序》，《金明馆丛稿二编》，生活・读书・新知三联书店 2001 年版，第 266 页。

附录二 东洋文库藏镶白旗蒙古都统衙门档案述评

在东京的东洋文库保存有几千件与清代八旗有关的珍贵档案。前人对其做过几次目录。① 其中，镶红旗满洲都统衙门档案的雍正和乾隆两朝部分分别在20世纪70至90年代得以公布，② 后又有汉译本刊布。③ 相关档案的介绍和评价有细谷良夫、中见立夫和柳泽明等几位日本学者的文章。④ 作者这次接触到的镶白旗蒙古都统衙门档案也是和以上档案属于同一类资料。但不知什么原因，这部分档案从未有人详细介绍过。同时，到目前为止，无论是在国内，还是在海外，如此一定数量的有关蒙古八旗的珍贵档案尚未公布过。在中国第一历史档案馆所藏八旗都统衙门档案并不公开的情况下，这一部分档案更显得格外重要。在此只是做一个简单的介绍和初步的史料价值评价，以飨学人。

---

① *Catalogue of the manchu mongol section of the toyo bunko*, By Nicholas poppe. Leon hurvitz Hidehiro okada. The took bunko & The university of Washington press, 1964；松村润：《东洋文库所藏满洲语文献》，《史丛》第27号，1981年；《东洋文库所藏镶红旗档光绪朝目录》，东洋文库2006年版；《满洲语档案目录（镶红旗档以外）》，东洋文库，据东洋文库工作人员说该目录是2008—2009年间编写的。

② 《镶红旗档——雍正朝》，东洋文库1972年版；《镶红旗档——乾隆朝1》，东洋文库1983年版；《镶红旗档——乾隆朝2》，东洋文库1993年版。

③ 刘厚生译：《清雍正朝镶红旗档》，东北师范大学出版社1985年版。关嘉录译：《雍乾两朝镶红旗档》，辽宁人民出版社1987年版。

④ ［日］细谷良夫：《关于〈镶红旗档——雍正朝〉——围绕雍正朝八旗史料》，《东洋学报》55卷；［日］中见立夫：《关于日本东洋文库与中国第一历史档案馆所藏镶红旗满洲衙门档案》；［日］柳泽明：《东洋文库藏雍乾两朝〈镶红旗档〉概述》，《满语研究》2012年第1期；［日］后藤智子：《关于东洋文库武职及佐领家谱》，《满族史研究通信》17，1998年。

一 档案的概况

本文着重关注东洋文库所藏清代镶白旗蒙古都统衙门档案（以下简称东洋文库镶白旗档）的特色和价值。文中所注档案号是以东洋文库所编《满洲语档案目录》为准。

1964年，鲍培、冈田英弘等为东洋文库所藏满蒙文献资料做目录时对满文档案也做过简单的目录。[①] 1998年，后藤智子发表文章介绍东洋文库所藏武职及佐领家谱，更正了一些1964年目录的错讹之处，并指出了有关蒙古镶白旗的档案共有137件。[②] 然而，东洋文库的最新目录把镶白旗蒙古都统衙门档案重新编号为MA2-23-4、MA2-23-5，登记其分别有60件和96件。MA应该是满文档案二字英文拼音的头两个字母。但是，笔者发现MA2-23-5下共有98件，目录少做了2件。这样按照现有目录，总共有158条。实际上，不应该这么多，因为原封套已不见（可能已损坏），重新整理时装到新式的信封里，并拆散原本作为附件的家谱类档案和满汉合璧档案分别装入信封，单独编号登记，这样条目便增加了许多。其实原档应该是每一件补授佐领[③]或世爵世职的奏折都附有一件家谱。因此，如果按照满洲镶红旗档整理的方法，也就有90多条了。另外，因为清代的封套没有保存下来，所以没有千字文的排序号可循了。这也是该部分档案与镶红旗档的不同之处。

东洋文库在镶白旗档的每一件档案上记有整理号，并钤盖了文库的章，登录日期为：昭和十七年（1942）九月二十五日。我们知道，东洋文库满洲镶红旗档是1936年4月从复旦大学陈清金教授处

[①] *Catalogue of the manchu mongol section of the toyo bunko*, pp. 257-258、260.
[②] ［日］后藤智子：《关于东洋文库武职及佐领家谱》，《满族史研究通信》17，1998年。
[③] 本文中为清楚起见，所用佐领是指"牛录章京"，是官职，以与作为社会组织的"牛录"区别。

得到的。① 但是，满洲镶红旗档案上有无东洋文库的入库印章，一直没有人交代。因此，很难确认这部分镶白旗档与满洲镶红旗档是否同一批购置。

从目录看，最早一份档案的日期为雍正五年十二月四日，最后一份档案的日期为光绪三十年六月七日。虽然有一些档案的日期难以判断，但最早和最晚的时间应该没有问题。登记的158条档案，上自雍正，下至光绪，各朝的都有。在已经确认朝代的档案里，同治年间的最少，只有2件，最多的是乾隆年间的，有40多件。可以推测，这部分东洋文库的档案在整个清代蒙古镶白旗都统衙门档案中占据很小的比例。

此外，从档案使用的文字来看，明显有年月日的汉文档案是从光绪元年以后才出现的，在此之前不管是奏折的正文还是家谱都用满文撰写。可见，虽然从清中期开始满文在八旗的日常生活中使用的范围越来越窄，但在八旗日常行政的处理过程中一直延续使用到清末。光绪元年的一份"为承袭二次分编世管佐领事"奏折及家谱（档案号分别为：4—50、4—51、4—52、4—53）都采用满汉合璧的形式。这样满汉合璧的档案还有光绪十四年的"为承袭恩骑尉事"（档案号分别为：5—67、5—68、5—69、5—70）和光绪二十四年的"为承袭云骑尉事"（档案号分别为：5—48、5—49、5—50、5—51）等档案。还有一些奏折或家谱也采用满汉合璧的形式，但并不是每一件都这样。可以推测这种做法可能还没有法令依据，不是很规范的做法。此外，个别档案或个别处有使用蒙古文的情况。

镶白旗档的格式，分为奏折和家谱两大类。奏折的纸张尺寸，长约23.5—26.5cm，折叠成宽为12cm的屏风，一折6行。而家谱根据内容，纸张的长短不一。从档案的格式和内容来看，这部分东洋文库镶白旗档大体上可以分类为以下几种：A 佐领根源档、B 佐领承袭或佐领署理的奏折及家谱档、C 世爵世职承袭的奏折及家谱档、D 引见补授档、E 旧营房兵丁一年情况汇报档、F 循例请给纪录

---

① ［日］中见立夫：《关于日本东洋文库与中国第一历史档案馆所藏镶红旗满洲衙门档案》。

档、G 纪录折单、H 谢恩折、I 钱粮关系档、J 佐领遗孀生女上报档等。A：佐领根源档。第一折正中间写有"niruі janggin×××jalan halame bošoho nirui sekiyen"或"nirui janggin×××bošoho teodenjehe nirui sekiyen"。① 正文开头是 nirui janggin，结尾为 gingguleme tuwabume wesimbuhe。这种档案有 4—1、4—3、4—21 三份。以前有人介绍过称为"nirui sekiyen i cese 佐领根源册"或"nirui sekiyen booi durugan i cese 牛录根源家谱册子"。② 但是，东洋文库镶白旗档没有一件上写有"cese 册子"字样，所以应该称之为佐领根源档。这三份档案的一个主要内容是在职的佐领有无 ubu（分）的问题，因为从康熙朝开始有无分与佐领承袭是密切相关的。③

该类档案没有明确写明其形成的时间。但从世系来看，《八旗通志初集》（以下简称《初集》）中都提到了档案中出现的 baši（八十）、batu（巴图）和 haišeo（海寿）等人名，④ 再加上乾隆三年颁布的清理牛录根源的上谕，⑤ 可以推测该档形成的时间应该是雍正末至乾隆初年。这两个以八十和巴图为佐领的牛录分别在乾隆三十年和五十四年改定为公中佐领。⑥ 4-4 档应该是 4-3 档的附件即家谱。

B：佐领承袭或佐领署理的奏折及家谱档。这类档与 C 类档在东洋文库保存的镶白旗档中占有很大的比例。从其文书格式可以分为以下几种：

B-a：第一折中间只有满文 wesimburengge 或汉文"奏"一个字，从第二折开始正文开头为 kubuhe šanggiyan（或 šanyan）i monggo gūsai，结尾处则书写日期及上奏人的官职和名字。这种格式的文书

---

① 相关档案的研究，参见承志《关于八旗牛录根源和牛录分类》（日文），《东洋史研究》65-1，2006 年。
② 承志：《关于八旗牛录根源和牛录分类》，《东洋史研究》65-1，2006 年。
③ 《康熙起居注》第二册，康熙二十四年二月初九日，中华书局 1984 年版。
④ 《八旗通志初集》卷 12《旗分志 12》，东北师范大学出版社 1986 年版。
⑤ 《清会典则例》卷 175《八旗都统：授官》，《景印文渊阁四库全书》本，上海古籍出版社 1987 年版。
⑥ 《钦定八旗通志》卷 20《旗分志 20》，《钦定四库全书》本。

在整个这类档案中占据很大的比例。另外附有绿头签,[①] 写明承袭佐领的性质,以及拟正、拟陪等人的名字、年龄、骑射与前佐领的关系等信息。档案一般还附有所奉之旨,表示同意谁谁承袭或"知道了"字样。因为雍正七年副都统徐仁奏称,"嗣后将八旗奏折及覆奏之旨,俱贴于一处,于合缝之处,钤盖旗印封固。"[②] 得到雍正帝的认可而执行。因镶白旗档所属奏折全是乾隆以后的,所以谕旨都粘贴在文末的日期后面。现在看到的一些文书已经没有谕旨,这可能是有一些粘贴的纸张脱落并散失了。

一般,每一件"奏"都附有家谱。家谱是根据内容写在大小不一的一张纸上,并折叠成与奏折差不多的形式。这可能是考虑到装封套的方便吧。在文书的第一折的上下各贴一小张黄纸,写明牛录的性质、来源和相关法令内容等,这些可以叫作"签注"。另外,用黑色书写已经死去人的名字和相关人的年龄、职务等信息,用红色书写在世人的名字。还有,在拟正、拟陪人名上画有圆圈,或在人名后面上贴小黄纸,写明其拟正、拟陪。在以往佐领的人名前面粘贴长方形的小黄纸,又在其名下粘贴小块圆形黄纸,标出承袭的次数。或在以往的佐领人名下贴有长方形的黄、红、蓝等各种颜色的小方块纸,以分别标注袭次,并在其人名下又在红色方框内写明承管的是原立佐领还是分编佐领等。

B-b:署理佐领事宜。这类档案有 4-7、4-40、4-42 等。第一折中间写有 wesimburengge,右上角在红纸上写有"××请旨可否署理"等字样。正文以 kubuhe šanyan i monggo gūsai 开头,事由写的都是 hese be baire jalin。谕旨也与 B-a 类一样,粘贴在日期后面。文档的结尾处写有上奏人的官职和名字。以上三份档的年代分别是乾隆三十七年和四十三年。4-40、4-42 还附有家谱,交代了相关

[①] [日]细谷良夫(《关于〈镶红旗档——雍正朝〉——围绕雍正朝八旗史料》,《东洋学报》55-1,1971 年)称为"绿头牌",而柳泽明(《东洋文库藏雍乾两朝〈镶红旗档〉概述》)称为"绿头牌副本"。在此笔者根据《中枢政考》(道光)二,卷 6,海南出版社 2000 年版,第 168 页。

[②] 《上谕旗务议覆谕行旗务奏议》(二),台湾学生书局 1976 年版,第 630—631 页。

世系情况。

C：世爵世职承袭的奏折及家谱档。在东洋文库做的目录中，MA2‑23‑5 开头的档案绝大部分是这类档案。此类档案在文书格式上基本上和 B‑a 类相同。第一折中间位置写有满文 wesimburengge 或汉文"奏"，从第二折开始正文开头为 kubuhe šanggiyan（或šanyan）i monggo gūsai，结尾处则书写日期及上奏人的官职和姓名。谕旨和绿头签的形式也和 B‑a 类档案一致。此外，一般是一个"奏"附有一件家谱，可以说构成一组档案。从现在发现的这类档案看，到光绪年间有"奏"和"家谱"的都有满汉合璧的形式（例如 5‑48、49、50；5‑67、68、69、70 等）。另外，该类档案的年代比较早，最早的一组档案是雍正五年的（5‑14、5‑15）。因为已经公布的镶红旗档中没有雍正四至九年的档案，所以这些档案显得尤为珍贵。期限最后的一组档案到光绪二十四年（5‑47、5‑48）。

D：引见补授档。其实前面说过的 A、B、C 三个类型的档案大体上也属于这一类，但是 D 类档案和以上的档案有所不同：第一是数个世职及驻防佐领、骁骑校、防御等官缺的候补人名写在一起而一并奏请带领引见；第二是奏折没有详细交代官职的以往世袭情况；第三是没有附有家谱。这应该是简化手续的一种办法。柳泽明研究认为，这类档案是到了乾隆以后大量出现的。[①] 我们看到的这类档案（5‑71、5‑72、5‑73、5‑74、5‑75、5‑76、5‑77、5‑78、5‑79、5‑80、5‑81、5‑83、5‑84）的年代是乾隆、同治、光绪各朝的。

该类档案一般是由奏折和绿头签组成。奏折一开始就写有 kubuhe šanyan i monggo gūsai。在发现的镶白旗档案里就有一份同治年间补授佐领的档案（5‑83）在第一折中间写有 wesimburengge 一字，其它都没有这个字。一般，谕旨也保存下来了。绿头签有些是满汉合璧的形式。因为我们现在看到的都是奏折和绿头签分开写在一张纸上的，所以原本就是如此，还是原来粘贴在一起就不好判定了。

---

① 柳泽明：《东洋文库藏雍乾两朝〈镶红旗档〉概述》。

E：旧营房兵丁一年情况汇报档。旧营房（fe kūwaran）、新营房（ice kūwaran）是设立于北京城外的八旗官兵宿舍。① 旧营房是康熙三十四年为解决北京城内八旗兵丁宿舍不足而于北京城内八门之外所建房屋。② 有关营房所居兵丁的管理，雍正二年规定由各旗满蒙世职派出管辖官员。③ 这类档案（5-85、5-86、5-87），在第一折中间写有"奏"或 wesimburengge 字样，接着或用满文 kubuhe šanyan i monggo gūsai fe kūwaran i baita be kadalara 或用汉文写道："管理镶白旗蒙古旧营房事务"。据档案，从乾隆二十二至二十三年有规定，"旧营房有无事故遵例每年十一月间具奏一次。"④（5-87）察看和奏报旧营房自上年十一月起至本年十一月止一年内兵丁有无滋生事端等情形。我们现在看到的三件档案（5-85、5-86、5-87）的年代分别是乾隆三十五年、同治五年和光绪八年。其中后两件的内容很简短，只是呈报了这一年期间没有发生什么事端，而乾隆三十五年的那份档案较长，内容是管理镶白旗蒙古旧营房事务、梅勒章京乌勒莫济为房屋修造等事宜请旨。

F：循例请给纪录档。《八旗则例》规定："旗下印房总办俸饷档房及各参领处汇办事件于一年内各项依限全完，并无逾限遗漏者，岁底详查汇奏，将承办参领、章京等各给纪录一次。""佐领等官承办本佐领下事件，于三年内各项依限全完，并无逾限遗漏者，三年查核一次汇总奏闻，佐领、骁骑校、领催各给纪录一次。"⑤ 这些因此产生的档案（5-88、5-89）采用满汉合璧的形式，开头写有"奏"或 wesimburengge 字样，末尾处有年月日和皇帝的谕旨。

G：纪录折单。这类档案其实都应附于 F 类档案中的。5-92 号档是 5-88 号档的附件。F 类档案里说的也很清楚，附有"另缮清

---

① 《钦定八旗通志》卷113《营建志2》。
② 《八旗通志初集》卷23《营建志1》。乾隆《会典则例》卷173《八旗都统3：田宅》。
③ 乾隆《清会典则例》卷175《八旗都统：授官》。《钦定八旗则例》（乾隆七年版）卷1《职制》。柳泽明：《东洋文库藏雍乾两朝〈镶红旗档〉概述》。
④ 《镶红旗档——乾隆朝》97，东京：东洋文库1983年版，第121—122页。
⑤ 《钦定八旗则例》（乾隆七年）卷2《公式》，《四库未收书辑刊》（武英殿刻本影印），北京出版社1997年版。

单"。在此所说"另缮清单"就是"纪录折单"。这些纪录折单（5-92、5-93、5-94、5-95、5-96）每一个都分为"emu aniya jalukangge 一年满"和"ilan aniya jalukangge 三年满"两部分，分别记录可以给与纪录之官员职务和姓名。该类档都与一个叫常升的印务参领有关。常升在同治六年的5-83号档中以副参领的身份也出现过。所以可推测，这些档案的形成时间应该是同治年以后。

H：谢恩折。这类档就有一件（5-90），是在三张纸上分别写有满、汉奏折和清单的档案。档案的开头有"奏"、wesimburengge 字样，意思是臣芬"为叩谢天恩事"，缘由是在芬七十岁生辰时皇太后赏赐他一些礼物。皇太后即是慈禧太后，姓芬的大臣原来是黑龙江地方的一个骑都尉，后升为乾清门三等侍卫，赏入京旗正白旗满洲。其后，荐授都统，排为御前侍卫，蒙赏给头品顶戴，复荷赏穿黄马褂。据《实录》记载，此姓芬的臣僚名叫芬车，他当上镶白旗都统是光绪二十六年（1900）闰八月以后的事情。① 由此推断，他的七十岁生辰也是在此之后。

I：钱粮关系档。这件（5-91）满汉合璧形式的档案内容是镶白旗蒙古都统崇礼奏报该旗所领一年俸饷等数目。原档应该附有清单，可能后来丢失了，没有流传下来。

J：佐领遗孀生女上报档。该档案（5-82）的内容是，因已故佐领恩印的妻子常氏孕生一女，而族长呈报，该佐领又饬"该孀妇另行出结办理过继外，相应出具图片呈报甲喇处"等语。清廷向来对八旗户口的管理很严厉，兵丁及其家属的生死等事都须上报登记。佐领中女孩的出生可能与选秀女制度有关。从中也可以窥见牛录内族长的职务情况。

此外，值得关注的是东洋文库镶白旗档的性质和归属问题。为什么一开始就断定这部分档案是镶白旗蒙古都统衙门档呢？原因一是文书上多处盖有满汉两种文字的"kubuhe šanggiyan i monggo gūsai gūsa be kadalara amban i doron, 镶白旗蒙古都统之印"。二是从内容

---

① 《清德宗实录》卷470，光绪二十六年闰八月癸卯，中华书局1985年版。

来讲，这部分档案都与镶白旗蒙古有关。八旗各旗拥有衙门是从雍正元年开始的。①"镶白旗满洲、蒙古、汉军都统衙门初设于东单牌楼新开路胡同。雍正四年奏准：将灯市口西口官房一所，共一百零一间作为三旗都统衙门。六年，又将汉军都统衙门移设于东四牌楼大街灯草胡同官房一所，计三十七间。乾隆十八年，将蒙古都统衙门移设于东安门外干雨胡同官房一所，五十间。"②乾隆初还有规定："八旗具奏事件奉谕旨后，将奏折及所奉谕旨粘连一处，合缝处钤印收贮。"③这部分东洋文库镶白旗档无疑是在镶白旗蒙古都统衙门处理日常行政事务过程中形成的副录档。④

二 档案的内容与价值

以上分为10种类型介绍了东洋文库镶白旗档的基本情况。在这一节我们继续考察该档案的内容，并从几个方面简单地评价这部分档案的主要文献史料价值。

（一）在笔者看来，这部分档案的最大价值在于详细地记录了蒙古镶白旗若干牛录的人员构成情况。那些被称为牛录根源的档，不仅有牛录的初创情况、佐领的承袭，还记述了该牛录内各个家族（mukūn）的原住地和姓氏等信息。例如，4-1号档记载了镶白旗蒙古都统左参领所属第二牛录的情况。崇德七年多罗特部贝子绰克图从锦州率领一百三名人来附，编立牛录，由安他哈管理。其后，陆续管牛录者有：满韬、那木僧格谛、关保、八十等。这些牛录根源的档案所记佐领的承袭情况与《初集》记载的内容是一样的。⑤虽然牛录当初的首领分别出身于多罗特、巴林、札鲁特等部，但是牛

---

① 《八旗通志初集》卷23《营建志1》。
② 《钦定八旗通志》卷112《营建志1》。
③ 《钦定八旗则例》（乾隆七年）卷2《公式》。
④ 相关研究参见细谷良夫：《关于〈镶红旗档——雍正朝〉——围绕雍正朝八旗史料》，《东洋学报》55-1，1971年。
⑤ 《八旗通志初集》卷12《旗分志12》。

录内部人员是由各个地方的多种氏族构成的。从 4 - 1 号档来看，牛录构成的人员有：毛祁塔特地方人，巴鲁特氏；老哈泰地方人，莽努特氏；喀喇沁地方人，莎格杜尔氏；察哈尔地方人，斋拉尔（札赉尔？）氏；科尔沁地方人、札鲁特氏，等等，以族为单位交代了该牛录11个家族的人员。这些内容在《初集》、《钦定八旗通志》等史料中是没有记述过的，可见其价值是独一无二的，利用这些档案可以继续研究蒙古八旗牛录构成人员的地缘、亲属、领主属民等关系，探究牛录编成的原理。

（二）对蒙古八旗牛录和佐领的类型与形成有了较为清晰的认识。有关牛录的类型分类等问题，前辈学者有丰富的成果。① 近年有学者根据牛录根源册、执照等原始档案和《钦定拣放佐领则例》等史料，探讨了清前期八旗满洲牛录种类的变化过程。承志认为，入关前的牛录分为内牛录和专管牛录。康熙时分为原管牛录、世承牛录、凑编牛录。到雍正时在康熙朝的基础上分类为原管牛录（勋旧牛录 fujuri niru）、世承牛录（世管牛录 jalan halame bošoro niru）、凑编牛录（互管牛录 teodenjehe niru）、公中牛录（siden niru）等。② 赵令志、细谷良夫通过研究后指出，清代佐领按其组成方式可分为私属、公中两大类，其中私属又有勋旧、优异世管、世管、互管等诸名目。③ 这些分类法的不同是因为分类的视角不同引起的。

本文所述镶白旗档案中，佐领承袭档中也出现了诸多牛录的分类名称，如 fukjin niru（勋旧牛录）、da niru（原立牛录）、jalan halame bošoro niru（世管佐领）、siden niru（公中佐领）、teodenjehe niru（互管佐领）、fusehe niru（分编牛录）、sirame fusehe niru（二次分编牛录）、tuktan fusehe niru（初始牛录）、fakcaha niru（分编牛录），

---

① 早期主要有细谷良夫：《八旗通志初集〈旗分志〉的编纂及其背景——雍正朝佐领改革的一端》，《东方学》第36辑；安部健夫：《八旗满洲牛录研究》，《清代史研究》，创文社，1971年；阿南惟敬：《天聪九年专管牛录分定的新研究》，《清代军事史论考》，甲阳书房，1980年；傅克东、陈佳华：《清代前期的佐领》，《社会科学战线》1982年第1期；郭成康：《清初牛录的类别》，《史学集刊》1985年第4期；等等。

② 承志：《关于八旗牛录根源和牛录分类》，《东洋史研究》65-1，2006年。

③ 赵令志、细谷良夫：《〈钦定拣放佐领则例〉及其价值》，《清史研究》2013年第3期。

等等。这些资料为蒙古八旗牛录和佐领的分类研究提供了诸多的事例。下一步的工作是在仔细阅读档案的基础上进一步深入探索蒙古佐领的形成过程及其变迁问题。

以往学界对蒙古八旗形成的研究,一个焦点是天聪九年设立蒙古八旗问题。当时,编审内外喀喇沁蒙古壮丁共 16932 名。其中,除了古鲁思辖布等三个札萨克旗之外,剩下的 7810 名,与"旧蒙古"合编为蒙古八旗。① 赵琦首先研究喀喇沁壮丁编入蒙古八旗的情况,作了"蒙古八旗喀喇沁佐领表",②后来乌云毕力格又补充了一些。但是,他们的依据都是《初集》,现在补以镶白旗档后,还有三个方面可以做补充。

1. 以喀喇沁壮丁为主所编佐领来看,还有左参领所属第十一佐领和右参领所属第十佐领。据镶白旗档载:"额斯库率领喀喇沁三十二人于太宗时来归,后因加入旗丁作为整佐领,以额斯库承管。"(4-26)据《初集》该牛录的额斯库来归时编立的是半个牛录,到顺治八年"始益以外牛录人为一整牛录。"③ 右参领所属第十佐领④也是因为《初集》的记述不清,而以前不知道鄂齐里吴巴式是喀喇沁塔布囊。(4-39)

2. "旧蒙古"的问题。天聪九年编设蒙古八旗时,在内外喀喇沁的基础上加"旧蒙古"而形成的。"旧蒙古"是指左右两翼蒙古营。郭成康研究后指出:天聪四年定制满洲八旗每旗各设蒙古五牛录,这四十个蒙古牛录辖于左右两翼。⑤ 镶白旗档里有:"mukden i forgon de emu gūsade fukjin sunja niru banjibure(在盛京时每旗初编五个牛录)"(4-22)的字样,证明当时确实存在这个事实。这样,四十个牛录的情况也逐渐露出其本来面貌。从镶白旗档的记载看,

---

① 参见郭成康《清初蒙古八旗考释》,《民族研究》1985 年第 4 期;乌云毕力格《喀喇沁万户研究》,内蒙古大学出版社 2005 年版,第 158—168 页。
② 赵琦:《明末清初喀喇沁与蒙古八旗》,《蒙古史研究》第五辑,内蒙古大学出版社 1997 年版。
③ 《八旗通志初集》卷 12《旗分志十二》。
④ 东洋文库的目录误以为右参领第十二佐领。类似的错误还不少,不再一一指出。
⑤ 郭成康:《清初蒙古八旗考释》。

其中还有札鲁特部台吉所率领来归者所编牛录。(4-21)

此外,天聪九年设立蒙古八旗以前已经以一部分喀喇沁人为主编立了牛录。例如天聪八年来归而编立牛录的拜浑岱。他是赫赫有名的喀喇沁巴雅斯哈勒昆都伦汗的长孙。① 因其父死的早,拜浑岱成为喀喇沁第二代的真正实力派人物。② 从镶白旗档中的家谱看,有一部分家族几代住在所谓的 "nuktere ba 游牧处"(4-4、4-45、4-47),可见虽然当时他们已经被编入八旗,但其驻地在口外。据《蒙古博尔济吉忒氏族谱》载,拜浑岱之弟希尔尼③之子阿拜死后,"因将其尸体置于称作野马图的地方。其后,此地称作阿拜诺颜之苏巴尔罕。"④ 据《蒙古游牧记》,野马图汉语称为蟠羊山,在土默特左旗西南三十里、喀喇沁右旗南一百三十五里处。⑤ 又据《口北三厅志》载:"(察哈尔)镶白旗在独石口北二百四十五里,总管驻布雅阿海苏默。"⑥ 布雅阿海就是布颜阿海。巴雅斯哈勒昆都伦汗的季子马五大(号七庆朝库儿)的第二子白言台吉就是他。⑦ 查阅明代文献,北元晚期喀喇沁部一直驻牧于宣府、独石口边外附近。这样一来就清楚了,从巴雅斯哈勒传到其孙子辈的阿拜、布颜阿海一代人依然驻牧在宣府、独石口以北边外之地。其实,到白浑岱的长孙拉斯喀布一代时也驻在宣府附近。⑧ 镶白旗档案显示,后来这些喀喇沁的汗、台吉等贵族们虽然编入蒙古八旗,但他们的游牧地还是在边外,直到清中期有时候有些后人还驻牧于此地。看来八旗推行的也是属人行政,也就是其属人不管居于何处都归属于在京的各八旗。

---

① 《蒙古博尔济吉忒氏族谱》(《汉译蒙古黄金史纲》,内蒙古人民出版社1987年版,第240—241页)误以为长子。
② 乌云毕力格:《喀喇沁万户研究》,内蒙古大学出版社2005年版,第32—33页。
③ 汉译本《博尔济吉忒氏族谱》(《汉译蒙古黄金史纲》,第241页)以为"萨赉"。
④ 《博尔济吉忒氏族谱》(蒙古文),内蒙古人民出版社2000年版,377—378页。
⑤ 《蒙古游牧记》卷3,清同治祁氏刊本。罗密著,纳古单夫、阿尔达扎布校注:《蒙古博尔济吉忒氏族谱》(蒙古文),内蒙古人民出版社1999年版,第23页。
⑥ 《口北三厅志》卷7《蕃卫志》,台北成文出版社1968年版。
⑦ 乌云毕力格:《喀喇沁万户研究》,第64页。
⑧ 李保文:《十七世纪蒙古文文书档案(1600—1650)》,内蒙古少年儿童出版社1997年版,第324—327页。

由此可以联想，《初集》和《钦定八旗通志》所记镶白旗蒙古都统察哈尔参领所属佐领，乾隆初编《初集》时共有七个佐领，①到嘉庆初再编《钦定八旗通志》时已经增加到十三个佐领了。② 这些佐领分别驻在北京和口外游牧地方。因此，我们似乎不能断定镶白旗的察哈尔参领为误载。③ 当初察哈尔归附清朝而分别编入八旗并不是完全清楚的事情，还有继续探讨的余地。

3. 天聪九年以后编立的牛录问题。镶白旗档提供了一个很鲜明的例子，即崇德七年从明朝锦州来归的多罗特部的情况。在察哈尔万户中，阿拉克绰特部是其山阳四鄂托克中的最大鄂托克，而多罗特是阿拉克绰特的属部。我们之前只是知道，天聪二年皇太极亲征多罗特和阿拉绰特二部的敖木伦之战，被清军杀害或俘虏的是其部分人员，④ 并不知其余人员的结局。但是，现在看到镶白旗档后知道，多罗特的绰克图、诺木齐塔布囊、吴巴式等首领在敖木伦之战后投奔到明朝的锦州。到崇德六、七年，清军攻陷锦州时再投诚过来，⑤ 后又编立牛录等情况。（4-1）其实刚开始编牛录后他们归到蒙古正黄、镶蓝等旗，但后来因几次清朝旗籍的转换，他们最终归到蒙古镶白旗。另外，还有一些滋生人丁而增编牛录的情况也清晰起来了。

（三）对蒙古八旗内世职的获得和承袭情况有了较清楚地认识。在东洋文库满文文献目录中，以编号 MA2-23-5 开头的档案中绝大多数是有关世职承袭的。世职的起源是天命五年制定的武职。⑥ 至乾隆元年七月戊申总理事务王大臣遵旨议奏："本朝定制公侯伯之下未立子男之爵，别立五等世职，但未定汉文之称。今敬拟：精奇尼哈番汉文称子，阿思哈尼哈番汉文称男，阿达哈哈番汉文称轻车都

---

① 《八旗通志初集》卷12《旗分志十二》。
② 《钦定八旗通志》卷20《旗分志二十》。
③ 达力扎布：《清代八旗察哈尔考》，《明清蒙古史论稿》，民族出版社2003年版，第327页。
④ 《满文原档》第六册，第239—241页，台北故宫博物院2005年版。
⑤ 《清内秘书院蒙古文档案》第一辑，内蒙古人民出版社2004年版，第293、317页；《清实录》卷55，崇德六年三月壬寅、乙巳。
⑥ ［日］松浦茂：《天命年间的世职制度》，《东洋史研究》42—4，1984年。

尉，仍各分一等二等三等。拜他勒布勒哈番汉文称骑都尉，拖沙喇哈番汉文称云骑尉。从之。"① 清朝由此有了以公侯伯子男五等爵为世爵和五等爵以下属世职的分水岭。② 而恩骑尉是乾隆十六年以后对阵亡的世职封赠者在原爵袭完后清廷恩赏立爵人子孙的世职。③

但是，以往主要因史料的阙如，对蒙古八旗世爵世职的研究基本处于空白状态。《初集》相关的列传和表中有镶白旗蒙古世职有关人员的传略，可以和东洋文库镶白旗档互相比勘研究。在档案中出现过绰贝、④色楞车臣、⑤贾慕苏、⑥巴雅尔⑦等世职人员。其中，如贾慕苏家族的家谱中写道："此官贾慕苏尔原系壮达，二次过北京征山东时，用云梯攻滨州，尔首先登进，遂克其城，故赐名巴图鲁，授为骑都尉，后加恩由骑都尉加一云骑尉。"（5-13）交代清楚了其世职的来源。可知这些世爵世职的获得大部分是与清前期和南明、农民军、准噶尔的战争中所立军功有关。另外一个事例是，察哈尔来归的色楞车臣家族的骑都尉世职是，"此官尔原系色楞车臣绝嗣，将所立二等子爵蒙特恩减为骑都尉。"（5-38）有关恩骑尉世职，镶白旗档有记述："查济尔嘎朗之袭官敕书内载，阿彦尔原系护军校，因出师贵州转战四川攻敌阵殁，授为云骑尉，长子鄂勒济图承袭，再承袭一次。出缺时，胞弟霍雅尔图仍承袭云骑尉。出缺时，云骑尉袭次已完，照例不准承袭。恩骑尉，后因特旨念系阵殁所立之官。赏给恩骑尉与原立官阿彦之二世孙塔勒巴札布承袭。"（5-68）看来，上述规定确实有效地实行起来了。

（四）对法令的实效性的认识。在每一个佐领承袭或世职承袭档（奏折和家谱）的前面第一折上基本都粘贴两张小黄纸，写有两类内容：一是该佐领或世职的来源；一是相关法令。这可能是上奏时给

---

① 《清实录》卷23，乾隆元年七月戊申条。乾隆《会典则例》卷171《八旗都统：值班》。
② 雷炳炎：《清代八旗世爵世职研究》，中南大学出版社2006年版，第1页。
③ 雷炳炎：《清代八旗世爵世职研究》，第47页。
④ 《八旗通志初集》卷171《名臣列传三十一》。
⑤ 《八旗通志初集》卷171《名臣列传三十一》。
⑥ 《八旗通志初集》卷216《勋臣传十六》。
⑦ 《八旗通志初集》卷216《勋臣传十六》。

皇帝起到提示的作用。现在我们可以用这一法令对照当时其他的法令，研究其实效性问题。清代有关八旗的法令主要有《清会典》系列（则例、事例）、《中枢政考》、《钦定八旗则例》、《宫中现行则例》、《六条例》、《钦定拣放佐领则例》、《钦定兵部处分则例》，等等。但是，这些法令并非一次性修好的，而是每过一段时间都会重修一次。例如，《中枢政考》有康熙朝本和乾隆七年、二十九年、三十九年、五十年以及嘉庆八年、道光五年本；《钦定八旗则例》有乾隆七年、二十九年、三十九年、五十年本等[1]。清代行政依例而行，其例也在不断变化当中。

所以，如想研究清代八旗官制和法律制度，必须注意其法令的变迁以及其实效性问题。从这个意义上说，镶白旗档提供了真实的事例。在此仅以引见制度为例说明。雍正十年规定："嗣后凡袭职旗员由外省来京，请随到随奏，不令久候多费。"[2] 后因在外驻防世职承袭的拟正、拟陪等人从驻防地到北京之间往返，颇费周折。乾隆初明确规定，确认为世职拟正、拟陪"著咨取来京"，[3] "其列名之分者，著该旗行文咨问，其情愿来京者，咨取来京，不愿者听。"[4] 镶白旗档中也记载了有些人确实没有前来北京面见皇帝之事，只是把他们的名字列于绿头牌上。另外，有关引见日期，原定每年年终八旗袭职，左、右翼分为二日引见，嘉庆十八年奉旨改为四日办理，镶白、镶红为十二月十六日引见。[5] 但是，我们看到的镶白旗的记录与以上的规定有出入。首先是世职拟承袭人的引见日期，嘉庆十八年除5-41档是七月份的外，其他基本都是十二月份的。另外，嘉庆十八年以后也不一定只是十二月十六日这一天引见。由此看来，相关问题的深入研究还有很大空间。

---

[1] 参见《全国满文图书资料联合目录》，书目文献出版社1991年版；翁连溪《清代内府刻书研究》下《附录：清代内府刻书编年目录》，故宫出版社2013年版。
[2] 《清世宗实录》卷117，雍正十年四月癸丑。
[3] 光绪《清会典事例》卷1134《八旗都统二十四》，中华书局影印本1991年版，第281页。
[4] 《清高宗实录》卷281，乾隆十一年十二月戊子。
[5] 光绪《清会典事例》卷584《兵部四十三》，中华书局影印本1991年版，第282页。相关研究见《清代八旗世爵世职研究》，第15页。

（五）从档案文书的语种、出现的人名及其变化可以窥见八旗蒙古人的满洲化、汉化过程的一个侧面。如前所述，纵观这些档案形成的年代，一直到光绪元年以前，不管是佐领承袭档还是世职承袭档，基本都是用满文撰写的。到了光绪朝以后，满汉合璧形式的文书多了起来，甚至有奏折和家谱各有满汉合璧形式的。但并没有一组档案是单用汉文撰写的，相信这并不单纯是档案流传的问题，很可能与清廷一直坚持的倡行满文的政策有关。

另外，档案中出现的八旗蒙古人的名字也是很有趣的问题。从世系表看，一般刚开始立官或初期承袭者的姓名大多数是蒙古文的。例如，绰克图、噶尔图、阿彦、孟格等。再加上还有一些西藏渊源的人名，因为16世纪晚期开始蒙古掀起又一次的藏传佛教信奉热潮，所以有那木僧格谛、阿玉石、丹巴等。其后，有一些人取了满洲语名字，至清朝晚期取汉名的人明显多了起来。例如，福寿、永寿、善福等。当然仔细观察这些汉名和内地人取的名字还是有一些差别。另外，虽然到了晚清，但有一些八旗蒙古人依然取蒙古名字，这应该与他们和游牧处的蒙古文化有联系的缘故吧。

除了以上几点之外，档案还显示了清代八旗蒙古人的职业、兵丁、人口、养子、寿命、驻防等等各种信息。

结　　语

据朝鲜《燕行录》载，清入关时在多尔衮的军士中蒙古人占多数。《昭显沈阳日记》甲申（1644）五月二十四日记："世子一时出来，军兵之数十余万云，而蒙古人居多焉。"① 当然，入关时清军中的蒙古人可以分为札萨克旗兵和八旗兵两大类。其中，八旗中的蒙古兵丁有两部分人组成：已经编入满洲八旗的蒙古人和蒙古八旗的蒙古人。这两部分八旗中的蒙古兵丁加上家属的人口数字目前还没

---

① ［韩］《燕行录全集》第26册，东国大学出版社2001年版，第565页。

有满意的研究。但是其大概人数应该能达到5—10万是有根据的。满洲八旗中的蒙古人的情况可以从《八旗满洲氏族通谱》一书中了解其梗概。但是，在整个八旗中占人数众多的蒙古八旗的情况一直没有多少资料流传下来。基本的资料是《初集》、《钦定八旗通志》和《实录》。而以前我们看到的第一手档案文献只是几个人物或某些家族的世系谱等，整个八旗蒙古的生存状况几乎没有档案资料公布。从这个意义上说，现在笔者看到的东洋文库所藏镶白旗蒙古都统衙门档案无疑具有重大历史文献价值。以上即对此类档案的价值作了初步的介绍和判断。

  当然，另一方面，这部分镶白旗档的内容也有明显的缺陷。和已经公布的东洋文库所藏镶红旗满洲都统衙门档相比，镶白旗档无论是在数量上还是在内容上，都存在不小的差距。这部分档案只是镶白旗蒙古都统衙门当中有关政治的部分档案。此外，蒙古八旗的经济、文化情况基本没有得到反映。就政治方面看，如把法律制度考虑进来，其内容明显欠缺丰富，因为这些档案是镶白旗都统衙门在处理日常行政事务过程中形成的，一个主要目的是记录佐领或世职的承袭，这就基本圈定了该部分档案的局限性。

附录三　清代东北地区地方档案保存、整理与研究现状

清代东北地区①作为"龙兴之地",在地方行政制度上长期采用旗制,直至晚清才逐步开始地方行政体制改革。终清一代,有大量的东北地方档案文书得以存世。针对现存的档案文献资料,已有不少的整理汇编与研究成果。对档案数目与整理研究的相关学术成果,有《东北地区明清档案述要》②,《东北边疆满文档案研究》③《改革开放以来东北地区清代档案编纂研究》④ 等,对东北地区的档案资料有了较为全面的梳理。

目前东北地区覆盖范围、选辑规模最大的成果为厉声主编的《东北边疆档案选辑（清代、民国）》⑤,合计151册。其中辽宁省档案馆所选档案,包括有"旗人生计"主题15册,时间跨度从乾隆十三年（1748）至民国十三年（1924）。选择角度集中于盛京将军、奉天府尹、盛京内务府等机构的文书,主要与旗人管理、开垦、赋税等内容相关;"外交"主题30册,由于东北地区的解禁较晚,所以这一主题涉及的档案时间也比较晚近。自光绪二十五年（1899）至民国二十年（1931）,其中又区分为了"中日""中俄""中朝"

---

① 清代东北地区比今天所言的东北区域大得多,本文所论述的东北地区档案主要以今辽宁、吉林、黑龙江为主,并辅之今河北承德、内蒙古呼伦贝尔地区。
② 赵彦昌、康晶晶:《东北地区明清档案述要》,《辽宁省博物馆馆刊》2009年第4期。
③ 吴春娟、刘淑珍:《东北边疆满文档案研究》,《满语研究》2008年第2期。
④ 赵彦昌、姜册:《改革开放以来东北地区清代档案编纂研究》,《辽宁大学学报》（哲学社会科学版）2017年第6期。
⑤ 厉声主编:《东北边疆档案选辑（清代、民国）》,广西师范大学出版社2007年版。

三个部分。收录的文书形式比较多样,如信函、电报、外交文书、对外条约等。另有"安东关贸易""边务"和"朝鲜移民"专题,五专题合计共 84 册;吉林省档案馆所选档案,包括"边务""开发"和"外交"3 个专题,共 37 册;黑龙江省档案馆所选档案,主要为农业开发类档案,共 30 册。该选辑的历史跨度较大,在经济、政治、军事等很多方面多有涉猎,这批档案的出版,为历史研究提供了丰富的第一手资料。

此外针对东北地方所藏档案,近些年来的整理出版与利用成果也呈现增加的趋势。东北区域的地方档案具有较为明显的阶段性特征,也具有一定的封闭性特征。相对于关内,清代东北地区多实行旗制,且东北地区长时间封禁,在存留汉文档案的基础之上,还留有相当数量的满文资料,甚至在乾隆朝之前,东北各地的档案资料基本上都由满文写就,只有少部分是采用满汉合璧的形式。且由于直到乾隆朝中期才对于满文文体进行规范化,故而阅读清代早期的满文文书仍具有一定的难度。受制于阅读上的障碍,仍有数量很多的满文档案还未得到充分的整理出版和利用研究,相关的学术前景相对来说更为广阔。

图 F3-1 《东北边疆档案选辑(清代、民国)》　　图 F3-2《清代边疆满文档案目录》

有关东北地区的满文档案，现有《清代边疆满文档案目录》①一书中，专门有第一册盛京卷与第二册吉林、黑龙江卷，这两册中集中收录了相当数量的满文档案题名。其中盛京卷中约9000条，记载了盛京五部地方行政、关外三陵管理、八旗旗务等史事。吉林、黑龙江卷，约8800条，涉及宁古塔、三姓、阿勒楚喀副都统等地的八旗驻防、生计、参务、贡品等史料。这部目录中的史料来源，有很多满文军机处满文月折包，是清雍正朝之后的重要的东北地区边疆史料。所涉及的档案具体内容，也可在中国第一历史档案馆官方网站中查阅到。②除前文提到的以东北整体为辑录范围的档案资料选之外，还有为数众多的地方档案得到了整理与研究。近年来以《黑图档》③（hetu dangse）为代表，有一批满文档案得以整理和出版，相信未来的东北地区档案研究工作会取得更为瞩目的进展。

一　入关前东北地区档案及相关研究

入关前的清代档案资料，史料最集中、记录最完备的是《满文老档》以及《清初内国史院档》。这两部档案勾勒出清代入关前的社会风貌及汉文史料中没有记载的诸多史事。虽然上述两部档案是以政权的全部疆域为涉及范围，但是清朝入关前的疆域，与今天的东北地区有着较高的重合度，故而也应算进清代东北地区地方档案的范畴。

（一）《满文老档》（tongki fuka akū hergen i dangse 与 tongki fuka sindaha hergen i dangse）

明朝末年，努尔哈赤于明万历二十七年（1599）下令利用蒙古

---

① 中国第一历史档案馆、中国人民大学清史研究所、中国社会科学院中国边疆史地研究中心译：《清代边疆满文档案目录》，广西师范大学出版社1999年版。
② 参见中国第一历史档案馆官方网站：http：//www.lsdag.com/nets/lsdag/page/index.shtml？iv＝
③ 赵焕林主编，辽宁省档案馆编：《黑图档》，线装书局2015年版。

文字来创制本民族文字。早期的满文在书写的过程中没有圈点，存在一词多音的现象，对于外来语的拟音也有不标准的情况。这种早期的满语文字被称作无圈点满文（tongki fuka akū hergen），也叫作老满文（fe manju hergen），直到天聪六年（1632）才由达海对老满文加以改进，叫做新满文（ice manju hergen）。《满文老档》起自明万历三十五年（1607），止于清崇德元年（1636），其史学意义也很早为世人所认知，档册中记载有大量的有关经济、军事、文化、社会、民族等全方位的清初史料。乾隆年间曾经对《满文老档》进行了一次抢救性整理和誊录，分抄数部藏于内阁、上书房、盛京崇谟阁。故而现有多个版本的《满文老档》存世。

在新中国成立之前，即有数个《满文老档》的译本出现，如金梁的《满洲密档》等。但由于各种原因，其整理与翻译水平较后期的《满文老档》整理成果有着一定的差距。现有《满文老档》的整理与翻译成果，大多数都是基于今天中国第一历史档案馆的内阁大库本与辽宁省档案馆藏盛京崇谟阁本。现留有无圈点老满文档册（tongki fuka akū hergen i dangse）与有圈点新满文档册（tongki fuka sindaha hergen i dangse）两种。由于《满文老档》中的史料非常重要，因而翻译成果众多，且针对这一档案的研究突破了海峡两岸乃至国界的限制，这在东北地方档案的利用上是比较罕见的。1949年，《满文老档》的原本被运往台湾，藏于台北故宫博物院，如《清太祖朝老满文原档》[①]等，因而台湾方面也有不少的《满文老档》翻译与研究。内藤湖南曾于1912年将盛京崇谟阁版本的《满文老档》全文拍照带回了日本，故而日本方面也有不少针对《满文老档》的整理翻译著作。日本方面出版时采用的将原档案内容进行逐字对译的方式，提供了一种很好的对译范式，能够以比较高的准确度还原原文。国内来说，海峡两岸也在最近几十年有数个有较高价值的译本出现。

---

① "中央研究院"历史语言研究所专刊：《清太祖朝老满文原档》，台北"中央研究院"历史语言研究所1971年版。

《内阁藏本满文老档》① （dorgi yamun asaraha manju hergen i fe dangse）是目前出版最完整的《满文老档》版本，由辽宁民族出版社于2009年出版。其选取的史料为中国第一历史档案馆保存的乾隆年间重抄本，是藏于内阁的有圈点满文老档。《内阁藏本满文老档》为26函180册。其中太祖天命朝81册，太宗天聪朝61册，太宗崇德朝38册。本套丛书在出版时将原有册数加以合并，整理为20册。第1至第16册为满文原文，按照传统行文习惯竖排由左向右排版。第17册和第18册为满文原文的罗马字转写，第19册和第20册为汉文译文。其中第1至第7册为太祖朝史事，第8册至第16册为太宗朝史事。

此套出版的档案装帧精美，原件扫描非常清晰，且用红黄黑三色套印，与原本的色彩高度一致。满文的原文字迹工整，字大行疏，非常利于阅读，也很方便对照利用。在罗马字转写上也采用了标准的罗马字转写方案，在汉文译文上采用了之前出版的《满文老档》译文，并新翻译了此前未翻译到的篇目以及内阁藏本所特有的签注。此外附有人名地名的满文索引与汉文索引，大大方便了利用者，降低了利用门槛。

除了上文介绍的几部体例较为完整的《满文老档》整理版本之外，还有不少优秀的整理与翻译成果。如中华书局版《满文老档》②以及《重译满文老档》③等，都是《内阁藏本满文老档》问世之前的具有很强参考意义的《满文老档》史料集，赵彦昌等曾对满文档案的编撰做了很好的梳理，可以参考。④

有关于《满文老档》的研究，《满学研究（第四辑）》⑤曾有大篇幅的收录。包括十余篇论文，以及此前多个《满文老档》版本的序言。另外在《清史研究》《满族研究》等清史、满族为研究范围

---

① 第一历史档案馆整理编译：《内阁藏本满文老档》，辽宁民族出版社2009年版。
② 中国第一历史档案馆：《满文老档》，中华书局1990年版。
③ 辽宁大学历史系：《重译满文老档》，辽宁大学出版社1978年版。
④ 赵彦昌、黄娜：《论满文档案编纂的历史沿革》，《东北史地》2012年第5期；赵彦昌、苏亚云：《21世纪以来满文档案整理与研究述评》，《满族研究》2017年第3期等。
⑤ 阎崇年主编，北京满学会：《满学研究（第四辑）》，民族出版社1998年版。

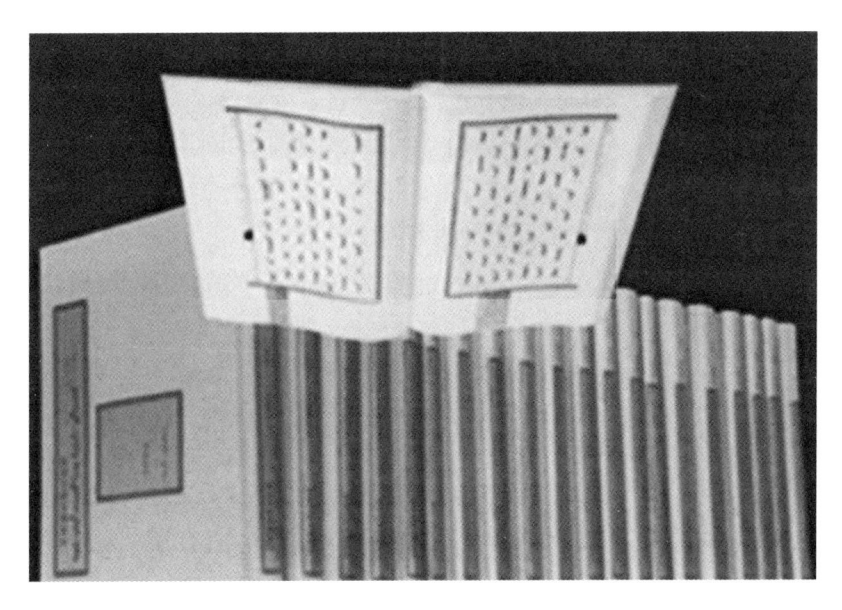

图 F3-3 《内阁藏本满文老档》

的期刊中,《满文老档》的相关题材一直是热点。如介绍史料的《无圈点老档入崇谟阁记》①《〈满文老档〉及其价值》②,《〈满文老档〉刍议》③,《中国第一历史档案馆所藏满文档案及其价值》④;分析版本的《日本满文古籍文献及其整理研究概况》⑤,《日本对清入关前史的研究》⑥《本世纪中日学者〈旧满洲档〉和〈满文老档〉研究述评》⑦,《〈满文老档〉汉译本比较研究——以新中国成立后大陆地区三个汉译本为研究对象》⑧。《〈满文老档〉、〈旧满洲档〉的翻

---

① 韩晓梅:《无圈点老档入崇谟阁记》,《中国档案》2016年第6期。
② 阮兴、朱珊珊:《〈满文老档〉及其价值》,《档案》2000年第5期。
③ 吴元丰:《〈满文老档〉刍议》,《清史研究》2011年第1期。
④ 任丽洁:《中国第一历史档案馆所藏满文档案及其价值》,《松辽学刊》(社会科学版)1991年第3期。
⑤ 黄金东:《日本满文古籍文献及其整理研究概况》,《满族研究》2010年第3期。
⑥ 薛虹:《日本对清入关前史的研究》,《东北师大学报》1985年第4期。
⑦ 刘厚生、陈思玲:《本世纪中日学者〈旧满洲档〉和〈满文老档〉研究述评》,《民族研究》1999年第1期。
⑧ 王千石、吴凡文:《〈满文老档〉汉译本比较研究——以新中国成立后大陆地区三个汉译本为研究对象》,《黑龙江史志》2015年第1期。

译和研究》① 总结前人研究的《〈满洲老档〉著论目录》② 以及利用史料解决具体问题的《满文老档太祖朝村屯地名考》③ 等。近些年来随着《满文老档》的翻译完备，下一批新成果的出现指日可待。

（二）清入关前内国史院满文档案

除了《满文老档》外，另一部珍贵的清入关前史料为《清入关前内国史院满文档案》。目前藏有 47 册，天聪朝 18 册，崇德朝 29 册。天聪三年（1629），皇太极在盛京设置文馆，至天聪十年（1636）改制为内国史院（gurun i suduri dorgi yamun）。《清入关前内国史院满文档案》本应由天聪元年（1627）记录至崇德八年（1643），但是现藏的档册缺失现象严重，天聪六年（1632）档与崇德六年（1641）档已经遗失。另外天聪初年与崇德元年的内容与《满文老档》重复，故而这部档案有史料价值的部分在于天聪朝后期与崇德朝时期。

中国第一历史档案馆藏有清入关前内国史院满文档案，自清太宗天聪七年（1633）至九年（1635），崇德二年（1637）至崇德八年（1643），现存 25 册，1985 件，40 万字。针对这批史料，目前最完整的的辑录与翻译成果是中国第一历史档案馆编辑的《清初内国史院满文档案译编》④。该书共分为上中下三部，上册自天聪七年（1633）正月，至崇德八年（1643）六月。中册自顺治元年（1644）四月至顺治五年（1648）六月。下册自顺治六年（1649）正月，至顺治十八年（1661）六月。故而本书的上册是采录自清入关前内国史院满文档案，史料价值最大的也正是上册。

由于这批史料与其他史料的记录多有雷同之处，故而只对天聪朝与崇德朝有较大的对照意义，记录了不少不见于《满文老档》与

---

① 神田信夫、董万仑：《〈满文老档〉、〈旧满洲档〉的翻译和研究》，《延边大学学报》（社会科学版）1983 年第 1 期。
② 徐丹俍：《〈满洲老档〉著论目录》，《满学研究》，民族出版社 1998 年版，第 340—347 页。
③ 杨庆镇：《满文老档太祖朝村屯地名考》，《社会科学辑刊》1990 年第 6 期。
④ 中国第一历史档案馆编：《清初内国史院满文档案译编》，光明日报出版社 1989 年版。

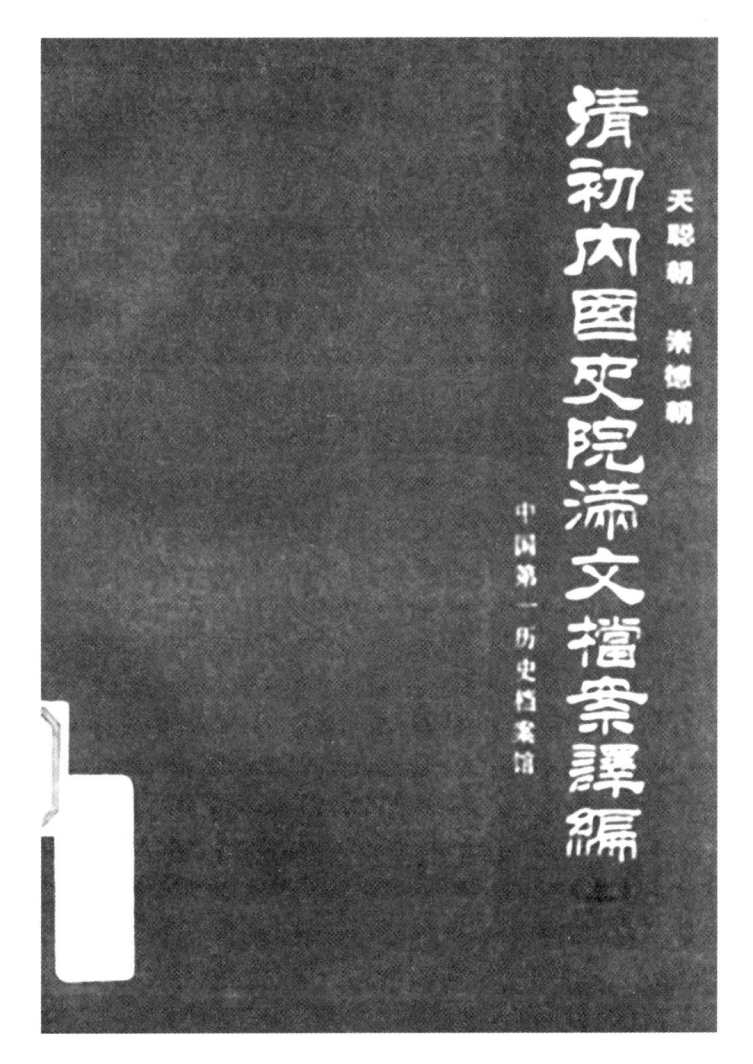

图 F3-4 《清入关前内国史院满文档案译编》

《清实录》的史事。虽然译稿已出版三十多年，但针对这一史料的利用与研究还远远不足，还有较大的研究空间。

（三）盛京原档

除前文提及两部大部头史料之外，还有一部史料应当予以重视，就是中国第一历史档案馆所藏《盛京原档》。这一史料为入关之前的各部院的满文原始档案，价值虽高，利用却较少。目前这部史料最大规模的整理与出版，当属《盛京刑部原档（清太宗崇德三年至崇德四年）》①。这本书选取了目前存世的《盛京原档》中最为重要的刑部档案。选取了72件，保存了从清太宗崇德三年（1638）正月至崇德四年（1639）十二月，两年间刑部审理的全部案件档案。这些档案记载了犯罪事实、审理经过、有关上谕、程序格式、以及登记存档等一系列环节和制度，标志着关外时期的满洲法制已发展到渐趋成熟的阶段②。本书所译档案为纂修《清太宗实录》所引用，但大部分是不为人们称道的原始资料，对于研究关外时期法制的历史发展，具有特殊的史料价值。

本书详录清初有关司法机构、诉讼、断狱以及刑名法例方面的翔实而珍贵的史料，可以用来补充、印证有关官书、档案记载，这些资料，在清入关前历史的研究中的占比最少。目前利用这一史料的研究有《〈盛京刑部原档〉与清入关前史研究》③和《以〈盛京刑部原档〉析清入关前的法律制度》④等，鉴于这部史料对于清入关后的法律体系有着重要的指引作用，因而清代法律史研究不应忽略这一史料的意义。

二 入关后各地清代档案及相关研究

清顺治元年（1644），清军入关，《清入关前内国史院满文档案》不再局限于东北地区的事务，成为记录全国范围史事的档案。而随着顺治康熙两朝盛京将军、宁古塔将军、黑龙江将军的相继设

---

① 中国人民大学清史研究所、中国第一历史档案馆：《盛京刑部原档（清太宗崇德三年至崇德四年）》，群众出版社1985年版。
② 中国人民大学清史研究所、中国第一历史档案馆：《盛京刑部原档（清太宗崇德三年至崇德四年）》，群众出版社1985年版，第1页。
③ 孟昭信：《〈盛京刑部原档〉与清入关前史研究》，《史学集刊》1989年第3期。
④ 曹宁：《以〈盛京刑部原档〉析清入关前的法律制度》，硕士学位论文，辽宁大学，2015年。

图 F3-5 《盛京刑部原档（清太宗崇德三年至崇德四年）》

立，东北地区的档案入关后逐步体现为地方档案，区域性的特色愈发明显。同时由于东北地区的重要地位与民族分布情况，地方档案中满文的资料比重在清前中期非常之大。相关资料可参考《中国满文及其文献整理研究》[1]与《近八十年来满文档案出版书录》[2]，其中东北地区的满文资料的比重很大。

（一）盛京地区档案

盛京（mukden）地区是清廷在东北地区的统治中心，存有的档案资料数量最多，保存最完备，现有的整理研究也最多。清天命六年（1621），努尔哈赤攻占沈阳，并在天命十年（1625）迁都沈阳。

---

[1] 关嘉录、佟永功：《中国满文及其文献整理研究》，《清史研究》1991年第4期。
[2] 赵彦昌：《近八十年来满文档案出版书录》，《辽金历史与考古》，辽宁教育出版社2009年版。

在清军入关后，顺治三年（1646）设昂邦章京，此后这一地区的机构不断增加完善，档案也逐步丰富。相关介绍有《论辽宁省历史档案的重要价值》①，《辽宁省档案馆馆藏满文档案研究》② 等。

1. 《盛京内务府顺治年间档》与《黑图档》

辽宁省档案馆馆藏清代档案7.47万卷，除清皇室档案外，多属于清代盛京地方档案。清皇室和中枢机构档案，如玉牒、满文老档、圣训、实录等，都必须抄录一份送盛京保存。③ 辽宁省档案馆还保存有《顺治年间档》（ijishūn dasan i aniyai dangse），该档自顺治四年（1647）起，顺治八年（1651）止，共71件。

《顺治年间档》记载了顺治年间北京总管内务府和盛京三个包衣佐领之间的联系，反映了具有农奴制色彩的满族早期庄园经济形态、上三旗包衣人丁的社会地位及生产关系等内容。针对这一部分的整理内容，有《盛京内务府顺治年间档》④ 资料，将这些档册全文翻译。另有辽宁省档案馆编译的《盛京内务府粮庄档案汇编》⑤，在译文当中也选取了一些顺治朝与粮庄问题相关的档案资料。

辽宁省地方档案的最大部头当属《黑图档》（hetu baita be ejehe dangse）。《黑图档》是清代盛京总管内务府衙门处理皇室事务往来公文的副本档册。目前存世共1149册，其中满文占一半数量。内中有盛京内务府与北京内务府、盛京五部等衙门的往来满汉文书抄存本，现存档案形成时间为康熙元年（1662）至咸丰十一年（1861），档案完整，内容丰富。日本学者细古良夫曾对该档案做过较为详细的介绍，可作参考。⑥

在《黑图档》⑦ 全文出版前，想要利用《黑图档》史料原文，

---

① 朱雅芳：《论辽宁省历史档案的重要价值》，《兰台世界》2009年第10期。
② 韩娜：《辽宁省档案馆馆藏满文档案研究》，《文化学刊》2009年第3期。
③ 辽宁省档案馆官方网站介绍：http://www.lnsdag.org.cn/lnsdaj/wmdsc/gcjs/qd/list.html。
④ 季永海等译：《盛京内务府顺治年间档》，中国社会科学院历史研究所清史研究室编，《清史资料（第二辑）》，中华书局1981年版，第190—236页。
⑤ 辽宁省档案馆编译：《盛京内务府粮庄档案汇编》，辽沈书社1993年版。
⑥ 细古良夫：《辽宁省档案馆所藏〈黑图档〉について》，《满族史研究通信》1994年第4期。
⑦ 赵焕林主编：《黑图档》，线装书局2015年版。

图 F3-6　《顺治年间档》

还需要前去辽宁省档案馆去实地查阅，但自 2016 年以来，《黑图档》康熙朝至咸丰朝的内容已经陆续得到出版，且出版的是全文内容的档案原件影印版，大大方便了这一史料的利用与清代盛京内务府的研究。辽宁省档案馆整理出版了《黑图档·乾隆朝》24 册，《黑图档·咸丰朝》16 册，《黑图档·雍正朝》30 册，《黑图档·康熙朝》55 册，《黑图档·道光朝》54 册，《黑图档·嘉庆朝》58 册，《黑图档·乾隆朝部来档》46 册，《黑图档·乾隆朝部行档》46 册，合计 329 册。

而在《黑图档》全文出版之前，相关档案资料的整理与研究内容已经出版了很多。较早的有《盛京内务府粮庄档案汇编（上、下）》①，其中部分档案涉及顺治朝的史事，是《黑图档》的重要补充。另外本书中选取的清代前期的史料，大量来自于满文档案，所以对于这些史料的翻译，也为现在的学者翻译《黑图档》提供了可靠且较为权威的范本。

进入二十一世纪之后，新近有《盛京参务档案史料》②和《盛京皇庄档案史料选编》③。这两本档案资料选辑，是对于早年间《盛京内务府粮庄档案汇编（上、下）》的重要补充。不仅介绍了粮庄的有关情况，而且还有棉庄、盐庄、靛庄的情况。对于盛京皇庄的经济的研究和东北地区皇室事务研究提供了丰富的材料。尤其是对于朱显达与打牲丁等相关问题具有很高的参考价值。

除史料整理外，已有不少研究盛京地区内务府、皇庄的相关论文有效利用了《黑图档》中的原始资料。早期的如关克笑的《满族庄园经济探索》④，佟永功、关嘉禄的《盛京上三旗包衣佐领述略》⑤与《盛京内务府粮庄述要》⑥，利用的是出版之前藏于档案馆中的资料文献。

而在《黑图档》全文影印出版之后，对于这一档案的利用变得大为便捷，针对盛京地区内务府与粮庄问题的研究成果又有数篇出现，如于淑娟、张晓风的《漫谈清代盛京驿站》⑦，李小雪的《顺康年间盛京上三旗包衣佐领所属粮庄群体的组织与管理》⑧，以及李思莹的《满文〈黑图档〉雍正锦州庄头养子案研究》⑨，都是对《黑图

---

① 辽宁省档案馆：《盛京内务府粮庄档案汇编（上、下）》，辽沈书社1993年版。
② 《盛京参务档案史料》，辽海出版社2003年版。
③ 《盛京皇庄档案史料选编》，辽海出版社2006年版。
④ 关克笑：《满族庄园经济探索》，《满族研究》1996年第3期。
⑤ 佟永功、关嘉禄：《盛京上三旗包衣佐领述略》，《历史档案》1992年第3期。
⑥ 佟永功、关嘉禄：《盛京内务府粮庄述要》，《历史档案》1995年第3期。
⑦ 于淑娟、张晓风：《漫谈清代盛京驿站》，《兰台世界》2019年第6期。
⑧ 李小雪：《顺康年间盛京上三旗包衣佐领所属粮庄群体的组织与管理》，《清史研究》2019年第2期。
⑨ 李思莹《满文〈黑图档〉雍正锦州庄头养子案研究》，硕士学位论文，东北师范大学，2019年。

档》进行了很好利用的优秀成果。

近年来国内关于《黑图档》的研究以东北师范大学庄声所研究的清入关前农业史、灾害史①和辽宁大学赵彦昌所研究嘉庆朝到清末的盛京自然灾害应对、公文移交等问题,②以及吉林师范大学李小雪对盛京旗民关系的研究③最具代表性。《满文〈黑图档〉交付卖粮银事例译注》④《康熙帝对三藩余部的处置》⑤,也利用了《黑图档》的资料。相信利用《黑图档》资料的成果,在未来几年会越来越多。

2020—2021 年,辽宁省档案馆又出版了《盛京内务府档·顺康雍朝》⑥与《盛京内务府档·乾隆朝》⑦,主要涉及盛京内务府佐领管领下人丁领取两季钱粮银的清册和比丁册、内部往来公文,以及发给北京总管内务府的呈文等各类公文,较为详细地记录了该时期盛京地区行政管理、皇庄管理、宫廷供给、司法诉讼等方面内容,为研究清代东北政治制度、经济发展状况、自然生态环境,以及研究清代盛京的特殊地位、宫廷礼制和皇室经济形态、清代文书制度等问题,提供了珍贵的第一手资料。⑧

2. 兴京旗人档案史料

兴京即为赫图阿拉(hetu ala),天聪八年(1634)改名。《兴京旗人档案史料》⑨即为当地史料的整理翻译,自嘉庆二十一年

---

① 庄声:《满文档案所见清朝入关前的农业》,《民族研究》2018 年第 1 期;《清朝入关前的农耕技术及其发展》,《自然科学史研究》2018 年第 2 期;《清代珲春地区洪涝灾害与赈灾政策——以乾隆十五年灾害为例》,《中国历史地理论丛》2018 年第 3 期。

② 赵彦昌等:《清代地方档案保管问题研究——以〈黑图档·嘉庆朝〉为例》,《档案学研究》2020 年第 3 期;《晚清盛京地区洪涝灾害及救助措施初探——以〈黑图档·咸丰朝〉所见》,《辽宁大学学报》(哲学社会科学版)2020 年第 3 期;赵彦昌、姜雅:《〈黑图档·嘉庆朝〉所见盛京刑部档案分类研究》,《档案学研究》2021 年第 5 期,第 132 页。

③ 李小雪等:《清康雍年间盛京城乡旗民划界探析——以盛京内务府抄存档案〈黑图档〉为中心》,《青海民族研究》2019 年第 3 期;《"旗""民"之间:康熙朝〈黑图档〉所见盛京上三旗包衣佐领所辖之匠役》,《黑龙江民族丛刊》2019 年第 3 期等。

④ 陈诗兰:《满文〈黑图档〉交付卖粮银事例译注》,《史原》,2020 年总 32 期。

⑤ 刘小萌:《康熙帝对三藩余部的处置》,《社会科学辑刊》2021 年第 5 期,第 172 页。

⑥ 《盛京内务府档·顺康雍朝》,辽宁民族出版社 2019 年版。

⑦ 《盛京内务府档·乾隆朝》,辽宁民族出版社 2021 年版。

⑧ 简介来源于辽宁省档案馆网站 http://www.lnsdag.org.cnl。

⑨ 赵焕林主编:《兴京旗人档案史料》,辽宁民族出版社 2001 年版。

图 F3-7 《黑图档》

（1816）到民国四年（1915），共收录 410 件档案。内容主要是官员的任免奖惩，红白恩赏银，关于土地的买卖和民刑案件的处理以及让官兵入仁学馆学习等情况。这些档案汇编对于研究满族史，旗人史有很重要的价值。

3. 大连图书馆藏清代内务府档案、内阁大库档案

大连图书馆所藏清代散佚的内阁大库档案，是辽宁社科院历史所研究人员 1982 年调查所得，经过整理统计，大连市图书馆藏清代内阁大库档案总管内务府全宗共计二千余件，残件六百余件。其中满文八百余件，满文残件五百余件；满汉合璧一千一百余件，满汉合璧残件一百余件。康熙朝题本皆系满文，有近七百件之多，时间为康雍乾时期。经整理编辑成《清代内阁大库散佚档案选编（奖惩

图 F3-8　《盛京内务府档·顺康雍朝》与《盛京内务府档·乾隆朝》

宫廷用度 外藩进贡)》①《清代内阁大库散佚满文档案选编（职司铨选 奖惩 宫廷用度 宫苑 进贡)》②《清代内阁大库散佚档案选编皇庄（上 下)》。③

由于近代东北地区政治动荡，政权更迭，前文提及的内务府档册很多与盛京地区相关，但未被收录进《黑图档》中，而是藏于大连市图书馆。对这一部分的史料也有相应的整理，有《大连图书馆藏清代内务府档案》④。合计22册，2000余件档案，1万7千多页，其中有相当一部分涉及盛京地区的粮庄，以及皇室物资的相关事务。如果要做与盛京地区的内务府相关的历史研究，这一史料集同样是离不开的。

---

① 大连市图书馆文献研究室、辽宁社会科学院历史研究所编：《清代内阁大库散佚档案选编》，天津古籍出版社1992年版。
② 辽宁社科院历史研究所、大连市图书馆文献研究室、辽宁省民族研究所历史研究室编：《清代内阁大库散佚满文档案选编（职司铨选 奖惩 宫廷用度 宫苑 进贡)》，天津古籍出版社1992年版。
③ 辽宁社会科学院历史研究所、大连市图书馆文献研究室、辽宁省民族研究所历史研究室译编：《清代内阁大库散佚档案选编皇庄（上下)》，辽宁民族出版社1989年版。
④ 大连图书馆编：《国家清史编纂委员会档案丛刊：大连图书馆藏清代内务府档案》，国家图书馆出版社2010年版。

图 F3-9 《兴京旗人档案史料》

4. 盛京地区宫殿陵墓与参务专题档案整理成果

清代盛京地区与其他地方的区别之处，还在于此地拥有三大清代陵寝，位于兴京的永陵，以及在盛京的福陵和昭陵。针对上述三陵以及盛京皇宫的档案也有相关的整理。比较具有代表性的有《盛京皇宫和关外三陵档案》①（mukden i gurung jai ilan munggan i suduri dangse be isamjaha bithe），这些档案文件分为宫廷、陵寝、清帝巡游三大部分，并按礼仪、维修、藏品等内容做了分类。这些档案从不同的角度记录了当时"一宫三陵"的状况，为研究历史、民族、宗教、文化、风俗、建筑、皇室经济等方面提供了重要的史料。在本书的最后部分还加入了清帝东寻的相关档案，是有关清帝东北出巡的重要史料补充。《一宫三陵档案史料选编》② 部分档案史料选自辽

---

① 杨丰陌、赵焕林、佟悦主编：《盛京皇宫和关外三陵档案》，辽宁民族出版社2003年版。
② 辽宁省档案馆编：《一宫三陵档案史料选编》，辽海出版社2003年版。

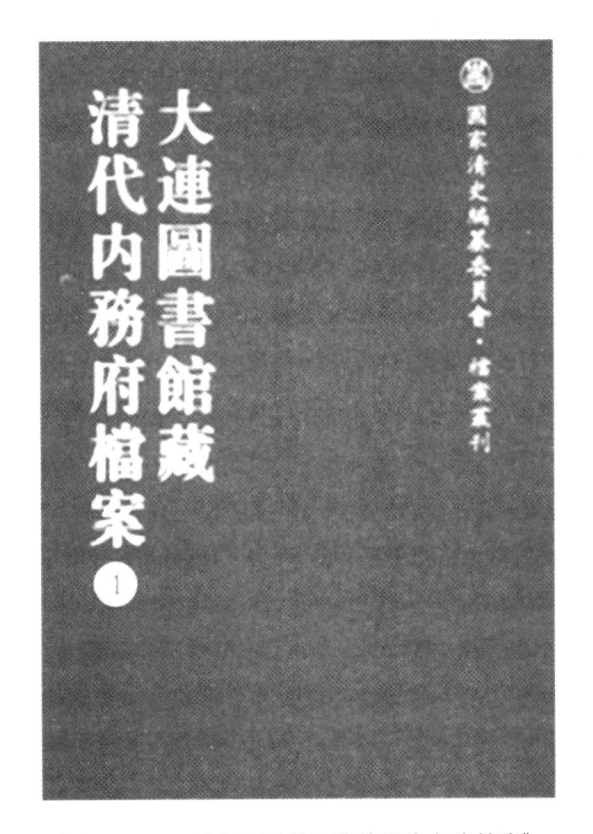

图 F3-10 《大连图书馆藏清代内务府档案》

宁省档案馆所藏的《盛京内务府档案》、《奉天省长公署》、《光京县公署》等全宗，时间自乾隆开始至清末。此外还有《盛京参务档案史料》[①]，内中记录不少盛京的采参活动，是重要的经济史资料。《盛京皇庄档案史料选编》[②] 清代部分记录了从嘉庆到宣统时期盛京内务府粮庄各项情况。

5. 辽宁省档案馆藏清代未刊档案

辽宁省档案馆藏清代档案档号为 JB、JC，主要有以下七个方面：

第一，清代皇室档案，大部分为罗振玉得获（部分档册上有罗振玉藏书章）。罗振玉投奔伪满后将这批档案带至东北，后献交给奉

[①] 辽宁省档案馆编译：《盛京参务档案史料》，辽海出版社2003年版。
[②] 辽宁省档案馆编：《盛京皇庄档案史料选编》，辽海出版社2006年版。

天图书馆。包括：清太祖实录稿本9册，其中崇德年间初修稿本3册，康熙年间二修稿本6册；太祖圣训稿本5册。清世祖实录稿本14册，其中满文稿本4册，汉文稿本10册；康熙四十二年（1703）南巡起居注稿本1册、康熙本纪稿本4册、乾隆实录、圣训奏稿汇抄1册；顺治午间兵部等题本汇抄1册、太宗年间大臣事实编年录2册、额亦都传稿1册、多尔衮传稿1册、康熙年间纂修实录各官考绩册1册、太祖福陵碑文1件、乾隆五十三年内阁奉上谕1册、军机处录副奏折1册。①

第二，清代玉牒。辽宁省档案馆藏玉牒原藏沈阳故宫敬典阁。清代玉牒有满、汉两种文本，共计1070册。玉牒各册型制极不一致，或大或小，大者竟需数人共抬。有清一代，共编纂玉牒26次，顺治十七年（1660）为首次，康熙九年（1670）、十八年、二十七年、三十六年、四十五年各一次，雍正二年（1724）、十一年各一次，乾隆七年（1742）、十二年、二十二年、三十三年、四十三年、五十二年各一次，嘉庆三年（1798）、十二年、二十三年各一次，道光八年（1828）、十八年、二十八年各一次，咸丰八年（1858）一次，同治七年（1868）一次，光绪三年（1877）、十三年、二十三年、三十四年各一次。馆藏玉牒保存完好，无破损、霉烂情形。

第三，盛京总管内务府档案。盛京总管内务府档包括清代乾隆、嘉庆、道光、咸丰、同治、光绪、宣统各朝及辛亥革命后直到1925年中华民国年间盛京总管内务府形成的档案，其中既有来文又有行文，共计45489卷。盛京总管内务府档与黑图档的根本区别在于，前者是文稿，后者是抄存档册，故前者又被称作盛京总管内务府稿档，后者又被称作盛京总管内务府册档。内务府档中以乾、嘉两朝的卷数为最多，有34361卷，占总卷数的75%，道光朝的22卷，咸丰朝的25卷，同治朝的16卷，此三朝共计108卷，卷数最少，光绪朝的7343卷，宣统1618卷。据查，道咸同光时期大部分档案被沙俄军队毁坏，不然保存的更多。再之，由于盛京内务府为乾隆时

---

① 辽宁省档案馆编：《辽宁省档案馆指南》，中国档案出版社1994年版，第21页。

期设立，故无乾隆以前档案。档案大部分为汉文所写，只有15000卷为满文所写。盛京总管内务府内部机构有档案房、广储司、都虞司、掌仪司、会计司、营造司、庆丰司、文溯阁、三旗织造库、三旗牛录处、内管领处等，分司各项事务，这批档案也来自以上部门。盛京总管内务府承办盛京地区皇室事务，同北京总管内务府、京城各部院衙门及盛京将军衙门、奉天府、盛京五部等衙署发生联系，文书来往不断，内容十分丰富，史料价值巨大。[1] 利用盛京内务府档案进行的研究成果较多，可参见赵彦昌等《清代内务府档案整理与研究述评》中第四部分《内务府档案与史学研究》。[2] 另外，美国学者李中清（James Lee）、康文林（Cameron Campbell）利用盛京内务府档案研究人口成果引起了诸多关注，[3] 并建立了清代辽宁多代人口数据库（CMGPD-LN）；[4] 上海交通大学任玉雪对盛京内务府的研究成果也较为突出。[5]

第四，军督部堂档。该档案共2197卷，档案起止年代为光绪二十六年至宣统元年（1900—1909）。该档案损坏严重，正在修复中。主要内容为盛京地区的政事、军事、财政金融、实业、文教、对外交涉等方面。

第五，盛京礼部档。盛京礼部档案共482卷，起乾隆十年（1745），迄光绪三十一年（1905），其中以光绪二十六年后的案卷最多，占总卷数的半数以上。无顺治、康熙、雍正三朝及光绪朝二十六年前的案卷，分析其原因，可能是在1900年沙俄入侵和日俄战争中被毁。少量乾隆、嘉庆、道光、咸丰四朝的案卷，是从其他全宗档案中发现的。该全宗档案编有案卷目录。案卷保存完好，无破

---

[1] 辽宁省档案馆编：《辽宁省档案馆指南》，第29—31页。
[2] 赵彦昌、葛香辰：《清代内务府档案整理与研究述评》，《满族研究》2019年第1期。
[3] 如 Fate and Fortune in Rural China: Social Organization and Population Behavior in Liaoning 1774-1873. Cambridge: Cambridge Studies in Population, Economy, and Society in Past Time, Cambridge University Press.
[4] 详见网址 www.icpsr.umich.edu/cmgpd。
[5] 任玉雪：《盛京内务府建立时间再探》，《历史档案》2003年第1期；《试析盛京内务府户口（1644—1976）》，《清史研究》2003年第2期；任玉雪、李荣倩：《清代盛京围场的隶属与盛京、吉林将军辖区的分界》，《中国历史地理论丛》2016年第4期等。

损。盛京礼部档案内容，主要是有关盛京实胜寺、长宁寺、北塔法轮寺、南塔广慈寺、西塔延寿寺、东塔永光寺等寺庙的日常管理，诸如修葺各寺庙的建筑，喇嘛的死亡、违禁、逃跑及惩治，斥革，补放，各寺庙内佛经，供器的领取、保管、更换、购置变价，请领及拨付寺庙需用之各项银两和布匹、绸缎等；寺庙管下壮丁的比丁、惩罚及其子女的婚嫁，寺庙守兵的增裁、值班、违禁等等。[1]

第六，奉天各局署档案。这些档案主要是晚清时期，包括：奉天交涉总局档案共计2462卷，起光绪二十六年，迄光绪三十三年。其中光绪二十四年至二十六年的案卷，被沙俄军队损毁；奉天开埠局档案共12卷，形成时间是光绪三十二年（1906）至民国六年；奉天民政司档案共26卷，形成时间是光绪三十三年至民国元年（1907—1912）。档案的主要内容是：1．奉天各府、厅、州、县主官的调补、暂署。2．奉天民政司及其所属机构造报年度经费预算表册。3．奉天各县呈报调查韩侨户口表册。4．奉天民政司筹集和批拨自治经费。如为筹集自治经费，呈准增收妓馆捐、新升科地亩捐、附加捐，还将一些县的庙产收入充公。5．修建市区内的马路等市政工程，借用施工机械情形以及工程的验收。6．救济贫民。7．贫民艺习所、同善堂。8．各州县自治会；奉天调查局档案共20卷，时间自光绪三十三年到民国元年（1907—1912），内容为调查局调查员任免、考绩、薪水等以及各地各分机关的调查表等；蒙荒总局档案共18卷，起于光绪二十九年（1903），迄宣统三年（1911）。主要记录蒙地放垦及开荒的各项条例、开发蒙地的建议等。

第七，清代奉天旗务机构档案。主要有奉天旗务处档案，共16卷，时间自光绪三十三年至宣统三年，主要内容是：关于变通旗制办法、关于旗地、皇产、各种统计报表。[2]

---

[1] 辽宁省档案馆编：《辽宁省档案馆指南》，第32页。
[2] 以上据《辽宁省档案馆指南》第31—41页整理。

6. 辽宁省各市县藏清代档案概况简表

档案馆	馆藏情况	档案馆	馆藏情况
沈阳市档案馆	清代档案有咸丰至宣统间的功牌、敕命、地契	丹东市档案馆	清代档案有海关码头建造、工程预算来往公文，大清海关等的土地契约。
法库县档案馆	清代档案有康熙至光绪年间的诏书、地契	凌海市档案馆	清代档案有同治和宣统年间的地契
庄河市档案馆	清朝的皇帝诏书、土地房产买、卖、典、租、换及分家立业等契约	绥中县档案馆	清代档案有光绪年间的地契、户籍、义和团在绥中活动等的材料。
鞍山市档案馆	清代档案有嘉庆至宣统间奉天省将军衙门、总督部堂颁发的房地产执照、旗产契约	营口市档案馆	清代档案有光绪至宣统年间办学、地方自治、海疆治安等材料
抚顺市档案馆	清末抚顺县公署档案，记录文书、财务、事务、司法、教育等情况	大石桥市档案馆	清顺治十八年的封诰，有清末的土地执照、地契
本溪满族自治县档案馆	清代档案有官府颁发的私人地照。	阜新蒙古族自治县档案馆	清代档案有康熙至光绪间的经卷、度牒及清朝历代皇帝的画像。
辽阳市档案馆	清代档案有辽阳州全图、全境人口统计、民事习俗调查及临界州、县界定材料，辽阳千州、吏目、儒学正堂履历清册，《辽阳铁路属地划分境界图》、《辽阳满铁用地测定图》，地契、户籍材料，沙俄军队进占、焚毁衙署档案材料。		

据《中国档案馆简明指南》编委会编：《中国档案馆简明指南》，中国档案出版社1997年版，第56—71页整理。

7. 喀喇沁左翼蒙古自治县（喀左县）档案馆藏蒙古王府档案

喀左县档案馆现存王府档案5446件（其中蒙文4437件，满文14件，蒙汉文合璧124件），其内容包括必需、赏与、矿务、土地、庙产、户口、契约、疆域八类，涉及蒙古族地区政治、经济、军事、文化、教育、法律、人口、宗教、风俗等诸多内容。[①]后又增加至6980件,至2010年完成了《清代·喀喇沁左翼蒙古档案译文选编》,[②]但尚未出版。

(二) 吉林地区档案

吉林地区的档案虽然在数量上不及盛京,但是现有的档案整理成果数量相对而言是东三省中最多的。吉林省档案馆藏清代档案,计有73个全宗,共138306卷。主要有吉林将军衙门及其所属司、局,吉林地方高等法院、吉林府地方审判厅,吉林交涉局、长春铁路交涉分局,吉林旗务工厂、吉林高等巡警学堂等机构形成的档案。其内容涉及民官设治、建立卡伦和驿站、行政区划、官员升降、放荒和清丈、移民实边、设警清乡、水旱灾情、田赋事项、银号行情、办厂采矿、兴办教育,以及沙俄入侵、对外交涉、筹备立宪等事项。这部分档案记载了曹延杰等人在吉林任职期间办理交涉、开办矿务,安庆兵变的组织者之一熊成基被捕、受讯、就义,以及甲午战争、义和团运动、辛亥革命在吉林各地的反映等情况,是研究我国东北和吉林省历史不可缺少的宝贵材料。[③]

目前对于吉林省一级的档案整理出版的最大成果当属《吉林省档案馆藏清代档案史料选编》[④]一书,全书共有68册,收录了7000余件档案,内有吉林将军档案、吴大澂档案、曹廷杰档案、打牲乌拉总管衙门档案以及吉林教育、金融、实业、禁烟及荒务档案九个档案全宗,是清代吉林地区历史研究的重要参考来源。相关研究也逐渐增多,主要集中于吉林将军的职能、权力、吉林副都统衙门等

---

① 鲍庆丽:《喀左县档案馆整理王府档案》,《兰台世界》2000年第4期。
② 《〈清代·喀喇沁左翼蒙古档案译文选编〉在京通过专家评审》,《兰台世界》2000年第8期。
③ 参见吉林省档案局、吉林省档案馆编《吉林省各级各类档案馆简明指南》,吉林人民出版社1999年版,第3页。
④ 吉林省档案馆编:《国家清史编纂委员会档案丛刊:吉林省档案馆藏清代档案史料选编》,国家图书馆出版社2012年版。

研究，以硕博论文居多。①

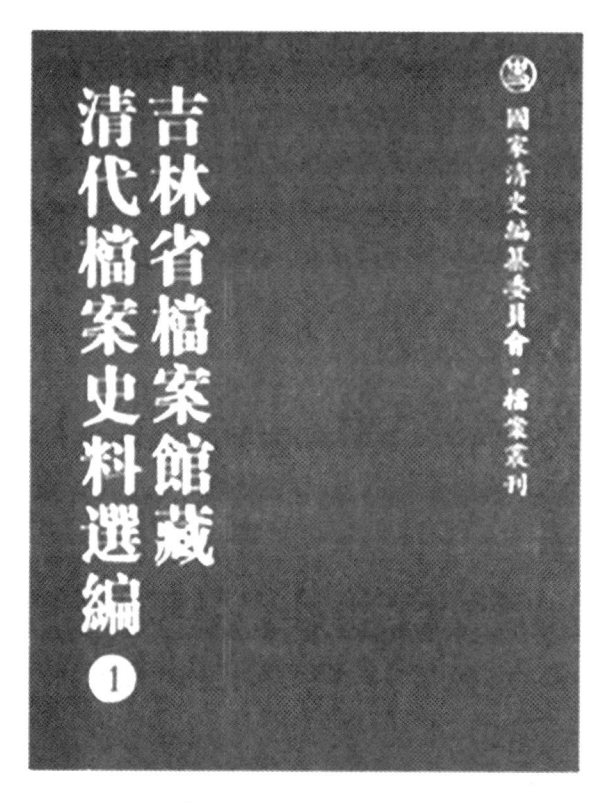

图 F3-11　《吉林省档案馆藏清代档案史料选编》

到目前为止，还没有吉林将军档案的全文出版问世，故而眼下的档案史料多是以档案选辑的形式整理并出版。如出版于1981年的《清代吉林档案史料选编（上谕奏折）》②，出版于1983年的《清代

---

①　参见韩振强《清代吉林地区驻防与管理机构设置若干问题丛考》，硕士学位论文，内蒙古师范大学，2007年；张宝林《清代吉林副都统衙门及其辖区研究》，硕士学位论文，黑龙江大学，2014年；李沛倩《清代吉林将军辖区内佐领研究》，硕士学位论文，长春师范大学，2015年；刘威《清代吉林将军职权研究》，硕士学位论文，长春师范大学，2017年；何苗《清代吉林边台站研究》，硕士学位论文，吉林师范大学，2017年；商佳琪《清代吉林将军辖区刑事司法研究》，硕士学位论文，长春师范大学，2018年；梁超前《清代吉林将军辖区民官群体研究》，硕士学位论文，长春师范大学，2020年。

②　吉林省档案馆编：《清代吉林档案史料选编（上谕奏折）》，吉林市档案馆1981年版。

吉林档案史料选编（工业）》① 以及出版于 1985 年的《清代吉林档案史料选编（蚕业）》② 等，都是对吉林省档案馆藏资料的整理成果。此外，还有刊发在杂志中的档案选编也有参考价值。③

除《清代吉林档案史料选编》这一套档案选辑外，还有一些专题性质的吉林地区的档案出版成果。如出版于 1987 年的《吉林驿站》④，出版于 1990 年的《吉林旗务》⑤，出版于 1991 年的《清代吉林盐政》⑥ 和《吉林旗人生计》⑦，出版于 1992 年的《吉林贡品》⑧。就目前整理出版的成果而言，现有的只是吉林地区档案的一小部分，还有大批档案处于等待整理与利用的状态中，清代吉林档案有着很高的文献价值，对研究清代东北边疆有着重要的参考价值。⑨ 清代吉林设有数个副都统衙门，地方档案的遗存十分丰富。

1. 珲春副都统衙门档

珲春地区虽然直到光绪年间才设置了副都统，但是管辖这一地区的协领因为地处边疆，外事活动频繁，故而长期是协领加副都统衔，而这一区域的档案资料已经全文出版为《珲春副都统衙门档》⑩，该档案共出版 238 册，是清代中后期吉林地区整理出版的最完整的地方史料。由于这一档案以 1900 年为界分为两部分，前部分

---

① 吉林省档案馆编：《清代吉林档案史料选编（工业）》，吉林市档案馆 1985 年版。
② 吉林省档案馆编：《清代吉林档案史料选编（蚕业）》，吉林市档案馆 1983 年版。
③ 《清末吉林省电影放映史料》，《历史档案》1995 年第 3 期；苏建新：《光绪三十四年度吉林省外务统计表》，《历史档案》1996 年第 1 期；苏建新、李秀娟：《清代吉林地方官兵额制沿革史料》，《历史档案》1998 年第 2 期；安双成：《顺治十四年吉林拉发渡口建造战船题本》，《历史档案》2000 年第 1 期；王道瑞：《清末东北地区爆发鼠疫史料（上）》，《历史档案》2005 年第 1 期；《清末东北地区爆发鼠疫史料（下）》，《历史档案》2005 第 2 期。
④ 吉林省档案馆编：《吉林驿站》，吉林市档案馆 1983 年版。
⑤ 吉林省档案馆、吉林省少数民族古籍整理办公室编：《吉林旗务》，天津古籍出版社 1990 年版。
⑥ 吉林师范学院古籍研究所、吉林省档案馆编：《清代吉林盐政》，吉林文史出版社 1991 年版。
⑦ 吉林省档案馆、吉林省少数民族古籍整理办公室编：《吉林旗人生计》，天津古籍出版社 1991 年版。
⑧ 吉林省档案馆编：《吉林贡品》，天津古籍出版社 1992 年版。
⑨ 常荣、衣保中：《清代吉林档案文献及其文化价值》，《长白学刊》1996 年第 5 期。
⑩ 中国边疆史地研究中心、中国第一历史档案馆：《珲春副都统衙门档》，广西师范大学出版社 2006 年版。

藏于中国第一历史档案馆，后部分藏于吉林省延边朝鲜族自治州档案馆。其中，延边朝鲜族自治州档案馆清代档案计11个宗，共7598卷，时间范围为光绪二十七年至宣统三年，主要是珲春副都统左司、右司等衙门档案。①故而这一档案资料将两处史料结合起来，为学者的利用提供了诸多方便。档案始自乾隆二年（1737），止于宣统元年（1909）。前期以满文为主，中期以满汉合璧为主，后期以汉文资料为主。总体而言30%为满文资料，70%为汉文资料。对于阅读满文较为困难的学者来说，珲春副都统衙门档是非常好的满汉文史料。

图 F3-12 《珲春副都统衙门档案选编》

在《珲春副都统衙门档》全文出版之前，也有一些较好的档案选辑，最具有代表性的就是《珲春副都统衙门档案选编》②，收录有1700余件档案，是全文出版前的非常好的利用史料。关于该档案的研究，

---

① 延边朝鲜族自治州档案信息网：http://yb.jilinda.gov.cn/。
② 吉林师范学院古籍研究所、吉林省档案馆编：《珲春副都统衙门档案选编》，吉林文史出版社1992年版。

在九十年代就以开始，① 近年主要有郭春芳、② 薛刚、③ 聂有财、④ 付永正、⑤ 王立新、⑥ 马金柱⑦等研究成果较有代表性。此外刊发在《历史档案》中的珲春档案史料选编也值得参考。⑧

2. 宁古塔副都统衙门档

宁古塔也是地方档案资料比较丰富的地区。宁古塔起初就是吉林地区的将军驻扎地。康熙朝《盛京通志》中载："皇清顺治十年设宁古塔昂邦章京，康熙元年改镇守宁古塔等处将军，十五年移镇乌拉之船厂城，宁古塔留副都统守之⑨……将军船厂公署，在船厂城外西北百步，正房五间"⑩。在将军迁至吉林乌拉之后，在宁古塔当地仍留有副都统管辖。这一档案的存留时间段比较长，自康熙十四年（1675）至光绪二十六年（1900），合计1268册，现藏于中国第一历史档案馆，可用微缩胶卷的形式予以查阅⑪，目前对这一史料整

---

① 如衣兴国：《"军政建置"与〈珲春副都统衙门档案〉的史料价值》，《北华大学学报》（社会科学版）1995年第2期；薛篁：《从珲春副都统衙门档案看珲春的历史地位》，《中国边疆史地研究》1996年第4期。

② 郭春芳：《清代珲春副都统衙门及其档案》，《历史档案》2004年第3期；《从清代档案看珲春副都统衙门的机构设置和沿革变化》，《满族研究》2004年第3期。

③ 薛刚：《清代珲春驻防旗官管理相关问题考论》，《黑龙江民族丛刊》2013年第6期；《清代珲春驻防旗官补正》，《历史档案》2013年第2期。

④ 聂有财：《〈中俄北京条约〉签订前清政府对珲春南海岛屿的管理》，《云南师范大学学报》（哲学社会科学版）2018年第3期；《清代珲春巡查南海问题初探》，《清史研究》2015年第4期；《清代吉林东南海岛的开发与治理》，《海洋史研究》2020年第1期等。

⑤ 付永正：《清代吉黑地区"三音哈哈"送京备选侍卫现象初探》，《江西社会科学》2016年第4期；《清代吉黑"三音哈哈"送京备选侍卫制度及其实效考》，《北京社会科学》2016年第10期；《晚清东北旗籍官兵枪械装备与操演状况考论》，《中国国家博物馆馆刊》2017年第10期；《清代东北八旗界官研究》，《清史研究》2020年第2期等。

⑥ 王立新：《也谈清代吉林的南海巡查》，《清史研究》2016年第3期。

⑦ 马金柱：《清代东北封禁政策下的旗民交往关系——以乾隆朝吉林珲春为例》，《历史档案》2020年第1期。

⑧ 舒秀峰：《清末珲春天宝山银矿史料（上）》，《历史档案》1993年第1期；《清末珲春天宝山银矿创办史料（下）》，《历史档案》1993年第2期。苏建新、陶敏：《吉林珲春商埠史料》，《历史档案》1995年第3期。

⑨ 康熙朝《盛京通志》，京都大学图书馆藏，康熙二十三年刻本，第3册，第11页b。

⑩ 康熙朝《盛京通志》，京都大学图书馆藏，康熙二十三年刻本，第7册，第8页a。

⑪ 纪媛媛：《清代黑龙江区域的历史档案研究与再利用》，《边疆经济与文化》2020年第7期，第20页。

理翻译的相关成果很少。

3. 伯都讷副都统衙门档

伯都讷副都统衙门的档案，藏于吉林省扶余市档案馆。这一档案起于同治六年（1867），终于宣统三年（1911），总量5000多卷，30000多件。其中满文或满汉合璧档案约100件，其余为汉文档案。相对于珲春副都统衙门档案而言，伯都讷地区的档案资料的汉文比重更大，但其史料多数是清末史事，同时期能相互印证的史料也更多一些。针对这部分史料，目前的整理成果为新近出版的《清代伯都讷满汉文档案选辑》①，主要为满文或满汉合璧档，以及与其内容关联密切的少数汉文档案，以伯都讷副都统衙门或伯都讷旗务承办处，与吉林将军衙门或吉林全省旗务处以及及其辖下各机构间往来的公文书为主。其内容主要涉及军事、官制、人事、财政、旗人生计、民人管理、教育等方面的问题。

4. 吉林乌拉地方档案

今天的吉林市原称吉林乌拉、船厂，这一区域的档册整理，新近出版档案汇编为《打牲乌拉三百年》②，全彩色印刷了吉林乌拉地区的档案资料，相关研究较少，多讨论打牲乌拉总管衙门及职能运行、鱼贡、珠贡等问题。③

5. 吉林省各市县档案馆藏清代档案概况

长春市档案馆：清代档案自同治元年（1562）始。主要是吉林西南路道分署、长春府、长春府财务处、长春劝学厅的档案。内容多是官方契约、禁烟、防疫、设立学堂、报馆，民事、刑事诉讼，长春厅（长春府的前称）与日本、俄国、英国、德国的商务、兵事

---

① 吴忠良：《清代伯都讷满汉文档案选辑》，中国社会科学出版社2018年版。
② 吉林省档案馆、吉林市龙潭区档案馆：《打牲乌拉三百年》，吉林大学出版社2012年版。
③ 张琛：《打牲乌拉与打牲乌拉衙门的设立》，硕士学位论文，中国社会科学院，2011年；王雪梅：《清代打牲乌拉总管衙门研究》，博士学位论文，中央民族大学，2011年；陆姝：《清代吉林打牲乌拉鱼贡研究》，硕士学位论文，长春师范大学，2014年；李新宇：《"打牲"与打牲乌拉总管衙门研究》，硕士学位论文，吉林师范大学，2015年；李新宇：《清代打牲乌拉世职总管的终结问题——以总管绥哈纳革职事件为中心的考察》，《黑龙江民族丛刊》2019年第5期等。

图 F3-13　《清代伯都讷满汉文档案选辑》

等纠纷和反映革命党人革命活动的档案。①

榆树市档案馆：清代档案主要是1889—1911年榆树直隶厅档案，其内容涉及榆树的政治、经济、教育、军事、外事、金融、税征与募捐、机构设置等。②

吉林市档案馆：清代档案，共8380卷。主要有永吉州、吉林厅、理事厅、吉林将军衙门各处（司营）、吉林理事府、吉林府及其所属正堂、劝学所、度支股、民政股、巡警总局等机构形成的档案。其内容涉及官员升降、机构调整、清乡、区划、驻防、建立驿站、办厂兴矿、新学普及、官民教育、水旱灾情及赈务、民事诉讼、土地勘验、赋税等事项，也有俄军侵边、涉外经济、军事往来等事项这部分档案中有迄今为止省内发现最早的中文档案——雍正三年一

---

① 吉林省档案局、吉林省档案馆编：《吉林省各级各类档案馆简明指南》，第7—8页。
② 吉林省档案局、吉林省档案馆编：《吉林省各级各类档案馆简明指南》，第38页。

纸诉状，宣统三年大火灾"火烧船厂"的记载，皇帝诏书，吉林城区八门图，1909年拍摄的吉林城区俯瞰照片，辛亥革命运动对清政府的影响——改警为兵以充实陆军，对小白山的祭祀等，是研究东北史不可缺少的佐证。[1] 日本学者江夏由树曾进行调研，所撰报告可参考。[2]

舒兰市档案馆：藏清代档案共622卷。主要有吉林省省长公署、舒兰县正堂、税捐经征局、实业局、巡警局、商务会、劝学会等机构形成的档案。其主要内容有民官设治、筹办城镇乡自治、迁民兴垦、设立桑蚕局、惩办假公济私人员、查赌、禁烟、剿胡匪、筹办国防、办理消防、贩捐学堂、调查产矿煤山、禾苗及烟草收获、制定学务各项制度、考试奖惩、县属出入款项预决算、采办贡品、邻国动向等。[3]

公主岭市档案馆，公主岭清代称怀德县，清代档案留存为光绪宣统时期，主要内容有：光绪、宣统年间怀德县正堂关于行政、司法、警务、财政、税捐、实业、教育及其他方面的文书。如光绪三年的《奏定商会简明章程》、《商标注册试办章程》；关于生产火柴、玻璃、肥皂、织布、造纸等的工艺流程和原料使用配方、机构合并、行政交接、各种制度、讼诉、工俸、监狱、兵变、薪金、军政经费收支等材料。[4]

双辽市档案馆：藏有光绪十八年至宣统时期档案，具体内容不详。

梨树县档案馆：藏清代档案14卷。主要是奉化商务分会在1900年至1911年（光绪三十二年至宣统三年）形成的档案。其内容包括：税收章程、纳税情况，农田、牲畜、矿务的调查，借官银亏款等统计表，奉化戒烟会章程，吉林劝业道报告书等，对研究清末税

---

[1] 吉林省档案局、吉林省档案馆编：《吉林省各级各类档案馆简明指南》，第46—47页。
[2] 江夏由樹：《吉林市檔案館所藏史料について》，《满族史研究通信》1995年第5期。
[3] 吉林省档案局、吉林省档案馆编：《吉林省各级各类档案馆简明指南》，第69页。
[4] 吉林省档案局、吉林省档案馆编：《吉林省各级各类档案馆简明指南》，第88页。

制有参考价值。①

辽源市档案馆：辽源在清代称西安县，清代档案有1093卷。主要为西安县衙门及所属部门、西安县公署、西安县地方法院、西安县预警办事处、西安县教育会、西安县劝学所、西安县城乡议事会、西安县城乡董事会等机构形成的档案。其内容涉及行政区划、官员升降、民官设治、保甲、清乡、收捐、办厂建矿、兴办教育、人口统计、田赋事宜、计量规定、百姓私文、自然灾害、有关章程、决议事项等。这部分档案记载了清末西安县政治、经济、司法、实业、文化教育等情况。②

东丰县档案馆：清代档案，共588卷。主要有1902年建县后，机构变更、官位升迁、军衙司法、商务发展、棉毛业办厂、银号行情、税捐、禁烟等内容。特别是教育劝学、兴办私塾方面的档案数量较多。③

梅河口市档案馆：梅河口市清代为海龙府，清代档案，共358卷。主要是海龙府形成的文书、诉讼档案，其内容涉及机构设置、官员升迁、启用铃记、制发章程、兴办实业、税捐币制、教育普及、卫生防疫、出口贸易、社会治安、案件审理等。④

通化县档案馆：清代档案，5个全宗，1277卷。时间为光绪宣统时期，主要有通化县公署、通化县巡警总局、通化县商务分会、通化县警防营、通化县城厢董事会等机构形成的档案。其内容涉及行政区划、官吏任免、公务交接、机构设置、财务收支、税捐缴纳、货币钱法、田赋征收、农林水利、商贸往来、警务管理、社会治安、禁烟禁赌、慈禧太后庆寿、韩侨人籍、洋人游历、民俗风情等。⑤

白山市档案馆：白山市清代属临江县，清代档案形成于宣统元年至宣统三年（1909—1911），共46卷。记载了临江县衙署（县公

---

① 吉林省档案局、吉林省档案馆编：《吉林省各级各类档案馆简明指南》，第95—96页。
② 吉林省档案局、吉林省档案馆编：《吉林省各级各类档案馆简明指南》，第103页。
③ 吉林省档案局、吉林省档案馆编：《吉林省各级各类档案馆简明指南》，第112页。
④ 吉林省档案局、吉林省档案馆编：《吉林省各级各类档案馆简明指南》，第128页。
⑤ 吉林省档案局、吉林省档案馆编：《吉林省各级各类档案馆简明指南》，第136页。

署）教育体制改革，新制度、新规程的制定、颁发等事宜，反映了辛亥革命前后教育的变化、教育经费及学校的增设和布局。①

长白朝鲜族自治县档案馆：长白朝鲜族自治县清代属长白县，清代档案共1180卷。主要有光绪三十四年以后的长白县地方政权机关，包括政务、财务、治安、诉讼等职能部门形成的档案。其内容有：长白设治、委任官员、地域划分、工程修建、学堂创办、商办银行、设立市场、开垦耕地、经费收支、整顿巡警、通缉要犯、民事纠纷、合同签订、韩侨公约、中日合办木植公司、劝诫剪发等事项。这部分档案记载了张凤台在筹建长白府期间从事各项活动的历史。②

扶余县档案馆：藏清代档案自同治六年（1867）至宣统三年（1911），共4个全宗，3892卷。主要有伯都讷旗务承办处、新城府正堂、新城府商务分会、新城府劝学所形成的档案，其内容有机构设置、官员任用、政治章法、调查统计、财务收支、税捐征收、兴办教育、商业行情、贡品收缴、诉讼案件等，是研究地方历史不可缺少的宝贵史料。③

洮南市档案馆：清代档案主要是光绪二十八年以后的，具体卷数不知。有札萨克图蒙荒行局、洮南府正堂、洮南劝学所等档案。

大安市档案馆：藏有自光绪三十一年至宣统的清末档案，具体卷数不详，多为是原东北档案馆保存的原大赉、安广两县机关档案，包括政治、军事、经济、文化、教育等方面的档案。④

镇赉县档案馆：主要有光绪三十四年至宣统二年洮南府、镇国公旗等机构形成的档案。其内容涉及薪饷标准、官员升降、放荒清丈、行政区划、设警抽丁、银号行情、禁烟禁赌等事项。⑤

通榆县档案馆：通榆县清代称开通县，清代档案共1339卷。主

---

① 吉林省档案局、吉林省档案馆编：《吉林省各级各类档案馆简明指南》，第147页。
② 吉林省档案局、吉林省档案馆编：《吉林省各级各类档案馆简明指南》，第163页。
③ 吉林省档案局、吉林省档案馆编：《吉林省各级各类档案馆简明指南》，第185页。
④ 吉林省档案局、吉林省档案馆编：《吉林省各级各类档案馆简明指南》，第199页。
⑤ 吉林省档案局、吉林省档案馆编：《吉林省各级各类档案馆简明指南》，第203页。

要是开通县衙署形成的档案。其内容涉及机构设置、行政区划、官吏任免、兴办教育、疫病防治、设警清乡、田赋缴纳、税款征收、商贸往来、自然灾害等事项。这部分档案记载了清政府促使扎萨克图王旗划出部分土地，放荒招垦、移民设治的真实情况，是研究蒙地放荒招垦与开通县设治初期历史的宝贵材料。①

龙井市档案馆：龙井旧属延吉府，清末宣统时期的档案，共21卷，起止年代为1909年至1911年。档案的主要内容有：延吉厅改为延吉府、长白府添设安图县、划分延吉与和龙县界、制定自治筹办公所通则、乡镇自治选举章程、禁烟办法、建立初等女子小学堂、小学教员待遇、教育工作统计、矿产调查表册、巡警队名册、改设游巡队名册、整顿币制、查禁群众聚会等。②

（三）黑龙江地区档案

清代黑龙江地区的建置较晚，直到康熙二十二年（1683）才正式设立了黑龙江将军官职，管理辖下的军政事务。此外由于该地的汉人官员和居民比例在东北地区更低，留存满文档案的比例相对最高。由于存在这一层语言门槛，导致目前公开整理出版的史料与相关的整理成果相较吉林、辽宁要更少一些。在东三省范围内利用程度最低，待开发的"宝藏"也最多。而黑龙江将军衙门档案，就是黑龙江地区数量最多，保留最完整的档案。其余地方档案中，相关整理成果较为丰富的有三姓副都统衙门档案、伯都纳副都统衙门档案、阿勒楚喀副都统衙门档案等，现有研究与档案的利用差距还比较大，还有较多的可利用空间。

清代黑龙江地区的档案还有一个比较明显的特点。由于近代遭到了沙俄势力的侵略，行政区划与今天的黑龙江省差异较大。原属黑龙江将军辖区的黑龙江以北广大区域被割让，大兴安岭西侧的呼

---

① 吉林省档案局、吉林省档案馆编：《吉林省各级各类档案馆简明指南》，第207页。
② 吉林省档案局、吉林省档案馆编：《吉林省各级各类档案馆简明指南》，第226页。

伦贝尔地区划归内蒙古自治区。同时，原属吉林的松花江以南区域，如宁古塔、三姓等地区，也有不少被划归到了今天的黑龙江省，这一区域保留有不少的地方档案，也是清代对相关区域进行研究的重要资料来源。

1. 黑龙江将军衙门档（sahaliyan jiyanggiyūn yamun dangse）

黑龙江将军，其官职全称为"镇守黑龙江等处地方将军"，满文写作"sahaliyan ulai jergi babe tuwakiyara jiyanggiyūn yamun"，正式设立于康熙二十二年（1683年）。其设立与当时反击盘踞在雅克萨地区的沙俄势力密切相关。该地区较为苦寒，早期设置与战事关系紧密，雅克萨战事结束之后，黑龙江将军衙署就开始向南迁移。将军衙门最初设置在了黑龙江流域的瑷珲城（aihūn hoton），这里有一片面积不小的冲积平原适合耕作，生产粮食自给自足。这座城池又被称为黑龙江城（sahaliyan ula hoton）。康熙二十九年（1690）将军衙门向南移驻至墨尔根城（mergen hoton），康熙三十八年（1699）将军衙门又向南迁移数百里，移至嫩江流域的齐齐哈尔城（cicigar hoton）。此后将军府衙不再变动，原驻地的公文档册也一并迁来，形成了内容丰富的黑龙江将军衙门档案资料。

光绪二十六年（1900），俄兵入黑龙江将军驻地齐齐哈尔城时被劫，1956年9月由苏联政府归还我国，交中国第一历史档案馆保存。后交还给了黑龙江省档案馆。目前黑龙江省档案馆共藏有黑龙江将军衙门档案43723卷，其中满文含部分满汉合璧21764卷，还有少量的蒙文卷。[①] 文件所属年代从康熙二十三年（1684）至光绪三十三年（1907），其中康雍乾三朝的档案的胶片保存在了中国第一历史档案馆，利用比较方便。

---

① 《黑龙江省档案馆指南》，中国档案出版社1994年版，第11页。

图 F3-14 《黑龙江将军衙门档案》①

本档案对于考察与研究清朝初期以及中晚期黑龙江的历史有着极其重要的价值。与吉林地区的档案资料一样，黑龙江将军衙门档案没能全文出版。有部分的史料摘抄与翻译成果。如以边疆、民族为主题进行摘录的《达斡尔资料集·第九集（档案专辑）》②、《清代中俄关系档案史料选编》③、《锡伯族档案史料》④ 和《清宫珍藏达斡尔族满汉文档案汇编》⑤ 或为原文影印收录，或进一步整理为汉文翻译。以整个时间段为顺序的选辑整理成果目前集中在清末时期。比

---

① 黑龙江档案局编：《黑龙江档案春秋》，黑龙江人民出版社2013年版。
② 《达斡尔资料集》编辑委员会、全国少数民族古籍整理研究室、黑龙江省档案馆：《达斡尔资料集·第九集（档案专辑）》，民族出版社2009年版。
③ 中国第一历史档案馆编：《清代中俄关系档案史料选编》，中华书局1981年版。
④ 中国第一历史档案馆编译：《锡伯族档案史料》，辽宁民族出版社1989年版。
⑤ 中国第一历史档案馆、莫力达瓦达斡尔族自治旗达斡尔学会、莫力达瓦达斡尔族自治旗达斡尔族博物馆编：《清宫珍藏达斡尔族满汉文档案汇编》，辽宁民族出版社2018年版。

较具有代表性的是《清代黑龙江历史档案选编》①，收录了光绪元年（1875）到光绪二十六年（1900）的清代黑龙江政治、经济、文化、军事、外交等方面的满汉文档案史料选编。

这部史料在2017年再版，形成了《黑龙江将军衙门档案》②，虽然在题名上的范围更大，但是选辑的主要史料未变，仍以光绪朝的黑龙江史料为主。除此之外，还有几部针对性比较强的档案整理资料。

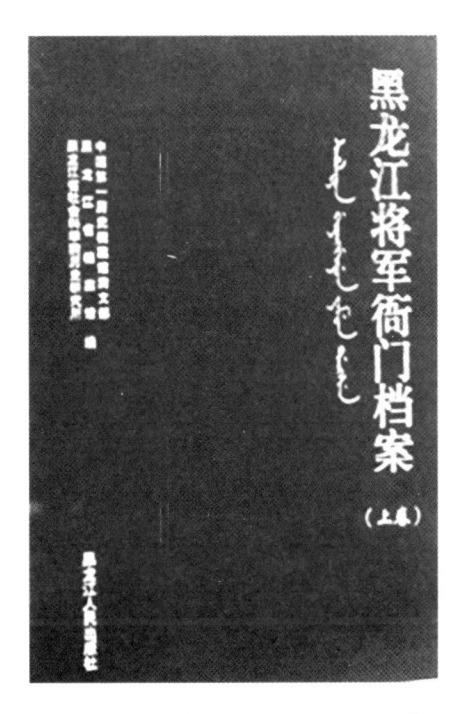

图F3-15 《黑龙江将军衙门档案》

除上文最为重要的译本之外，针对早期的史料整理翻译，有

---

① 黑龙江社科院历史研究所：《清代黑龙江历史档案选编（光绪朝元年—七年）》，黑龙江人民出版社1987年版；黑龙江社科院历史研究所：《清代黑龙江历史档案选编（光绪朝八年—十五年）》，黑龙江人民出版社1987年版。

② 中国第一历史档案馆、黑龙江省档案馆：《黑龙江将军衙门档案》，黑龙江人民出版社2017年版。

《康熙年间吉林至爱珲间的驿站》①，对于康熙年间黑龙江将军衙门档案中与驿站相关的史事进行了整理辑录和翻译，是对黑龙江将军衙门档案的为数不多的翻译成果之一。

《黑龙江省奏稿》②和《程将军守江奏稿》③，是收录于《黑水丛书》的两份档案辑录，是比较宝贵的清末档案资料，这些档案多是光绪二十六年（1900）黑龙江将军衙门档案遭到劫掠之后的黑龙江地区档案，反映了清末地区的诸多史事。

近年来的相关研究出现了另一个可喜的新特征，就是直接利用现有满文《黑龙江将军衙门档》来研究黑龙江史事，以金鑫为代表的年轻学者利用该档案有了一批优秀的研究成果，如《康熙朝黑龙江驻防八旗"穷索伦"、站丁牛录考》④，阐述了将索伦站丁编设佐领情况与迁移去向的相关问题，是近年来质量最高的黑龙江驿站研究文章之一。

海外方面有楠木贤道 1994 年的《康熙三十年达斡尔佐领的编设》⑤，其研究利用满文档案，对康熙三十年的齐齐哈尔建城、增设达斡尔佐领驻防墨尔根、瑷珲等史事有了一个重要的补充。其在 2009 年出版的《清初対モンゴル政策史の研究》⑥，也利用上了大量的《黑龙江将军衙门档》，提出了不少新的研究视角。承志 2001 年发表的《清朝治下のオロンチョン・ニル編成とブトハ社會の側面》⑦，对鄂伦春群体和布特哈地区有了较为全面的论述。松浦茂 2006 年的《清朝のアムール政策と少数民族》⑧，对于黑龙江中下游

---

① 孟宪振：《康熙年间吉林至爱珲间的驿站》，《历史档案》1982 年第 3 期。
② 程德全：《黑龙江省奏稿》，清光绪三十四年（1908 年）铅印版。
③ 程德全：《程将军守江奏稿》，收录于厉声主编《中国边疆研究文库·初编·东北边疆卷》卷六，黑龙江教育出版社 2014 年版。
④ 金鑫：《康熙朝黑龙江驻防八旗"穷索伦"、站丁牛录考》，《民族研究》2014 年第 5 期，第 84 页。
⑤ [日] 楠木贤道：《康熙三十年达斡尔佐领的编设》，《松村润先生古稀纪念清代史论丛》，汲古书院 1994 年版，第 77 页。
⑥ [日] 楠木贤道：《清初対モンゴル政策史の研究》，汲古书院 2009 年版。
⑦ 承志：《清朝治下のオロンチョン・ニル編成とブトハ社會の側面》，《东洋史研究 (60)》，东洋史研究会 2001 年版。
⑧ [日] 松浦茂：《清朝のアムール政策と少数民族》，京都大学学术出版会 2006 年版。

的原住民生活情况与清朝政府对这一区域的管理进行了论述，对当时的朝贡模式的论述十分详尽，且利用了很多的满文档案资料。

2019年出版的《帝国之裘—清朝的山珍、禁地以及自然边疆》[①]，是比较新的海外研究，同样利用了满文蒙文的文献，对毛皮东珠等满蒙地区特产的贡交史事进行了研究，同时还涉猎了清代东北地区自然环境的变化，这一跨学科的思路有着较高的参考价值。

2. 黑龙江副都统衙门档

《黑龙江副都统衙门档》现存有4012卷，收录自光绪二十五年（1899）至光绪三十四年（1908）[②]。藏于黑龙江省档案馆。涉及有军政民事诸多内容，是研究近代瑷珲地区的重要参考资料。

3. 三姓副都统衙门档

三姓地区在清代虽然归属于吉林将军衙门管辖，但是由于三姓副都统辖区都在今天的黑龙江省境内，副都统驻地在今天的哈尔滨市依兰县，故而将这一地方档案归类为黑龙江地区的地方档案。三姓副都统衙门档案目前尚未全文出版，其档案藏于辽宁省档案馆。共有483册，20218件。满文12461件，汉文7640件，满汉合璧117件[③]。起于乾隆元年（1736），止于光绪三十四年（1908），是保存比较完整的地方档案史料。对于这一资料的整理，有《三姓副都统衙门满文档案译编》[④]，选取了自乾隆八年（1743）至光绪三十二年（1906）的档案文件178件，34万字。选取了与贡貂赏乌林制度，驻防调动，沙俄关系等问题的档案。

在《三姓副都统衙门满文档案译编》出版后，又在1996年出版有《清代三姓副都统衙门满汉文档案选编》[⑤]，选取了340份档案。

---

① 原标题为 A World Trimmed with Fur: Wild Things, Pristine Places, and the Natural Fringes of Qing Rule，谢健著，关康译：《帝国之裘——清朝的山珍、禁地以及自然边疆》，北京大学出版社2019年版。

② 《黑龙江省档案馆指南》，中国档案出版社1994年版，第28页。

③ 《辽宁省档案馆指南》，第42页。

④ 辽宁省档案馆：《三姓副都统衙门满文档案译编》，辽沈书社1984年版。

⑤ 辽宁省档案馆：《清代三姓副都统衙门满汉文档案选编》，辽宁古籍出版社1996年版。

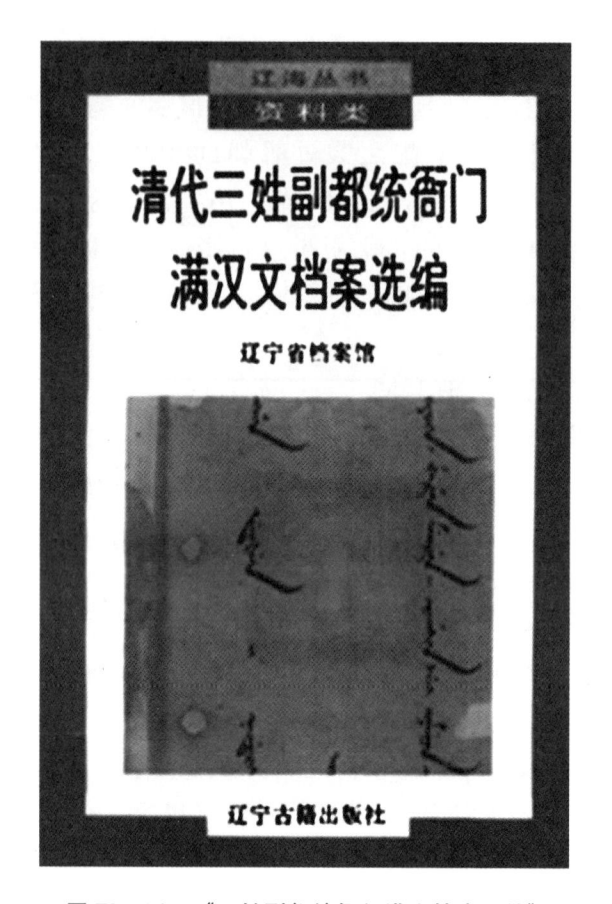

图 F3-16　《三姓副都统衙门满文档案译编》

这些档案材料反映了三姓副都统衙门在政治、经济、文化、军事和民族关系等方面的活动情况，本书史料充实，内容丰富，涉及面广，是研究清代东北边疆事务的重要资料。近年来，《三姓档》与其所反映的清代东北设治相关问题的研究成果不断出现，具有代表性的研究为陈诗兰的《清朝中前期对东北滨海边疆地区的边民管理政策研究》[1]、《山丹贸易与清日两国的东北亚政策》[2]、《山丹交易と近世の

---

[1] 陈诗兰：《清朝中前期对东北滨海边疆地区的边民管理政策研究》，博士学位论文，东北师范大学，2021年。
[2] 陈诗兰：《山丹贸易与清日两国的东北亚政策》，《外国问题研究》2019年第3期。

日·清辺境政策についてーアムールランドを中心に》①，利用了大量的满文《三姓档》档案资料。

4. 阿勒楚喀副都统衙门档

阿勒楚喀副都统衙门是吉林将军派驻阿勒楚喀地方，掌辖区内旗务、军务、边务并兼管地方行政司法、财政和民政事务的机构。同三姓副都统衙门一样，今天归属于黑龙江省哈尔滨市，故将阿勒楚喀副都统衙门档也归入黑龙江地区的档案中。现存清代阿勒楚喀副都统衙门档案，按其装帧形式，可分为簿册和折件两类，其中簿册433册，折件171件，簿册类档案占多数。簿册类的档案，按其名称，可以分为20余种，主要有行文档、呈文档、契档、户口册、比丁册、八旗西丹清册、官员履历册、官兵名册、官兵盐粮清册、招募山勇盐粮清册、请奖功牌官兵花名册、官兵孀妇半分俸饷册、官庄壮丁承种地亩清册、承领荒地苏拉西丹清册、考试文童三代履历册、乡试武生三代履历册、各项工程估料册、各项收支银两册、购买油盐等项税银册、号簿等。其中行文档、呈文档的数量最多，户口册、比丁册以及各类号簿的数量次之，其余名称档案的数量较少。折件类的档案，按其名称，可以分为9种，主要有咨文稿、呈文稿、禀文稿、文稿底、移文、家谱、官地押金单、乏粮民户单、办文单等。其中咨文稿、呈文稿2种档案的数量最多，其余档案都比较少。② 目前比较有代表性的为《清代东北阿城汉文档案选编》③，收录有218件档案，30万字。选取的档案自同治六年（1867）至光绪二十五年（1899），包含有财政经济军事等各个方面的史事。

5. 双城堡总管衙门档案

双城堡总管衙门档案现藏于辽宁省档案馆，目前存有1555册，时间跨度自道光三十年（1850）至民国十三年（1924）④。由于这批

---

① 陈诗兰：《山丹交易と近世の日·清辺境政策についてーアムールランドを中心に》，《北海道史研究协议会会报》，2018年103号。
② 吴元丰：《阿勒楚喀副都统衙门及其满汉文档案》，《满语研究》2013年第1期。
③ 东北师范大学明清史研究所、中国第一历史档案馆：《清代东北阿城汉文档案选编》，中华书局1994年版。
④ 《辽宁省档案馆指南》，第44页。

图 F3-17　《清代东北阿城汉文档案选编》

档案的时间相对比较晚近，所以留存下来的绝大多数是汉文档案，这也为其利用带来了巨大的方便。目前对这一史料利用的比较多的研究，是以任玉雪、李中清的《地方政府的行政实践与制度之间的冲突与重塑——以晚清吉林将军双城堡民界的出现为例》[1] 为代表的相关成果。

6. 黑龙江省各市县档案馆藏清代档案概况

（1）哈尔滨市依兰县档案馆

藏有清光绪后以及依兰的舒、葛、卢三姓的族谱等内容[2]。

（2）齐齐哈尔市富裕县档案馆

藏有清末民初的依克明安旗档案，多为满汉合璧文书，涉及地

---

[1] 任玉雪、李中清、康文林：《地方政府的行政实践与制度之间的冲突与重塑—以晚清吉林将军双城堡民界的出现为例》，《"中央研究院"历史语言研究所集刊》，2011年，第493—532页。

[2] 《中国档案馆简明指南》，中国档案出版社1997年版，第87页。

政管理、旗务垦荒材料等①。

（3）齐齐哈尔龙江县档案馆

藏有光绪、宣统年间的黑水厅、龙江府的政治、经济、文化、教育相关档案②。

（4）牡丹江市宁安市档案馆

藏有清代光绪年间宁古塔副都统衙门军政外交旗务资料③，是对中国第一历史档案馆藏宁古塔副都统档案的重要补充。

（5）黑河市嫩江市档案馆

藏有清代光绪至宣统年间的税收布告，清册报表等内容等④。

（6）哈尔滨市双城区档案馆

藏有清代嘉庆至宣统年间的部分谕旨、奏折、契约、照会等内容⑤。

（四）内蒙古呼伦贝尔地区

虽然呼伦贝尔副都统衙门管辖的呼伦贝尔地区现在归属内蒙古自治区，但是在清代长期属于黑龙江将军管辖，且关系十分密切，故而呼伦贝尔副都统衙门档案也应当融进东北地区的地方档案范畴。呼伦贝尔副都统衙门档目前还未有全文出版的整理成果，其原文现藏于内蒙古档案馆。呼伦贝尔副统衙门全宗档案共3161卷。⑥ 由于呼伦贝尔地区直到民国时期依旧有副都统的地方机构保留，故而档案起止时间自顺治元年（1644）至民国二十一年（1938），长期保留了满文记录档案的特色。

针对呼伦贝尔副都统衙门档的整理与翻译的成果很少，目前具有代表性的为出版于2017年的《陈巴尔虎部落满文历史档案》⑦。

---

① 《中国档案馆简明指南》，中国档案出版社1997年版，第87页。
② 《中国档案馆简明指南》，中国档案出版社1997年版，第88页。
③ 《中国档案馆简明指南》，中国档案出版社1997年版，第88页。
④ 《中国档案馆简明指南》，中国档案出版社1997年版，第94页。
⑤ 《中国档案馆简明指南》，中国档案出版社1997年版，第96页。
⑥ 《中国档案馆简明指南》，中国档案出版社1997年版，第43页。
⑦ 《陈巴尔虎部落满文历史档案》编委会：《陈巴尔虎满文历史档案》，远方出版社2017年版。

本书是从内蒙古自治区档案馆馆藏呼伦贝尔副都统衙门全宗档案中，选取部分满文档案，将其译成蒙古文、汉文，并以这三种文字出版。不过其选取的史料不是清朝的时间段，而是自民国八年（1919）至民国十七年（1928）。是全国非常罕见的民国时期满文史料。所选辑的内容涉及政治、经济、交通等领域，是研究呼伦贝尔地方史的重要史料。

图 F3－18　《陈巴尔虎部落满文历史档案》

（五）承德地区

除东三省外，今天的河北北部与内蒙古中部的部分地区在长期以来是广义上的东北地区，热河地区的档案也应划入东北地方档案的范畴之内。这一地区的清代档案的整理成果为《清宫热河档案》，开始于康熙四十四年（1705），终止于宣统三年（1911）。该部选辑共出版18册，内有档案3616件①。有相关围场与宗教建筑的兴建与运行，以及围绕热河的许多历史事件。选取的这些档案来自中国第一历史档案馆馆藏清宫档案，属于中央一级的档案中涉及到热河地区的史料。

三 以民族、国际关系为代表的档案出版资料

东北地区作为多民族聚居区，民族问题往往是档案中的重要行文部分。另外由于东北地区地处边疆，在清代与朝鲜，沙俄等国的往来交流较多，这部分也是档案中的一大关注点。近年来以民族或对外关系为主题的清代东北地区档案的整理与翻译的数量很多，从事相关领域研究的学者得以更方便地加以利用。

（一）《清宫珍藏达斡尔族满汉文档案汇编》

《清宫珍藏达斡尔族满汉文档案汇编》是最近的有关清代东北地区少数民族的档案整理成果。《清宫珍藏达斡尔族满汉文档案汇编》收录了805件档案，起自康熙四年（1665），止于宣统二年（1910），其中有444件满文档案、95件满汉文合璧档案、汉文266件汉文档案②。

这一档案的资料主要来自于中国第一历史档案馆藏的题本与朱批奏折，是在中央档案中辑录的与达斡尔族相关的史料整理成果。但是这部史料当中没有选入记录达斡尔族史事最多的地方档案黑龙江将军衙门档。故而在利用这一档案时，还应注意到黑龙江将军衙门档案中能够相互对照的资料。

---

① 中国第一历史档案馆、承德市文物局：《清宫热河档案》，中国档案出版社2003年版。
② 中国第一历史档案馆、莫力达瓦达斡尔族自治旗达斡尔学会、莫力达瓦达斡尔族自治旗达斡尔族博物馆编：《清宫珍藏达斡尔族满汉文档案汇编》，辽宁民族出版社2018年版。

图 F3-19　《清宫珍藏达斡尔族满汉文档案汇编》

(二)《达斡尔资料集（档案专辑）》

记录达斡尔族史事最多的档册，当属黑龙江将军衙门档案。在此前曾经有过针对黑龙江将军衙门档案中的达斡尔资料进行整理与翻译的工作，这部分资料被放在了《达斡尔资料集》[①] 的第九集中，此外还有不少其他机构的清代档案史料乃至民国、伪满史料，是达斡尔族研究很重要的原始史料资源。这一资料集选取的档案资料自康熙二十四年（1685）开始，到伪满"昭和"十三年（1938）。选取的档案涉及黑龙江将军衙门、黑龙江副都统衙门、黑龙江省公署、

[①]《达斡尔资料集》编委会、全国少数民族古籍整理研究室、黑龙江省档案馆：《达斡尔资料集（档案专辑）》，民族出版社2009年版。

龙江道道尹公署，以及清末民国时期的西布特哈总管公署、布西设治局等所形成的重要档案，时间跨度很大，档案文种涉及了满文、汉文、日文三种文字，档案的主体视角较为丰富。在《清宫珍藏达斡尔族满汉文档案汇编》出版之前，可以称得上是达斡尔历史研究最为重要的史料合辑资料。

图 F3-20　《达斡尔资料集》

（三）《清代鄂伦春族满汉文档案汇编》

达斡尔族、鄂温克族、鄂伦春族是东北地区的"三小民族"，鄂温克族的档案汇编目前还未见有出版成果，但鄂伦春族的资料已有了整理与翻译成果，为《清代鄂伦春族满汉文档案汇编》[①]。选取了

---

① 中国第一历史档案馆、鄂伦春民族研究会：《清代鄂伦春族满汉文档案汇编》，民族出版社2001年版。

311件档案，并予以翻译。这批资料起自于康熙二十二年（1683），结束于宣统元年（1909）。其中有满文档案259件，满汉合璧档案24件，汉文档案28件。史料来源也较为丰富，有内阁满文俄罗斯档、黑龙江将军衙门档案、朱批奏折、军机处录副奏折等，是研究鄂伦春族历史的重要资料。

图F3-21 《清代鄂伦春族满汉文档案汇编》

（四）《清宫珍藏海兰察满汉文奏折汇编》

海兰察是鄂温克族的重要历史人物，由于鄂温克族的相关档案史料还未有整理选辑的成果，因而这部以人物为核心的《清宫珍藏海兰察满汉文奏折汇编》①成为鄂温克族历史研究中比较重要的档案辑录成果。

该档案共选取了286件档案，其中满文档案88件，汉文档案198件。起自于乾隆三十七年（1772），结束于乾隆五十八年（1793）。以海兰察的个人为主题，反映了清乾隆年间的政治运作与军事行动，以及鄂温克族在当时的社会发展情况。

图F3-22　《清宫珍藏海兰察满汉文奏折汇编》

---

① 中国第一历史档案馆、鄂温克族自治旗民族古籍整理办公室：《清宫珍藏海兰察满汉文奏折汇编》，辽宁民族出版社2008年版。

(五)《柯尔克孜族满文档案》

柯尔克孜族满文档案现存于中国第一历史档案馆,目前查到的有关柯尔克孜族历史档案共 26 件,起自雍正十年(1732)五月十八日,止于乾隆二十三年(1758)十二月十三日。这 26 件满文档案,分别从军机处满文录副奏折和黑龙江将军衙门档案内查出,其中奏折 7 件、咨文 10 件、札付 5 件、呈文 4 件。[①]

(六)《吉林省档案馆藏清代中朝关系史料选辑》

清代的东北地区与朝鲜接壤,终清一代都与朝鲜有着较为密切的往来。相关史料的整理有《吉林省档案馆藏清代中朝关系史料选辑》[②],本书收录同治十年(1871)至宣统三年(1911)间吉林将军处理有关中朝关系事务过程中所形成的档案史料影印件 149 件,对于研究清代中朝的朝贡贸易等有重要的作用。

(七)《清代中俄关系档案史料选编》

除朝鲜外,东北地区与俄罗斯的交流也十分的密切。自 1644 年沙俄的武装探险队进入黑龙江地区起,东北北部地区的各部族断断续续和沙俄进行了近半个世纪的战争。早在顺治年间,沙俄势力就开始深入黑龙江流域,对这片区域进行渗透和侦查,并以雅克萨为核心,建立了多个据点。当地的索伦部百姓奋起反抗,但由于本地居民的发展水平较低,双方的武器装备差距太大,本地部众自发的反抗战争伤亡比例悬殊[③]。后来经雅克萨战争与《尼布楚条约》的谈判,中俄的边界暂时稳定。针对清代中俄关系的史料,前期基本

[①] 吴元丰:《黑龙江地区柯尔克孜族历史满文档案及其研究价值》,《满语研究》2004 年第 1 期。

[②] 吉林省档案馆、中国边疆史地研究中心:《吉林省档案馆藏清代中朝关系史料选辑》,吉林人民出版社 2000 年版。

[③] 黄锦明:《雅克萨之战历史回顾及启示》,《军事历史》2014 年第 3 期。

上都与东北地区密切相关。这些史料的整理与翻译,有《清代中俄关系档案史料选编》①。该书原本预计出版五编,顺治康熙雍正朝一编,乾隆嘉庆道光朝二编,咸丰朝三编,同治朝四编,光绪宣统朝五编。但是直到今天,只出版了一编和三编。由于咸丰朝的史料能够有其他史料的旁证,故而第一编的早期档案史料的价值是最大的。第一编起自顺治十年(1653),止于雍正十二年(1734)。将沙俄侵扰东北和使臣商队往来的史料予以整理和翻译,是研究清代前中期中俄关系的重要资料。

图F3-23 《清代中俄关系档案史料选编》

---

① 故宫博物院明清档案部编:《清代中俄关系档案史料选编》,中华书局1979年版。

(八)《日俄战争档案史料》

与东北地区关系密切的第三个国家当属日本。由于日本直到19世纪60年代末才开始近代化改革，故而其势力影响到东北时已至清末。有关清末日本在东北地区的档案整理，有《日俄战争档案史料》[①]。该档案选取了自光绪二十九年（1903）至光绪三十三年（1907）的档案资料，共有696件，43万字，详细介绍了日俄战争的战事细节与动态，选取了大量日俄战争中的照会、文件、各地的奏报等，是日俄战争研究的中方视角的重要参考资料。除此之外，中国第一历史档案馆还在期刊上发表有一部分的日俄战争后的相关史料，题名为《日俄战争后东三省考察史料（上）》[②]和《日俄战争后东三省考察史料（下）》[③]。也有很高的参考作用。

(九)《东北义和团档案史料》

自从清末东北开放边禁，大批关内汉人"闯关东"之后，东北地区的反对帝国主义的活动就逐步增多了起来，尤其是清末的义和团运动，其势头并不逊色于华北地区。有关这一时间段的史料整理，有1981年出版的《东北义和团档案史料》[④]，将东北三省档案馆中所存的关于义和团运动的档案选取了332件，53万字。档案的记录时间从光绪二十五年（1899）到宣统元年（1909）。反映了义和团的兴起与发展，以及在东北地区的反俄运动，及最后走向失败的全过程，是清末反帝史研究和区域史研究的重要参考资料。

[①] 辽宁省档案馆编：《日俄战争档案史料》，辽宁古籍出版社1995年版。
[②] 中国第一历史档案馆编：《日俄战争后东三省考察史料（上）》，《历史档案》2008年第3期。
[③] 中国第一历史档案馆编：《日俄战争后东三省考察史料（下）》，《历史档案》2008年第4期。
[④] 辽宁省档案馆：《东北义和团档案史料》，辽宁人民出版社1981年版。

图 F3-24 《日俄战争档案史料》

四 铁路系统的相关档案

清末时期的东北地区还有一个研究视角不应当忽略，就是伴随着《中俄密约》签订而产生的铁路问题。中东铁路在 19 世纪末至 20 世纪初的东北政治经济等诸多领域上都发挥了无可替代的作用。有关这一主题的档案，不仅在区域上范围较广，还应当注意到外国

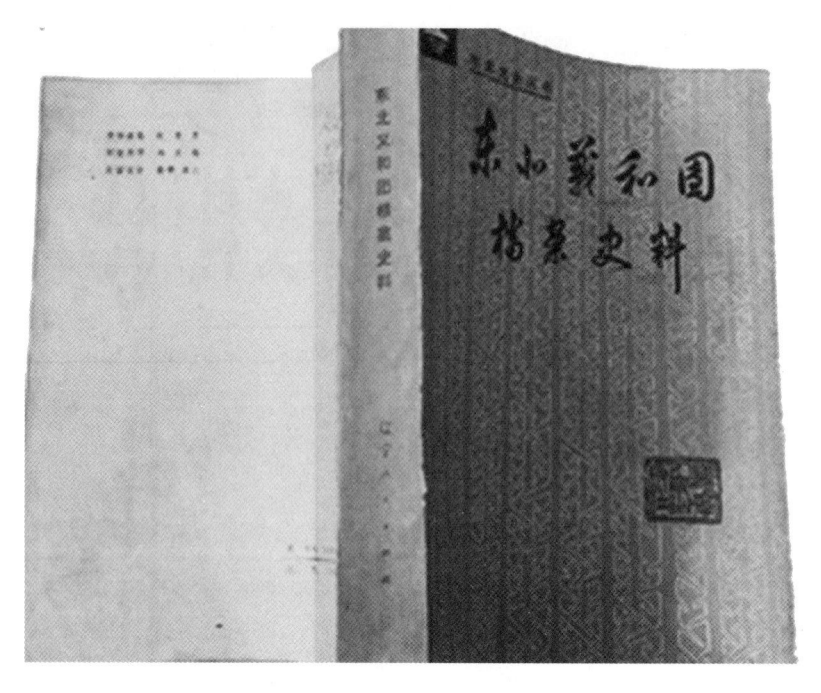

图 F3－25　《东北义和团档案史料》

在华势力的相关档案文书。

　　中方的档案资料里,有关的选辑为《档案史料汇编:中东铁路》①,主要收录了驻俄公使许景澄与华俄道胜银行订立的入股伙开银行合同、中俄合办东省铁路公司合同,掠夺中国矿产资源的开采煤金、林业矿产合同,黑龙江流域行船章程,铁路交涉局、税务局等机构的设置,俄军犯下的各种暴行,中俄诉讼材料以及俄国在中国攫取各项权利等。本书整理了清末和民国初年的铁路相关档案200余条,其中相当一部分涉及了二十世纪初的俄国违约侵占主权史事。

　　除了中方史料之外,在铁路系统保存史料最为完整的,原始史料整理记录中最为详尽的当属日本方面的《"满洲"交通史稿》②。由于所谓的"满洲交通史"最终并未成书,其史稿中保留了大量

---

① 黑龙江省档案馆编:《档案史料汇编:中东铁路》,巴彦县印刷厂1986年版。
② 解学诗整理:《"满洲"交通史稿》,社会科学文献出版社2012年版。

的契约文书等未经整理改编的原始文献,其中部分涉及清末的相关档案文书的原文,其存世的史料价值反而因此更高。诚然,此书稿保存了别处现已不存的文书材料,但本书全文都是日文手稿,字迹很是潦草,辨认十分困难,且很多文本经过了日语的二次翻译,其准确性会有一定折扣;其次,由于本书稿中的文书资料是由"满铁调查部"所搜集整理而来,其史料的铺陈与选择具有一定的主观色彩,时常会隐去一些不利于日方立场的资料。此外还有《哈尔滨铁路局志》①,该志是哈尔滨铁路局车辆段下史地资料最为完备的,在书中收录了部分清代档案,是路权与运营权变更的重要参考史料。

图 F3-26 《满洲交通史稿》

---

① 刘成轩:《哈尔滨铁路局志:1896—1995》,中国铁道出版社1999年版。

此外日本方面的《北满洲调查报告》[1]成文于宣统二年（1910），虽非中国机构档案，但也有非常高的史料价值。再如《满铁档案资料汇编》[2]、《满铁农村调查》[3]《伪满时期史料类编·地方卷：省市县旗情况汇揽》[4]、《日本侵华密电：九一八事变》[5]等近现代史料辑录中，也会在一些史事追溯中涉及一些记录于清末的相关档案资料。

由于清末这段修筑铁路的历史直接关系到了民国乃至今日的东北地区的经济地理和城市分布，故而利用史料所做的研究成果也是最多。有目录整理和史料整理的《中国馆藏满铁资料联合目录》[6]、解学诗主编的《满铁档案资料档案汇编》[7]、景壮的《满铁对清代东北内务府官庄的调查》[8]等。

就铁路本身的路权问题以及营建过程的研究成果，有陈静升的《齐昂轻便铁路：龙江第一条自办铁路》[9]、祁仍奚编著的《东北铁道要览》[10]、宓汝成编著的《近代中国铁路史资料》[11]、尹英杰的《中国东北自有铁路的建设（1891—1931）》[12]等。

此外，还有以交通为基调，与铁路带来的城市化发展有关的研究。如程琳的《中东铁路与区域城镇化问题再探》[13]和《近代齐

---

[1] 黑龙江省档案馆编：《满铁调查报告（第一辑）》，广西师范大学出版社2005年版。
[2] 解学诗主编：《满铁档案资料汇编》，社会科学文献出版社2011年版。
[3] 徐勇、邓大才主编：《满铁农村调查》，中国社会科学出版社2017年版。
[4] 王志强、赵继敏主编：《伪满时期史料类编·地方卷：省市县旗情况汇揽》，线装书局2018年版。
[5] 汤重南主编：《日本侵华密电：九一八事变》，线装书局2015年版。
[6] 满铁资料编辑出版委员会：《中国馆藏满铁资料联合目录》，东方出版中心2007年版。
[7] 解学诗主编：《满铁档案资料档案汇编》，社会科学文献出版社2011年版。
[8] 景壮：《满铁对清代东北内务府官庄的调查》，《延边大学学报》（社会科学版）2019年第3期，第35页。
[9] 陈静升：《齐昂轻便铁路：龙江第一条自办铁路》，《黑龙江日报》2017年9月15日第11版。
[10] 祁仍奚编：《东北铁道要览》，见于陈湛绮整理《民国与伪满洲时期东北经济史料丛书》，全国图书馆文献缩微复制中心，第1册，第485页。
[11] 宓汝成编：《近代中国铁路史资料》，台北文海出版社1977年版。
[12] 尹英杰：《中国东北自有铁路的建设（1891—1931）》，《绥化师专学报》2004年第9期。
[13] 程琳：《中东铁路与区域城镇化问题再探》，《黑龙江史志》2008年第15期。

哈尔城市的历史变迁（1897—1949）——以城市衰落为研究视角》[1]、赵学梅的《清末民初东北城市发展研究》[2]、刘永伟的《晚清东北城市化探究（1861—1911）》[3]、宋徽男的《近代东北城市化进程中乡村社会结构的变迁（1861—1945）》[4]、徐婷的《铁路与近代东北区域经济变迁（1898—1931）》[5]、曲晓范的《清末民初东北城市近代化运动与区域城市变迁》[6] 等。

还有一些成果利用档案材料，对经济史领域与历史地理的相关的问题进行了研究。如张雪的《近代东北粮食贸易研究》[7]、陈跃的《清代东北地区生态环境变迁研究》[8]、吴国本的《齐齐哈尔地理变迁考略》[9]、姚永超的《1906—1931年日俄经济势力在东北地区的空间推移——以港口、铁路、货物运销范围的变化为视角》[10]、衣保中的《清末东北地区商埠的开辟与区域经济的近代化》[11] 等。

结　　语

由于光绪二十六年（1900）东北地区受到沙俄侵略，以及伪满

---

[1] 程琳：《近代齐齐哈尔城市的历史变迁（1897—1949）——以城市衰落为研究视角》，硕士学位论文，东北师范大学，2009年。
[2] 赵学梅：《清末民初东北城市发展研究》，硕士学位论文，黑龙江省社会科学院，2008年。
[3] 刘永伟《晚清东北城市化探究（1861—1911）》，硕士学位论文，大连理工大学，2010年。
[4] 宋徽男：《近代东北城市化进程中乡村社会结构的变迁（1861—1945）》，硕士学位论文，大连理工大学，2014年。
[5] 徐婷：《铁路与近代东北区域经济变迁（1898—1931）》，博士学位论文，吉林大学，2015年。
[6] 曲晓范：《清末民初东北城市近代化运动与区域城市变迁》，《东北师范大学学报》（哲学社会科学版）2001年第4期。
[7] 张雪：《近代东北粮食贸易研究》，硕士学位论文，哈尔滨师范大学，2018年。
[8] 陈跃：《清代东北地区生态环境变迁研究》，中国社会科学出版社2017年版。
[9] 吴国本：《齐齐哈尔地理变迁考略》，《齐齐哈尔师范学院学报》（哲学社会科学版）1985年第3期。
[10] 姚永超：《1906—1931年日俄经济势力在东北地区的空间推移——以港口、铁路、货物运销范围的变化为视角》，《中国历史地理论丛》2005年第1期。
[11] 衣保中：《清末东北地区商埠的开辟与区域经济的近代化》，《北方文物》2007年第2期。

时代的殖民统治，很多的地方档案的缺失损毁现象比较严重。这一现象在东北地区很多的地市乃至区县的档案馆普遍存在，很多地方档案馆只有少量清末档案和民国档案留存。在新中国建国之后，有部分档案被重新收集，部分档案从国外运回，往往直接归还于北京或者所在地省会城市，故而东北地区藏有的清代地方档案有比较明显的异地存放的现象。目前东北地区的两大清代地方档案存放重镇为北京的中国第一历史档案馆，以及沈阳的辽宁省档案馆。此外，由于清代东北地区较为特殊的民族结构，清代东北地方档案有大量内容用满文写就，尤其是清代前中期的档案，几乎全部是满文，只有少数汉文，也是采用满汉合璧的形式。由于语言上的门槛，使得目前的东北地区的清代地方档案，尤其是将军下设副都统辖区的地方档案，还有相当大的一部分未被利用，尚有非常大的研究空间。

目前的清代东北地方档案整理，全文影印出版的成果较少。比较有代表性的有《黑图档》《珲春副都统衙门档》等，还有很多的地方档案等待着整理和出版。目前的出版成果，多数以选辑的形式出版，其选辑主题主要分为三大类，一是以地域为选材范围，以《三姓副都统衙门满文档案译编》《清代东北阿城汉文档案选编》等为代表，以单独区域的地方档案为主题的成果；二是以边疆民族为选辑主题，以《清代鄂伦春族满汉文档案汇编》、《清宫珍藏达斡尔族满汉文档案汇编》等档案为代表。这一类别收录的部分档案，会超出东北地区的范畴，涉及一些诸如西征准噶尔等史事的中央机构档案。三是以中外关系为主题的相关档案，以《吉林省档案馆藏清代中朝关系史料选辑》《清代中俄关系档案史料选编》等为代表。这一类别的特点与民族主题的档案选辑一样，部分档案会超出东北地区范畴，涉及中央机构档案。而且由于清代东北地区解除封禁的时间很晚，这一主题选取的档案也多数集中于清末时期。总体而言，东北地区的清代地方档案数量较大，珲春副都统衙门、三姓副都统衙门等机构留存档案的时间线比较连贯，相对完整性较高，无论是整理翻译还是利用资料进行历史研究，都有较为广阔的空间。

推荐阅读文献

一 巴县档案（推荐者：张晓霞）

（一）著作

［美］白凯：《中国的妇女与财产：960—1949》，上海书店出版社 2007 年版。

［美］白德瑞：《爪牙：清代县衙的书吏与差役》，尤陈俊、赖骏楠译，广西师范大学出版社 2021 年版。

［美］黄宗智：《法典、习俗与司法实践：清代与民国的比较》，上海书店出版社 2007 年版。

［美］黄宗智：《清代的法律、社会与文化：民法的表达与实践》，上海书店出版社 2007 年版。

［日］夫马进编：《中国诉讼社会史研究》，范愉、赵晶等译，浙江大学出版社 2019 年版。

陈亚平：《寻求规则与秩序：18—19 世纪重庆商人组织的研究》，科学出版社 2014 年版。

付春杨：《清代工商业纠纷与裁判：以巴县档案为视点》，武汉大学出版社 2016 年版。

苟德仪：《川东道台与地方政治》，中华书局 2011 年版。

雷荣广、姚乐野：《清代文书纲要》，四川大学出版社 1990 年版。

李青：《清代档案与民事诉讼制度研究》，中国政法大学出版社 2012 年版。

李清瑞：《乾隆年间四川拐卖妇人案件的社会分析——以巴县档案为

中心的研究（1752—1795）》，山西教育出版社2011年版。

梁勇：《移民、国家与地方权势：以清代巴县为例》，中华书局2014年版。

廖斌、蒋铁初：《清代四川地区刑事司法制度研究：以巴县司法档案为例》，中国政法大学出版社2011年版。

吴佩林等：《清代地方档案中的政治、法律与社会》，中华书局2021年版。

吴佩林、蔡东洲主编：《地方档案与文献研究》（第一辑），社会科学文献出版社2014年版。

吴佩林、蔡东洲主编：《地方档案与文献研究》（第二辑），社会科学文献出版社2016年版。

吴佩林、申斌主编：《地方档案与文献研究》（第三辑），国家图书馆出版社2017年版。

吴佩林主编：《地方档案与文献研究》（第四辑），国家图书馆出版社2020年版。

尤陈俊：《聚讼纷纭：清代的"健讼之风"话语及其表达性现实》，北京大学出版社2022年版。

张渝：《清代中期重庆的商业规则与秩序：以巴县档案为中心的研究》，中国政法大学出版社2010年版。

张晓霞：《清代巴县婚姻档案研究》，中华书局2020年版。

郑金刚：《文书转述：清代州县行政运作与文字·技术》，人民出版社2016年版。

周琳：《商旅安否：清代重庆的商业制度》，社会科学文献出版社2021年版。

Matthew H. Sommer, *Sex, Law, and Society in Late Imperial China*, Stanford University Press, 2000.

Matthew H. Sommer, *Polyandry and Wife-Selling in Qing Dynasty China: Survival Strategies and Judicial Interventions*, University of California Press, 2015.

（二）论文

［美］白德瑞：《"非法"的官僚》，载黄宗智、尤陈俊主编：《从诉

讼档案出发：中国的法律、社会与文化》，法律出版社 2008 年版。

［美］戴史翠：《超越法律阴影：晚清重庆的商户债务纠纷、国家建构与新政破产改革》，黄艺卉译，《法律史译评》第 5 卷，中西书局 2017 年版。

［美］苏成捷：《清代县衙的卖妻案件审判：以 272 件巴县、南部与宝坻县案子为例证》，载邱澎生、陈熙远主编：《明清法律运作中的权力与文化》，广西师范大学出版社 2017 年版。

［美］苏成捷：《性工作：作为生存策略的清代一妻多夫现象》，载黄宗智、尤陈俊主编：《从诉讼档案出发：中国的法律、社会与文化》，法律出版社 2008 年版。

［日］夫马进：《清末巴县"健讼棍徒"何辉山与裁判式调解"凭团理剖"》，瞿艳丹译，《中国古代法律文献研究》第 10 辑，社会科学文献出版社 2016 年版。

［日］水越知：《清代后期的夫妇诉讼与离婚——以同治年〈巴县档案〉为中心的研究》，海丹译，《法律史译评》第 5 卷，中西书局 2017 年版。

［日］寺田浩明：《清代州县档案中的命案处理实态：从"巴县档案（同治）"命案部分谈起》，陈宛妤译，《台湾东亚文明研究学刊》2009 年第 2 期。

［日］唐泽靖彦：《从口供到成文记录：以清代案件为例》，载黄宗智、尤陈俊主编：《从诉讼档案出发：中国的法律、社会与文化》，法律出版社 2008 年版。

［日］唐泽靖彦：《清代的诉状及其制作者》，牛杰译，《北大法律评论》2009 年第 1 辑。

［日］伍跃：《"在民之役"：巴县档案中的乡约群像——近代以前中国国家统治社会的一个场景》，《中国古代法律文献研究》第 10 辑，社会科学文献出版社 2016 年版。

［日］伍跃：《必也使有讼乎——巴县档案所见清末四川州县司法环境的一个侧面》，《中国古代法律文献研究》第 7 辑，社会科学文献出版社 2013 年版。

［日］小野达哉：《〈巴县档案〉读书会研讨词汇集》，杜金译，《中国古代法律文献研究》第 12 辑，社会科学文献出版社 2018 年版。

［日］小野达哉：《清末巴县农村地区的赋税包揽与诉讼之关系——以"抬垫"为例进行探讨》，凌鹏译，《法律史译评》第 5 卷，中西书局 2017 年版。

［日］小野达哉：《清末巴县胥吏谭敏政》，薛云虹、吴佩林译，《四川大学学报》（哲学社会科学版）2020 年第 2 期。

曹婷：《清中后期川江水上盗匪的治理与困境——以重庆为中心》，《中国社会经济史研究》2022 年第 2 期。

常建华：《清代乾嘉时期的四川赶场——以刑科题本、巴县档案为基本资料》，《四川大学学报》（哲学社会科学版）2016 年第 5 期。

陈显川：《清代金川战争时期巴县社会状况的考察——以巴县档案为考察中心》，《西南农业大学学报》（社会科学版）2011 年第 11 期。

陈翔：《庚帖、喜课与民间婚姻——四川省档案馆所藏巴县婚姻纠纷档案释读》，《中国档案》2008 年第 7 期。

陈亚平：《18—19 世纪的市场争夺：行帮、社会与国家——以巴县档案为中心的考察》，《清史研究》2007 年第 1 期。

邓建鹏：《清朝官代书制度研究》，《政法论坛》2008 年第 6 期。

邓建鹏：《清代知县对差役的管控与成效——以循吏刘衡的论说和实践为视角》，《当代法学》2022 年第 2 期。

范金民：《把持与应差：从巴县诉讼档案看清代重庆的商贸行为》，《历史研究》2009 年第 3 期。

葛勇：《谈清代巴县档案司法文种》，《四川档案》2006 年第 4 期。

黄存勋：《清朝地方档案浅议》，《四川档案》1985 年第 1 期。

惠科：《晚清重庆华洋诉讼与地方司法初探——以巴县档案为中心的考察》，《西南大学学报》（社会科学版）2018 年第 3 期。

蓝勇：《清代京运铜铅打捞与水摸研究》，《中国史研究》2016 年第 2 期。

雷荣广：《清代巴县衙门档案价值探析》，李仕根主编：《四川清代档案研究》，西南交通大学出版社 2004 年版。

李荣忠：《清代巴县衙门书吏与差役》，《历史档案》1989 年第 1 期。

李仕根：《从巴县档案看明末清初的赋役及其产生的影响》，李仕根主编：《四川清代档案研究》，西南交通大学出版社 2004 年版。

李映发：《清代重庆地区农田租佃关系中的几个问题》，《历史档案》1985 年第 1 期。

李玉：《从巴县档案看传统合伙制的特征》，《贵州师范大学学报》（社会科学版）2000 年第 1 期。

梁勇：《清代重庆八省会馆》，《历史档案》2011 年第 2 期。

梁勇：《清至民初重庆乡村公产的形成及其国家化》，《清史研究》2020 年第 1 期。

廖斌、蒋铁初：《清代州县刑事案件受理的制度与实践——以巴县司法档案为对象的考察》，《西南民族大学学报》（人文社科版）2008 年第 5 期。

凌鹏：《习俗、法规与社会——对清代巴县地区"减租"习俗的法律社会史研究》，《四川大学学报》（哲学社会科学版）2020 年第 1 期。

凌鹏：《清代中后期巴县地区"团"之社会性特征——以〈巴县档案〉相关案件为史料》，《求索》2020 年第 6 期。

刘君：《清代巴县档案编研工作概述》，《历史档案》1995 年第 2 期。

刘熠：《官府与民间的离合：清末四川基层书院改办学堂的历程》，《学术月刊》2016 年第 8 期。

刘卫：《从演武场到贸易场：清代重庆较场坝的商业化与绿营的军力衰退》，《清史研究》2020 年第 5 期。

柳岳武、蒲欢：《清代巴县水案与地方健讼研究——以〈巴县档案〉所见堰塘争水讼案为中心》，《西南大学学报》（社会科学版）2021 年第 1 期。

栾成显：《明清地方文书档案遗存述略》，《人文世界》第 5 辑，巴蜀书社 2012 年版。

陆娓：《清代乡里调解制度研究——以"黄岩档案"与"巴县档案"

为例》，《求索》2013 年第 11 期。

马超然：《商人、牙行与书吏：清中后期重庆城的商税包揽及其变迁》，《清史研究》2021 年第 2 期。

譙珊：《专制下的自治：清代城市管理中的民间自治——以重庆八省会馆为研究中心》，《史林》2012 年第 1 期。

邱澎生：《国法与帮规：清代前期重庆城的船运纠纷解决机制》，载邱澎生、陈熙远主编《明清法律运作中的权力与文化》，广西师范大学出版社 2017 年版。

冉光荣：《清代前期重庆店铺经营》，载李仕根主编《四川清代档案研究》，西南交通大学出版社 2004 年版。

石晋之、蒋铁初：《清代尸伤检验及其价值分析——以巴县为例》，《证据科学》2020 年第 5 期。

孙明：《乡场与晚清四川团练运行机制》，《近代史研究》2020 年第 3 期。

孙明：《乡里首人的"刁劣"污名与风俗之坏——以清末巴县档案中的案例为重点》，《中国社会经济史研究》2018 年第 2 期。

汪雄涛：《清代州县讼事中的国家与个人——以巴县档案为中心》，《法学研究》2018 年第 5 期。

王川、严丹：《清代档案史料的"虚构"问题研究——以〈巴县档案〉命案为中心》，《史学集刊》2021 年第 6 期。

王晓飞、张朝阳：《利益、治安与风水：清代巴县档案中的采矿纠纷》，《西华师范大学学报》（哲学社会科学版）2017 年第 5 期。

王亚民：《从乾隆朝巴县档案看知县对乡村的管理》，《历史档案》2014 年第 2 期。

王志强：《非讼、好讼与国家司法模式——比较法视野下的清代巴县钱债案件》，《地方档案与文献研究》第 1 辑，社会科学文献出版社 2014 年版。

隗瀛涛：《义和团在四川迅速发展的原因及其特点》，《四川大学学报》（哲学社会科学版）1960 年第 2 期。

魏顺光：《清代中期的"藉坟滋讼"现象研究——基于巴县档案为

中心的考察》,《求索》2014 年第 4 期。

吴佩林:《法律社会学视野下的清代官代书研究》,《法学研究》2008 年第 2 期。

伍仕谦:《一座内容丰富的文献宝库——巴县档案》,《文献》1979 年第 1 期。

谢晶:《中国传统工商业企业的所有权与经营权:以晚清四川巴县合伙为例》,《清华法律评论》第 7 卷,2014 年。

许檀:《清代乾隆至道光年间的重庆商业》,《清史研究》1998 年第 3 期。

严丹、郭士礼:《清代地方档案命案通详文书与司法档案的虚构问题——以〈巴县档案〉〈冕宁档案〉为中心的考察》,《法律史评论》2002 年第 1 卷,社会科学文献出版社 2022 年版。

严新宇、曹树基:《乡保制与地方治理:以乾嘉道时期巴县为中心》,《史林》2017 年第 4 期。

杨林:《关于巴县档案起始时间》,《历史档案》1990 年第 3 期。

杨毅丰:《巴县档案所见清代四川妇女改嫁判例》,《历史档案》2014 年第 3 期。

张晓蓓、张培田:《清代四川地方司法档案的价值评述——以清代巴县、南部县衙门档案为例》,《四川档案》2007 年第 5 期。

张晓霞、黄存勋:《清代巴县档案整理研究的回顾与思考》,《档案学通讯》2013 年第 2 期。

张晓霞:《清代巴县档案中的官代书戳记》,《档案学通讯》2019 年第 2 期。

张永海:《巴县衙门的文书档案工作》,《档案学通讯》1983 年第 Z1 期。

张渝:《清代中叶巴县地方政府与巴县商业秩序的构建》,《重庆大学学报》(社会科学版) 2009 年第 3 期。

张志军:《何以嫁卖?——从乾嘉道巴县 36 份嫁卖案例说起》,《西华师范大学学报》(哲学社会科学版) 2019 年第 3 期。

张仲仁、李荣忠:《历史的瑰珍——清代四川巴县档案》,《历史档案》1986 年第 2 期。

赵彦昌、苏亚云：《巴县档案整理与研究述评》，《中国档案研究》第 5 辑，辽宁大学出版社 2018 年版。

周琳、马冉：《产权的嬗变：乾隆至同治时期重庆的"脚力生意"》，《中国经济史研究》2020 年第 2 期。

周琳：《征厘与垄断——〈巴县档案〉中的晚清重庆官立牙行》，《四川大学学报》（哲学社会科学版）2015 年第 5 期。

周琳：《产何以存？——清代〈巴县档案〉中的行帮公产纠纷》，《文史哲》2016 年第 6 期。

周琳：《殴斗的逻辑——乾隆至同治时期重庆的脚夫组织》，《清史研究》2018 年第 3 期。

Madeleine Zelin, "The Rights of Tenants in Mid-Qing Sichuan: A Study of Land-Related Lawsuits in the Baxian Archives", *Journal of Asian Studies*, vol. 45, no. 3 (May 1986), pp. 499–526.

二　南部档案（推荐者：万海荞）

（一）著作

蔡东洲等：《清代南部县衙档案研究》，中华书局 2012 年版。

苟德仪：《清代基层组织与乡村社会管理：以四川南部县为个案的考察》，中华书局 2020 年版。

里赞：《晚清州县诉讼中的审断问题：侧重四川南部县的实践》，法律出版社 2010 年版。

里赞：《远离中心的开放：晚清州县审断自主性研究》，四川大学出版社 2009 年版。

吴佩林、蔡东洲主编：《地方档案与文献研究》（第一辑），社会科学文献出版社 2014 年版。

吴佩林、蔡东洲主编：《地方档案与文献研究》（第二辑），社会科学文献出版社 2016 年版。

吴佩林、申斌主编：《地方档案与文献研究》（第三辑），国家图书馆出版社 2017 年版。

吴佩林主编：《地方档案与文献研究》（第四辑），国家图书馆出版社 2020 年版。

吴佩林、杨和平主编：《地方历史文献与文化——〈西华师范大学学报〉文选》，国家图书馆出版社 2017 年版。

吴佩林：《清代县域民事纠纷与法律制度考察》，中华书局 2013 年版。

吴佩林等：《清代地方档案中的政治、法律与社会》，中华书局 2021 年版。

杨小平：《清代手写文献之俗字研究》，北京师范大学出版社 2019 年版。

张本照：《清代取保候审研究》，法律出版社 2020 年版。

赵娓妮：《审断与矜恤：以晚清南部县婚姻类案件为中心》，法律出版社 2013 年版。

Li Chen Madeleine Zelin, *Chinese Law: Knowledge, Practice, and Transformation, 1530s to 1950s*, BRILL, 2015.

（二）论文

[日] 滝野正二郎：《清代后期四川省南部县场市的设立与县衙门》，薛云虹、吴佩林译，《四川大学学报（哲学社会科学版）》2016 年第 3 期。

蔡东洲、张亮：《〈南部档案〉中有关宋代阆州陈氏家族墓档案研究》，《中华文化论坛》2014 年第 4 期。

蔡东洲、张亮：《晚清地方州县武庙的经费收支问题——以〈清代南部县衙档案〉为中心的考察》，《西华师范大学学报》（哲学社会科学版）2013 年第 1 期。

蔡东洲：《清代南部县研究六题》，《西华师范大学学报》（哲学社会科学版）2011 年第 6 期。

苟德仪：《论清季农务整顿视野下的保董》，《历史档案》2020 年第 4 期。

苟德仪：《明清州县工房研究的几个问题》，《西华师范大学学报》（哲学社会科学版）2018 年第 3 期。

苟德仪：《南部县创建时间及有关诸说考辨》，《西华师范大学学报》（哲学社会科学版）2016 年第 3 期。

苟德仪：《清代〈南部县档案〉中"虫月"等名称考释》，《历史档案》2008 年第 2 期。

苟德仪：《清代的乡是行政区划还是地理概念？——以四川南部县为个案的分析》，《西华师范大学学报》（哲学社会科学版）2013 年第 3 期。

苟德仪：《清季教官的宣讲与地方教化——兼及科举制度废除对教官的影响》，《四川大学学报》（哲学社会科学版）2013 年第 6 期。

金生杨、刘艳伟：《〈同治增修南部县志〉略论》，《西华师范大学学报》（哲学社会科学版）2014 年第 6 期。

金生杨、谢佳元、刘艳伟：《清代南部县盐厘首事刍议》，《盐业史研究》2017 年第 3 期。

金生杨：《从南部档案看清代县志的编修与征集》，《西华师范大学学报》（哲学社会科学版）2016 年第 3 期。

金生杨：《丁宝桢与南阆盐务改革》，《中国盐文化》第 10 辑，2018 年。

金生杨：《计口授盐与改配代销——以清代南部县盐为中心》，《中国盐文化》第 8 辑，2015 年。

金生杨：《南部县票盐的兴起及其问题》，《中国盐文化》第 9 辑，2017 年。

金生杨：《试论清代南部县盐的回配》，《盐业史研究》2015 年第 1 期。

赖骏楠：《清代四川州县的契税治理：以南部县契税诉讼为侧重点》，《学术月刊》2020 年第 10 期。

黎春林、金生杨：《〈清史稿·章庆传〉史实考补——以〈清代南部县衙档案〉为中心》，《西南交通大学学报》（社会科学版）2014 年第 1 期。

黎春林、杨明阳：《晚清州县学田局组织结构探赜——以〈南部档案〉为中心考察》，《西华师范大学学报》（哲学社会科学版）

2016 年第 3 期。

黎春林：《"丙午江油之役"考辨——以清代南部县衙档案为中心》，《西华师范大学学报》（哲学社会科学版）2012 年第 6 期。

黎春林：《乾道间外迁漕丁研究》，《西华师范大学学报》（哲学社会科学版）2015 年第 6 期。

黎春林：《清代"红禀"研究》，《西南交通大学学报》（社会科学版）2017 年第 5 期。

刘桂海：《清代县医学的运作与地方医疗——以南部县为中心》，《安徽史学》2020 年第 3 期。

刘艳伟：《清代南部县衙盐房档案的盐史研究价值》，《盐业史研究》2015 年第 4 期。

吕兴邦：《"化私为官"：〈南部档案〉所见清末硝磺政策转变及其在地效应》，《中国经济史研究》2019 年第 1 期。

吕兴邦：《清代〈南部档案〉"兵房"资料整理概言》，《北方工业大学学报》2021 年第 2 期。

马镛：《清代中后期科举经费摊捐初探——以四川南部县衙档案为例》，《科举学论丛》2016 年第 2 期。

毛立平：《档案与性别——从〈南部县衙门档案〉看州县司法档案中女性形象的建构》，《北京社会科学》2015 年第 2 期。

毛立平：《清代下层妇女与娘家的关系——以南部县档案为中心的研究》，《近代中国妇女史研究》（台北）第 21 期，2013 年。

万海荞：《晚清四川的州县经费研究——以南部县为中心的考察》，《中国经济史研究》2019 年第 5 期。

王雪梅：《从〈南部档案〉看清季僧会的遴选》，《西南民族大学学报》（人文社会科学版）2014 年第 12 期。

王有粮：《庙产兴学及其案件中的国家与法律——以清代南部县档案、民国新繁县档案为佐证》，《法律史评论》2008 年第 1 卷，社会科学文献出版社 2008 年版。

吴冬：《从南部档案浅析清代地方司法中的保释》，《历史档案》2020 年第 1 期。

吴佩林、白莎莎：《从〈南部档案〉看清代州县的生员诉讼》，《史学集刊》2020年第2期。

吴佩林、曹婷：《〈清代南部县衙档案〉中的祈雨文献研究》，《民俗研究》2017年第5期。

吴佩林、曹婷：《清代地方档案中的州县官衔释读》，《安徽史学》2017年第5期。

吴佩林、曹婷：《清代州县衙门的画行制度》，《档案学研究》2017年第5期。

吴佩林、李增增：《拦留：〈南部档案〉所见清季地方社会中的纠纷解决》，《华东政法大学学报》2019年第3期。

吴佩林、万海荞：《清代州县官任期"三年一任"说质疑——基于四川南部县知县的实证分析》，《清华大学学报》（哲学社会科学版）2018年第3期。

吴佩林、吴冬：《清代州县司法中的"遵用状式"研究》，《苏州大学学报》（法学版）2017年第3期。

吴佩林、张加培：《清代州县衙门中的官媒》，《历史档案》2018年第4期。

吴佩林：《〈南部档案〉所见清代民间社会的"嫁卖生妻"》，《清史研究》2010年第3期。

吴佩林：《从〈南部档案〉看清代县审民事诉讼大样：侧重于户婚案件的考察》，《中外法学》2012年第6期。

吴佩林：《地方文献整理与研究的若干问题——以清代地方档案的整理与研究为中心》，《西华师范大学学报》（哲学社会科学版）2011年第6期。

吴佩林：《法律社会学视野下的清代官代书研究》，《法学研究》2008年第2期。

吴佩林：《论清代州县衙门诉讼文书的多样性与复杂性——以"南部档案"中的"点名单"为例》，《档案学通讯》2019年第4期。

吴佩林：《论清代州县衙门诉讼文书的多样性与复杂性——以〈南部档案〉中的"票"为中心》，《北大法律评论》2019年第1辑。

吴佩林:《清代地方民事纠纷何以闹上衙门——以〈清代四川南部县衙门档案〉为中心》,《史林》2010年第4期。

吴佩林:《清代地方社会的诉讼实态》,《清史研究》2013年第4期。

吴佩林:《清代四川南部县民事诉讼中的妇女与抱告制度——以清代四川〈南部档案〉为中心》,《中国乡村研究》2010年第1期。

吴佩林:《清代中后期州县衙门"叙供"的文书制作——以〈南部档案〉为中心》,《历史研究》2017年第5期。

吴佩林:《清代州县衙门审理民间细故的制度规定与司法实践》,《中国史研究》(韩国)2009年第5期。

吴佩林:《清末新政时期官制婚书之推行——以四川为例》,《历史研究》2011年第5期。

吴佩林:《万事胚胎于州县乎:〈南部档案〉所见清代县丞、巡检司法》,《法制与社会法制》2009年第4期。

吴佩林:《有序与无序之间:清代州县衙门的分房与串房》,《四川大学学报》(哲学社会科学版)2018年第2期。

谢超:《司法档案研究中材料与史实的区分——以龙泉、南部县档案为例》,《法律史评论》2021年第2卷,社会科学文献出版社2021年版。

张亮:《晚清童试经费摊派及办考赔累——以四川保宁府为中心的考察》,《学术研究》2018年第7期。

张晓蓓、张培田:《清代四川地方司法档案的价值评述——以清代巴县、南部县衙门档案为例》,《四川档案》2007年第5期。

郑成林、李升涛:《清代中后期四川乡场的管理机制及权力关系——以南部县为中心的考察》,《四川师范大学学报》(社会科学版)2021年第4期。

钟莉:《清末盐斤加价与官商博弈——以四川南部县为中心》,《盐业史研究》2018年第4期。

左平、蔡东洲:《从〈南部档案〉看清代州县衙役充任》,《历史教学》2010年第10期。

左平:《标准与实践:清代地方档案的文件级著录》,《档案学研究》

2015 年第 1 期。

左平:《清代县丞初探——以〈清代南部县衙档案〉为中心》,《史学月刊》2011 年第 4 期。

左平:《清代州县书吏探析》,《西华师范大学学报》(哲学社会科学版) 2011 年第 6 期。

Tristan G. Brown, "The Veins of the Earth: Property, Environment, and Cosmology in Nanbu County, 1865 – 1942", *Columbia University*, 2017.

Rubie Watson, "Polyandry and Wife-Selling in Qing Dynasty China: Survival Strategies and Judicial Interventions by Matthew H. Sommer", *Harvard Journal of Asiatic Studies*, Vol. 77, No. 2 (Dec 2017), pp. 576 – 581.

三 冕宁档案(推荐者:龙圣)

(一)专著

李艳君:《从冕宁县档案看清代民事诉讼制度》,云南大学出版社 2009 年版。

张晓蓓:《冕宁清代司法档案研究》,中国政法大学出版社 2010 年版。

(二)论文

陈延涛:《冕宁档案所见清代妇女抱告制度——兼论清代妇女的诉讼地位》,《法制史研究》(台北) 第 30 期,2016 年。

李艳君:《清代民众诉讼思想探析——以〈冕宁县清代档案〉为例》,《理论界》2012 年第 7 期。

李艳君:《清人的健讼与缠讼——以〈冕宁县清代档案〉吴华诉谢昌达案为例》,《大理学院学报》2012 年第 1 期。

龙圣:《明清"水田彝"的国家化进程及其族群性的生成——以四川冕宁白鹿营彝族为例》,《社会》2017 年第 1 期。

龙圣:《明清四川军户的发展与宗族建构——以冕宁胡家堡胡氏为个案》,《历史人类学学刊》2015 年第 13 卷第 2 期。

龙圣:《清代冕宁的村庙组织、村治实践与村落内生秩序》,《民俗研究》2020 年第 5 期。

龙圣：《清代四川世袭土目考论》，《历史档案》2015 年第 3 期。

龙圣：《清代彝族名称考》，《历史档案》2017 年第 3 期。

马靖然：《清代冕宁司法档案中的"夷兵"及其功能考察》，《云南大学学报》（社会科学版）2021 年第 6 期。

张晓蓓：《从冕宁司法档案看清代四川土司的司法活动》，《西南大学学报》（社会科学版）2009 年第 4 期。

张晓蓓：《清代冕宁诉状与西南少数民族地区的纠纷解决机制》，《法学研究》2009 年第 4 期。

LONG Sheng, "The nationalization process and formation of Shuitian Yi ethnicity during Ming and Qing: A case study of the Yi ethnic group in Bailu Ying, Mianning County, Sichuan", *Chinese Journal of Sociology*, Volume 5 (Oct. 2019), pp. 509 – 544.

LONG Sheng, "where are the Western Aborigines? where are the Western Aborigines? Ningfan Guard and the transformation of local society in southwestern Sichuan in Ming and Qing", in Michael SZONYI and ZHAO Shiyu (eds.), *The Chinese Empire in Local Society: Ming Military Institutions and Their Legacy*. Routledge, 2021, pp. 99 – 114.

四 淡新档案（推荐者：李真真）

（一）专著

[美] 黄宗智：《清代的法律、社会与文化：民法的表达与实践》，法律出版社 2013 年版。

[美] 马克·艾力：《十九世纪的北部台湾：晚清中国的法律与地方社会》，王兴安译，台北播种者文化 2003 年版。

陈志豪：《清代北台湾的移垦与"边区"社会：1790—1895》，台北：南天书局 2019 年版。

戴炎辉：《清代台湾之乡治》，联经出版有限公司 1979 年版。

林玉茹：《清代竹堑地区的在地商人及其活动网络》，联经出版有限公司 2000 年版。

(二) 论文

陈韵如、林映伊：《父/母命难违？：清治台湾分家中之教令与遗嘱》，《台湾史研究》第 27 卷第 1 期，2020 年。

戴炎辉：《清代淡新档案整理序说》，《台北文物》第 2 卷第 2 期，1953 年。

赖骏楠：《清代民间地权习惯与基层财税困局——以闽台地区一田多主制为例》，《法学家》2019 年第 2 期。

李文良：《十九世纪晚期刘铭传裁隘事业的考察——以北台湾新竹县为中心》，《台湾史研究》第 13 卷第 2 期，2006 年。

林文凯：《清代地方诉讼空间之内与外：台湾淡新地区汉垦庄抗租控案的分析》，《台湾史研究》第 14 卷第 1 期，2007 年。

林文凯：《地方治理与土地诉讼——清代竹堑金山面控案之社会史分析》，《新史学》18 卷 4 期，2007 年。

林文凯：《"业凭契管"？清代台湾土地业主权诉讼文化的分析》，《台湾史研究》第 18 卷第 2 期，2011 年。

林文凯：《清代刑事审判文化——以台湾命盗案件为个案之分析》，《法制史研究》第 25 期，2014 年。

林玉茹：《清末北台湾渔村社会的抢船习惯——以〈淡新档案〉为中心的讨论》，《新史学》第 20 卷第 2 期，2009 年。

［日］寺田浩明：《中国清代的民事诉讼与"法之构筑"——以"淡新档案"的一个事例作为素材》，李力译，《私法》第 3 辑第 2 卷，2004 年。

［日］唐泽靖彦：《从口供到成文记录：以清代案件为例》，载黄宗智、尤陈俊主编：《从诉讼档案出发：中国的法律、社会与文化》，法律出版社 2008 年版，第 80—107 页。

［日］滋贺秀三：《诉讼案件所再现的文书类型——以"淡新档案"为中心》，林乾译，《松辽学刊》（人文社会科学版）2011 年第 1 期。

王泰升、尧嘉宁、陈韵如：《戴炎辉的"乡村台湾"研究与淡新档案》，《法制史研究》2004 年第 5 期。

王泰升、尧嘉宁、陈韵如：《"淡新档案"在法律史研究上的运用——以台大法律学院师生为例》，《台湾史料研究》第22期，2004年。

王泰升、曾文亮、吴俊莹：《论清朝地方衙门审案机制的运作——以〈淡新档案〉为中心》，《"中央研究院"历史语言研究所集刊》第86本第2分，2015年。

吴密察：《清末台湾之"淡新档案"及其整理》，《中国社会经济史研究》2017年第2期。

项洁、洪一梅：《数字人文取径下的淡新档案重整与分析（上）》，《档案学通讯》2020年第6期。

项洁、洪一梅：《数字人文取径下的淡新档案重整与分析（下）》，《档案学通讯》2021年第1期。

五 孔府档案（推荐者：吴佩林）

（一）著作

陈冬冬：《清代曲阜孔氏家族学术研究》，华中师范大学出版社2017年版。

陈芳妹：《孔庙文物与政治：东亚视野中的台湾府学文物》，台北：台湾大学出版中心2020年版。

董喜宁：《孔庙祭祀研究》，中国社会科学出版社2014年版。

郭松义：《清代政治与社会》，中国社会科学出版社2015年版。

何龄修等：《封建贵族大地主的典型——孔府研究》，中国社会科学出版社1981年版。

黄进兴：《优入圣域：权力、信仰与正当性》，陕西师范大学出版社1998年版。

江帆、艾春华：《中国历代孔庙雅乐》，中国国际广播出版社2001年版。

姜淑红：《清儒从祀孔庙研究》，台北：花木兰文化出版社2017年版。

孔祥林、管蕾、房伟：《孔府文化研究》，中华书局2013年版。

赖惠敏：《清代的皇权与世家》，北京大学出版社 2010 年版。

李景明、宫云维：《历代孔子嫡裔衍圣公传》，齐鲁书社 1993 年版。

齐武：《孔氏地主庄园》，中国社会科学出版社、重庆出版社 1982 年版。

杨国桢：《明清土地契约文书研究》，北京师范大学出版社 2021 年版。

杨向奎：《中国古代社会与古代思想研究》，上海人民出版社 1964 年版。

姚金迪：《清代曲阜孔氏家族诗文研究》，山东人民出版社 2015 年版。

袁兆春：《孔府档案的法律史料价值研究》，中国人民大学出版社 2013 年版。

张廉明：《孔府名馔》，山东科学技术出版社 1985 年版。

赵冈编著：《农业经济史论集：产权、人口与农业生产》，中国农业出版社 2001 年版。

赵荣光：《〈衍圣公府档案〉食事研究》，山东画报出版社 2007 年版。

朱勇：《清代宗族法研究》，湖南教育出版社 1987 年版。

Christopher S. Agnew, *The Kongs of Qu Fu: The Descendants of Confucius in Late Imperial China*, Seattle: University of Washington Press, 2019.

Chin-shing Huang, *Confucianism and Sacred Space: The Confucius Temple from Imperial China to Today*, Trans. Jonathan Chin with Chin – shing Huang, New York: Columbia university press, 2021.

（二）论文

［日］前野清太朗：《19 世紀山東西部の定期市運營をめぐる鄉村政治：孔府檔案からの檢討》，《中國研究月報》第 68 卷第 2 期，2014 年。

［日］山根幸夫：《清代山東の市集と紳士層——曲阜息陬義集を中心として》，山根幸夫：《明清華北定期市の研究》，汲古書院

1995年版。

鲍雨立：《孔府的族权统治》，《历史研究》1975年第1期。

陈冬冬：《乾隆年间〈孔氏家仪〉文字狱案》，《历史档案》2015年第4期。

邸永君：《清代翰林中的孔圣后裔》，《清史研究》2007年第4期。

东野鲁：《"文章道德圣人家"？——从"衍圣公府"的有关资料看清代曲阜的"孔氏庄园"》，《解放日报》1964年3月8日。

杜靖：《乾隆年间曲阜孔氏宗族内部"十二府"与大宗嫡系及清王朝的关系》，《地域文化研究》2022年第3期。

冯振亮、成积春：《此公非彼公：清代衍圣公爵位辨析》，《孔子研究》2022年第2期。

官美蝶：《清代孔府屯地所有权试探》，《清史研究集》第5集，光明日报出版社1986年版。

郭松义：《孔姓家谱和孔氏家族组织——介绍曲阜孔府所藏家谱资料》，《谱牒学研究》第1辑，书目文献出版社1989年版。

郭松义：《清代山东粮食产量的估算》，蔡美彪主编：《庆祝王钟翰先生八十寿辰学术论文集》，辽宁大学出版社1993年版。

郭松义：《曲阜"孔府档案"中记载的乾隆南巡和东巡》，辽宁大学历史文化学院编：《明清史论丛——孙文良教授诞辰七十周年纪念论文集》，辽宁大学出版社2004年版。

郭松义：《曲阜孔府与明清贵族地主》，载中国第一历史档案馆编：《明清档案与历史研究——中国第一历史档案馆六十周年纪念论文集》，中华书局1988年版。

黄进兴：《象征的扩张：孔庙祀典与帝国礼制》，《"中央研究院"历史语言研究所集刊》第86本第3分，2015年。

黄冕堂：《清代粮食价格问题探轨》，《清史论丛（1994）》，辽宁古籍出版社1994年版。

黄冕堂：《清代农田的单位面积产量考辨》，《文史哲》1990年第3期。

霍俊国：《明清孔府档案的文学书写》，《光明日报》2020年5月16

日，第11版。

姜丽静、吴佩林：《清代孔氏家族的女子教育与女性诗人群体》，《光明日报》2021年8月23日，第14版。

姜修宪、成积春、孔德平：《60年来孔府档案研究述评》，《中国社会经济史研究》2015年第3期。

姜修宪、袁雨：《有制无规：嘉道以降孔府书院学录选授探研》，《安徽史学》2021年第2期。

姜修宪：《〈孔府档案〉所见官中探研》，《中国社会经济史研究》2019年第2期。

姜修宪：《何为"吉日"：晚清民初孔府庄园小农土地买卖的时机选择》，《湖北大学学报》（哲学社会科学版）2022年第4期。

姜修宪：《近代华北乡村土地交易的参与者及其人际关系——基于孔府魏庄地契的实证分析》，《近代史研究》2020年第5期。

姜修宪：《孔府档案的历史文化价值》，《光明日报》2016年11月26日，第11版。

孔德平、唐丽：《孔府档案的保存、整理与研究》，《西华师范大学学报》（哲学社会科学版）2017年第3期。

孔祥林：《曲阜孔庙修建述略》，《孔子研究》1986年第2期。

孔勇：《"夫人"何以成"公主"？"乾隆公主嫁孔府"说及相关问题新辨》，《清史研究》2017年第4期。

孔勇：《"谱身"兼"谱道"：清代衍圣公宗族意识的表达和实践》，《齐鲁学刊》2020年第1期。

孔勇：《论清帝阙里祭孔与清前期统治合法性的确立》，《云南师范大学学报》（哲学社会科学版）2017年第5期。

孔勇：《乾隆朝〈孔氏家仪〉禁毁案新探——基于礼仪冲突与官绅矛盾双重视角的研究》，《文史》2017年第4期。

孔勇：《乾隆帝赐名衍圣公孔宪培相关史实辨析》，《清史研究》2019年第4期。

孔勇：《清代皇帝祭孔与衍圣公陪祀之制初探》，《历史档案》2017年第1期。

孔勇：《清代阙里孔庙祭祀的双重特性》，《光明日报》2020年6月27日，第7版。

孔勇：《清代衍圣公家祭研究》，《清史论丛》第41辑，社会科学文献出版社2021年版。

孔勇：《清代衍圣公世家联姻研究》，《历史档案》2020年第2期。

赖惠敏：《清代山东孔府庄田的研究》，载"中央研究院"近代史研究所编：《近代中国农村经济史论文集》，台北："中央研究院"近代史研究所1989年版。

李三谋：《清代孔府土地经济形态研究》，《山东师大学报》（社会科学版）1997年第3期。

林永匡：《明清两代对孔府的"优渥"事例》，《辽宁师大学报》1984年第3期。

林永匡：《曲阜孔氏贵族地主的反动寄生性消费》，《文史哲》1978年第1期。

刘方玲：《清初优礼衍圣公与祭孔仪式正当性》，《北方论丛》2010年第1期。

刘文衡：《清代孔府租佃初探》，《农业考古》2012年第1期。

鲁青、赵璧：《孔府的戏曲活动》，《戏曲研究》第20辑，1986年。

骆承烈、梁方建：《孔府书院及其特点》，《江西教育学院学刊》1987年第1期。

骆承烈：《孔府档案的历史价值》，《历史档案》1983年第1期。

骆承烈：《孔府档案在研究族权问题上的价值》，载中国档案学会编：《全国第二次档案学术讨论会论文选辑》，档案出版社1985年版。

骆承烈：《乾隆时期的衍圣公府》，《社会科学战线》1985年第2期。

骆承烈：《也谈"乾隆公主嫁孔府"说》，《齐鲁学刊》1986年第2期。

吕钢文：《从孔府档案看孔氏族规家训的内容与特点》，《孔子研究》1998年第3期。

马永、朱长久：《孔府的戏曲活动研究》，《孔子研究》2018年第

3 期。

孟继新、孟景:《孔府珍藏的御赐印章》,《文物鉴定与鉴赏》2010年第 3 期。

庞朴:《孔府地租剥削内幕》,《文史哲》1974 年第 1 期。

单士元:《曲阜孔府档案初步清理记》,《文物参考资料》1956 年第 10 期。

石玲:《孔子与孔府文学》,《孔子研究》2017 年第 6 期。

石玲:《论儒家精神对清代孔氏圣裔剧作的影响——以清代孔氏圣裔剧作中的女性形象为例》,《山东师范大学学报》(人文社会科学版) 2011 年第 2 期。

王春花:《圣贤后裔奉祀生初探》,《清史论丛》第 35 辑,社会科学文献出版社 2018 年版。

王振星:《阙里孔庙御制楹联匾额考论》,《山东师范大学学报》(人文社会科学版) 2019 年第 1 期。

吴佩林、令狐晓潇:《内外交困:清代中后期孔氏家族何以未能修成大谱》,《近代史学刊》第 28 辑,社会科学文献出版社 2022 年版。

吴佩林、吴伟伟:《山东曲阜孔庙奎文阁之建筑、藏书兼及其他》,《中国国家博物馆馆刊》2019 年第 5 期。

吴佩林:《百年来〈孔府档案〉整理的艰难历程》,《齐鲁学刊》2020 年第 5 期。

吴佩林:《北洋时期孔府奏颁行辈考》,《中国社会经济史研究》2021 年第 1 期。

吴佩林:《明清地方档案的整理与出版亟待规范》,《光明日报》2020 年 2 月 17 日,第 14 版。

吴佩林:《清代衍圣公爵位承袭考》,《孔子研究》2023 年第 1 期。

谢肇华、何傅滢:《清代的佃农》,《社会科学辑刊》1991 年第 1 期。

邢铁:《明清时期孔府的继承制度》,《历史研究》1995 年第 6 期。

徐玉英、庞秀芝:《孔府档案的由来、整理及其历史价值》,《济南大学学报》,1999 年第 1 期。

徐忠明:《小事闹大与大事化小:解读一份清代民事调解的法庭记

录》,《法制与社会发展》2004 年第 6 期。

杨国桢:《明清孔府佃户的认退与顶推》,《厦门大学学报》(社会科学版) 1986 年第 3 期。

杨荷:《作为避税手段的一田二主制》,《经济资料译丛》2013 年第 4 期。

杨向奎:《明清两代曲阜孔家——贵族地主研究小结》,《光明日报》1962 年 9 月 5 日,第 2 版。

姚金笛:《衍圣公的婚姻及夫人之表现》,《国学茶座》第 4 辑,山东人民出版社 2014 年版。

于艳龙:《孔府"顺兴号"钱票历史初探》,《中国钱币》2021 年第 2 期。

俞珊瑛、布明虎:《曲阜孔庙雍正八年祭器研究》,《故宫博物院院刊》2020 年第 8 期。

袁兆春:《从孔府集市看明清时期鲁西南商品经济》,载汪汉卿、王源扩、王继忠编《继承与创新——中国法律史学的世纪回顾与展望》(《法律史论丛》第八辑),法律出版社 2001 年版。

袁兆春:《孔氏家族宗族法研究》,《法律史论集》第 2 卷,法律出版社 1999 年版。

袁兆春:《曲阜孔府档案中的传统法律文化(论纲)》,载林明、马建红编《中国历史上的法律制度变迁与社会进步》(《法律史论丛》第十辑),山东大学出版社 2004 年版。

袁兆春:《析孔氏家族宗族法对中国封建国家政权的影响》,《政法论丛》1997 年第 4 期。

袁兆春:《宗法继承对孔氏家族爵位继承的影响》,《济南大学学报》(综合版) 1998 年第 1 期。

张分田、刘方玲:《祭孔与清初帝王道统形象之链接》,《深圳大学学报》(人文社会科学版) 2009 年第 6 期。

张廉明:《日食万钱圣公府,稼穑千庄为一家——孔府的饮食消费》,《中国食品》1985 年第 1 期。

张我德:《清代的稿本文件》,《档案学通讯》1989 年第 6 期。

张显清：《封建家法是封建国法的补充——读〈孔氏族规〉》，《谱牒学研究》第 1 辑，书目文献出版社 1989 年版。

张勇：《孔广森与〈公羊〉"家法"》，《中国史研究》2007 年第 4 期。

张兆麟、钟遵先：《论曲阜孔氏的宗族制度——兼谈中国封建宗法家长制的特征》，《中国史研究》1981 年第 1 期。

赵荣光：《关于中国食文化研究的几个问题》，《学术界》1994 年第 5 期。

赵荣光：《明清两代的曲阜衍圣公府》，《齐鲁学刊》1990 年第 2 期。

赵荣光：《衍圣公府礼食制度研究——基于梳理〈衍圣公府档案〉的认识》，《地域文化研究》2018 年第 2 期。

周祚绍：《孔氏族权论略》，《九江师专学报》（哲学社会科学版）1995 年第 2 期。

周祚绍：《清代孔氏祖训族规论析》，《民俗研究》1996 年第 1 期。

周祚绍：《修谱：收族的法门——清代孔氏修谱档案论析》，《民俗研究》1994 年第 3 期。

朱福平：《孔府老字号"顺兴"钱店》，《中国档案报》2001 年 1 月 5 日，第 8 版。

Christopher S. Agnew, *Bureaucrats, Sectarians, and the Descendants of Confucius*, Late Imperial China, Vol. 31, Number 1（June 2010）, pp. 1 – 27.

Xuezhi Cao and Jichun Cheng, *Women and Power：The Power and Status of the Wives of the Dukes for Fulfilling the Sage in the Kong Lineage in Qufu Since the Qing Dynasty*, Journal of Family History, 2022（1）．

六　获鹿档案（推荐者：唐仕春）

（一）专著

李怀印：《华北村治：晚清和民国时期的国家与乡村》，岁有生、王士皓译，中华书局 2008 年版。

任吉东：《多元性与一体化：近代华北乡村社会治理》，天津社会科学院出版社 2007 年版。

邵琪：《民间习俗与国家法律：1912—1949 年华北乡村土地买卖研究》，四川大学出版社 2018 年版。

魏光奇：《有法与无法清代的州县制度及其运作》，商务印书馆 2010 年版。

吴宝晓：《京畿义和团运动研究》，学习出版社 2016 年版。

张彦台：《蜕变与重生：民国华北牙商的历史演进》，山西人民出版社 2013 年版。

郑秦：《清代司法审判制度研究》，湖南教育出版社 1988 年版。

（二）论文

潘喆、唐世儒：《获鹿县编审册初步研究》，《清史研究集》第 3 辑，四川人民出版社 1984 年版。

江太新：《从清代获鹿县档案看庶民地主的发展》，《中国社会经济史研究》1991 年第 1 期。

李怀印：《二十世纪早期华北乡村的话语与权力》，《二十一世纪》1999 年第 10 月号。

李文治：《论中国封建社会后期的划分标志——明清时代封建土地关系的松解》，《中国经济史研究》1986 年第 4 期。

史志宏：《从获鹿县审册看清代前期的土地集中和摊丁入地改革》，《河北大学学报》（哲学社会科学版）1984 年第 1 期。

孙海泉：《清代中叶直隶地区乡村管理体制——兼论清代国家与基层社会的关系》，《中国社会科学》2003 年第 3 期。

王立群：《民国时期清理河北旗地过程中拨补租地初探》，《吉林师范大学学报》（人文社会科学版）2016 年第 3 期。

韦庆远：《明清史研究与明清档案》，《历史档案》1981 年第 2 期。

赵冈：《清代前期地权分配的南北比较》，《中国农史》2004 年第 3 期。

七　循化厅档案（推荐者：李守良）

（一）专著

杨红伟：《清朝循化厅藏族聚居区之权力机制》，高等教育出版社2015年版。

（二）论文

高晓波：《晚清藏边民族纠纷解决中的角色职能析论——以光绪年间循化厅所辖藏区为例》，《西藏大学学报》（社会科学版）2011年第1期。

高晓波：《论晚清时期官方参与下蒙藏民族纠纷解决机制》，《青海民族大学学报》（社会科学版）2014年第3期。

高晓波：《官方参与下清代藏族部落纠纷解决机制》，《西北师大学报》（社会科学版）2015年第4期。

胡小鹏、高晓波：《"角色理论"视野下藏边民族纠纷解决新探》，《西北师大学报》（社会科学版）2010年第6期。

李守良：《清末甘肃循化厅少数民族诉讼策略探析》，《中国边疆史地研究》2017年第2期。

李守良：《因俗而治下的司法判决执照论析——以清末循化厅少数民族诉讼为视角》，《青海民族研究》2017年第3期。

李守良：《乡老与晚清循化厅藏区部落纠纷的诉讼审判》，《青海社会科学》2018年第2期。

马成俊：《清末甘肃循化厅应对少数民族诉讼策略探析》，《中国边疆史地研究》2017年第2期。

阮兴：《清末甘南藏族聚居区的法与社会秩序》，《青海民族研究》2016年第1期。

阮兴：《清末甘南藏区部落纠纷解决形态研究——以光绪十六年卡家与沙沟的争佃冲突为中心》，《中国边疆史地研究》2017年第2期。

阮兴：《晚清安多藏区的寺院与社会纠纷》，《江汉论坛》2017年第3期。

阮兴：《晚清边疆少数民族聚居区刑案中的承保人——以清代循化厅为研究区域的考察》，《青海社会科学》2018 年第 5 期。

杨红伟：《晚清循化藏区的权力运作机制》，《江汉论坛》2008 年第 6 期。

杨红伟：《晚清循化厅所辖藏区的部落冲突与演进》，《中国藏学》2010 年第 4 期。

杨红伟：《沙沟总管设置与清代循化厅所辖藏区族群政策》，《史学月刊》2012 年 12 期。

杨红伟、欧麦高：《清代甘肃省循化厅歇家研究》，《青海民族研究》2013 年第 4 期。

杨红伟：《近代循化厅藏区寺院竞争的文化策略及影响》，《青海民族研究》2015 年第 2 期。

杨红伟：《近代甘青川边藏区的部落冲突与社会控制》，《北方民族大学学报》（哲学社会科学版）2018 年第 4 期。

张科：《清代安多藏区的法制建设与社会控制》，《中国边疆史地研究》2017 年第 2 期。

八　土默特档案（推荐者：田宓）

（一）专著

包银山：《民国时期土默特旗财政研究》，中国财政经济出版社 2009 年版。

包银山、乌仁其其格：《土默特财政史略》，中国财政经济出版社 2017 年版。

李艳洁：《清代及民国初年呼和浩特房地产研究》，社会科学文献出版社 2016 年版。

吴超、霍红霞：《清代归化城土默特农牧业研究》，学苑出版社出版 2019 年版。

乌仁其其格：《18—20 世纪初归化城土默特财政研究》，民族出版社 2008 年版。

乌仁其其格：《清代至民国时期土默特地区社会变迁研究》，辽宁民族出版社 2017 年版。

晓克、于永发、王奎元：《土默特史》，内蒙古教育出版社 2008 年版。

(二) 论文

包银山：《试析清代至民国时期土默特田赋收入》，《内蒙古社会科学》2017 年第 1 期。

陈文慧、燕红忠：《清代的发商生息及其影响——基于土默特清代历史档案的区域分析》，《中国社会经济史研究》2018 年第 2 期。

梁潇文：《清代归化城土默特地区二元司法审理模式的形成与变迁》，《中国边疆史地研究》2020 年第 3 期。

梁潇文：《清代归化城土默特蒙古户口地探析——以档案为中心》，《中国经济史研究》2018 年第 3 期。

牛敬忠：《清代归化城土默特地区的土地纠纷与地权问题》，《内蒙古大学学报》（哲学社会科学版）2018 年第 5 期。

唐仕春：《绥远土默特摊差交涉：五族共和下的蒙汉族群互动（1911—1928)》，载《近代中国的城市·乡村·民间文化——首届中国近代社会史国际学术研讨会论文集》，2005 年 8 月，中国山东青岛。

田宓：《清代归绥地区的基层组织与乡村社会》，《中国社会历史评论》第 9 辑，天津古籍出版社 2008 年版。

田宓：《清代内蒙古土地契约秩序的建立——以归化城土默特为例》，《清史研究》2015 年第 3 期。

田宓：《从归化城副都统衙门档案谈清代旅蒙贸易及部票制度》，《历史档案》，2016 年第 4 期。

田宓：《"水权"的生成——以归化城土默特大青山沟水为例》，《中国经济史研究》2019 年第 2 期。

吴超、霍红霞：《清代归化城土默特地区的水利问题初探》，《地方文化研究》2017 年第 4 期。

乌云：《乾隆初年土默特地区寺院香火地亩册探析》，《内蒙古社会科学（汉文版）》2010 年第 3 期。

九　黑龙江将军衙门档案（推荐者：金鑫）

（一）专著

韩狄：《清代八旗索伦部研究》，中国社会科学出版社2011年版。

金鑫：《布特哈衙门军政制度沿革研究》，内蒙古大学出版社2018年版。

金鑫：《建官立制与移风易俗——清代内地经济文化因素影响下的达斡尔、鄂温克两族社会变迁研究》，内蒙古大学出版社2017年版。

（二）论文

［日］柳泽明：《布特哈与呼伦贝尔"八旗"的性质——以与理藩院的关系为主》，载［日］石桥秀雄编，杨宁一、陈涛译，《清代中国若干问题》，山东画报出版社2011年版。

［日］柳泽明：《清代东北的驻防八旗与汉人——以黑龙江地区为中心》，吴忠良译，《吉林师范大学学报》（人文社会科学版）2014年第1期。

［日］柳泽明：《清代黑龙江地区八旗制的施行和民族的再编》，陶玉坤译，《蒙古学信息》1999年第1期。

［日］柳泽明：《驻防城齐齐哈尔的风貌——以康熙五十年代为中心》，吴忠良译，《国学学刊》2018年第3期。

金鑫：《康熙朝黑龙江博尔德城八旗驻防始末》，《中国边疆史地研究》2019年第1期。

金鑫：《康熙朝黑龙江驻防八旗"穷索伦"、站丁牛录考》，《民族研究》2014年第5期。

金鑫：《康熙朝呼伦贝尔军屯筹议始末》，《历史档案》2019年第3期。

金鑫：《清代布特哈八旗建立时间及牛录数额新考》，《民族研究》2012年第6期。

金鑫：《清代满语文在达斡尔社会的传播进程探析》，《清史研究》2020年第3期。

金鑫：《清代内地弓箭、鸟枪在达斡尔、鄂温克人众间的传播及影响》,《民族研究》2017年第4期。

金鑫:《清代前期布特哈总管沿革探析》,《民族研究》2013年第4期。

金鑫:《清代前期达斡尔、鄂温克两族农业发展考述》,《中国边疆史地研究》2014年第3期。

金鑫:《雅克萨之战前后的达斡尔五百官兵考述》,《中国边疆史地研究》2011年第1期。

麻秀容、那晓波:《清初八旗索伦编旗设佐考述》,《中国边疆史地研究》2007年第4期。

满都尔图:《达斡尔族与兴建齐齐哈尔城考述》,《民族研究》2001年第4期。

苏钦:《关于清代布特哈八旗的几个问题》,《黑龙江民族丛刊》2005年第2期。

吴雪娟:《达斡尔首领卜魁考述》,《黑龙江民族丛刊》2005年第4期。

吴雪娟:《康熙年间黑龙江驻防八旗的创建》,《满语研究》2004年第2期。

吴雪娟:《满文档案与黑龙江历史文化研究》,《求是学刊》2010年第2期。

吴雪娟:《萨布素革职案始末》,《历史档案》2003年第2期。

吴元丰:《索伦与达呼尔西迁新疆述论》,《故宫学术季刊》第19卷第3期,2002年。

吴忠良:《呼兰城驻防的设置》,《云南师范大学学报》(哲学社会科学版)2014年第6期。

吴忠良、王玉芹:《乾隆朝吉林、黑龙江同内蒙古的边界划定》,《社会科学战线》2021年第12期。

后　　记

　　我最早接触清代地方档案是在二〇〇三年。那年六月，四川大学杨天宏教授作为答辩主席主持我的硕士学位论文答辩。答辩结束后，我陪杨老师去南充市档案馆查访清代四川南部县衙门档案，首次看到了这批还未裱糊和编号的原始档案。二〇〇五年，我来到四川大学随杨老师攻读博士学位，当时国家清史纂修工程已进行到第四年，海内外学者讨论极多。经杨老师提议，也受黄宗智老师的影响，自二〇〇六年上半年开始，我便以离我工作地步行不到十分钟的南充市档案馆所保存的南部档案作为自己毕业论文的主要史料来源。

　　"一时代之学术，必有其新材料与新问题。取用此材料，以研求问题，则为此时代学术之新潮流。"十余年来，随着对清代地方档案了解与利用的增多，我越来越体会到陈寅恪先生这句话的分量。时至今日，地方档案作为一种新材料，在历史研究中发挥着越来越重要的作用。也正是如此，包括四川巴县档案、四川南部档案、台湾淡新档案、河北宝坻档案、山东孔府档案在内的一大批清代地方档案名扬海内外，为学界、档案界、文物界、出版界所关注。但我也注意到，由于整理与研究的滞后，我们对档案馆、博物馆、文物局、图书馆等公藏机构所藏清代地方档案的家底并不完全清楚，对于它的藏地、数量、时间起止、内容、档案特色等情况，往往各执一词。一些单位在介绍情况时，也常常有意或无意夸大事实，混淆了视听。清史纂修工程项目曾公布过一份《全国各省、市、县档案馆、图书馆、博物馆馆藏清代档案要目》，该要目分省统计了各地所藏清代档案名称及其卷数,为研究者提供了不少方便,但仔细研读之后不难发现,错漏仍有不少。于是,在一段时间里,我曾雄心勃勃地计划以省区为单位做一个清代地方档案存状的全面调研,以摸清家底,惠及学林。然而工作了几个月之后发现,有的档案保存单位仅知其大概,几乎不可能有准确的数据。更麻烦的是,一些档案根本不允许查阅,不管你有什么理由。

几经思考,我只有放弃原定计划,决定约请对某一档案有深度研究的学者,采取合作的方式逐步推进。我的想法得到了相关学者的积极响应与支持,最后经我统稿与审定,于是有了这本书。一事之成,端赖众力。借此出版之机,谨向所有作者以及中国社会科学出版社宋燕鹏编审致以最诚挚的感谢。本书各章作者简况如下:

绪论 吴佩林,历史学博士,法学博士后,曲阜师范大学历史文化学院暨孔府档案研究中心教授,主要研究方向为明清以来的地方档案整理与研究。

第一章 张晓霞,历史学博士,成都大学文学与新闻传播学院教授,主要研究方向为档案文献研究。

第二章 万海荞,历史学博士,南京大学历史学院博士后,曲阜师范大学历史文化学院讲师,主要研究方向为中国近现代政治、经济史;钟莉,历史学博士,佛山科学技术学院讲师,主要研究方向为社会经济史。

第三章 龙圣,历史学博士,文学博士后,山东大学儒学高等研究院教授、博士生导师,主要研究方向为明清史、历史人类学。

第四章 李真真,历史学博士,河南大学经济学在站博士后,主要研究方向为明清社会经济史、清代台湾史。

第五章 吴佩林,历史学博士,法学博士后,曲阜师范大学历史文化学院暨孔府档案研究中心教授,主要研究方向为明清以来的地方档案整理与研究;姜修宪,历史学博士,经济学博士后,曲阜师范大学历史文化学院暨孔府档案研究中心副教授,主要研究方向为山东孔府档案研究、明清社会经济史。

第六章 唐仕春,历史学博士,中国社会科学院近代史研究所研究员，中国社会科学院大学教授，主要研究方向为近代中国社会史、法制史、中俄关系史。

第七章　李守良，法学博士，汕头大学法学院副教授，主要研究方向为清代民族司法档案整理与研究。

第八章　田宓，历史学博士，云南大学历史与档案学院副教授，主要研究方向为区域社会史、历史人类学；刘晓堂，历史学博士，包头师范学院历史学系副教授，主要研究方向为区域社会史；赵雪波，历史学博士，重庆文理学院非物质文化遗产中心教授，主要研究方向为专门史；董昊，南京大学政府管理学院政治学系博士研究生，主要研究方向为地方社会变迁。

附录一　金鑫，历史学博士，内蒙古大学历史与旅游文化学院教授，主要研究方向为北方民族史与清代黑龙江地方满文档案整理与研究。

附录二　哈斯巴根，历史学博士，中央民族大学历史文化学院教授，主要研究方向为清代蒙古史、蒙古历史地理。

附录三　赵士第，武汉大学历史学院博士研究生，主要研究方向为明清社会经济史、货币财政史；陈梓晗，东北师范大学历史文化学院博士研究生，主要研究方向为清代满文档案及东北边疆民族史。

时下，清代地方档案的整理与研究都还有很大的挖掘空间，其整理如何适应数字化时代的要求，其研究如何回应重大学术命题，如何避免"以小见小"的缺憾都是亟待解决的问题。愿本书的出版，能为这一领域的发展贡献一份绵薄之力。

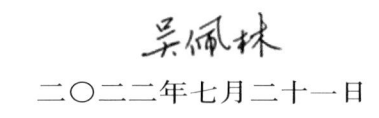

吴佩林

二〇二二年七月二十一日